Moritz Johannes Mühling

Bankbilanzrechtsentwicklung der Finanzinstrumente

Schriften zum Europäischen und Internationalen Privat-, Bank- und Wirtschaftsrecht

EIW Band 44

Moritz Johannes Mühling

Bankbilanzrechts-entwicklung der Finanzinstrumente

DE GRUYTER

Dr. *Moritz Johannes Mühling*, LL.M. (Dublin), Rechtsanwalt, Berlin

ISBN 978-3-11-031071-9
e-ISBN 978-3-11-031081-8

Bibliografische Information der Deutschen Nationalbibliothek
Die Deutsche Nationalbibliothek verzeichnet diese Publikation in der Deutschen Nationalbibliografie; detaillierte bibliografische Daten sind im Internet über http://dnb.d-nb.de abrufbar.

Einbandabbildung: © Mike Kemp/Getty Images
Datenkonvertierung: Werksatz Schmidt & Schulz GmbH, Gräfenhainichen
Druck: Hubert & Co. GmbH & Co. KG, Göttingen

♾ Gedruckt auf säurefreiem Papier

Printed in Germany

www.degruyter.com

Seht ihr den Mond dort stehen?
Er ist nur halb zu sehen,
Und ist doch rund und schön!
So sind wohl manche Sachen,
Die wir getrost belachen,
Weil unsre Augen sie nicht sehn.

(*Matthias Claudius*)

Vorwort und Danksagung

Die vorliegende Arbeit wurde im Juni 2011 von der Juristischen Fakultät der Humboldt-Universität zu Berlin als Dissertation angenommen. Aktuelle Entwicklungen konnten – zumindest in groben Zügen – bis Ende 2012 berücksichtigt werden. Das Thema ist aus der Diskussion mit meinem Doktorvater, Herrn Prof. Dr. Dr. Stefan Grundmann, LL.M., Humboldt-Universität zu Berlin, erwachsen. Die Arbeit selbst habe ich im Wesentlichen während der Zeit als wissenschaftlicher Mitarbeiter am Lehrstuhl meines Doktorvaters ausarbeiten können. Ihm bin ich in herzlicher Dankbarkeit für die intensive nicht nur fachliche, sondern auch menschliche Betreuung und Förderung verbunden, die ich nun schon seit meinem fünften Studiensemester genießen durfte. Desgleichen möchte ich mich bei Herrn Prof. Dr. Eberhard Schwark für die Erstellung des Zweitgutachtens bedanken wie auch für spannende fachliche Diskussionen zum Bank-und Kapitalmarktrecht.

Ebenfalls möchte ich mich für die schöne Zeit am Lehrstuhl bei meinen Kollegen Frau Angela Huhn, Frau Anne-Christin Mittwoch, Frau Laura Schunke, Frau Julia Redler, Frau Sonja Firl, Herrn Lennart Schramm, LL.M., Dr. Florian Ochmann, Herrn Prof. Dr. Florian Möslein, LL.M., Herrn Prof. Dr. Moritz Renner, Herrn Falko Glasow, Herrn Sebastian Uhlig sowie Herrn Stefan Daniel bedanken.

Ganz herzlich möchte ich auch den Herren Dr. Mathias Link, LL.M., Tim Engel und Christoph Aumann für die Durchsicht von einzelnen Teilen des Manuskripts und ihre hilfreichen Anmerkungen danken.

Ebenso gebührt Dank meinen Freunden Frau Dr. Sarah Sorge, Frau Dr. Johanna Kujath, Frau Katharina Prien, Frau Linde Krutzke, Herrn Alexander Tischbirek sowie – stellvertretend für die gesamte Familie Raabe-Wübbe – meinem Onkel Herrn Benjamin Raabe. Schließlich sei auch den Herren Matthias Rotkopf, LL.M. und Benjamin Sibila für ihren fortlaufenden Zuspruch und Ansporn gedankt.

Für meine Mutter, Frau Dr. Ulrike Mühling, erscheint mir jede konkrete Dankesformulierung unzureichend; ihr möchte ich deshalb die Arbeit in toto widmen.

Berlin im Dezember 2012

Inhaltsübersicht

Inhalt

Kapitel I. Problemstrukturierung

Diese Arbeit setzt sich mit der Bilanzierung von Finanzinstrumenten, insbesondere von Credit Default Swaps in der Bankbilanz, auseinander und versucht die jeweiligen Bilanzierungsregeln vor einem Corporate Governance-Hintergrund zu beurteilen. Bei Governance-Fragen geht es im Wesentlichen um das Verhalten verschiedener Akteure.[1] Bei der Corporate Governance geht es um das Verhalten verschiedener Akteure bezogen auf eine (Kapital-) Gesellschaft.[2] Eben dieses Verhalten der beteiligten Akteure beruht auf der ihnen zur Verfügung stehenden Information. Verkompliziert wird das Corporate Governance-Gefüge zwischen einzelnen Akteuren durch bereits bestehende oder entstehende Informationsasymmetrien. So kann beispielsweise bei Banken, die als Kapitalgesellschaft organisiert sind, das Verhältnis des Leitungsorgans (Vorstand) zu weiteren (externen) Akteuren so beschrieben werden, dass das Leitungsorgan als Verwalter der Gesellschaft in das Tagesgeschäft im Ganzen involviert ist und deshalb über weitreichende Informationen (hinsichtlich der Vermögens-, Finanz- und Ertragslage) verfügt, während den übrigen Akteuren diese Informationen fehlen. Das heißt, es besteht oder entsteht eine Informationsasymmetrie zwischen dem Leitungsorgan und weiteren Akteuren. Das Tagesgeschäft bzw. Unternehmensgeschehen wird durch Geschäftsvorfälle in der Buchführung und im Jahresabschluss erfasst. Sind diese Geschäftsvorfälle klar definiert, sind sie repräsentativ für das Unternehmensgeschehen,[3] und schließen die Informationsasymmetrie. Nach überwiegender Auffassung vermittelt das HGB-Rechnungslegungsrecht für Leitungsorgane zwar eine Rechenschaftsfunktion gegenüber weiteren Akteuren, präziser den Bilanzadressaten,[4] zugleich verfügt das Leitungsorgan aber über erhebliche bilanzpolitische Handlungsspielräume zur Ergebnisgestaltung.[5]

---

1 Zum Versuch einer Definition des Begriffs Corporate Governance, siehe Kapitel II.2.1.

2 Freilich ist die Corporate Governance-Forschung nicht auf Kapitalgesellschaften beschränkt, dem englischen Begriff „*corporate*" folgend, wurzelt die Corporate Governance-Forschung aber gerade in der Untersuchung von Kapitalgesellschaften.

3 *Baetge*, FS Leffson 1976, S. 11 (24 f.).

4 Diese Ansicht vertreten neben anderen *Kleindiek*, ZGR 1998, 466; *Claussen*, FS Ulmer S. 801 (814 f.); *Kübler*, ZGR 2000, 550 (555). Welchen Akteuren bzw. Bilanzadressaten im Einzelnen gegenüber Rechenschaft abzulegen ist, wird in Kapitel III 2. diskutiert.

5 *Kleindiek*, ZGR 1998, 466 (485 f.); *Kübler*, ZHR 1995, 550 (560); zur Gewinnglättung *ders.*, ZGR 2000, 550, 561; *Hommelhoff*, RabelsZ 62 (1998) 381 (388). Gleichfalls *Claussen*, FS Ulmer S. 801 (814 f.), der an anderer Stelle betont, dass es sich bei Rechnungslegungsrecht insbesondere um „*Recht*" (!) handelt (802); zur Überlassung des Rechnungslegungsrechts an die Betriebswirtschaft: *Claussen*, ZGR 2000, 604 (619) sowie *Henssler*, FS Zöllner 1998, S. 203 (203 f.).

Daher wird teilweise auch gemahnt, dass von Rechenschaft durch Rechnungslegung keine Rede mehr sein könne, wenn der Rechenschaftsverpflichtete selbst auswählen kann, welche Aktiva und Passiva er ausweist und wie er sie bewertet.[6]

Vor diesem Hintergrund soll das HGB-Rechnungslegungsrecht dahingehend untersucht werden, inwieweit es in der Lage ist, die Informationsasymmetrien zwischen dem bilanzierenden Leitungsorgan und den Bilanzadressaten im Lichte einer „guten" Corporate Governance zu schließen. Als Vergleichsmaßstab wird das Bilanzregime der IFRS herangezogen, weil die internationalen Standards einerseits für die Mehrzahl deutscher Banken neben der HGB-Rechnungslegung durch die IAS-VO[7] anzuwenden sind, und andererseits auch der jüngste Gesetzgebungsprozess durch das Bilanzrechtsmodernisierungsgesetz (BilMoG) gezeigt hat, dass die IFRS als Orientierung für die HGB-Rechnungslegung dienen.

Die durch das BilMoG erfolgte Annäherung der HGB-Rechnungslegung an die IFRS bezüglich der Bilanzierung von Finanzinstrumenten ist der Bankwirtschaft vorbehalten, was die Schwerpunktsetzung dieser Arbeit auf die Bankbilanz begründet. Gleichzeitig sind eine Reihe von Überlegungen genereller Natur und gelten nicht bloß für die Bankbilanz.

Um eine hinreichende Konkretisierung des Vergleichs zwischen der HGB-Rechnungslegung an den IFRS zu gewährleisten, beschränkt sich der Rechts- bzw. Regimevergleich auf die bankrelevante bilanzielle Darstellung von Finanzinstrumenten – schwerpunktmäßig auf die Bilanzierung von Credit Default Swaps. Denn aus aktuellem Anlass ist die Auseinandersetzung mit Kreditderivaten besonders wichtig: Im Zuge der aktuellen Finanzmarktkrise haben Credit Default Swaps für Furore gesorgt, weil sie die mit der US-amerikanischen Subprime-Krise ausgelöste Vertrauenskrise maßgebend verstärkt haben. Während das dem Credit Default Swap zu Grunde liegende Konzept an eine Versicherung erinnert und damit auf den ersten Blick Stabilität vermuten lässt,[8] zeigt die Finanzmarktkrise eine Reihe von Schwachstellen auf, die das Vertrauen der Marktteilnehmer negativ beeinflusst haben.

Um sich der Funktionsweise von Credit Default Swaps zu nähern, sind im Wesentlichen drei Szenarien auseinander zu halten, wobei zur Untersuchung der

6 *Kleindiek*, ZGR 1998, 466 (486), *Schneider*, WPg 1971, 607 (611).

7 IAS-VO: Verordnung (EG) Nr. 1606/2002 des Europäischen Parlaments und des Rates vom 19.7.2002 betreffend die Anwendung internationaler Rechnungslegungsstandards, ABl. 2002 L 243/1; geändert durch Verordnung (EG) Nr. 297/2008 des Europäischen Parlaments und des Rates vom 11.3.2008 zur Änderung der Verordnung (EG) Nr. 1606/2002 betreffend die Anwendung internationaler Rechnungslegungsstandards im Hinblick auf die der Kommission übertragenen Durchführungsbefugnisse, ABl. 2008 L 97/62.

8 Zur rechtlichen Einordnung von CDS-Kontrakten siehe Kapitel V.

Vertrauenskrise jeweils die einzelnen Akteure und deren Risikotragung in den Blick genommen werden müssen.

Im grundlegenden Fall möchte der Gläubiger einer Forderung das Risiko des Zahlungsausfalls seines Schuldners nicht tragen und vereinbart mit einem Dritten, dass dieser ihn im Fall des Zahlungsausfalls schadlos halten soll. Dabei bezieht der Gläubiger die Position des Kreditsicherungsnehmers, der Dritte die Position des Kreditsicherungsgebers. Für das Versprechen des Kreditsicherungsgebers, den Kreditsicherungsnehmer im Falle des Zahlungsausfalls schadlos zu halten, erhält er eine Prämie.[9]

Vom grundlegenden Fall abweichend besteht die Möglichkeit, das Kreditrisiko von der Kreditbeziehung zu trennen und anschließend das Kreditrisiko eigenständig zu handeln.[10] Dabei kann der Credit Default Swap entweder als Absicherungsinstrument (*Hedging*) genutzt oder aus rein spekulativen Motiven verwandt werden.

Diese drei Konstellationen (originäre Ausfallabsicherung, derivative Ausfallabsicherung und Spekulation) sind in Bezug auf ihre immanenten Risiken zu differenzieren. Der Gläubiger trägt vor der Absicherung durch den Kreditsicherungsgeber das Ausfallrisiko seines Schuldners. Nach Vornahme des Absicherungsgeschäfts durch den Credit Default Swap trägt das Ausfallrisiko des Kreditsicherungsgebers der Kreditsicherungsnehmer. Das heißt, dass das Ausfallrisiko für den Gläubiger bzw. den Kreditsicherungsnehmer lediglich verlagert, nicht hingegen aufgehoben wird. Der Kreditsicherungsgeber trägt das Ausfallrisiko des Schuldners. Ausgehend von dieser Risikoverteilung bzw. Risikoumschichtung hat die boomende Finanzwirtschaft gestützt von der prosperierenden Realwirtschaft vor dem Credit Crunch 2008 Credit Default Swaps eingesetzt, um mehr Geschäft generieren zu können. So hielten die 25 größten Banken Credit Default Swaps im Wert von 15 Billionen US-Dollars. Insgesamt wird sogar von einer Größenordnung von 60 Billionen US-Dollar gesprochen.[11] Dieser Wert übersteigt das Bruttoweltprodukt, was die Abkopplung von der Realwirtschaft unabweisbar zu Tage treten lässt. Für den Gläubiger hat das Abschließen eines Credit Default Swaps den Vorteil, dass die bilanzielle Notwendigkeit der Rückstellungsbildung für den Ausfall des Schuldners entfällt. Dabei finanziert sich die Prämie für den Gläubiger bzw. Kreditsicherungsnehmer regelmäßig aus Zinsen, die der Gläubi-

9 Vgl. grundlegend zur Funktionsweise von CDS: *IDW* RS BFA 1, WPg 2002, 195 (195); *Kühnle*, WPg 2002, 288 (289); *Nordhues/Benzler*, WM 1999, 461 (461) und (462); *Pohl*, DZWiR 1998, 309 (310).

10 Vgl. hierzu *Kühnle*, WPg 2002, 288 (288); Nordhues/Benzler, WM 1999, 461 (461).

11 *Weistroffer*, Credit Default Swaps, S. 1.

ger vom Schuldner erhält. Die bilanzielle Pflicht zur Rückstellungsbildung wird dabei auf den Kreditsicherungsgeber übertragen, was diesen veranlasst, selbst unter Zahlung einer Prämie einen weiteren Credit Default Swap mit einem weiteren Kreditsicherungsgeber abzuschließen. Damit wird der ursprüngliche Kreditsicherungsgeber selbst zum Kreditsicherungsnehmer gegenüber einem weiteren Kreditsicherungsgeber. Entsprechend bildet sich eine Kette von Kreditsicherungsgebern. Der Abschluss von weiteren Credit Default Swaps lohnt sich freilich nur, wenn das jeweilige Kettenglied eine höhere Prämie als Kreditsicherungsgeber gegenüber dem vorigen Kettenglied vereinnahmt, als es sich als Kreditsicherungsnehmer gegenüber dem nächsten Kettenglied zu zahlen verpflichtet (Arbitragegeschäft). Es kommt hinzu, dass durch den Abschluss jedes Swap-Geschäfts wiederum Transaktionskosten verursacht werden und damit ein kostenneutraler Risikoübergang nicht vollzogen werden kann. Zur Erreichung des Arbitragegeschäfts werden Credit Default Swaps(CDS)-Kontrakte teilweise gebündelt oder auch voneinander getrennt und anschließend mit anderen Kontrakten gebündelt. Credit Default Swaps sind somit zu einem entscheidenden Baustein der strukturierten Finanzierung für die Bankwirtschaft und teilweise auch für Unternehmen der Realwirtschaft geworden. Losgelöst von dem ursprünglich zu Grunde liegenden Vertragsverhältnis sind Credit Default Swaps an den internationalen Finanzmärkten teilweise ohne eine hinreichende Prüfung der unterliegenden Bonität des Schuldners (sog. Referenzaktivum) gehandelt worden.[12] In vielen Fällen waren die CDS-Kontrakte und die sie absichernden Risiken für die Marktakteure undurchsichtig geworden bzw. ihre Bonität – also die Wahrscheinlichkeit des Ausfallrisikos – wurde schlicht nach dem Cashflow der vergangen prosperierenden Geschäftsjahre bewertet. Mit dem konjunkturbedingten Forderungsausfall einiger Schuldner wurde eine Kettenreaktion (*spill over effect*) ausgelöst, die letztlich zu der besonderen Prominenz der Credit Default Swaps gerade in und durch die Krise führte.

Bevor die drei – soeben beschriebenen – Konstellationen im zweiten Teil der vorliegenden Arbeit im Einzelnen untersucht werden, werden im ersten Teil die Grundlagen, die den methodischen Rahmen für die weitere Bearbeitung geben, sowie die Entwicklungen der zu vergleichenden Bilanzrechtsregime dargestellt.

Dazu wird einleitend grob skizziert, was unter dem Begriff „*Corporate Governance*“ verstanden werden kann, welchen Stellenwert die Corporate Governance-Forschung hat und welche Besonderheiten im Bilanzrecht sowie Bankwesen

---

12 Vgl. hierzu *Schwintowski* in: Finanzkrise und Wirtschaftsordnung, S. 44 f. zur Erläuterung von CDS; zur Weitergabe von Kreditrisiken und dem Moral Hazard-Problem: *Grundmann/Möslein/Hofmann* in: Finanzkrise und Wirtschaftsordnung, S. 8 f.

unter dem Blickwinkel einer „guten" Corporate Governance zu berücksichtigen sind. Danach geht die Arbeit kurz auf eine Reihe grundlegender Konzepte betreffend den Corporate Governance-theoretischen sowie den rechtlichen Rahmen ein (siehe II.), soweit diese Grundlagen für die spätere Analyse des Bilanzadressatennutzens erforderlich sind.

Das anschließende Kapitel erörtert und bestimmt, welche Akteure bzw. Bilanzadressaten in der vorliegenden Arbeit in die Untersuchung einzubeziehen sind und erweitert die methodischen Grundlagen um eine Reihe relevanter bilanzpolitischer und bilanzanalytischer Aspekte (siehe III.).

Anschließend werden die Bilanzierung von Finanzinstrumenten nach dem HGB und den IFRS dargestellt und die jüngsten Entwicklungen beschrieben (siehe IV.).

Der zweite Teil konkretisiert die – bereits skizzierte – Funktionsweise von Credit Default Swaps und entwickelt eine rechtliche Einordnung nach nationalem Zivilrecht (siehe V.). Danach wird ein Beispielsfall vorgestellt (ebenfalls V.), anhand dessen exemplarisch Ansatz und Bewertung von Credit Default Swaps nachvollzogen werden (VI.).

Bezugnehmend auf Ansatz und Bewertung beschäftigt sich das darauffolgende Kapitel mit der Frage, welchen Nutzen die im ersten Teil in den Blick genommenen Bilanzadressaten jeweils aus der durch Bilanzierung offengelegten Information ziehen können (VII.).

Der dritte Teil fasst die Ergebnisse zusammen und analysiert die Tauglichkeit der zu vergleichenden Rechnungslegungsregime untereinander und im Wandel der Entwicklung (VIII.). Anschließend folgt ein Ausblick, welches Rechnungslegungsregime im Sinne einer „guten" Corporate Governance sowohl in Zeiten einer boomenden Finanz- und Realwirtschaft als auch in der Krise überzeugt (IX.).

Teil I. Grundlagen und Entwicklung

Kapitel II. Corporate Governance-theoretische Grundlagen

1. Einleitung

In diesem Kapitel wird zunächst versucht, den Begriff Corporate Governance kurz zu definieren,[1] und dargestellt, welche besondere Bedeutung Corporate Governance im Allgemeinen für das Gesellschaftsrecht[2] sowie im Speziellen für das Bilanzrecht hat.[3] Außerdem führt dieser Teil der Arbeit in die Entwicklungen der Corporate Governance-Forschung ein und beschreibt grundlegende Konzepte, die sowohl unter dem Blickwinkel der Corporate Governance als auch unter dem Blickwinkel des Bilanzrechts relevant sind.[4] Schließlich werden aus den vorgestellten Grundlagen Methoden abgeleitet, mit deren Hilfe im zweiten Teil der Arbeit die Tauglichkeit der Bilanzierungsregeln in Mitten stehender Kreditderivate, namentlich Credit Default Swaps-(CDS-)Kontrakte, bewertet werden soll.

2. Bilanzrecht als Corporate Governance-Problem

2.1. Begriffsbestimmung von Corporate Governance

Bevor auf die Frage eingegangen wird, warum Corporate Governance eine außerordentlich wichtige Rolle im heutigen Wirtschaftsleben und insbesondere für die Bankwirtschaft spielt, wird zunächst der Versuch einer Annäherung an den Begriff der Corporate Governance unternommen. Es ist deshalb ein Versuch, weil eine allgemein anerkannte Begriffsfindung bisher noch nicht gelungen ist.[5] Das Problem, eine solche Definition zu finden, hängt damit zusammen, dass die Begriffsfassung regelmäßig vom jeweils zu Grunde liegenden Verständnis von Corporate Governance abhängt: gerade hinsichtlich dieses Verständnisses besteht Uneinigkeit. So finden sich eine ganze Reihe verschiedener Ansätze und mit ihnen unterschiedliche Begriffsfassungen. Dementsprechend schwierig erweist sich eine exakte Definition des in Mitten stehenden Begriffs. Um diesem Dilemma zu entrinnen, soll hier anstelle einer allgemeingültigen Definition

---

1 Siehe Kapitel II.2.1.

2 Siehe Kapitel II.2.2.

3 Siehe Kapitel II.2.3.

4 Siehe Kapitel II.3.

5 Vgl. *Mülbert*, Corporate Governance of Banks, S. 3.

exemplarisch die Bandbreite verschiedener Ansätze der Corporate Governance-Forschung kurz skizziert werden: *Shleifer/Vishney* beschreiben, Corporate Governance „*deals with the ways in which suppliers of finance to corporations assure themselves of getting a return on their investment*"[6]. Diese Begriffsfassung unterliegt dem Verständnis, dass es bei der Corporate Governance-Forschung in erster Linie auf die Beziehung zwischen dem Leitungsorgan und den Eigentümern eines Unternehmens ankomme und die bezeichneten Akteure gleichzeitig stets von konfligierenden Interessen geleitet werden. Viel allgemeiner definiert etwa die *Australian Stock Exchange* den Begriff wie folgt: „*Corporate governance is the system by which companies are directed and managed. It influences how the objectives of the company are set and achieved, how risk is monitored and assessed, and how performance is optimised.*"[7] Im Gegensatz zu *Shleifer/Vishney*, haben *Kay/Silberstone* ein ganz anderes Verständnis von Corporate Governance und stellen folgendes heraus: „*large public corporation is a social institution, not the creation of private contracts.*"[8] Nach ihrer Auffassung haben soziale Aspekte und Arbeitnehmerinteressen einen weitaus höheren Stellenwert als die isolierte Betrachtung einzelner Verträge. Die Bandbreite unterschiedlicher Ansätze bestätigt die eingangs aufgestellte These und zeigt, wie schwierig es ist, eine allgemein anerkannte Begriffsfassung zu ermitteln. Nach alledem kann aber zusammengefasst werden, dass Corporate Governance sich mit der Frage beschäftigt, wie ein Unternehmen verwaltet, geführt und kontrolliert wird, denn bezüglich dieser Punkte sind sich die exemplarisch herausgegriffenen Begriffsbestimmung letztlich einig. Was die verschiedenen Ansätze unterscheidet ist viel mehr die Frage, welche Beziehungen zwischen den Akteuren im Corporate Governance-Gefüge gegenüber anderen als vorzugswürdig einzustufen sind. Hierauf wird noch einzugehen sein.[9]

2.2. Notwendigkeit von Corporate Governance-Forschung

Hampel stellte 1998 folgendes fest: „*The importance of corporate governance lies in its contribution both to business prosperity and to accountability*".[10] Damit erwähnt Hampel zwei wesentliche Punkte: zum einen die Prosperität (*prosperity*), zum anderen die Rechenschaftspflichtigkeit (*accountability*). Beide Begriffe

---

6 *Shleifer/Vishny*, (1997) 52 *The Journal of Finance* 737–783.

7 *Australian Stock Exchange*, Principles of Good Corporate Governance, S. 3.

8 *Kay/Silberstone*, (1995) 153 National Institute Economic Review 84 (90).

9 Siehe Kapitel III.2.

10 *Hampel Report*, Rn. 1.1.

stehen in positiver Korrelation zu einer ausgeglichenen Unternehmensverwaltung, -führung und -kontrolle. Selbst wenn es fast unmöglich erscheint den Begriff Corporate Governance zu fassen,[11] lassen sich doch einige grundlegende Zusammenhänge der Unternehmensverwaltung, -führung und -kontrolle nachvollziehen, die die Notwendigkeit der Corporate Governance-Forschung unterstreichen. So kann ein Unternehmen, das für Außenstehende wie eine sog. *Black Box* funktioniert, weil die internen Prozesse in keiner oder nur geringfügiger Weise nach außen kommuniziert werden, also etwa gänzlich intransparent sind, von den Akteuren am Markt unter Rechenschaftsgesichtspunkten nicht hinreichend nachvollzogen werden. Der Mangel an Nachvollziehbarkeit steht regelmäßig in positiver Korrelation zum Unternehmenserfolg und damit wiederum im Zusammenhang mit der Prosperität des Unternehmens.[12] Diese Gleichung ist in ihrer Anwendung nicht auf das operative Geschäft beschränkt, sondern kann vielmehr auf alle Märkte ausgeweitet werden, die mit dem operativen Geschäft verbunden sind (z.B. dem Arbeitsmarkt, dem Kapitalmarkt etc.). Insbesondere werden Diskussionen, die die Verbesserung und die Notwendigkeit von Corporate Governance zum Thema haben, regelmäßig durch Krisen im Wirtschaftsleben ausgelöst.[13] Die grundlegende Notwendigkeit der Corporate Governance Diskussion wird flankiert durch die (immer noch) akute Finanzmarktkrise, die wie ein Katalysator die Corporate Governance Diskussion vorantreibt.[14]

2.3. Notwendigkeit von Corporate Governance im Bilanzrecht

Vorstehende Gründe für die Notwendigkeit der Corporate Governance-Forschung stehen im Zusammenhang mit dem von *Brennan*[15] bezeichneten Hauptzweck von Bilanzpublizität, wie er kürzlich beschrieb: „*Financial reporting is a mechanism to bridge that gap* [of information asymmetry].“ Während *Brennan* – gleich wie *Shleifer/Vishney* – die Beziehung von Leitungsorgan und Aktionären bzw. Anteils-

---

11 Siehe Kapitel II.2.1.

12 Den Zusammenhang zwischen einer „guten“ Corporate Governance und dem Unternehmenserfolg beschreibend: *Faber*, Institutionelle Investoren, S. 219 (224).

13 *Kirkpatrick*, The Corporate Governance Lessons from the Financial Crisis, S. 3.

14 Für weitere Nachweise und Beispiele siehe auch *Elliott/Elliott*, Financial Accounting and Reporting, S. 453 f.; *dies.*, Financial Accounting, Reporting and Analysis, S. 291 f.; *Bonham, et alii*, International GAAP 2007, S. 803; *Alfredson, et alii*, Applying International Financial Reporting Standards, S. 442 ff.

15 *Brennan*, Importance of Corporate Governance for Quality Reports, S. xxviii–xxix. Ebenfalls zur asymmetrischen Informationsverteilung und der Schließung der Asymmetrie durch Rechnungslegung: *Pellens/Strzyz*, Rechnungslegung, S. 533 (534).

eignern in den Fokus nimmt, ziehen einige Bilanzierungssysteme den Kreis der Bilanzadressaten durchaus weiter. So etwa das IFRS Rahmenkonzept, das eine ganze Reihe von Bilanzadressaten definiert: Investoren, Angestellte, Kreditgläubiger, Zulieferer und andere Handelskreditoren, Kunden, Regierungseinrichtungen und die Öffentlichkeit.[16] Dabei bringt *Brennan* die maßgebende Überlegung auf den Punkt, indem er hinterfragt: „*How do they know that the account of the organization provided to them by the management is accurate?*“[17] Diesbezüglich erwarten *Cohen et alii*, dass in Zukunft die Corporate Governance-Forschung sich verstärkt auf Interaktionen des Leitungsorgans, die einen Einfluss auf die Qualität von Bilanzierung haben, fokussieren werde.[18] Ganz generell lässt sich jedenfalls festhalten, dass das Bilanzrecht einen wichtigen Teilaspekt im Bereich der Infomationsökonomie darstellt; damit lässt sich aber gleichfalls konstatieren, dass das Bilanzrecht zutreffend als Kerndisziplin der Corporate Governance zu betrachten ist.

Aus einer weniger theoretischen Perspektive umfassen auch eine ganze Reihe von Corporate Governance Kodizes Abhandlungen über das Bilanzrecht. So zeigen etwa der *Cadbury Report*[19], der *Hampel Report*[20], der *Smith Report*[21], der *Combined Codes* von 2003 bis 2008, der *UK Corporate Governance Code* von 2010[22] sowie die *OECD Principles*, dass Bilanzrecht eine maßgebende Relevanz für Corporate Governance Fragen spielt.[23]

2.4. Notwendigkeit von Corporate Governance für Banken

Während die Corporate Governance-Forschung teilweise bis in die 30er Jahre des 20. Jahrhunderts zurückreicht, hat eine fokussierte Auseinandersetzung mit der

16 IFRS Rahmenkonzept, Rn. 9; nachfolgend: RK.

17 *Brennan*, Importance of Corporate Governance for Quality Reports, S. xxix.

18 *Cohen, et al.*, (2004) 23 *Journal of Accounting Literature* 87, S. 142; zur besonderen Herausforderung der dogmatischen und normativen Einordnung der internationalen Standards in das HGB Rechnungslegungsrecht siehe *Claussen*, FS Ulmer S. 801 (806 f.).

19 *Cadbury Report*, Financial Aspects of Corporate Governance, 1992.

20 *Hampel Report*, 1998.

21 *Smith Report*, Audit Committees – Combined Code of Corporate Governance, 2003.

22 *Combined Code*, 2003; *Combined Code*, 2006; *Combined Code*, 2008; *UK Corporate Governance Code* 2010.

23 Siehe Kapitel II.3.3.

Corporate Governance von Banken in der Vergangenheit nur am Rande stattgefunden.[24]

Banken sind regelmäßig als Kapitalgesellschaften organisiert,[25] was – gleich den Unternehmen der Realwirtschaft – oft eine Trennung von Eigentum und Kontrolle mit sich bringt. Gleichzeitig sind im Finanzsektor Besonderheiten zu berücksichtigen, die Banken maßgebend von Unternehmen der Realwirtschaft unterscheiden. Diese Unterschiede sind entscheidend bei der Untersuchung der Corporate Governance-Strukturen von Banken.[26] So sind die Geschäftsvorfälle der Kreditwirtschaft sehr viel risikoreicher als diejenigen der Realwirtschaft. Gerade deshalb ist die Finanzwirtschaft in vielen Bereichen aufsichtsrechtlichen Bestimmungen unterworfen.[27] Daher wird die Corporate Governance von Banken auch oft mit Bank- bzw. Finanzaufsicht gleichgesetzt.[28] Banken haben in der Wirtschaftsordnung eine ganz besondere Position, weil sie die Fremdkapitalfinanzierung der Realwirtschaft, die Fristentransformation in Hinblick auf Kapitalbindungs- und Zinsbindungsfristen sowie den Zahlungsverkehr gewährleisten. Hinsichtlich des Geschäftmodells unterscheiden sich damit Banken maßgebend von Unternehmen der Realwirtschaft, was die besondere Position der Finanzaufsicht insbesondere bezüglich der Einlagensicherung und der Kapitalausstattung rechtfertigt.[29] Die Finanzmarktkrise macht dies noch deutlicher: Im Zuge der jüngsten Krise haben sich systemische Risiken der global vernetzten Finanzwirtschaft realisiert: Das so genannte „*Ansteckungsrisiko*" auf dem Inter-Banken-

---

24 Unter Bezugnahme auf maßgebende Berichte, Dokumente und Erklärungen des Jahres 2008: *Mülbert*, ZHR 173 (2009), 1, (2 f.); *Kern*, Corporate Governance and Banking Regulation, S. 991 („*to date, most research on corporate governance has addressed issuers that affect companies and firms in the non financial sector.*"); gleichfalls: *Wohlmannstetter*, Corporate Governance von Banken, S. 905 (906) zur Notwendigkeit einer bankspezifischen Corporate Governance.

25 Vgl. hierzu die Übersicht über die 100 größten deutschen Kreditinstitute für 2008, abzurufen unter http://www.bankenverband.de/downloads/122008/top100-2008.pdf; zuletzt abgerufen am 24.05.2010.

26 *Kern*, Corporate Governance and Banking Regulation, S. 991 f.; so im Ergebnis auch *Wohlmannstetter*, Corporate Governance von Banken, S. 905 *et passim*; *Adam/Mehran*, (2003) 9 Federal Reserve Bank of New York Economic Policy Review 123 (135).

27 *Kern*, Corporate Governance and Banking Regulation, S. 992 f.; *Mülbert*, ZHR 173 (2009), 1 (7).

28 So etwa *Adam/Mehran*, (2003) 9 Federal Reserve Bank of New York Economic Policy Review 123 (124); im Ergebnis diese These ablehnend: *Kern*, Corporate Governance and Banking Regulation, S. 1033 f.

29 *Wohlmannstetter*, Corporate Governance von Banken, S. 905 (908), dem allerdings ein einfaches Abstellen auf die Rolle von Banken als Finanzintermediär und Risikomanager nicht genügt. Siehe zur Bankaufsicht auch Kapitel II.3.4.

Markt ist weitaus höher als bei Austauschverträgen in der Realwirtschaft.[30] Die Verwirklichung und die Folgen systemischer Risiken unterstreichen, dass die Fokussierung auf Corporate Governance-Strukturen in der Finanzwirtschaft notwendig ist, und weisen Mängel in den bestehenden Sicherungssystemen auf.

Weitergehende Besonderheiten werden folgendermaßen zusammengefasst: Es bestehe ein größeres Liquiditätsrisiko, weil ein höherer *Leverage* mit starkem Anteil kurzfristiger Verbindlichkeiten eingegangen werde. Auch habe das Risikomanagement eine besondere Bedeutung für die Ertragslage. Gleichzeitig bestehe eine geringere finanzielle Transparenz, insbesondere aufgrund der komplizierten Bewertung der Aktiva und Passiva und damit auch der Ertrags-Risikoposition des Unternehmens. Ebenso gäbe es für Banken eher die Möglichkeit, das Ertrags-Risiko-Profil kurzfristig – und für andere Kapitalmarktteilnehmer schwerer erkennbar – zu verändern.[31] Schließlich würden Banken eine höhere gesamtwirtschaftliche Bedeutung aufgrund ihrer ubiquitären Allokationsfunktion im Vergleich zu Unternehmen der Realwirtschaft haben.[32] Zudem seien Banken der Gefahr eines „*bank run*"[33] ausgesetzt, der das Bankengeschäftsmodell innerhalb kürzester Zeit für betroffene Institute *ad absurdum* triebe. Daher wird diskutiert, ob die klassische „*equity-Governance*" um eine bankenspezifische „*debt-Governance*" ergänzt werden sollte.[34]

3. Grundlegende Konzepte

3.1. Einleitung

Im nächsten Teilabschnitt werden eine Reihe grundlegender Konzepte vorgestellt, die die Corporate Governance und das Bilanzrecht behandeln. Diese Kon-

---

30 Zum Ansteckungsrisiko: *Mülbert*, ZHR 173 (2009), 1 (7); Siehe hierzu auch *Fleischer/Schmolke*, ZHR 2009, 649; siehe zur Auswirkung der Finanzkrise auf die Corporate Governance-Forschung auch: *Wohlmannstetter*, Corporate Governance von Banken, S. 905 (906).

31 So vollumfänglich zu allen Merkmalen: *Mülbert*, ZHR 173 (2009), 1 (7); im Wesentlichen auch *Wohlmannstetter*, Corporate Governance von Banken, S. 905, insbesondere 907–908, 916 f., 924; *Adam/Mehran*, (2003) 9 Federal Reserve Bank of New York Economic Policy Review 123 (124 ff.).

32 *Mülbert*, ZHR 173 (2009), 1 (7); *Adam/Mehran*, (2003) 9 Federal Reserve Bank of New York Economic Policy Review 123 (124); kritisch zum Argument der Mittelallokation: *Wohlmannstetter*, Corporate Governance von Banken, S. 905 (908).

33 *Kern*, Corporate Governance and Banking Regulation, S. 992. Zur Bank-Run-These vgl. auch: MüKo HGB²-*Böcking/Löw/Wohlmannstetter* Vor § 340f Rn. 7 ff.

34 *Heremans*, Corporate Governance Issues for Banks, S. 4 *et passim*; *Wohlmannstetter*, Corporate Governance von Banken, S. 905 (909) *et passim*.

zepte werden in drei sich unterscheidende Ansätze gegliedert: Zuerst werden die wichtigsten Corporate Governance-Theorien dargestellt.[35] An zweiter Stelle werden Corporate Governance Kodizes unter Bezugnahme auf die einschlägigen Leitlinien für bilanz(rechtliche) Fragestellungen besprochen und analysiert (*Soft Law*-Ansatz).[36] Zuletzt werden einige gesellschaftsrechtliche und bilanzrechtliche Regelungen, die zum Thema einen Bezug aufweisen, kurz vorgestellt. Gleichzeitig hat dieser *Hard Law*-Ansatz die höchste praktische Bedeutung.[37]

3.2. Theoretische Grundlagen

3.2.1. Einleitung

Aus Corporate Governance-theoretischer Sicht kann zwischen verschiedenen Erklärungsansätzen differenziert werden. Dabei stellt sich zunächst die Frage, welche Kategorisierung in der Corporate Governance-Forschung zulässigerweise getroffen werden kann, zumal teilweise Theorien letztlich auf gleichen oder zumindest ähnlichen Grundideen basieren bzw. anderen Theorien wiederum diametral gegenüber stehen. Eine sinnvolle Differenzierung der Grundideen in der Corporate Governance-Forschung bietet die Aufteilung in ökonomische[38] und organisationstheoretische Erklärungsansätze.[39]

3.2.2. Ökonomische Erklärungsansätze

Der ökonomische Erklärungsansatz kann im Wesentlichen wiederum in drei Linien unterteilt werden: in die klassische Ökonomik, in die neo-klassische Ökonomik bzw. in den *Agency*-Ansatz und schließlich in die neue Institutionenökonomik. Gemein haben die vorstehenden Theorien, dass sie auf die grundlegenden Überlegungen von *Berle/Means* zurückzuführen sind.[40] *Berle/Means* beschrieben den in den 1930er Jahren voranschreitenden Prozess der Trennung von Eigentum und Kontrolle bei Unternehmen im Zuge der Industrialisierung. Während ursprünglich Unternehmensgründer selbst die Geschicke ihres Unternehmens führten, stellten *Berle/Means* heraus, dass immer mehr Unternehmensgründer die Leitungsfunktion aufgaben und anstelle dessen einen Manager

---

35 Siehe Kapitel II.3.2.
36 Siehe Kapitel II.3.3.
37 Siehe Kapitel II.3.4.
38 Siehe hierzu Kapitel II.3.2.2.
39 Die Gliederung dieses Abschnitts ist angelehnt an *Learmount*, Theorizing Corporate Governance, 2002; siehe Kapitel II.3.2.3.
40 *Berle/Means*, The Modern Corporation and Private Property, 1933.

beauftragten. So konstatierten bereits *Berle/Means* divergierende Interessen von Managern und Eigentümern.[41] Einige Jahrzehnte später wies *Chandler* darauf hin, dass eine generelle Notwendigkeit für eine Trennung von Eigentum und Kontrolle und für die sich entwickelnden Leitungsstrukturen bestünde;[42] gleichzeitig führe diese Entwicklung aber auch zu einer Abnahme der Verlässlichkeit des Leitungsorgans.[43] In historischer Abfolge fortfahrend haben *Alchian/Demsetz*[44] sowie *Jensen/Meckling*[45] den so genannten *Agency*-Ansatz entwickelt, der zwar einerseits – gleich den Überlegungen *Chandlers*[46] – auf die Trennung von Eigentum und Kontrolle zurückgeführt werden kann, aber andererseits sich bezüglich drei signifikanter Merkmale von der klassischen Ökonomik unterschied. Zuvörderst beschreibt der *Agency*-Ansatz das Unternehmen (*the firm*)[47] als ein Netz aus Verträgen, was nun die Analyse der inneren Struktur eines Unternehmens ermöglichte. Bis dahin wurde ein Unternehmen als eine Art *Black Box* betrachtet.[48] Zweitens geht auch der *Agency*-Ansatz von divergierenden Interessen der einzelnen Akteure aus: Ausgangspunkt der Analyse von Leitungs- und Eigentümerinteressen ist die Annahme, dass beide Akteure bestrebt sind, den eigenen Nutzen zu maximieren.[49] Entsprechend lassen sich methodisch die individuellen Nutzen auch in individuellen Nutzenfunktionen zusammenfassen. Freilich gibt es eine ganze Reihe denkbarer Szenarien, in denen die individuellen Nutzenfunktionen

---

41 *Berle/Means*, The Modern Corporation and Private Property, S. 6–7.

42 *Chandler*, The Visible Hand: the managerial revolution in American business: *„a managerial hierarchy had to be created to supervise“* (S. 486) und er beschreibt die sich entwickelnden Managementstrukturen als *„economic phenomenon“* (S. 497) und das Ausmaß als *„continuing growth“* (S. 497). Zur Parallelentwicklung in Deutschland unter dem Stichwort – Organkompetenz – siehe: *Mertens*, NJW 1970, 1718 (1719); *Lutter*, FS H. Westermann 1974, S. 347 (348); *Möhring*, FS Geßler 1970, S. 127, (134 f.); *Schilling*, FS Möhring 1975, S. 257 (263 f.), *Hommelhoff*, ZHR 1979, 288 (308 ff.); ferner *Zöllner*, FS H. Westermann 1974, S. 603 (606).

43 *Chandler*, The Visible Hand: the managerial revolution in American business, S. 497, was sich zurückführen lässt auf folgende Überlegung: „*They* [the owners] *could say no, but unless they themselves were trained managers with long experience* (...) *they had neither the information* (...) *to propose positive alternative courses of action.*“ (S. 491).

44 *Alchian/Demsetz*, (1972) 62 American Economic Review 777.

45 *Jensen/Meckling*, (1976) 3 Journal of Financial Economics 305.

46 *Chandler*, The Visible Hand: the managerial revolution in American business, S. 490 f.

47 Der englische Begriff „firm“ kann in diesem Zusammenhag etwa gleich bedeutend gebraucht werden wir die Begriffe „corporation“ oder „company“.

48 Siehe *Jensen/Meckling*, (1976) 3 Journal of Financial Economics 305 (306 f.); also *Learmount*, Theorizing Corporate Governance, S. 3: *„firm as a single-product entity“* [...] *„first time (...) to analyze the firm itself.“*

49 Vgl. *Alchian/Demsetz*, (1972) 62 American Economic Review 777 (780); *Jensen/Meckling*, (1976) 3 Journal of Financial Economics 305 (308): *„utility maximiser“*.

der Eigentümer und des Leitungsorgans nicht kongruent sind. In diesem Sinne formulierten *Alchian/Demsetz*, dass – unter der Bedingung, ein Unternehmen funktioniere gleich einem Team – einzelne Spieler dieses Teams die Möglichkeit ergreifen, von der gemeinsamen Zielverfolgung abzuweichen („*shirk*")[50], zumindest solange wie der Beitrag des Einzelnen zur Zielerreichung nicht hinreichend erfasst werden kann (dieses Problem liegt gerade der Team- oder Gruppenarbeit zu Grunde).[51] *Alchian/Demsetz* schlagen daher vor, eine Aufsicht (*monitor*) einzusetzen, welche wiederum den Manager überwacht.[52] Eine andere Maßnahme zur Verhinderung des „*shirking*" ist die Bezahlung des Managers, Agenten oder Leitungsorgans exakt zu seinen/ihren Opportunitätskosten.[53] Das heißt, dass der Agent gewillt sein wird, die Interessen des Prinzipals zu verfolgen und nicht die Möglichkeit zum „*shirking*" zu ergreifen. Die Opportunitätskosten lassen sich in diesem Zusammenhang auch als sog. *Agency Costs* definieren, „*as the sum of: (1) the monitoring expenditure by the principal, (2) the bonding expenditure by the agent, (3) the residual loss.*"[54] Darüber hinaus haben *Jensen/Meckling* festgestellt, dass „*if both parties* [agent and principal] *to the relationship are utility maximizers, there is good reason to believe that the agent will not always act in the best interest of the principal*"[55]. Der dritte Unterschied zwischen dem *Agency*-Ansatz und den Überlegungen der klassischen Ökonomik besteht im Wandel weg vom klassischen Verständnis der Eigentümerstellung hin zum Verständnis des „*residual risk taking*".[56] So stellte etwa *Fama*[57] fest, dass nach dem *Agency*-Ansatz und dem Verständnis eines Netzes aus Verträgen die Frage nach dem Eigentum irrelevant wird.[58] Aus der Sicht eines *Agency*-Theoretikers können vernünftige Lösungen nur durch die Effizienzsteigerung der Märkte erreicht werden. So etwa auf dem Markt für Unternehmenskontrolle, dem Arbeitsmarkt, dem Markt für Manager bzw. Leitungsorgane und dem Markt für Unternehmensinformation.

Schließlich definieren die Vertreter der neuen Institutionenökonomik – gleich den Vertretern des *Agency*-Ansatzes – das Unternehmen als ein Bündel

---

50 *Alchian/Demsetz*, (1972) 62 American Economic Review 777 (780 f.).
51 *Alchian/Demsetz*, (1972) 62 American Economic Review 777 (781).
52 *Alchian/Demsetz*, (1972) 62 American Economic Review 777 (780 f.).
53 *Learmount*, Theorizing Corporate Governance, S. 3: „*pay them according to their opportunity cost*".
54 *Jensen/Meckling*, (1976) 3 Journal of Financial Economics 305 (308).
55 *Jensen/Meckling*, (1976) 3 Journal of Financial Economics 305 (308).
56 *Alchian/Demsetz*, (1972) 62 American Economic Review 777 (780); *Learmount*, Theorizing Corporate Governance, *et passim*, beschreibt diesen Trend.
57 *Fama*, (1980) 88 Journal of Political Economy 288.
58 *Fama*, (1980) 88 Journal of Political Economy 288 (290).

von Verträgen. Im Unterschied geht es der neuen Institutionenökonomik im Kern um die Minimierung von Transaktionskosten (*transaction costs*) und um die Analyse der Nutzenmaximierung der einzelnen Akteure. Dem gleichen Konzept folgt die Transaktionskostentheorie, wie sie *Williamson* beschreibt.[59] Demnach untersuchen Vertreter der neuen Institutionenökonomik – wie *Coase*[60] – Corporate Governance Strukturen bezüglich „*contractual hazards*“ und Informationsasymmetrien.

3.2.3. Organisationstheoretische Erklärungsansätze

Im Unterschied zu den vorgenannten Konzepten der klassischen, der neo-klassischen und der neuen Institutionenökonomik rücken die organisationstheoretischen Ansätze die sog. *Stakeholder* in den Mittelpunkt und fokussieren sich auf die Beziehung zwischen dem Leitungsorgan oder dem Unternehmen als solchem und bestimmten *Stakeholdern*. Dabei wurde der sog. *Stakeholder*-Ansatz insbesondere durch *Clark*[61] und *Dodd*[62] geprägt, die beide fordern, dass in großen Unternehmen ein höherer Grad der sozialen Verantwortung erfüllt werden solle („*social responsibility*“)[63], was in einem „*social management*“[64] zum Ausdruck komme. Dabei vertritt *Dodd* explizit die Auffassung, große Unternehmen sollten die Verantwortung für Interessen von Angestellten, Kunden und die allgemeine Öffentlichkeit verbreitern.[65] An dieser Stelle geht *Freeman*[66], ein noch radikalerer Vertreter des *Stakeholder*-Ansatzes, weiter und fordert sogar – weg vom traditionellen Bild – ein komplettes Umdenken.[67] Andere Vertreter – zwar weniger radikal als *Freeman*, wenn gleich auch unzufrieden mit dem bestehenden Verständnis der ökonomischen Ansätze – wie *Jones*[68] – konstatieren, dass eine Reduktion von Transaktionskosten auch durch „*ethical solutions*“[69] möglich

59 *Williamson*, (1979) 22 *Journal of Law & Economics* 233 (234); siehe auch *Williamson*, (1984) 93 Yale Law Journal 1197 (1200); Transaktionskosten können definiert werden als: „*incurred in undertaking an economic exchange*“ nach *Black et alii*, A Dictionary of Economics, S. 185.

60 *Coase*, (1937) 4 Economica 386.

61 *Clark*, (1916) 24 Journal of Political Economy 209.

62 *Dodd*, (1932) XLV Harvard Law Review 1145.

63 *Dodd*, (1932) XLV Harvard Law Review 1145 (1156 ff.).

64 *Clark*, (1916) 24 Journal of Political Economy 209 (229).

65 *Dodd*, (1932) XLV Harvard Law Review 1145 (1156).

66 *Freeman et alii*, Managing for Stakeholders, 2008.

67 *Freeman et alii*, Managing for Stakeholders, S. 3. unter Bezugnahme auf *Freeman*, Strategic Management; a stakeholder approach, S. 24.

68 *Jones*, (1995) 20 Academy of Management Review 404.

69 *Jones*, (1995) 20 Academy of Management Review 404 (422).

sei. Damit wird versucht, vom *Stakeholder*-Ansatz aus argumentativ dem Ansatz der neuen Institutionenökonomik zu begegnen.[70] Etwas anders argumentiert *Blair*[71], der die Auffassung vertritt, auch die Angestellten seien als „*residual claimants*" zu begreifen.[72] Ungleich *Freeman* adaptieren die zuletzt genannten Vertreter des *Stakeholder*-Ansatzes das ökonomische Konzept der Nutzenmaximierung. Im Gegensatz zum *Agency*-Ansatz haben *Davis et alii*[73] ein komplett anderes Verständnis von Unternehmen und bringen dieses in der von ihnen geprägten *Stewardship*-Theorie zum Ausdruck. Zunächst gehen *Davis et alii* davon aus, dass die Performance eines Unternehmens positiv mit einem Anstieg an Kompetenzen und der Bündelung von Einfluss beim Leitungsorgan korreliert.[74] Weiterhin nehmen sie an, dass das Leitungsorgan mehr der *Steward* des Unternehmensvermögens ist, als der Agent des Prinzipals.[75] Ungleich dem neo-klassischen Ansatzes vertreten *Davis/Donaldson* die Auffassung, dass es eines Monitors nicht bedarf und ein Monitor sogar einen negativen Einfluss auf den Manager bzw. auf das Leitungsorgan haben könnte.[76] Etwas anders, aber gleichwohl erwähnenswert, ist das von *Kay/Silberstone* entwickelte Konzept der *Trusteeship*-Theorie[77], wonach der Manager eher der Treuhänder (*trustee*) des Unternehmens ist, als der Agent des Prinzipals. Das bedeutet, dass der Manager die Verantwortung für das Unternehmen als Gesamtheit trägt. *Kay/Silberstone* gehen dabei davon aus, dass andere Faktoren auf das Verhalten des Leitungsorgans Einfluss haben als die der individuellen Nutzenmaximierung.[78] So sollte das Hauptziel des Leitungsorgans sein, das Unternehmensvermögen zu erhalten („*sustain corporation's assets*")[79]. Das Unternehmensvermögen im Sinne der *Trusteeship*-Theorie leitet sich dabei nicht aus einem *Shareholder Value*-Gedanken ab, sondern aus einem spezifischen inneren Wert[80], abgeleitet aus „*skills of its employees*" (Humankapital),

---

70 *Jones*, (1995) 20 Academy of Management Review 404 (422); siehe sogar bereits *Dodd*, (1932) XLV Harvard Law Review 1145 (1156).
71 *Blair/Stout*, (2001) 149 University of Pennsylvania Law Review 1735.
72 *Blair/Stout*, (2001) 149 University of Pennsylvania Law Review 1735 (1755) unter Bezugnahme auf *Blair/Stout*, (1999) 85 Virginia Law Review 247.
73 *Davis et alii*, (1997) 22 Academy of Management Review, 20.
74 *Davis et alii*, (1997) 22 Academy of Management Review, 20 (25).
75 *Davis et alii*, (1997) 22 Academy of Management Review, 20 (43).
76 *Davis et alii*, (1997) 22 Academy of Management Review, 20 (25).
77 *Kay/Silberstone*, (1995) 153 National Institute Economic Review 84.
78 *Kay/Silberstone*, (1995) 153 National Institute Economic Review 84 (89).
79 *Kay/Silberstone*, (1995) 153 National Institute Economic Review 84 (90).
80 *Kay/Silberstone*, (1995) 153 National Institute Economic Review 84 (90).

„the expectations of customers and suppliers", *„company's reputation"* und so weiter.[81]

3.2.4. Zusammenfassung

Wie eingangs skizziert kommen unterschiedliche Corporate Governance-Theorien teilweise zu ganz verschiedenen Ergebnissen hinsichtlich der Frage, welche Akteure zu berücksichtigen sind und welche Gewichtung verschiedene Ansätze dabei für die einzelnen Akteure vorsehen. Während die ökonomischen Erklärungsansätze die Beziehung zwischen dem Leitungsorgan und dem *Shareholder* in den Blick nehmen, betrachten die organisationstheoretischen Ansätze viel mehr die Beziehung zwischen dem Unternehmen als solchem und verschiedenen *Stakeholdern*. Im Gesamtbild ergibt sich eine weitreichende Bandbreite von in Betracht zu ziehenden Akteuren, die im Corporate Governance-Gefüge Berücksichtigung finden können.

Als methodisches Mittel versuchen insbesondere die neo-klassische Ökonomie sowie die neue Institutionenökonomie zur Verhaltensanalyse der verschiedenen Akteure im Corporate Governance-Gefüge die verschiedenen Interessen unter Nutzengesichtspunkten zu kategorisieren. Maßgebend prägend ist dabei der von *Alchian/Demsetz* sowie *Jensen/Meckling* entwickelte *Agency*-Ansatz.

3.3. *Soft Law*-Ansatz: Corporate Governance Codes

3.3.1. Einleitung

Corporate Governance Kodizes werden hier als *Soft Law*-Ansatz beschrieben, weil sie regelmäßig – anders als Gesetze – keine Bindungswirkung entfalten. Die hier beschriebenen Kodizes haben den Anspruch die Markttransparenz zu verbessern und Folgen dabei dem ‚*comply or explain*'-Ansatz. Das heißt, dass die betroffenen Marktteilnehmer sich entweder an die kodifizierten Regeln halten oder aber erklären, warum sie es nicht tun. Damit werden Unternehmen nicht verpflichtet, sich an bestimmte Regeln zu halten, gleichzeitig wird aber für die interessierten Marktteilnehmer die entsprechende Transparenz geschaffen.

---

81 *Kay/Silberstone*, (1995) 153 National Institute Economic Review 84 (90).

3.3.2. Relevante Kodizes

Der *Cadbury Report*[82] (1992) beschreibt „*the lifeblood of markets is information (...)*“[83] und daher: „*cardinal principle of financial reporting is that the view presented should be true and fair.*“[84] Der *Cadbury Report* beschreibt weiter „*the wider the scope for alternative treatments, the less useful financial reports become in terms of comparability – over time and between companies.*“[85] Schließlich bewertet der *Cadbury Report* die bestehenden Rechnungslegungssysteme als zu schwach: “*A basic weakness in the current system of financial reporting is the possibility of different accounting treatments being applied to essentially the same facts, with the consequence that different results (...) could be reported, each apparently complying with the overriding requirement to show a true and fair view.*“[86]

Der *Cadbury Report* verdeutlich, dass die konkrete Bilanzierung, die zwar im Einklang mit Bilanzierungsregeln und -standards steht, nicht zwingend die für eine „gute“ Corporate Governance nötige Information vermitteln kann.

Hinzu tritt, dass in verschiedenen Jurisdiktionen divergierende Bilanzierungsregeln bei gleichen Lebenssachverhalten zu unterschiedlichen Ergebnissen bezüglich Ansatz und Folgebewertung kommen, was die Vergleichbarkeit verschiedener Geschäftsjahre desselben Unternehmens bzw. die Vergleichbarkeit verschiedener Unternehmen im selben Geschäftsjahr erschwert. Damit ergibt sich die zwingende Konsequenz, dass die Bilanzadressaten nicht oder nur mit erhöhtem Aufwand – also erhöhten Transaktionskosten – die veröffentlichten Informationen tatsächlich auch zu vergleichen in der Lage sind. Der *Hampel Report*[87] von 1998 nimmt Bezug auf den *Cadbury Report*[88] und betont, dass „*the auditors do not have an executive role in corporate governance. If the directors fall short of high standards of corporate governance they may be able to identify the deficiency; they cannot make it good*“.[89] Derselben Intention folgt auch der *Smith Report*[90] von 2003, indem folgendes herausgearbeitet wird: „*it is management's, not the audit committee's responsibility to prepare complete and accurate financial statements*“.[91] Der *Smith Report* fordert weiterhin: „*disclosures in accordance*

82 *Cadbury Report*, Financial Aspects of Corporate Governance, 1992.
83 *Cadbury Report*, Financial Aspects of Corporate Governance, 1992, Rn. 4.48.
84 *Cadbury Report*, Financial Aspects of Corporate Governance, 1992, Rn. 4.51.
85 *Cadbury Report*, Financial Aspects of Corporate Governance, 1992, Rn. 4.49.
86 *Cadbury Report*, Financial Aspects of Corporate Governance, 1992, Rn. 4.47.
87 *Hampel Report*, 1998.
88 *Hampel Report*, 1998, Rn. 6.1.
89 *Hampel Report*, 1998, Rn. 6.2.
90 *Smith Report*, Audit Committees – Combined Code of Corporate Governance, 2003.
91 *Smith Report*, Audit Committees – Combined Code of Corporate Governance, 2003, Rn. 5.2.

with financial reporting standards and applicable rules and regulations.“[92] Damit steht der *Smith Report* allerdings teilweise im Widerspruch zum eher kritischen *Cadbury Report*. An anderer Stelle weist der *Smith Report* dem Prüfungsausschuss (*audit committee*) eine zunehmend wichtige Rolle zu: „*the management should inform the audit committee of methods used to account for significant or unusual transactions where the accounting treatment is open to different approaches.*“[93] Mit dieser Aussage verfolgt der *Smith Report* einen anderen Ansatz als der *Cadbury Report* dahingehend, dass der Einfluss des Prüfungssausschusses auf das Leitungsorgan bei der Auswahl von Bilanzierungswahlrechten gestärkt werden soll, anstatt Bilanzierungswahlrechte an sich in Frage zu stellen. Mit diesem Ansatz verfolgt der *Smith Report* die Idee, dem Prüfungssausschuss die Funktion eines „*whistle blower*’s“ zuzuschreiben.[94] Etwa zeitgleich hat auch der *Combined Code* in der Fassung von 2003 den Prozess des sog. *Monitoring* („*the integrity of the financial statements of a company, and any formal announcements relating to the company’s financial performance, reviewing significant financial judgements contained in them*“)[95] als Haupaufgabe des Prüfungsausschusses beschrieben. Diesen Ansatz verfolgen in gleicher Weise die nachfolgenden Kodizes: namentlich der *Combined Code* von 2006, von 2008 und der *UK Corporate Governance Code* von 2010.[96] Freilich ist der Prüfungssausschuss eine wichtige Kontrollinstanz, deren Position in der Unternehmensleitungskontrolle nicht als wichtig genug unterstrichen werden kann. Allerdings steht und fällt die Qualität der Kontrolle mit der Fähigkeit seiner Mitglieder. Mithin ist die bloße Einrichtung eines solchen Kontrollgremiums noch kein Garant für die Qualität der Rechnungslegung an sich. Hinzu kommt, dass zumindest der *Smith Report* die Pflicht des Leitungsorgans, den Prüfungsausschuss einzuschalten, erst dann vorsieht, wenn „*significant or unusual transactions*“ auftreten. Die Begriffe „*significant*“ und „*unusual*“ erweitern aber als unbestimmte (Rechts-)Begriffe den Ermessensspielraum des Leitungsorgans. Unter den genannten Voraussetzungen ist die bloße Stärkung des Aufsichtsorgans m.E. nicht ausreichend.

In 2004 hat die OECD ihre Principles[97] veröffentlicht und forderte damit ein, dass „*information should be prepared and disclosed in accordance with high quality*

92 *Smith Report*, Audit Committees – Combined Code of Corporate Governance, 2003, Rn. 5.2.
93 *Smith Report*, Audit Committees – Combined Code of Corporate Governance, 2003, Rn. 5.2.
94 *Smith Report*, Audit Committees – Combined Code of Corporate Governance, 2003, Rn. 5.9.
95 *Combined Code*, 2003, Rn. C. 3.2.
96 *Combined Code*, 2006, Rn. C. 3.2; *Combined Code*, 2008, Rn. C. 3.2; *UK Corporate Governance Code*, 2010, Rn. C. 3.2.
97 *OECD* Principles, 2004.

standards of accounting and financial (...) disclosure.“[98] Auch beschreibt die OECD es als Verantwortung des Leitungsorgans, „*the integrity of the corporation's accounting and financial reporting systems (...)*“[99] zu gewährleisten. Dabei folgt die OECD dem grundlegenden Ansatz des *Hampel Reports* und des *Smith Reports.* In seinen Anmerkungen (*Annotations*) präzisiert der von der OECD erarbeitete Kodex unter den Stichworten „*Disclosure and Transparency*“, dass „*the quality of information depends on the standards under which it is compiled and disclosed.*“[100] Auf den ersten Blick erinnern diese Zeilen an den *Cadbury Report*; tatsächlich besteht dieser Bezug aber nicht: So kommt die OECD zu dem Ergebnis, dass „*high quality domestic standards can be achieved by making them consistent with one of the internationally recognised accounting standards.*“[101] Damit eröffnen sich zwei grundlegende Fragen: Einerseits, ob die HGB-Rechnungslegung und die IFRS diesen hohen – von der OECD angepriesenen Standard – tatsächlich erfüllen.[102] Andererseits, ob verfolgte Konvergenzbestrebungen letztlich auch in einer besseren Corporate Governance münden. Hierauf wird noch einzugehen sein.

Unter einer aufsichtsrechtlichen Betrachtung haben der *Leitfaden des Basler Ausschusses* „*enhancing corporate governance for banking organisations*“ von 2006 sowie die „*Principles for enhancing corporate governance*“ des *Basler Ausschusses* von 2010 grundsätzlich eine maßgebende Bedeutung für Corporate Governance-Problemstellungen im Bankwesen. Hierbei ist allerdings zu beachten, dass der *Leitfaden des Basler Ausschusses* sich in erster Linie auf die interne Corporate Governance konzentriert.[103] Die *Principles* von 2010 setzen diesen Schwerpunkt fort. Gleichwohl führt die Kompetenzzuweisung zu Gunsten der Finanzaufsichtsbehörde, die interne Corporate Governance kontrollieren zu dürfen, wiederum zu einer Form der externen Kontrolle und damit einer externen Corporate Governance. Dabei handelt es sich aber nur um einen mittelbar wirkenden Effekt, der unter Bilanzierungsgesichtspunkten keinen neuen Erkenntnisgewinn mit sich bringt. So beschreibt der *Leitfaden des Basler Ausschusses*

---

98 *OECD* Principles, 2004, GP. V. Disclosure and Transparency; B.

99 *OECD* Principles, 2004, GP. VI. The Responsibilities of the Board; D. 7.

100 *OECD* Principles, 2004, Annotations, S. 54.

101 *OECD* Principles, 2004, Annotations, S. 54.

102 Freilich handelt es sich bei dem HGB-Rechnungslegungsregime nicht um international anerkannte Standards wie etwa die IFRS oder die US-GAAP. Gleichzeitig ist die HGB-Rechnungslegung aber eine Umsetzung der Bilanzrichtlinien, auf welche die Bezeichnung der international anerkannten Standards zutreffen dürfte.

103 Auf diesen Befund hinweisend: *Mülbert*, BKR 2006, 349 (350); zur Differenzierung zwischen interner und externer Corporate Governance: Homann/Koslowski/Lütge-*Hopt*, Globalisierung der Corporate Governance, S. 81 (83 f.).

bezüglich externer Rechnungslegung: Principle 7 „*The bank should be governed in a transparent manner*"[104]. Es wird lediglich folgendes festgestellt: „*While this section is not focused on financial disclosure, it should be noted that the full annual financial statement, with supporting notes and schedules, should be available to depositors and other customers in order to provide them with a clear and comprehensive picture of the financial standing of the bank and enables them to exercise market discipline.*"[105] Die *Principles* von 2010 erheben nunmehr in den Erläuterungen zu Principle 14 („*The governance of the bank should be adequately transparent to its shareholders, depositors, other relevant stakeholders and market participants*") den Anspruch: „*Disclosure should be accurate, clear and presented in an understandable manner and in such a way that shareholders, depositors, other relevant stakeholders and market participants can consult easily.*"[106]

Obwohl der *Leitfaden* und die *Principles des Basler Ausschusses* sich auf die *OECD-Principles* beziehen, setzten sie anders als die *OECD-Principles* und gleich dem *Deutschen Corporate Governance Kodex* primär auf die interne Corporate Governance.[107]

Der *Deutsche Corporate Governance Kodex* (DCGK) der Regierungskommission „*Deutscher Corporate Governance Kodex*" beschreibt bereits in seiner Präambel, dass sich die Rechnungslegung deutscher Unternehmen am „*true and fair view*"-Prinzip orientiere und ein tatsächliches Bild der Vermögens-, Finanz- und Ertragslage abzubilden habe. Als Informationsadressaten definiert der *DCGK* an anderer Stelle „*Anteilseigner und Dritte*".[108] Dem Aufsichtsrat obliege die Aufgabe, die Informations- und Berichtspflichten näher festzulegen, während „*entscheidungsnotwendige Unterlagen*" wie der Jahresabschluss oder der Konzernabschluss dem Aufsichtsrat durch den Vorstand möglichst rechtzeitig zuzuleiten seien.[109] Des Weiteren solle der Aufsichtsrat einen Prüfungsausschuss (*Audit Committee*) einrichten, der sich unter anderem mit Fragen der Rechnungslegung befasst.[110] Dabei solle der Ausschussvorsitzende „*über besondere Kenntnisse und Erfahrungen in der Anwendung von Rechnungslegungsgrundsätzen*" verfügen

---

104 *Basel Committee on Banking Supervision*, Enhancing Corporate Governance for Banking Organisations, 2006, S. 15.

105 *Basel Committee on Banking Supervision*, Enhancing Corporate Governance for Banking Organisations, 2006, S. 16.

106 *Basel Committee on Banking Supervision*, Principles, 2010, S. 29 f.

107 *Mülbert*, BKR 2006, 349 (351) in Bezug auf den Leitfaden 2006.

108 *DCGK*, Rn. 7.1.1.

109 *DCGK*, Rn. 3.4.

110 *DCGK*, Rn. 5.3.2.

und zudem unabhängig sein.[111] Schließlich sollen vor ihrer Veröffentlichung die Halbjahres- und Quartalsfinanzberichte vom Aufsichtsrat oder dem Prüfungsausschuss gemeinsam mit dem Vorstand erörtert werden.

3.3.3. Zusammenfassung

Nach den oben skizzierten Kodizes trägt das Leitungsorgan die Verantwortung für die korrekte Bilanzierung und Offenlegung (insbesondere *Hampel Report* und *Smith Report*).

Sämtliche Kodizes setzen die Einhaltung anerkannter Bilanzierungsstandards als maßgebend voraus. Gleichzeitig weisen einzelne Kodizies darauf hin, dass selbst dann, wenn die Bilanzierung und Offenlegung eines Unternehmens im Einklang mit geltenden Bilanzierungsstandards stehen, die konkret gewählten Bilanzierungswahlrechte einer „guten" Corporate Governance zuwider laufen können (insbesondere der *Cadbury Report*). Insbesondere sei es für Bilanzadressaten schwierig, Jahresabschlüsse verschiedener Perioden desselben Unternehmens und verschiedener Unternehmen im selben Geschäftsjahr zu vergleichen; wobei auch die geforderte Kompetenzerweiterung des Prüfungsausschusses für außergewöhnliche Fälle – insbesondere bei gewöhnlichen Sachverhalten – wirkungslos bleibe.

3.4. *Hard Law*-Ansatz

3.4.1. Einleitung

In diesem Abschnitt werden die maßgebenden gesetzlichen Vorgaben, die Einfluss auf die Schnittmenge von Corporate Governance und Bilanzrecht haben, kurz skizziert. Dabei wird einerseits auf die gesellschaftsrechtliche Frage eingegangen, wem gegenüber das Leitungsorgan verpflichtet ist,[112] andererseits werden die gesetzlichen Vorgaben zum Bilanzrecht und zum Finanzaufsichtsrecht beschrieben.[113] Entscheidend ist dabei die verpflichtende Wirkung des geltenden Rechts gegenüber den vorgestellten Corporate Governance-Theorien und dem beschriebenen *Soft Law*-Ansatz.

---

111 *DCGK*, Rn. 5.3.2.

112 Siehe Kapitel II.3.4.3.

113 Siehe Kapitel II.3.4.2. und II.3.4.4.

3.4.2. Bilanzrechtliche Regelungen

Die Vorschriften über den Jahresabschluss von Banken ergeben sich einerseits aus den allgemeinen Vorschriften für alle Kaufleute aus dem HGB (§§ 238 ff. HGB), abhängig von der Rechtsform aber regelmäßig aus den Vorschriften für Kapitalgesellschaften (§§ 264 ff. HGB sowie §§ 150 ff. AktG) und den besonderen branchenspezifischen Vorschriften aus §§ 340–340o HGB. Eine weitere Rechtsquelle für die Auslegung bilanzrechtlicher Vorschriften bietet aufgrund des Maßgeblichkeitsgrundsatzes der Handelsbilanz für die Steuerbilanz die Finanzrechtsprechung.[114] Gleichzeitig ist das für deutsche Banken relevante Rechnungslegungsrecht zu weiten Teilen durch das europäische Gesellschaftsrecht überformt und unterliegt damit weitgehend der Auslegung des *EuGH*. Im Einzelnen sind hier die Jahresabschlussrichtlinie[115], die Konzernabschlussrichtlinie[116], die Abschlussprüferrichtlinie[117] sowie die IAS-VO[118] als maßgebende Rechtsakte des europäischen Gesellschaftsrechts mit bilanzrechtlichem Bezug zu nennen. Mit Blick auf das Thema dieser Arbeit sind die Jahresabschlussrichtlinie und ihre Umsetzung in das deut-

---

114 *Windbichler*, Gesellschaftsrecht[22], § 31, Rn. 3.

115 Vierte Richtlinie 78/660/EWG des Rates vom 25.7.1978 aufgrund von Art. 54 Abs. 3 lit. g) des Vertrages über den Jahresabschluß von Gesellschaften bestimmter Rechtsformen, ABl. 1978 L 222/11, geändert durch ABl. 1983 L 193/1 (nächste Fn.), ABl. 1984 L 314/28, ABl. 1989 L 395/36, ABl. 1990 L 317/57, ABl. 1990 L 317/60, ABl. 1994 L 82/33, ABl. 1999 L 162/65, ABl. 2001 L 283/28, ABl. 2003 L 120/22, ABl. 2003 L 178/16, ABl. 2006 L 157/87, ABl. 2006 L 224/1, ABl. 2006 L 363/137, ABl. 2009 L 164/42 sowie Beitrittsverträge: ABl. 1985 L 302/23, ABl. 1994 C 241/21 und ABl. 2003 L 236/33.

116 Richtlinie 83/349/EEC des Rates vom 13. Juni 1983 aufgrund von Art. 54 Abs. 3 lit. g) des Vertrages über den konsolidierten Abschluss, ABl. 1983 L 193/1; geändert durch ABl. 1984 L 314/28, ABl. 1989 L 395/36, ABl. 1990 L 317/57, ABl. 1990 L 317/60, ABl. 1994 L 82/33, ABl. 1999 L 162/65, ABl. 2001 L 283/28, ABl. 2003 L 120/22, ABl. 2003 L 178/16, ABl. 2006 L 157/87, ABl. 2006 L 224/1, ABl. 2006 L 363/137, ABl. 2009 L 164/42, sowie Beitrittsverträge: ABl. 1985 L 302/23; ABl. 1994 C 241/21 und ABl. 2003 L 236/33.

117 Richtlinie 2006/43/EG des Europäischen Parlamentes und des Rates vom 17. Mai 2006 über Abschlussprüfungen von Jahresabschlüssen und konsolidierten Abschlüssen zur Änderung der Richtlinien 78/660/EWG und 83/349/EWG des Rates und zur Aufhebung der Richtlinie 84/253/EWG des Rates, ABl. 2006 L 157/87; Vorschlag ABl. 2004 C 122/50; dazu Stellungnahmen ABl. 2004 C 122/50 (Europäisches Parlament) und ABl. 2005 C 157/115 (Wirtschafts- und Sozialausschuss).

118 IAS-VO: Verordnung (EG) Nr. 1606/2002 des Europäischen Parlaments und des Rates vom 19.7.2002 betreffend die Anwendung internationaler Rechnungslegungsstandards, ABl. 2002 L 243/1; geändert durch Verordnung (EG) Nr. 297/2008 des Europäischen Parlaments und des Rates vom 11.3.2008 zur Änderung der Verordnung (EG) Nr. 1606/2002 betreffend die Anwendung internationaler Rechnungslegungsstandards im Hinblick auf die der Kommission übertragenen Durchführungsbefugnisse, ABl. 2008 L 97/62; zum Anwendungsbereich bzw. zur Reichweite der IAS-VO siehe *Grundmann*, European Company Law, § 18 Rn. 1 ff.

sche Rechnungslegungsrecht und die unmittelbar wirkende IAS-VO von besonderer Bedeutung, denn diese beiden parallel wirkenden Bilanzrechtsregime schreiben Regeln zum Ansatz und zur Bewertung von Finanzinstrumenten vor.[119] Denn durch die IAS-VO halten die IFRS – soweit sie im Zuge des Übernahmeverfahrens (sog. *endorsement*)[120] Anwendung finden – ohne weitere Umsetzung Einzug in die nationalen Rechtsordnungen der europäischen Mitgliedstaaten. Mit der IAS-VO verfolgt die Kommission eben das gleiche Ziel, das auch die IFRS verfolgen, die Grundlage für die Vergleichbarkeit von Abschlüssen desselben Unternehmens über mehrere Perioden, als auch die Vergleichbarkeit von Abschlüssen mit anderen Unternehmen zu gewährleisten.[121] Während Art. 4 IAS-VO die Anwendung der IFRS nur auf Konzernabschlüsse kapitalmarktorientierter Unternehmen beschränkt, räumt Art. 5 IAS-VO den Mitgliedstaaten die Möglichkeit ein, Konzernabschlüsse von nicht-kapitalmarktorientierten Unternehmen sowie die Einzelabschlüsse von kapitalmarktorientierten und nicht-kapitalmarktorientierten Unternehmen von den Richtlinienstandards befreiend vorzuschreiben bzw. den Unternehmen ins Ermessen zu stellen. Dies zeigt den Einfluss und die mögliche Reichweite der IFRS für Unternehmen in den Mitgliedstaaten.

Dabei ist auf die teilweise verschiedenen Funktionsansätze hinzuweisen, denen die zu vergleichenden Bilanzrechtsregime mehr oder weniger folgen. Während die IFRS-Bilanz eine reine Informationsbilanz ist und dem Prinzip folgt, möglichst exakt ein den tatsächlichen Verhältnissen entsprechendes Bild der Vermögens-, Finanz- und Ertragslage eines Unternehmens abzubilden („*true and fair view*"), hat die HGB-Bilanz daneben die Aufgabe Rechenschaft gegenüber den Pflichtadressaten abzulegen (§§ 238 Abs. 1 S. 1 HGB und §§ 264 Abs. 2, 297 Abs. 2 HGB), mithin zu informieren (Informationsfunktion), gleichfalls aber auch eine Ausschüttungsbemessungs-, Referenzwert- und Dokumentationsfunktion zu erfüllen.[122] So dient der Jahresabschluss als Berechnungsbasis für den Verteilungsanspruch (§§ 120, 121, 167, 168 HGB; § 58 Abs. 4 AktG; § 29 Abs. 1 GmbHG) und aufgrund des Maßgeblichkeitsgrundsatzes als Grundlage des zu versteuernden Gewinns (§ 5 Abs. 1 S. 1 EStG).[123]

Vor diesem Hintergrund wird sicherlich zutreffend kritisiert, dass ein erheblicher Einfluss des Einkommensteuerrechts auf das HGB-Rechnungslegungsrecht

---

119 Siehe im Einzelnen Kapitel IV.

120 Zum formellen Endorsement-Verfahren siehe *Dewing/Russell*, JCMS 2008 Vol. 46, 243 (252); *Inwinkl/Schüle*, RIW 2006, 807 (808 ff.); *Oversberg*, DB 2007, 1597 (1597–1600); noch vor der Einrichtung der SARG-Prüfgruppe: *Buchheim/Gröner/Kühne*, BB 2004, 1783 (1783 f.).

121 Vgl. 3. Erwägungsgrund der IAS-VO sowie IAS 1.1.

122 Dazu vgl. *Kleindiek*, ZGR 1998, 466 (468).

123 Zu alledem *Kleindiek*, ZGR 1998, 466 (468); siehe auch *Beisse*, FS Beusch 1993, S. 77 (85 f.).

besteht, weil handelsrechtliche Ansatz- und Bewertungswahlrechte letztlich steuerinduziert gewählt werden würden und damit zur Ergebnisglättung und zur Ausschüttungskontinuität genutzt würden, was ein „*Verschleiern*" des tatsächlichen wirtschaftlichen Erfolgs zur Folge habe.[124] Somit wurde vielfach eine Gewinnausschüttung und Besteuerung aufgrund anderer Rechenwerke gleich dem britischen Recht gefordert.[125]

Zwar ist bereits durch die Jahresabschlussrichtlinie das Gebot, ein den tatsächlichen Verhältnissen entsprechendes Bild der Vermögens-, Finanz- und Ertragslage abzubilden, in das HGB-Rechnungslegungsrecht, in § 264 Abs. 2 S. 1 HGB, aufgenommen worden, doch wird (zumindest teilweise) für die praktische Umsetzung gefordert, das Gebot des „*true and fair view*" von der Bilanz abgekoppelt in den Anhang zu verweisen. Dadurch sollen Informationsdefizite aufgelöst werden und gleichzeitig den traditionellen HGB-Funktionen Rechnung getragen werden.[126] Dagegen spricht allerdings, dass eine Trennung mit dem HGB-Rechnungslegungsrecht nicht vereinbar ist, zumal § 264 Abs. 1 S. 1 HGB „*eine Einheit*" fordert.[127]

Somit lässt sich feststellen, dass bei Konvergenzbemühungen zwischen der HGB-Rechnungslegung und den IFRS die (teilweise) unterschiedlichen Funktionsansätze der beiden Bilanzregime beachtet werden müssen.

Rein formal fordert das HGB-Rechnungslegungsrecht, dass ein bilanzierendes Unternehmen eine Bilanz, eine Gewinn- und Verlustrechnung und – soweit das Unternehmen eine Kapitalgesellschaft oder haftungsbeschränkte Personengesellschaft ist – einen Anhang aufstellt. Die Bilanz bildet auf der Aktivseite die Vermögensgegenstände (Mittelverwendung) und auf der Passivseite die Schulden und das Eigenkapital (Mittelherkunft) zum Ende des jeweiligen Geschäftsjahrs ab. Die Gewinn- und Verlustrechnung stellt die Ausgaben den Einnahmen innerhalb der betrachteten Periode gegenüber. Im Anhang werden zusätzliche Informationen, etwa bezüglich gewählter Ansatz- und Bewertungswahlrechte, offengelegt. Genannte drei Teilstücke sollen den oben beschriebenen Funktionen der Information, Ausschüttungsbemessung, Referenz für die Steuerbilanz und Dokumentation genügen.

Geleitet wird das HGB-Rechnungslegungsrecht dabei von einer Reihe grundlegender Prinzipien. So müssen die angewandten Bilanzierungsregeln grund-

---

124 *Kleindiek*, ZGR 1998, 466 (474).

125 Dazu *Schön*, ZHR 161 (1997), 133 (153 ff.).

126 *Moxter*, BB 1978, 1629 (1630); *ders.*, AG 1979, 141 (144 ff.); *ders.*, FS Budde 1995, S. 419 (426 f.); *Beisse*, FS Beusch 1993, S. 77 (90); *ders.*, FS Clemm 1996, S. 27 (38).

127 Vgl. *Kleindiek*, ZGR 1998, 466 (475 f.) mit weiteren Argumenten.

sätzlich dem geltenden Recht entsprechen (Prinzip der Gesetzmäßigkeit).[128] Die angewandten Bilanzierungsmethoden müssen von einer zur anderen Periode kontinuierlich fortgesetzt werden, so dass Bilanzadressaten in die Lage versetzt werden, die Vermögens-, Finanz- und Ertragslage eines Unternehmens über verschiedene Perioden vergleichen zu können (Stetigkeitsgrundsatz).[129] Zur Gewährleistung zuverlässiger Information verbietet das HGB-Rechnungslegungsrecht die Verrechnung von Vermögensgegenständen und Schulden (Verrechnungsverbot).[130] Entgegen der oben skizzierten Abkopplungsthese, sieht das Konzernrechnungslegungsrecht als so genanntes „*overriding principle*" vor, ein den tatsächlichen Verhältnissen entsprechendes Bild der Vermögens-, Finanz- und Ertragslage zu vermitteln („*true and fair view*").[131]

Demgegenüber sehen die IFRS formal das Erstellen einer Bilanz (*balance sheet*), einer Gewinn- und Verlustrechnung (*income statement*), einer Eigenkapitalveränderungsrechnung (*statement of changes is equity*), einer Kapitalflussrechnung (*cash flow statement*) sowie die Erstellung eines Anhangs vor[132] und gehen damit in den Anforderungen weiter als das HGB-Rechnungslegungsrecht. Die Eigenkapitalveränderungsrechnung erfasst die Veränderungen des Reinvermögens, die entweder auf erfolgsneutrale Transaktionen mit den Eigentümern (Kapitaleinzahlung bzw. -auszahlung oder -ausschüttung) oder auf das Periodenergebnis zurückzuführen sind. Die Kapitalflussrechnung stellt die Zu- und Abflüsse von Zahlungsmitteln oder Zahlungsmitteläquivalenten dar.[133]

Die IFRS setzen ganz ähnliche Maßstäbe für die Bilanzierung wie das HGB voraus: Die im Rahmenkonzept bezeichneten „*qualitative characteristics of financial statements*" sehen als leitende Prinzipien „*understandability*",[134] „*relevance*",[135] „*reliability*"[136] and „*comparability*"[137] vor, die etwa bedeutungsgleich sind.

128 §§ 238 Abs. 1 S. 2, 240 Abs. 1, 246 Abs. 1 HGB.
129 § 252 Abs. 1 Nr. 6 HGB.
130 § 252 Abs. 1 Nr. 3 HGB.
131 § 297 Abs. 2 HGB.
132 Vgl. IAS 1.8.
133 Zahlungsmitteläquivalente sind äußerst liquide Finanzinvestitionen, die jederzeit in Zahlungsmittel umgewandelt werden können. Zu näheren Erläuterungen vgl. IAS 7, insbesondere IAS 7.6.
134 IFRS-RK 25.
135 IFRS-RK 26–28, 29, 43.
136 IFRS-RK 31–32, 36–37, 45.
137 IFRS-RK 39–42.

Unter dem Blickwinkel der zuvor referierten Prinzipien scheint eine weitgehende Kongruenz zwischen dem HGB und den IFRS zu bestehen. Einen anderen Eindruck gewinnt man allerdings, wenn man sich den bereits systemimmanent konfligierenden Prinzipien der Vorsicht[138], der Periodenabgrenzung[139] und des sog. *going concern*[140] widmet. Zwar sind noch die zu Grunde liegenden Definitionen nach HGB-Rechnungslegung und IFRS ähnlich, doch unterscheiden sich die beiden Rechnungslegungsregime in Hinblick auf ihre Interpretation. Definitionsgemäß meint Vorsicht in diesem Zusammenhang, dass Bilanzierungswahlrechte zu einer Reduktion von Unsicherheit bezüglich der Werthaltigkeit führen und eine Überbewertung von Vermögensgegenständen und Einnahmen bzw. Unterbewertung von Schulden und Ausgaben verhindern sollen. Das Prinzip der periodengerechten Betrachtung bedeutet, dass etwa zeitraumbezogene Zahlungen dem Geschäftsjahr korrekt zugeordnet werden, indem auch der Aufwand entsteht und nicht in dem Geschäftsjahr der Zahlung (Periodenabgrenzung). Das *going concern*-Prinzip folgt der Annahme, dass das bilanzierende Unternehmen in seiner Geschäftstätigkeit nicht durch das Ende einer Periode unterbrochen wird, also die Vermögensgegenstände eher zu ihren fortgeführten Anschaffungskosten als zum Schrottwert bewertet werden. In jedem Fall stehen sich das *going concern*-Prinzip und das Prinzip der periodengerechten Bilanzierung einerseits und das Vorsichtsprinzip andererseits diametral gegenüber. Die verschiedenen Interpretationen derselben Begriffe in den zu vergleichenden Rechnungslegungsregimen führen letztendlich in der Literatur zu weitreichenden Forderungen, das Vorsichtsprinzip des HGB zu lockern und etwa eine Bilanzierung zu Marktwerten statt zu historischen Anschaffungs- und Herstellungskosten einzuführen,[141] um so eine Annäherung des HGB an die IFRS zuzulassen.

Gerade unter Corporate Governance-Gesichtspunkten werde das HGB-Rechnungslegungsrecht mit seinem vom Gläubigerschutz geprägten Vorsichtsprinzip als Argumentationshilfe von Seiten des Rechenschaftsverpflichteten missbraucht.[142] Dadurch erleide das Rechnungslegungsrecht als ein zentrales Element der Geschäftsführungskontrolle im Unternehmensrecht einen nicht unerhebli-

138 § 252 Abs. 1 Nr. 4 HGB; IFRS-RK 36–37.

139 § 252 Abs. 1 Nr. 5 HGB; IFRS-RK 22 and IAS 1.25.

140 § 252 Abs. 1 Nr. 2 HGB; IFRS-RK 23 and IAS 1.24.

141 *Kleindiek*, ZGR 1998, 466 (488); insbesondere für das gläubigerschützende Vorsichtsprinzip: *Beisse*, FS Beusch S. 77 (79), (96) *et passim*; *ders.* FS Moxter 1994, S. 3 (15); *Moxter* BB 1985, 1101 (1101) und (1103). Fraglos wird das Ziel vorsichtiger Bilanzierung jedenfalls dann erreicht, wenn die Vermögensgegenstände zu ihrem Zerschlagungswert bilanziert werden.

142 *Kleindiek*, ZGR 1998, 466 (489); *Fleischer*, Shareholder vs. Stakeholder: Aktienrechtliche Fragen, S. 185 (193 f.).

chen Informationsverlust, was letztlich in der Forderung mündet *de lege ferrenda* dem Informationsanspruch der Bilanzadressaten gerecht zu werden.[143]

3.4.3. Gesellschaftsrechtliche Regelungen

Im deutschen Gesellschaftsrecht steht das operative Geschäft in der Verantwortung des Vorstands – also dem Leitungsorgan, wobei dieser in seinen Entscheidungen weitestgehend unabhängig und weisungsungebunden ist (§ 76 Abs. 1 AktG). Gleichzeitig bestehen eine Reihe individueller wie kollektiver Kontrollrechte: §§ 713, 666, 716 BGB; §§ 118, 166 HGB; §§ 131, 171 Abs. 2, 176 Abs. 1 AktG, § 51a GmbHG.[144] Unumstritten ist dabei auch die Tatsache, dass Entscheidungen des Vorstands durch das Gesellschaftsinteresse gebunden sind.[145] Die Ansichten gehen eher bei der Frage nach der Definition des Begriffs des Gesellschaftsinteresses auseinander. Die herrschende Ansicht argumentierte, dass der Vorstand allen Anteilsinhabern bzw. -eigner und *Stakeholdern* mit ihren untereinander teilweise divergierenden Interessen verpflichtet ist.[146] Demgegenüber versucht eine – eher traditionelle – Ansicht, den Begriff des Gesellschaftsinteresses aus dem gemeinsamen Interesse des prosperierenden Unterenehmens abzuleiten.[147] Andere wiederum folgen – zu Gunsten der Anteilseigner – einem *Shareholder Value*-Ansatz, indem sie das Gesellschaftsinteresse mit der Erhöhung des Wertes eines einzelnen Anteils und der Maximierung des Unternehmenswerts gleichsetzen.[148]

Für einen *Shareholder Value*-Ansatz spricht insbesondere, dass die Anteilseigner die Eigentümer des Unternehmens sind und damit – wie vorbezeichnet – die *„residual risk taker"*[149]. Bei historischer Auslegung ist aber die Änderung des Aktiengesetzes von 1937 zu beachten, die gerade den Wortlaut des § 76 Abs. 1 AktG in seine aktuelle Fassung änderte und die zuvor verfolgte Anteilseignerori-

---

143 *Kleindiek*, ZGR 1998, 466 (489).

144 Vgl. hierzu *Kleindiek*, ZGR 1998, 466 (471).

145 *Hüffer*, Aktiengesetz[10], § 76, Rn. 12.

146 KK-AktG[3]-*Mertens/Cahn*, § 76, Rn. 15 ff.; auch schon: KK-AktG[2]-*Mertens*, § 76, Rn. 16; *Hüffer*, Aktiengesetz[10], § 76, Rn. 12; DCGK-Kommentar-*Ringleb*, Rn. 605. Zur Interessenpluralität und der Rechtfertigung von Leitungshandeln: *Fleischer*, Shareholder vs. Stakeholder: Aktienrechtliche Fragen, S. 185 (189 f.).

147 *Zöllner*, AG 2003, 2 (7 f.); *Paefgen*, Unternehmerische Entscheidungen, S. 38 ff.

148 Spindler/Stilz-AktG[2]-*Fleischer* § 76, Rn. 29, zudem sich für einen *„Gewichtungsvorsprung der Aktionärsinteressen"* aussprechend in Rn. 44; *Mülbert*, FS Röhricht 2005, S. 421 (424 ff.); siehe umfassend zu den Entwicklungen: *Fleischer*, Shareholder vs. Stakeholder: Aktienrechtliche Fragen, S. 185 (189 f.), zu den Vorzügen einer Shareholder Value Orientierung: (193 f.).

149 *Alchian/Demsetz*, (1972) 62 American Economic Review 777 (780); *Learmount*, Theorizing Corporate Governance, *et passim*, beschreibt diesen Trend.

entierung zu Gunsten des breitgefächerten *Stakeholder*-Ansatzes aufgab.[150] Eine festgelegte Reihenfolge bezüglich des Grads der Vorstandsverpflichtung sieht das AktG heute jedenfalls nicht mehr vor – präziser: Die Einzelinteressen sind gleichgewichtet.[151] Damit wird dem Vorstand gleichwohl der Ermessensspielraum seiner Entscheidungen erweitert, weil er bei einer Vielzahl gleichberechtigter aber divergierender Interessen (Interessenpluralität) mit geringerem Argumentationsaufwand seine Entscheidung rechtfertigen kann.[152] Insbesondere ist es schwierig – sowohl für den Vorstand *ex ante*, als auch für die Bewertung der jeweiligen Entscheidung *ex post* – das Pareto-Optimum der bisweilen divergierenden Interessen zu ermitteln.

3.4.4. Aufsichtsrechtliche und kapitalmarktrechtliche Regelungen

Die Regulierungsbedürftigkeit von Banken ist bereits oben angesprochen worden.[153] Das für die Kreditwesen- bzw. Finanzaufsicht maßgebende KWG knüpft dabei an einigen Punkten an die HGB-Rechnungslegung an: So besteht für Banken die Pflicht, der Finanzaufsicht gemäß § 26 KWG den Jahresabschluss, den Lagebericht und den Prüfungsbericht vorzulegen. Daneben bildet die HGB-Rechnungslegung gemäß § 340a HGB die Grundlage zur Ermittlung von Zwischenergebnissen im Sinne des § 10 Abs. 3 KWG, die damit zumindest punktuell der Berechnung des Kernkapitals und der Eigenmittelausstattung dient.[154] Freilich ist dabei zu beachten, dass durch die sog. Dynamisierung des Eigenmittelbegriffs inzwischen das finanzaufsichtsrechtliche Eigenkapital nicht mehr dem bilanziellen Eigenkapital entspricht.[155]

Die Eigenkapitalausstattung (Solvabilität), die Zahlungsfähigkeit (Liquidität) und das Risikomanagement sind damit im Wesentlichen losgelöst von der HGB-Bilanz zu betrachten. Zugleich stellen diese finanzaufsichtsrechtlichen Regelungen neben den Vorsorgebestimmungen der Bankbilanz gemäß §§ 340f und 340g

---

150 *Hüffer*, Aktiengesetz[10], § 76, Rn. 12a; *ders.*, FS Raiser 2005, S. 163 (167 f.); hierzu auch *Fleischer*, Shareholder vs. Stakeholder: Aktienrechtliche Fragen, S. 185 (187 f.).

151 *Hüffer*, Aktiengesetz[10], § 76, Rn. 12b.

152 Zur Interessenpluralität und der Rechtfertigung von Leitungshandeln: *Fleischer*, Shareholder vs. Stakeholder: Aktienrechtliche Fragen, S. 185 (189 f.) sowie (193).

153 Siehe Kapitel II.2.4.

154 Vgl. hierzu Boos/Fischer/Schulte-Mattler-*Boos*, KWG[4], § 10, Rn. 213 ff.

155 Zur Abkopplung von bankaufsichtlichem und bilanziellem Eigenkapital: Boos/Fischer/Schulte-Mattler-*Boos*, KWG[4], § 10, Rn. 12; zur Dynamisierung des Eigenmittelbegriffs allgemein siehe Boos/Fischer/Schulte-Mattler-*ders.*, KWG[4], § 10, Rn. 8 f.; speziell im Hinblick auf § 10 Abs. 3 KWG: Boos/Fischer/Schulte-Mattler-*ders.*, KWG[4], § 10, Rn. 215 f.

HGB und der Einlagensicherung als risikobegrenzende Normen einen weiteren Baustein des Gläubigerschutzes dar[156] und werden daher an dieser Stelle kurz umrissen: §§ 10 ff. KWG umfassen die Vorschriften über eine angemessene Eigenmittelausstattung. Dieser Regelungskomplex ist – als europäische Lösung – auf die internationalen Voraussetzungen des Basler Ausschusses für Bankenaufsicht zurückzuführen.[157] Die internationalen Aufsichtsstandards basieren dabei auf drei Säulen, namentlich (1) die Mindestkapitalanforderungen, (2) die Überprüfung der Kapitalausstattung durch die (Finanz-)aufsichtsbehörden und (3) die Disziplinierung durch Offenlegung. Insbesondere die zweite Säule der sog. Basel II Kriterien sieht Maßnahmen der externen und internen Corporate Governance vor.[158] In Hinblick auf die externe Corporate Governance steht die Finanzaufsicht über die Einhaltung der Kapitalausstattung im Vordergrund.[159] Dabei umfassen die quantitative und qualitative Offenlegung einerseits die Kapitalausstattung und andererseits die Kapitalverteilung auf Grundlage des Kreditrisikos, des Marktrisikos, des operativen Risikos und des Zinsrisikos.[160] Konkretisiert werden die Vorschriften aus dem KWG durch die Solvabilitätsverordnung (SolV) gemäß § 10 Abs. 1 S. 9 und 11 KWG und die Liquiditätsverordnung (LiqV) gemäß § 11 Abs. 1 KWG. Diese Bestimmungen zur Gewährleistung von Eigenmittelausstattung und Zahlungsfähigkeit können mit dem von § 10 Abs. 1 S. 1 KWG bestimmten Ziel überschrieben werden, *„im Interesse der Erfüllung ihrer Verbindlichkeiten gegenüber ihren Gläubigern, insbesondere im Interesse der ihnen anvertrauten Vermögenswerte, angemessen Eigenkapital* [zu] *haben*" und gemäß § 11 Abs. 1 S. 1 KWG *„ihre Mittel so an*[zu]*legen, dass jederzeit eine ausreichende Zahlungsbereitschaft (Liquidität) gewährleistet ist.*" Damit wird der Gläubigerschutz institutionalisiert.

Daneben sind noch die Großkreditregelungen gemäß §§ 13 ff. KWG, die im Einzelnen in der GroMiKV ausgestaltet sind, als gläubigerschützende Sonderregelungen zu benennen.[161] Zugleich knüpft § 18 S. 1 KWG unmittelbar an die HGB-Rechnungslegung an, indem Kreditinstitute verpflichtet werden, sich *„ins-*

---

156 Vgl. dazu MüKo HGB²-*Böcking/Löw/Wohlmannstetter* Vor § 340f Rn. 17 ff.

157 Zur Entwicklung des Kreditaufsichtsrechts entlang der internationalen und europäischen Vorgaben vgl. Boos/Fischer/Schulte-Mattler-*Boos*, KWG⁴, § 10, Rn. 1–11a; zur europäischen Antwort auf die Basel II Bestimmungen siehe die Kapitaladäquanzrichtlinie 2006/49/EG; Zu jüngsten Entwicklungen und zur Entgegnung von Liquiditätsrisiken siehe: *Schulte-Matter/Dürselen*, Die Bank 2009, 56 (58 f.).

158 *Kern*, Corporate Governance and Banking Regulation, S. 1015 f.

159 *Kern*, Corporate Governance and Banking Regulation, S. 1015 f.

160 *Kern*, Corporate Governance and Banking Regulation, S. 1016.

161 Vgl. dazu MüKo HGB²-*Böcking/Löw/Wohlmannstetter* Vor § 340f Rn. 17 ff.

besondere durch Vorlage der Jahresabschlüsse" über die wirtschaftlichen Verhältnisse des Kreditnehmers, des Schuldners, zu informieren, soweit der Kredit eine Summe von 750.000,00 Euro oder 10% des Eigenkapitals des Instituts überschreitet.[162]

Für den Kapitalmarkt bilden Jahresabschlüsse auch eine nicht unerhebliche Informationsgrundlage, sowohl für den Marktzugang als auch für die periodische Information nach dem Markteintritt: So stellt das Einreichen von Jahresabschlüssen und Lageberichten gemäß §§ 48 Abs. 2 S. 2 Nr. 4 iVm. 72 BörsZulV eine wesentliche Antragsvoraussetzung für ein *going public* dar. Neben den handelsrechtlichen Offenlegungsvorschriften des §§ 325 ff. HGB, die zum Einreichen des Jahresabschlusses beim elektronischen Bundesanzeiger verpflichten,[163] verpflichtet § 10 WpPG zur periodischen Information, die über die Vorschriften des WpHG auch die Offenlegung von Jahresabschluss und Lagebericht vorschreibt.[164] Dabei stützt sich die Jahresfinanzberichterstattung gegenüber der Finanzaufsicht (§ 37v Abs. 2 WpHG) auf den Jahresabschluss (Nr. 1) und den Lagebericht (Nr. 2). Die Halbjahresfinanzberichterstattung gegenüber der Finanzaufsicht sieht gemäß § 37w Abs. 3 WpHG vor, dass für den zu erstellenden verkürzten Abschluss die „*für den Jahresabschluss geltenden Rechnungslegungsgrundsätze anzuwenden*" sind.

Flankiert werden diese Vorschriften – als Antwort auf den Enron-Bilanzskandal – durch ein sog. *Enforcement*-Verfahren für Rechnungslegung kapitalmarkorientierter Unternehmen. Aufgrund von Vorschlägen des EU-Wertpapierregulierungsausschusses CESR ist mit dem Bilanzkontrollgesetz (BilKoG) ein zweistufiges Verfahren zur Einhaltung von Rechnungslegungsregeln eingeführt worden. Gemäß § 342b ff. HGB wird auf der ersten Stufe eine privatrechtlich organisierte Prüfstelle, die Deutsche Prüfstelle für Rechnungslegung, tätig. Ist ein Unternehmen nicht mehr zur Mitwirkung an der Enforcementprüfung auf der ersten Stufe bereit, sind der BaFin für die Überprüfung von Jahresabschlüssen börsennotierter Unternehmen nach §§ 37n f. WpHG besondere Kompetenzen eingeräumt worden, um eine Einhaltung der Rechnungslegungsregeln zu gewährleisten.[165]

---

162 Vgl. hierzu auch Boos/Fischer/Schulte-Mattler-*Boos*, KWG[4], § 18, Rn. 1–6; *Volk*, BB 1987, 723 (724).

163 Diese Vorschriften sind gemäß § 340l HGB rechtsform- sowie größenunabhängig stets zu beachten. Siehe zur periodischen Publizität auch *Zetzsche*, § 3, S. 39.

164 Vgl. hierzu auch *Wilhelm*, Kapitalgesellschaftsrecht[3], S. 319. § 10 WpPG verweist in u. a. auf §§ 37v, 37w und 37z WpHG, die wiederum auf den Jahresabschluss und den Lagebericht nach HGB bzw. auf die geltenden Rechnungslegungsgrundsätze Bezug nehmen.

165 Zum *Enforcement*-Verfahren siehe *Scheffler*, Enforcement der Rechnungslegung, S. 653 (654 ff.); *Windbichler*, Gesellschaftsrecht[22], § 31, Rn. 25.

3.4.5. Zusammenfassung

Sowohl die HGB-Rechnungslegung als auch die IFRS sehen grundlegende Prinzipien für die Bilanzierung vor, die sich auf den ersten Blick nicht wesentlich voneinander unterscheiden. Jedoch werden die (teilweise) gleichlautenden Prinzipien unterschiedlich interpretiert. Insbesondere das Vorsichtsprinzip einerseits und die Prinzipien der Periodenabgrenzung und des *going-concern* andererseits stehen im Hinblick unterschiedlicher Gewichtungen und Interpretationsansätze nach HGB- und IFRS-Bilanzierung in einem Spannungsverhältnis.

Im Kapitalgesellschaftsrecht ist der Vorstand bzw. das Leitungsorgan der Gesellschaft nicht gegenüber Einzelnen oder einer Gruppe, sondern ohne Rangverhältnis allen *Shareholdern* und *Stakeholdern* verpflichtet. Freilich wird der Ermessensspielraum des Leitungsorgans, weil er unter Berücksichtigung von vielen Einzelinteressen seine Entscheidung rechtfertigen kann, tendenziell erweitert.

Zwar knüpft das Finanzaufsichtsrecht punktuell an den Jahresabschluss und den Lagebericht an, dennoch spielt die Bankbilanz als Informationsmedium im Vergleich zu anderen Informationspflichten der Banken im Finanzaufsichtsrecht eine lediglich untergeordnete Rolle. Hingegen stellen der Jahresabschluss, die Jahresfinanzberichterstattung und die Halbjahresberichtserstattung für die Kapitalmarktakteure eine wichtige Informationsquelle dar.

4. Methode zur Beurteilung von Bilanzierungsregeln

Aus den oben dargestellten Konzepten sollen nun einzelne Überlegungen abgeleitet werden, die quasi als methodisches Rüstzeug für die später folgende Beurteilung der zu vergleichenden Bilanzregime dienen sollen.

Der *Cadbury Report* beschreibt, dass die schlichte Einhaltung von Bilanzierungsstandards *per se* nicht stets mit einer „guten" Corporate Governance gleichgesetzt werden kann, weil es für Bilanzadressaten – trotz Einhaltung anerkannter Standards – schwierig ist, Jahresabschlüsse verschiedener Perioden desselben Unternehmens und verschiedener Unternehmen im selben Geschäftsjahr vergleichen zu können. Daraus folgt, dass divergierende Bilanzierungsregeln bezogen auf denselben Lebenssachverhalt durch unterschiedliche Bilanzregime als Corporate Governance-Problem besonders kritisch zu beurteilen sind. Überdies sind auch Bilanzierungsregeln, die dem bilanzierenden Leitungsorgan Entscheidungsermessen hinsichtlich des Ansatzes und der Bewertung gewähren, ebenso kritisch zu hinterfragen. Dies gilt insbesondere in Anbetracht der berechtigten Besorgnis, dass die Kompetenz der Prüfungsausschüsse für gewöhnliche Sachverhalte oft wirkungslos bleibt. Auch eine Erweiterung der Kompetenzen auf solche Sachverhalte würde die Kontrollfunktion von Prüfungsausschüssen völlig überfrachten und wäre nicht praktikabel. Es ist daher eine zwingende Notwendigkeit, dass die Verantwortung für eine korrekte Bilanzierung beim Leitungsorgan liegt, so wie es seit jeher vom Rechnungslegungsrecht vorgesehen ist und explizit u.a. vom *Hampel Report* und vom *Smith Report* vorausgesetzt wird. Ausgangspunkt der Untersuchung für die Beurteilung von Bilanzierungsregeln als Corporate Governance-Problem ist also das Verhalten des Leitungsorgans im Rahmen des jeweils gewährten Entscheidungsermessens. Um das Verhalten des Leitungsorgans bewerten zu können, erscheint es als probates methodisches Mittel den Nutzen des Leitungsorgans mit dem Nutzen verschiedner Akteure im Corporate Governance-Gefüge – wie bei einem Prinzipal-Agent-Konflikt – zu vergleichen. Während das Prinzipal-Agent-Modell fraglos auf die Beziehung zwischen dem Leitungsorgan und dem Anteilseigner als Prinzipal anzuwenden ist, stellt sich die Frage, ob der Anwendungsbereich noch erweitert werden kann. Betrachtet man die organisationstheoretischen Ansätze, so ist der Manager bzw. das Leitungsorgan in seinem Verhalten auch verschiedenen *Stakeholdern* gegenüber verpflichtet – sei es direkt oder gegenüber der Gesellschaft indirekt. Nimmt man sich nun der Überlegungen der organisationstheoretischen Ansätze an, und öffnet man die Untersuchung auch gegenüber *Stakeholdern*, müsste man zur Darstellung divergierender Interessen in bi-poligen Beziehungen den *Stakeholdern* die Prinzipalstellung gegenüber dem Leitungsorgan einräumen. Dafür spricht in Anbetracht der herrschenden Auffassung im nationalen Kapitalgesellschaftsrecht, dass das Leitungsorgan allen *Shareholdern* und *Stakeholdern* gleichermaßen verpflichtet ist. M.E. kann das Prinzipal-Agent-Modell daher auch auf die Beziehungen zwischen dem Leitungsorgan und einzelnen *Stakeholder*-Gruppen angewandt werden, auch wenn das Subordinationsverhältnis, welches das Prinzipal-Agent-Modell bereits seinem Namen nach suggeriert, nicht immer besteht (so etwa bei der Beziehung zwischen einem Leitungsorgan und Arbeitnehmern, die dem Leitungsorgan gegenüber regelmäßig weisungsgebunden sind),[166] weil es allgemein zur Analyse des Verhaltens der Akteure beihelfen kann.

Die genaue Bestimmung, welche Akteure als Bilanzadressaten für die Gegenüberstellung ihres Nutzens zum Nutzen des Leitungsorgans für die Untersuchung herangezogen werden sollen, folgt im nächsten Kapitel (siehe III.2.).

Bezüglich der Verhaltensanalyse von verschiedenen Akteuren sind diesen ihre jeweiligen Interessen unter Nutzengesichtspunkten zuzuordnen. In Anbetracht oben dargestellter Corporate Governance-Ansätze ist dabei m.E. – entge-

---

166 Für eine Übertragbarkeit auf Stakeholder vgl. auch *Kern*, Corporate Governance and Banking Regulation, S. 1006 ff. *et passim*.

gen der *Stewardship*-Theorie – davon auszugehen, dass der Unternehmenserfolg und der Nutzen des Prinzipals nicht *per se* kongruent sein müssen. Während ein ganz strenger *Stewardship*-Ansatz annimmt, dass *„a steward protects and maximizes shareholders' wealth through firm performance, because, by so doing, the steward's utility function is maximizing"*[167], ist es doch nachvollziehbarer, dass das Leitungsorgan sich wie ein *homo oeconomicus* verhalten wird, also in erster Linie an der eigenen Nutzenmaximierung ein Interesse hat.[168]

Methodisch kann weiterführend daher auf die ökonomischen Ansätze[169] der Vertragstheorie und die Informationsökonomie zurückgegriffen werden, die das Verhalten von zweipoligen Beziehungen zwischen einem Prinzipal und einem Agenten unter der Annahme asymmetrischer Information analysieren.[170] In Anlehnung an *Coase* geht die Informationsökonomie davon aus, dass sich die Akteure am Markt dem Marktmechanismus entsprechend verhalten und deshalb angenommen werden kann, dass jeder Akteur sich gleich dem – bereits erwähnten – *homo oeconomicus* darum bemüht, seinen eigenen Nutzen zu maximieren.[171] Im Mittelpunkt der Vertragstheorie und der Informationsökonomie stehen die Erklärungsmodelle der Spieltheorie. An dieser Stelle folgt ein Exkurs, der auf die drei maßgebenden Erklärungsmodelle kurz eingeht:

Die Spieltheorie[172] unterscheidet zur Kategorisierung von Situationen der nicht-kooperativen Spieltheorie und asymmetrischer Information[173] wie folgt: Das *Adverse Selection*-Modell[174], das *Signalling*-Modell[175] und das *Moral Hazard*-

---

167 *Davis et alii*, (1997) 22 Academy of Management Review, 20 (25).

168 Der *homo oeconomicus* ist *„a person who makes rational decisions in order to achieve their most preferred outcome given the constraints upon choice."* *Black et alii*, A Dictionary of Economics, S. 130. Für eine kritische Einführung zu diesem Thema siehe: *Frank*, (1987) 77 (4) The American Economic Review 593.

169 Die im Folgenden beschriebenen Modelle sind maßgebend auf die neo-klassische Ökonomie und die neue Institutionenökonomik zurückzuführen, die sich in erster Linie auf die Vertragsbeziehungen und Vertragsverflechtungen zwischen den einzelnen Parteien fokussieren.

170 Vgl. *Salanié*, The Economics of Contracts: A Primer, S. 2; *Macho-Stadler/Pérez-Castrillo*, An Introduction to the Economics of Information, S. 4.

171 *Salanié*, The Economics of Contracts: A Primer, S. 1 (unter Bezugnahme auf *Coase*).

172 Die Spieltheorie ist *„the analysis of strategic situations in which the actions of one agent affect the pay-off received by another."* *Black et alii*, A Dictionary of Economics, S. 185.

173 Vgl. auch *Salanié*, The Economics of Contracts: A Primer, S. 3.

174 Das Adverse selection Model beschreibt die Situation, dass *„the uninformed party is imperfectly informed of the characeristics of the informed party; the uninforemed party moves first"*; siehe auch *Salanié*, The Economics of Contracts: A Primer, S. 4.

175 Das Signalling Model beschreibt die Situation, dass *„the informational situation is the same but the informed party moves first"*; siehe auch *Salanié*, The Economics of Contracts: A Primer, S. 4.

Modell[176]. Allein das *Moral Hazard*-Modell kann zutreffend auf die hier betrachteten Fälle Anwendung finden, weil die hier betrachteten Informationsasymmetrien für gewöhnlich erst nach dem Vertragsschluss mit der Gesellschaft auftreten werden. Präziser: Die folgenden Parameter müssen gegeben sein: (1) das Verhalten hat Einfluss auf den Nutzen von Agent und Prinzipal; (2) das Verhalten des Agenten ist verifizierbar, das heißt, dass der Prinzipal nur das Ergebnis überwachen kann; (3) das Verhalten des Agenten ist nicht pareto-optimal. Die Informationsökonomie versucht den divergierenden Nutzen von Prinzipal und Agent im Rahmen von Nutzenfunktionen zusammenzufassen. Daher stellen ganz generell das Prinzipal-Agent-Modell[177] und das *Moral Hazard*-Modell geeignete Methoden zur Erforschung von Corporate Governance Strukturen dar; auch von solchen, die im Zusammenhang mit bilanzrechtlichen Fragestellungen stehen.[178]

Bei der Beurteilung von Bilanzierungsregeln sind die in den zu vergleichenden Bilanzregimen jeweils gewachsenen Bilanzierungsprinzipien zu berücksichtigen. Die Darstellung der bilanzrechtlichen Regelungen hat gezeigt, dass insbesondere das Vorsichtsprinzip einerseits und die Prinzipien der Periodenabgrenzung und des *going-concern* andererseits im Hinblick unterschiedlicher Gewichtungen und Interpretationsansätze nach HGB- und IFRS-Bilanzierung in einem Spannungsverhältnis stehen. Zwar führen unterschiedliche Traditionen immer wieder zu Divergenzen zwischen den Systemen der HGB-Rechnungslegung und den IFRS, gleichzeitig ist gerade bezüglich der HGB-Rechnungslegung der Wille des Gesetzgebers bezüglich eines Festhaltens an Althergebrachtem bis zu einem gewissen Grad zu respektieren.

Während bisher angestellte Überlegungen allgemein zur Beurteilung von Bilanzierungsregeln als Corporate Governance-Problem dienen können, ist abschließend auf eine Besonderheit bezüglich der Bankbilanz hinzuweisen, die allerdings keine wesentlich andere Beurteilung von Bankbilanzierungsregeln mit sich bringen dürfte. Banken unterliegen – wie zuvor dargestellt – einer besonderen finanzaufsichtsrechtlichen Kontrolle. Gleichzeitig spielt die Bankbilanz als

---

176 Das Moral Hazard Modell beschreibt die Situation, dass „*the uninformed party moves first and is imperfectly informed of the actions of the informed party*"; siehe auch *Salanié*, The Economics of Contracts: A Primer, S. 4.

177 Vgl. zu einer detaillierten Darstellung des Principal-Agent-Models auch: *Salanié*, The Economics of Contracts: A Primer, S. 4.

178 Die beschriebenen Modelle sind maßgebend auf die neo-klassische Ökonomie und die neue Institutionenökonomik zurückzuführen, die sich in erster Linie auf die Vertragsbeziehungen und Vertragsverflechtungen zwischen den einzelnen Parteien fokussieren. Zutreffend wird daher auch teilweise an Stelle der Corporate Governance von der Contract Governance gesprochen. Siehe hierzu: *Möslein*, JZ 2010, 72 ff.; *ders./Riesenhuber*, (2009) 3 ERCL 248.

Informationsmedium im Vergleich zu anderen Informationspflichten im Finanzaufsichtsrecht lediglich eine sekundäre Rolle. Für die weiteren Überlegungen kann daher der Schluss gezogen werden, dass das Interesse der Finanzaufsicht als möglicher Akteur im Corporate Governance-Gefüge eine Rolle spielen kann, aber aufgrund originär aufsichtsrechtlicher Informationsmöglichkeiten im Vergleich zu anderen (*Stakeholder-*)Interessen letztlich weniger Gewicht bei der Beurteilung von Bilanzierungsregeln beizumessen ist.

Kapitel III. Bilanzadressaten, Bilanzanalyse und Bilanzpolitik

1. Einleitung

Fortlaufend wird kritisiert, das HGB-Rechnungslegungsrecht eröffne dem Leitungsorgan erhebliche bilanzpolitische Handlungsspielräume zur Ergebnisgestaltung.[1] Von Rechenschaft durch Rechnungslegung könne daher keine Rede mehr sein, wenn der Verpflichtete selbst auswählen kann, was er an Aktiva und Passiva ausweist und wie er sie bewertet.[2] Damit stellt die Bilanzpolitik für das Leitungsorgan ein Vehikel dar, dessen es sich bedient, um bestimmte Aktionen hinsichtlich der Informationsvermittlung zu kontrollieren. So hat das Leitungsorgan einerseits die Möglichkeit, etwa durch die Gestaltung von Sachverhalten vor dem Bilanzstichtag oder durch die Wahrnehmung bilanzieller Wahlrechte nach dem Bilanzstichtag, Einfluss auf die Ergebnisdarstellung zu nehmen.[3] Andererseits unterliegen – wie allgemein auch jede unternehmenspolitische Entscheidung – die finanzpolitischen und publizitätspolitischen Entscheidungen bestimmten Zielen. Teilweise lassen sich über die konkrete Zieldefinition dann wiederum Sachverhaltsgestaltungen und genutzte Wahlrechte gegenüber den anderen Akteuren rechtfertigen.[4] Deshalb bilden die Bilanzpolitik, insbesondere die Jahresabschlusspolitik von Banken, und die Instrumente der Einflussnahme ein zentrales Element der Beurteilung, inwieweit die bestehenden Informationsasymmetrien zwischen Leitungsorgan und Bilanzadressaten ausgeglichen werden und wer im Einzelfall von fortbestehenden Informationsdefiziten oder Informationsexzessen profitiert. Im Folgenden werden daher zunächst unter Bezugnahme auf die Corporate Governance-theoretischen Grundlagen die Bilanzadressaten bestimmt. Danach werden verschiedene Ziele der Jahresabschlusspolitik und die dem Leitungsorgan zur Verfügung stehenden Instrumente dargestellt.

---

1 Etwa *Kleindiek* ZGR 1998, 466 (485 f.); auf diesen Sachverhalt hinweisend anhand eines Beispiels: *Kübler*, ZHR 1995, 550 (560); zur Gewinnglättung *ders*, ZGR 2000, 550, 561; *Hommelhoff* RabelsZ 62 (1998) 381 (388 f.).

2 *Kleindiek* ZGR 1998, 466 (486); gleichfalls zur Rechenschaft: *Claussen*, FS Ulmer S. 801 (814 f.); *Kübler*, ZGR 2000, 550 (555).

3 *Baetge/Kirsch/Thiele*, Bilanzanalyse, S. 154 f.; *Küting/Weber*, Bilanzanalyse, S. 40 f.

4 *Bieg*[1], S. 758; *Bieg*[2], S. 940.

2. Bilanzadressaten

Auf Grundlage der im Kapitel II. besprochenen Corporate Governance-Theorien werden an dieser Stelle für die nachfolgende Untersuchung die in Betracht zu nehmenden Akteure im Corporate Governance-Gefüge festgelegt. Dabei ist zu beachten, dass die dargestellten theoretischen Ansätze keinesfalls zu einem einheitlichen Ergebnis bezüglich der Frage kommen, welche Akteure als Bilanzadressaten im Bilanzrecht einen besonderen Stellenwert einnehmen sollten, oder ob überhaupt zwischen verschiedenen Adressaten unterschieden werden sollte. Greift man hierzu exemplarisch einen restriktiven *Shareholder Value*-Ansatz heraus, hat im Lichte des entsprechenden Corporate Governance-Verständnisses der Bilanzadressat „Anteilseigner" einen höheren Stellenwert als der Bilanzadressat „Gläubiger". Verfolgt man hingegen einen restriktiven *Stakeholder*-Ansatz, gewinnt der Bilanzadressat „Gläubiger" an Bedeutung und schließt in seiner Bedeutung (zumindest) zu gleichem Rangverhältnis wie ein Anteilseigner auf. Als wesentliche Frage ist also vorab zu klären, welches Verständnis der folgenden Untersuchung zu Grunde gelegt werden soll und ob die zu vergleichenden Rechnungslegungsregime eine Rangfolge möglicher Bilanzadressaten voraussetzen.

Das derzeitige HGB-Rechnungslegungsrecht sieht keine zwingende Rangfolge der Bilanzadressaten vor.[5] Im Ergebnis liegt damit ein vergleichbares Verständnis bezüglich des Rechnungslegungsrechts vor, wie bei der Frage, wem das Leitungsorgan gegenüber verpflichtet ist: Wie zuvor erörtert schließt die wohl vorherrschende Meinung dort eine Rangfolge zugunsten eines Gleichrangs ebenfalls aus.[6] Systematisch lässt sich diese These *expressis verbis* nicht stützen, zumindest aber auch nicht widerlegen. Etwa verpflichtet die Regelung des § 176 Abs. 1 S. 1 iVm. § 175 Abs. 2 S. 2 AktG den Vorstand einer Aktiengesellschaft, den Anteilseignern auf der Hauptversammlung den Jahresabschluss vorzulegen. In den seltenen Fällen des § 173 AktG obliegt der Hauptversammlung sogar die Aufgabe der Feststellung des Jahresabschlusses.[7] Gleichzeitig werden Gläubiger durch § 256 Abs. 1 Nr. 1 AktG gesondert adressiert. So ergibt sich die Nichtigkeit

---

5 Zu diesem Ergebnis kommen zumindest *Zetzsche*, § 4, S. 54–60; im Anschluss an *EuGH*, NJW 1998, 129 (130), Tz. 22 („*Daihatsu*") soweit ersichtlich auch GroßKommHGB[4]-*Hommelhoff*, § 289, Rn. 44 ff.; jedenfalls sehr strittig, insbesondere a.A. *A/D/S*, § 264 HGB, Rn. 87 f.; *Moxter* ZGR 1980, 254 (276); KK-AktG[2]- *Clausen/Korth* § 264, Rn. 14; *Hopt*, Der Kapitalanlegerschutz im Recht der Banken, S. 306; *Wiedemann*, BB 1975, 1591 (1593) und (1597).

6 Siehe Kapitel II.3.4.3.

7 *Windbichler*, Gesellschaftsrecht[22], § 31, Rn. 23: „*beides ist selten*"; dies betrifft die zwei Fälle, dass Vorstand und Aufsichtsrat sich für die Feststellung durch die Hauptversammlung entschieden haben oder dass der Aufsichtsrat den Jahresabschluss nicht gebilligt hat.

eines festgestellten Jahresabschlusses, *„wenn er durch seinen Inhalt Vorschriften verletzt, die ausschließlich oder überwiegend zum Schutze der Gläubiger der Gesellschaft gegeben sind“*. Die Nichtigkeit des festgestellten Jahresabschlusses kann dann auch im Zuge der Feststellungsklage (§ 256 ZPO) von jedem einzelnen Gläubiger durchgesetzt werden,[8] was der Vorschrift ein besonderes Gewicht verleiht und die Auffassung stützt, Gläubiger hätten als Bilanzadressaten (sogar) eine Vorrangstellung.[9] Als gläubigerschützend sind grundsätzlich die im HGB verankerten Vorsichts-, Realisations- und Imparitätsprinzipien zu sehen,[10] auch wenn man darin nicht zwingend eine *„adressatenbezogene gesetztgeberische Zielansprache“*[11] finden sollte. Einen Vorrang der Adressatenstellung der Gläubiger – sogar gegenüber den Anteilseignern – herzuleiten, erscheint verfehlt.[12] Die Vorlagepflicht des Vorstands an den Aufsichtsrat aus § 170 Abs. 1 S. 1 AktG erweitert den Adressatenkreis um die Arbeitnehmervertreter bzw. mittelbar die Arbeitnehmer.[13] Freilich sind Arbeitnehmer ebenso als Gläubiger aus Dauerschuldverhältnissen einzuordnen. Besondere Erwähnung findet die Gruppe der Arbeitnehmer 1968 in der Begründung des Regierungsentwurfes eines Gesetzes über die Rechnungslegung von Großunternehmen und Konzernen, der sich zum Publizitätsgesetz (PublG) weiterentwickelte: So ist die *„Entwicklung zum Guten oder Schlechten* [im Unternehmen] *von wesentlicher Bedeutung (...) für den regionalen und manchmal für den allgemeinen Arbeitsmarkt“*.[14] Damit erkennt der Gesetzgeber zumindest ab 1968 auch die Arbeitnehmer als Bilanzadressaten der externen Rechnungslegung an.

An gleicher Stelle zieht die Begründung des PublG den Kreis der Adressaten noch weiter und benennt auch die Öffentlichkeit als Bilanzadressaten und begründet dies damit, dass auch die *„Expansion und der Niedergang solcher Unternehmen (...) die Struktur und Finanzlage ganzer Städte“* beeinflussen könnten und

---

8 *BGH*, NJW 1966, 1458 (1459); vgl. dazu auch: *Hüffer*, Aktiengesetz[10] § 249 Rn. 12.

9 *A/D/S*, § 264 HGB, Rn. 87 f.; *Moxter* ZGR 1980, 254 (276).

10 Siehe hierzu Kapitel II. 3.4.2.

11 KK-AktG[2]-*Claussen/Korth* § 264, Rn. 16.

12 Vgl. KK-AktG[2]-*Claussen/Korth* § 264, Rn. 16 unter Bezugnahme auf die Gesetzesbegründung zum BiRiLiG, die Aktionärs- und Gläubigerschutz gleichwertig behandelt: BT-Drs. 10/317, S. 76; ebenfalls: *Zetzsche*, § 4, S. 54–60 *et passim*.

13 Vgl. *Reige*, DB 1988, 2213 (2219); grundsätzlich aber aufgrund der Interessenslage zu berücksichtigen: *Schwark*, AG 1978, 269 (271). Ob den Arbeitnehmern in der Adressatengruppe der Gläubiger eine exponierte Stellung aufgrund der wirtschaftlich Abhängigkeit und daraus resultierenden Schutzbedürftigkeit einzuräumen ist, kann an dieser Stelle zunächst offen bleiben.

14 Gesetzesbegründung: BT-Drs. V/3197 (1968), Bd. 122, S. 14; später: PublG vom 15.08.1969, BGBl. I. S. 1189.

unterstreicht dies mit der Überlegung, dass „*öffentliche Rechnungslegung* (...) *das angemessenste und zugleich schonendste Mittel* (...) *zur Sicherung einer ordnungsgemäßen Geschäftsführung*" darstelle.[15] Eine Festlegung zum Rangverhältnis der Bilanzadressaten sieht die amtliche Begründung des PublG indes nicht vor.

Auf die historischen Entwicklungen zum Rangverhältnis soll an dieser Stelle nur punktuell und dabei schwerpunktmäßig auf die jüngeren Entwicklungen eingegangen werden.[16] Die Rechnungslegung hatte in den historischen Ursprüngen primär die Funktion der Eigeninformation eines Kaufmanns.[17] Die Schwerpunktverschiebung weg von der internen Informationsbilanz zur externen Rechnungslegung ist wohl auf die zuvor beschriebenen[18] ökonomischen Entwicklungen der Trennung von Eigentum und Kontrolle zurückzuführen. Bezug nehmend auf die Entwicklungsgeschichte des nationalen Rechnungslegungsrechts fasst *Zetzsche* zusammen: „*die Präferenz der Legislative pendelte* (...) *zwischen den Extrempolen eines extensiven Gläubiger- und Aktionärsschutzes.*"[19] Soweit bezog der Gesetzgeber keine eindeutige Stellung bezüglich einer Rangfolge. Das damals geltende Rechtsverständnis ist aber nicht einfach auf die beiden Adressatengruppen der Anteilseigner und der Gläubiger zu reduzieren. Beispielsweise lässt sich dies an der Rechtsprechung des Reichgerichts für Strafsachen verdeutlichen[20]: In dem zitierten Fall ging es um die Pflichten eines AG-Aufsichtsrates hinsichtlich der Mitteilungen im Geschäftsbericht. Das Reichsgericht urteilte, dass Gesellschaftsorgane dem „*öffentlichen Interesse an gesunder Entwicklung des Aktienwesens wie zum Schutze des Publikums gegen unlautere Machenschaften überhaupt*"[21] verpflichtet seien und die Information aus dem Geschäftsbericht nicht bloß „*nur dem Interesse der Aktionäre diene*"[22]. Dabei subsumierte das Reichsgericht unter den Begriff des öffentlichen Interesses auch Gläubiger und zukünftige Anteilseigner.[23]

---

15 Gesetzesbegründung: BT-Drs. V/3197 (1968), Bd. 122, S. 14. Hierzu auch *Prühs*, AG 1969, 173 (175); *Kunze*, ZHR 1970 (134), 193 (200).
16 Für eine kurze Übersichtsdarstellung der historischen Entwicklung siehe *Zetzsche* § 4, S. 57–60.
17 So die Situation zur Mitte des 19. Jahrhunderts; vgl. *Zetzsche* § 4, S. 57.
18 Siehe Kapitel II. 3.2.2.
19 *Zetzsche* § 4, S. 58.
20 *RGSt* 38, 195–200.
21 *RGSt* 38, 195, 199.
22 *RGSt* 38, 195, 198.
23 *Zetzsche* § 4, S. 59.

Das gegenwärtige HGB-Rechnungslegungsrecht ist mittlerweise stark durch das Europäische Gesellschaftsrecht überformt;[24] während die Umsetzung der Jahresabschlussrichtlinie durch das Bilanzrichtliniengesetz (BilRiLiG)[25] noch sehr stark vom Vorsichtsprinzip dominiert worden ist, wird die vermeintliche[26] Gläubigerorientierung stark durch die europäischen Entwicklungen – insbesondere die *Fair Value*-Richtlinie[27], die Modernisierungsrichtlinie[28] sowie die Abänderungsrichtlinie[29] – in ein stärker investorenorientiertes Rechnungslegungsverständnis getrieben. Gleichzeitig ist der Rechtsprechung des *EuGH* ein erheblicher Einfluss auf das HGB-Rechnungslegungsrecht beizumessen. So kommt der *EuGH* in seiner *Daihatsu*-Entscheidung zu dem Schluss, dass die bilanzrechtlichen Normen aus der Jahresabschlussrichtlinie nicht nur die Gesellschafter, sondern ebenfalls Dritte – auch Gläubiger – schützen sollen.[30] Teilweise wird die vorbezeichnete Entscheidung des *EuGH* dahingehend verstanden, dass sogar jede interessierte Person als Adressat der Rechnungslegung anzusehen ist.[31]

Nach alledem verfolgt Rechnungslegung im Sinne einer Rechenschaftslegung auch einen individuellen und einen institutionellen Schutz, denn gleichzeitig vermittelt Rechnungslegung einen Funktionsschutz des Zahlungs- und Kreditverkehrs, fordert von Leitungsorganen „*Rechenschaft vor sich selbst*"[32] sowie „*Selbstinformation zum Zwecke der Schuldendeckungskontrolle*"[33] und vermittelt

---

24 Siehe Kapitel II. 3.4.2.

25 Gesetz zur Durchführung der Vierten, Siebenten und Achten Richtlinie des Rates der Europäischen Gemeinschaften zur Koordinierung des Gesellschaftsrechts (Bilanzrichtliniengesetz – BiRiLiG) vom 19.12.1985, BGBl. 1985 I, 2355.

26 Den Gläubigerschutz als maßgebendes Gestaltungsprinzip des deutschen Bilanzrechts sehen *Beisse* FS Beusch 1993, S. 77 (79) und (96) *et passim*; *ders.* FS Moxter 1994, S. 3 (15); *Moxter* BB 1985, 1101 (1101) und (1103) a.A: *Kübler*, ZHR 1995, 550 (563) und (556), dort den Paradigmenwechsel beschreibend; *ders.* ZGR 2000, 550 (557); *Strobl*, FS Clemm 1996, S. 389 (408 f.); GroßKommHGB^4-*Hommelhoff*, § 289, Rn. 51.

27 Fair-Value-Richtlinie 2001/65/EG; ABl. 2001 L 283/28; umgesetzt durch das BilReG (Bilanzrechtsreformgesetz vom 04.12.2004, BGBl. 2004 I, 3166).

28 Modernisierungsrichtlinie 2003/51/EG; ABl. 2003 L 178/16; umgesetzt durch das BilReG (Bilanzrechtsreformgesetz vom 04.12.2004, BGBl. 2004 I, 3166).

29 Abänderungsrichtlinie 2006/46/EG; ABl. 2006 L 224/1; umgesetzt durch das BilMoG (Gesetz zur Modernisierung des Bilanzrechts – Bilanzrechtsmodernisierungsgesetz vom 25.5.2009, BGBl. 2009 I, 1102).

30 *EuGH*, NJW 1998, 129 (130), Tz. 22 („*Daihatsu*").

31 GroßKommHGB^4-*Hommelhoff*, § 289, Rn. 44 ff., insbesondere zu Adressaten des Lageberichts: 47 ff., insbesondere zum Informationsinteresse der Allgemeinheit: 53 ff.

32 *Moxter*, FS Beisse 1997, S. 347 (349); für Rechenschaft gegenüber den Aktionären: *Claussen*, FS Ulmer S. 801 (814 f.); *Kübler*, ZGR 2000, 550 (555).

33 *Moxter*, FS Beisse 1997, S. 347 (349).

einen Drittschutz zugunsten der Gläubiger.[34] Damit ist Rechnungslegung ein Mittel der externen wie internen Unternehmenskontrolle.[35]

Als Adressaten der HGB-Rechnungslegung sind damit folgende Akteure zusammenzufassen: Anteilseigner, Gläubiger, Arbeitnehmer, die Öffentlichkeit und der Staat. Hingegen ist das Leitungsorgan als Bilanzadressat der externen Rechnungslegung entgegen *Stützel*[36] auszuschließen, weil das Leitungsorgan in erster Linie Adressat der internen Rechnungslegung (*management accounting*) ist.[37] Soweit die Leitungsvergütung an Parametern festgemacht wird, die durch die externe Rechnungslegung determiniert werden, ist das Leitungsorgan aber eher Gläubiger oder Anteilseigner – je nach Ausgestaltung – der Gesellschaft; eine besondere Adressatenstellung ergibt sich nicht. Nicht explizit im HGB-Rechnungslegungsrecht genannt, sondern sich mehr aus der Systematik der Rechtsordnung ergebend, ist auch der Staat als Bilanzadressat zu begreifen.[38]

Im Ergebnis ist die Fokussierung auf eine bestimmte Rangfolge obiger Bilanzadressaten im HGB-Rechnungslegungsrecht eher abzulehnen, denn zu bejahen.[39]

Hinzu tritt nun die Anwendbarkeit der IFRS (zumindest) auf alle kapitalmarktorientierten Konzernunternehmen durch die IAS-VO[40], die auch die Anwendbarkeit des IFRS Framework vorschreibt: Darin wird eine ganze Bandbreite von Akteuren definiert; im Einzelnen die Gruppen der Anteilseigner (*investors*), der Angestellten (*employees*), der Kreditgläubiger (*lenders*), der Zulieferer und der

---

34 *Kleindiek* ZGR 1998, 466 (471 f.)

35 *Kleindiek* ZGR 1998, 466 (471).

36 *Stützel* ZfB 1967, 314 (330 f.).; ansatzweise auch *Volk*, BB 1987, 723 (724).

37 *Zetzsche* § 4, S. 56; im Ergebnis auch *Volk*, BB 1987, 723 (724).

38 Siehe auch Kapitel II.3.4.; für das Steuerrecht bejahend *Volk*, BB 1987, 723 (725); nur für fiskalisches Staatshandeln bejahend: *Merkt*, Unternehmenspublizität, S. 414 f.; offen gelassen von Zetzsche § 4 S. 56; vgl. auch *Claussen*, FS Ulmer S. 801 (811) auch zur Informationsfunktion im Kapitalmarktrecht und zur Verschiebung zum Anlegerschutz: *ders.*, ZGR 2000, 604 (616 f.). Dagegen: *Merkt*, Unternehmenspublizität, S. 414 f.

39 So auch Zetzsche § 4, S. 65; a.A. zu Gunsten der Aktionäre als Hauptadressaten: KK-AktG^2-*Clausen/Korth* § 264, Rn. 14: *„Unter diesen Adressaten haben die Aktionäre Priorität"*; auch *Hopt*, Der Kapitalanlegerschutz im Recht der Banken, S. 306: *„als Hauptzweck der aktienrechtlichen Rechnungslegung* (ist) *die Information der Aktionäre festzuhalten."*; *Wiedemann*, BB 1975, 1591 (1593) und (1597).

40 IAS-VO: Verordnung (EG) Nr. 1606/2002 des Europäischen Parlaments und des Rates vom 19.7.2002 betreffend die Anwendung internationaler Rechnungslegungsstandards, ABl. 2002 L 243/1; geändert durch Verordnung (EG) Nr. 297/2008 des Europäischen Parlaments und des Rates vom 11.3.2008 zur Änderung der Verordnung (EG) Nr. 1606/2002 betreffend die Anwendung internationaler Rechnungslegungsstandards im Hinblick auf die der Kommission übertragenen Durchführungsbefugnisse, ABl. 2008 L 97/62; zum Anwendungsbereich bzw. zur Reichweite der IAS-VO siehe *Grundmann*, European Company Law, § 18, Rn. 1–14.

anderen Gläubiger (*suppliers and other trade creditors*), der Kunden (*customers*), der Regierungseinrichtungen (*governments and their agencies*) und schließlich der Öffentlichkeit (*public*).[41]

Zwar darf nicht vernachlässigt werden, dass die Rechnungslegungsregime nach IFRS und HGB verschiedene – teilweise sich diametral gegenüberstehende – Funktionsansätze verfolgen,[42] nach vorangegangenen Überlegungen sind die Bilanzadressaten nach HGB und IFRS aber weitgehend kongruent.

Im Folgenden werden die Adressaten im Einzelnen in den Blick genommen:

Zuvörderst sind die Anteilseigner zu nennen, weil sie mit ihrem eingesetzten Kapital haften und damit auch als sog. *residual risktakers* eine maßgebende Rolle spielen. Damit soll nicht von vornherein einem *Shareholder Value*-Ansatz gefolgt werden, vielmehr sind – auch nach dem Verständnis etwa des *Stakeholder*-Ansatzes – Anteilseigner stets von nicht unerheblicher Bedeutung. Die Gruppe der Anteilseigner kann wiederum in die Untergruppen der Groß- und Mehrheitsanteilseigner, der Minderheitsanteilseigner und der zukünftigen Anteilseigner unterteilt werden. Groß- und Mehrheitsanteilseigner werden dabei zusammengefasst, weil im Falle hohen Streubesitzes Großanteilseigner faktisch Mehrheitsanteilseigner gleichgesetzt werden können.[43] Selbstverständlich sind zukünftige Anteilseigner eher *Stakeholder* als *Shareholder*, dennoch sollen sie für die weitere Untersuchung zur besseren Abgrenzung der Interessen vor und nach dem Eintritt in die Gesellschaft unter dem Oberbegriff der Anteilseigner firmieren.

Die zweite Gruppe umfasst sämtliche Gläubiger. Abweichend von der Differenzierung des IFRS-Rahmenkonzepts werden die Gruppen der Kreditgläubiger (*lenders*), Zulieferer und anderen Gläubiger (*suppliers and other trade creditors*) zusammengefasst. Gleichzeitig gehören auch Kunden (*customers*) zur Gruppe der Gläubiger. Zudem sind die Übergänge oft fließend, so dass – bezogen auf die Bankbilanz – der Kunde mit Einzahlung einer Spareinlage zum Kreditgläubiger oder aufgrund einer Fehlberatung zum Deliktsgläubiger wird. Die zweite Gruppe bezieht schließlich auch Angestellte mit ein.

Die dritte Gruppe – der Staat – umfasst alle Regierungseinrichtungen. Insbesondere auf die Steuerbehörde (den Fiskus) und die Finanzaufsicht als *Stake-*

---

41 IFRS-RK 9.

42 Siehe Kapitel II.3.4.2. Auf die divergierenden Funktionen wurde bereits an anderer Stelle eingegangen. Stehen sich die Konzepte der reinen Informationsbilanz nach dem Vorbild der IFRS und der Funktionsmehrheit der HGB-Rechnungslegung (bestehend aus: Informations-, Ausschüttungsbemessungs-, Referenzwert- und Dokumentationsfunktion) gegenüber, sind Vergleiche zwischen den verschiedenen Rechenwerken immer mit Vorsicht zu genießen.

43 Vgl. etwa *Volk*, BB 1987, 723 (724), der auf die Unerheblichkeit der Sperrminorität gemäß § 179 Abs. 2 AktG bei hohem Streubesitz hinweist. Hierzu auch im Einzelnen in Kapitel VII.2.2.1.3.

holder soll ein Schwerpunkt gelegt werden, weil einerseits wegen der Maßgeblichkeit der HGB-Handelsbilanz für die Steuerbilanz und andererseits des hohen aufsichtsrechtlichen Regulierungsbedürfnisses im Bankwesen die Anknüpfung an das Bilanzrecht und die jeweiligen Beziehungen im Corporate Governance-Gefüge als besonders relevant erscheinen.

Die letzte Adressatengruppe bildet die Öffentlichkeit. Der Begriff der Öffentlichkeit ist ein weitgefasster Sammelbegriff. So stellt das IFRS-Rahmenkonzept exemplarisch dar: „*Entities affect members of the public in a variety of ways. For example, entities may make a substantial contribution to the local economy in many ways including the number of people they employ and their patronage of local suppliers.*“ Der weitgefasste Kreis umfasst damit auch die Partikularinteressen derjenigen, die mittelbar durch die finanzielle Schieflage einer Bank in Mitleidenschaft gezogen werden. Wird eine finanziell angeschlagene Bank durch das Gemeinwesen, namentlich etwa durch eine Bürgschaft, unterstützt, sind fraglos die Interessen der zuvor beschriebenen Öffentlichkeit betroffen. In einer solchen Situation wird eine Vorrangstellung hinsichtlich des Informationsflusses zugunsten der Adressatengruppe der Anteilseigner und zu Lasten der Adressatengruppe der Öffentlichkeit plausibler Weise zu verneinen sein.

Man könnte auch erwägen, dass, soweit Belange der Öffentlichkeit betroffen sind, gerade im stark aufsichtsrechtlich regulierten Banksektor die Finanzaufsicht die Interessen der Öffentlichkeit wahrnimmt und damit die weitere Untersuchung die Öffentlichkeit als Adressatengruppe ignorieren könnte. Zugleich hat sich gerade in der Finanzmarktkrise gezeigt, dass die Öffentlichkeit ein vernachlässigter *Stakeholder* ist, dessen Interessenposition zumindest in bestimmten Situationen – etwa in der Krise – ganz wesentlich betroffen ist. Daher sollen die Belange der Öffentlichkeit – neben möglicherweise kongruenten Interessen der Finanzaufsicht – in den Blick genommen werden.

Damit sind die Adressatengruppen zusammengefasst. Einer grundsätzlichen Rangfolge innerhalb dieser Adressatengruppen ist freilich nicht zu folgen, weil sie zu einer einseitigen Färbung und führen würde und dem allgemeinen nationalen Gesetzesverständnis – wie zuvor gezeigt – widerspräche. Der gleiche Schluss lässt sich auch aus der Gesamtschau der Corporate Governance-Theorien ziehen, die nicht einseitig auf einen Vorrang der Anteilseigner abstellen, sondern teilweise auch den Arbeitnehmern sogar als „*residual claimants*“[44] einen aktionärsgleichen Stellenwert zuschreiben.

Bisweilen wird, einem koalitionstheoretischen Ansatz folgend, bei der Einteilung der verschiedenen Akteure nach Koalitionsmitgliedern und koalitions-

---

44 *Blair/Stout*, (2001) 149 University of Pennsylvania Law Review 1735 (1755).

externen Personen unterschieden.[45] Dieser Ansatz unterscheidet nicht nach Share- und Stakeholdern, sondern nach Akteuren, die bereits in Beziehung zur Gesellschaft stehen (koalitionsintern) oder nicht in Beziehung zur Gesellschaft stehen (koalitionsextern). Im Rahmen dieser Arbeit soll der Unterscheidung nach Share- und Stakeholdern gefolgt werden. Auf Akteure, die noch nicht mit der Gesellschaft in Beziehung stehen, wird punktuell bei der Besprechung an gebotener Stelle eingegangen.

3. Bilanzanalyse und Bilanzpolitik

3.1. Einleitung

Wie eingangs beschrieben wirken sich bilanzpolitische Maßnahmen auf die bilanzielle Darstellung aus. Die bilanzielle Darstellung der Vermögens-, Finanz- und Ertragslage eines Unternehmens bildet die Informationsgrundlage für die Bilanzadressaten. Daher versucht die Bilanzanalyse durch methodische Untersuchungen von Jahresabschluss und Lagebericht entscheidungsrelevante Informationen über die wirtschaftliche Lage (d.h. Vermögens-, Finanz- und Ertragslage) eines Unternehmens zu gewinnen.[46] Dabei wird die offengelegte Information regelmäßig in Bilanzkennzahlen zusammengefasst, um das Zahlenmaterial als Entscheidungsgrundlage nutzbar zu machen.[47] Die Untersuchung der durch Bilanzkennzahlen vermittelten Information bildet damit einen wichtigen Baustein für die Frage, ob die zu vergleichenden Rechnungslegungsregime die Informationsasymmetrien auflösen können oder nicht.

3.2. Ziele der Jahresabschlusspolitik

Um die Ziele der Jahresabschlusspolitik zu beschreiben, müssen diese Ziele zunächst im Gefüge der Unternehmensziele verortet werden. In der wirtschaftswissenschaftlichen Literatur werden als (Ober-)Ziele benannt: Erfolgs-, Siche-

---

45 *Volk*, BB 1987, 723 (723) *et passim*; gleichfalls kritisch zu diversen Theorien (insbesondere die sog. *Proprietary*-, *Entity*-, *Fund*- und *Commander*-Theorien).

46 Vgl. *Küting/Weber*, Bilanzanalyse, S. 1; *Baetge/Kirsch/Thiele*, Bilanzanalyse, S. 1; *Coenenberg/Haller*/Schultze[21], Jahresabschluss, S. 1013; für die Bankbilanz: *Graf-Tiedtke*, Bankbilanzanalyse, S. 1039 ff.; *Eckes/Flick/Weigel*, Bilanzanalyse-Kommentar, S. 140 ff. (zum Finanzvermögen); *Werner/Padberg*, Bankbilanzanalyse, S. 1.

47 *Küting* DStR 1991, 1294 (1294) mit einer ganzen Reihe weiterer Nachweise.

rungs-, Volumen- und Leistungsziele.[48] Dabei bestimmt das Erfolgsziel etwa die Maximierung des Gewinns,[49] das Volumenziel das Erreichen einer absoluten oder relativen Größe,[50] das Sicherungsziel die gleichzeitige Risikominimierung[51] und das Leistungsziel die Entwicklung hin zu einer definierten Ausrichtung (bspw. als Spezialbank oder Universalbank).[52] Von diesen Zielen werden für die folgende Betrachtung nur die drei Erstgenannten von Bedeutung sein, weil diese im unmittelbaren Zusammenhang mit der Bilanzpolitik stehen. Die obigen Ziele sind ihrerseits nicht uneingeschränkt erreichbar, sondern stehen erstens unter bestimmten Restriktionen[53] und zweitens teilweise auch im Spannungsfeld zueinander, so dass den Maßnahmen der unternehmerischen Zielerreichung von vornherein Grenzen gesetzt sind. Als Mittel oder Maßnahmen zur Zielerreichung werden die Finanz- und Publizitätspolitik beschrieben.[54] Bestandteil der Finanz- und Publizitätspolitik ist auch die Jahresabschlusspolitik. Die Jahresabschlusspolitik kann daher wiederum unterteilt werden in (reine) finanzpolitisch motivierte Maßnahmen und publizitätspolitisch motivierte Maßnahmen. Die (reinen) finanzpolitisch motivierten Maßnahmen richten sich auf solche, die unabhängig von der Veröffentlichung sind.[55] Hingegen werden publizitätspolitische Maßnahmen in solche zur Verfolgung finanzpolitisch motivierter Ziele und Maßnahmen zur Verfolgung rein publizitätspolitisch motivierter Ziele untergliedert.[56] Die Ziele der publizitätspolitischen Maßnahmen sollen nun fokussiert werden, weil sie im

---

48 So jedenfalls teilt *Bieg* die wesentlichen Unternehmensziele einer Bank ein. *Bieg*[1], S. 749–751. Die fortwährende Gültigkeit dieser Einordnung beschreibt die unveränderte Abhandlung in der 2. Auflage: *Bieg*[2], S. 931–933. Andere Einteilung – freilich auch für Nichtbanken – bei *Coenenberg/Haller/*Schultze[21], Jahresabschluss, S. 1013: Liquidität, Erfolg, Erfolgspotential. Mit einem Nachweis zu unterschiedlichen Strukturierungen in der Literatur: *Coenenberg/Haller/*Schultze[21], Jahresabschluss, S. 1010.

49 *Bieg*[1], S. 749 f.; *Bieg*[2], S. 931 f. Zu finanziellen Zielen plakativer – „*Geld verdienen*": *Baetge/Kirsch/Thiele*, Bilanzanalyse, S. 3; *Küting/Weber*, Bilanzanalyse, S. 321: „*Gewinn als Erfolgsindikator*"; zur Erfolgs(wirtschaftlichen) Analyse siehe: *Werner/Padberg*, Bankbilanzanalyse, S. 20 ff.; *Graf-Tiedtke*, Bankbilanzanalyse, S. 1099 ff.

50 *Bieg*[1], S. 750; *Bieg*[2], S. 932. Vgl. hierzu auch: *Coenenberg/Haller/*Schultze[21], Jahresabschluss, S. 1003.

51 *Bieg*[1], S. 751; *Bieg*[2], S. 933. Zur Risikoanalyse: *Werner/Padberg*, Bankbilanzanalyse, S. 22; *Graf-Tiedtke*, Bankbilanzanalyse, S. 1091.

52 *Bieg*[1], S. 750 f.; *Bieg*[2], S. 932.

53 Insbesondere gesetzliche Bestimmungen sowie weitere Voraussetzungen wie Bonität und Liquidität; vgl. *Bieg*[1], S. 752–754; *Bieg*[2], S. 934–936; für gesetzliche Rahmenbedingungen siehe auch Kapitel II.3.4.4.

54 *Bieg*[1], S. 754 f.; *Bieg*[2], S. 936 f.; *ders./Kußmaul*, Externes Rechnungswesen, S. 234.

55 Vgl. *Bieg*[1], S. 764 ff.; *Bieg*[2], S. 946 ff.

56 Vgl. *Bieg*[1], S. 764 ff.; *Bieg*[2], S. 946 ff.; *ders./Kußmaul*, Externes Rechnungswesen, S. 238 ff.

direkten Zusammenhang mit dem Jahresabschluss stehen und zu ergreifenden Maßnahmen vorausgehen. Im Einzelnen können nach *Bieg* finanzpolitisch motivierte publizitätspolitische Ziele in erfolgs-, sicherheits- bzw. risiko-, liquiditäts- sowie bonitätsorientierte Ziele zergliedert werden.[57] Rein publizitätspolitische Ziele zerfallen in solche, die sich an der Leistung oder am Volumen orientieren.[58]

3.3. Jahresabschlusspolitik und deren Messung mittels Bilanzkennzahlen

3.3.1. Finanzpolitisch motivierte publizitätspolitische Ziele

3.3.1.1. Erfolgsorientierte Ziele und deren Messung

Der Erfolg einer Unternehmung kann in der bilanziellen Abbildung an der Höhe der erwirtschafteten Überschüsse abgelesen werden. Dementsprechend spiegelt sich die Verfolgung erfolgsorientierter Ziele in dem Ausweis der maßgebenden Größen des Jahresüberschusses und des Bilanzgewinns wieder.[59] Dabei kann im Zeitvergleich einerseits ein Kontinuitätsstreben und andererseits ein Konformitäts- bzw. Superioritätsstreben vom bilanzierenden Leitungsorgan intendiert werden;[60] d.h., dass eine Bank gemessen an seinen eigenen Erfolgen zurückliegender und publizierter Ergebnisse und gemessen an den Erfolgen vergleichbarer Banken die Zielsetzung verfolgt, konstante bzw. konstant bessere Ergebnisse zu erzielen. Wie zuvor angedeutet, werden die vom Leitungsorgan ergriffenen Maßnahmen zur Zielerreichung auch wiederum als Rechtfertigung derselben genutzt.[61]

Aus Sicht der Bilanzadressaten lassen sich eine Reihe von Bilanzkennzahlen aus erfolgsausweisenden Größen ableiten. Anders als für Industrieunternehmen ist anstelle der Umsatzrentabilität für Banken die **Gewinnspanne** von besonderer Bedeutung.[62] Aus der Gewinnspanne lässt sich für den Bilanzleser erkennen, welchen prozentualen Anteil der Jahresüberschuss am Geschäftsvolumen ausmacht. Dabei setzt sich die Gewinnspanne aus der Division von Jahresüberschuss und dem Geschäftsvolumen zusammen, wobei sich der Jahresüberschuss bzw. Jahresfehlbetrag aus der Subtraktion der Aufwendungen von den Erträgen

---

57 Vgl. *Bieg*[1], S. 773–790; *Bieg*[2], S. 955–970.

58 Vgl. *Bieg*[1], S. 790–793; *Bieg*[2], S. 970–973.

59 *Bieg*[1], S. 774; *Bieg*[2], S. 955 f. *Küting/Weber*, Bilanzanalyse, S. 321: „*Gewinn als Erfolgsindikator*".

60 *Bieg*[1], S. 774 f.; *Bieg*[2], S. 955 f.

61 *Bieg*[1], S. 775; *Bieg*[2], S. 956.

62 *Bieg*[1], S. 776; *Bieg*[2], S. 957. Zur Gewinnspanne siehe auch *Baetge/Kirsch/Thiele*, Bilanzanalyse, S. 353.

ermitteln lässt.[63] Das **Geschäftsvolumen** folgt der Addition von Bilanzsumme und Eventualverbindlichkeiten. Daneben setzt die **Ertragsspanne** das Betriebsergebnis in das Verhältnis zum Geschäftsvolumen und lässt sich entsprechend der Einzelpositionen des **Betriebsergebnisses**[64] in die Zinsüberschüsse erfassende Zinsspanne, die Provisionsüberschüsse erfassende Provisionsspanne und die Handelsüberschüsse erfassende Handelsspanne zergliedern. An Hand dieser Form der Ergebnisaufspaltung können dann die Überschüsse im Einzelnen den unterschiedlichen Geschäftsbereichen einer Bank zugewiesen und mit anderen Geschäftsjahren bzw. anderen Banken verglichen werden. Freilich kann auf jede der beschriebenen Kennzahlen Einfluss genommen werden, indem entweder Einfluss auf die Zähler- oder auf die Nennerposition genommen wird. Gleichzeitig ist aber zu beachten, dass eine mögliche Reduktion des Geschäftsvolumens mit der Intention, die Ertragsspanne auch bei sinkendem Betriebsergebnis konstant zu halten, mit dem Volumenziel einer möglichst hohen Bilanzsumme konfligiert. Mithin führen insofern divergierende Ziele zu einer möglichen Disziplinierung im Gesamtsystem und die zum Geschäftsvolumen ins Verhältnis gesetzten Kennzahlen können zumindest bei gleichzeitiger Beachtung der Geschäftsvolumenentwicklung Aufschluss über den Unternehmenserfolg geben.[65]

Eine weitere zentrale Kennzahl, die mit dem Unternehmenserfolg im Zusammenhang steht, ist die **Eigenkapitalrentabilität.** Sie ergibt sich aus dem Verhältnis des Jahresüberschusses (vor Steuern) zum Eigenkapital und beschreibt die erwirtschaftete Rendite gemessen am der Bank zur Verfügung gestellten Kapital.[66] Bei Betrachtung der Eigenkapitalrentabilität ist die positive Korrelation der beiden ins Verhältnis gesetzten Größen zu beachten: Steigt der Jahresüberschuss, steigt auch das Eigenkapital, soweit keine Ausschüttung stattfindet. Letztlich kommt es aber mit einem zunehmenden Jahresüberschuss gleichfalls zu einem Anstieg der Eigenkapitalrendite, zumal Dividend und Divisor um den gleichen absoluten Betrag steigen und damit die Eigenkapitalrendite regelmäßig zunimmt.

---

63 *Bieg*[1], S. 776; *Bieg*[2], S. 957; *Coenenberg/Haller/*Schultze[21], Jahresabschluss, S. 535 (HGB) und S. 560 (IFRS).

64 (Bank-)Betriebsergebnis = Zinsüberschuss + Provisionsüberschuss + Handelsüberschuss – Abschreibungen auf Forderungen und Sachanlagen – Verwaltungsaufwand. Vgl. *Bieg*[1], S. 776; *Bieg*[2], S. 958.

65 Zu den Bilanzkennzahlen insgesamt und zum Zielkonflikt siehe *Bieg*[1], S. 776 f.; *Bieg*[2], S. 958 f.; *ders./Kußmaul*, Externes Rechnungswesen, S. 245. Zu den Grenzen der Bilanzpolitik siehe allgemein: *Coenenberg/Haller/*Schultze[21], Jahresabschluss, S. 1007 f.

66 *Bieg*[1], S. 777; *Bieg*[2], S. 959; *ders./Kußmaul*, Externes Rechnungswesen, S. 245; *Küting/Weber*, Bilanzanalyse, S. 334; *Baetge/Kirsch/Thiele*, Bilanzanalyse, S. 356 ff.; hierzu auch *Coenenberg/Haller/*Schultze[21], Jahresabschluss, S. 1134 f.

Generelle Kritik an den dargestellten Kennzahlen kann dahingehend geübt werden, dass jeweils Erfolgsgrößen zu Bestandsgrößen ins Verhältnis gesetzt werden und damit eine zeitraumbezogene Betrachtung einer zeitpunktbezogenen Betrachtung gegenübergestellt wird. Nichtsdestotrotz bilden die Gewinnspanne, die Ertragsspanne und die Eigenkapitalrentabilität wichtige Methoden der Bankbilanzanalyse und damit eine Möglichkeit für Bilanzadressaten, die publizierten Ergebnisse interpretieren zu können.[67]

3.3.1.2. Risikoorientierte Ziele und deren Messung

Zur Erreichung risikoorientierter Ziele bedarf es zunächst der Bestimmung und Einordnung in Risikolagen. Diese werden nach vertikaler und horizontaler Bilanzstruktur unterschieden. Während im Rahmen der vertikalen Bilanzstruktur einerseits die Vermögensgegenstände nach dem eingegangenen Risiko kategorisiert werden können (Vermögensstruktur) und andererseits die Passivpositionen nach der Risikotragfähigkeit analysiert werden können (Kapitalstruktur), wird im Rahmen der horizontalen Bilanzstruktur das risikobehaftete Vermögen in Relation zum risikotragenden Kapital betrachtet.[68]

Zur Analyse der Vermögensstruktur können die Bankaktiva entsprechend des jeweiligen immanenten Risikos nach Risikograden eingeteilt werden, die dann in Relation zur Bilanzsumme gesetzt werden. Im Einzelnen unterscheidet man weitgehend risikolose Bankaktiva (**1. Risikograd**), risikoarme Bankaktiva (**2. Risikograd**) und risikoreiche Bankaktiva (**3. Risikograd**). Diese Unterteilung ist sinnvoll, weil letztlich alle Vermögenswerte von einem der Risikograde erfasst werden. Versucht etwa das bilanzierende Leitungsorgan durch die Erhöhung der Bilanzsumme die Risikograde zu beeinflussen, muss es dies gleichzeitig zugunsten eines jeweils geringeren Risikogrades tun, um einen positiven Effekt zu erzielen. Mithin diszipliniert die Einflussnahme zur Verringerung des Gesamtrisikos. Die Aktiva unterliegen im Wesentlichen dem Adressenrisiko und dem Marktpreisänderungsrisiko, wobei letztere Risikoform wiederum in Zins-, Währungs- und sonstige Wertänderungsrisiken zergliedert werden kann. Für die vorliegende Arbeit ist das Adressenrisiko oder auch Kreditausfallrisiko von beson-

67 *Bieg*[1], S. 778; *Bieg*[2], S. 959. Zur Kritik hinsichtlich einer Vielzahl unterschiedlicher Berechnungsansätze: *Küting/Weber*, Bilanzanalyse, S. 335. Weitere Hinweise bei *Baetge/Kirsch/Thiele*, Bilanzanalyse, S. 357.

68 *Bieg*[1], S. 778 ff.; *Bieg*[2], S. 959 f. Allgemein zur Funktion des Eigenkapitals siehe: *Werner/Padberg*, Bankbilanzanalyse, S. 12 ff., zur Risikoanalyse: S. 22; *Baetge/Kirsch/Thiele*, Bilanzanalyse, S. 236 ff.

derer Bedeutung, Marktpreisänderungsrisiken spielen eine untergeordnete oder gar keine Rolle. Daher wird sich die folgende Auseinandersetzung mit Risiken auf das Adressenrisiko fokussieren.[69]

Die Kapitalstruktur bestimmt die Risikotragfähigkeit einer Bank; zentrale Kennzahl ist hierzu die Ermittlung des bilanziellen Eigenkapitals,[70] zumal das bilanzielle Eigenkapital in diesem Zusammenhang eine Verlustausgleichsfunktion hat. Entgegen der Bilanzanalyse bei anderen Branchen, wird das Eigenkapital nicht in Relation zum Gesamtkapital, sondern ins Verhältnis zum Geschäftsvolumen gesetzt. Diese Handhabung ist auf die Geschäftsstruktur zurückzuführen. Das bilanzierende Leitungsorgan wird sich zur Beeinflussung dieser Kennzahl um eine Erhöhung des Jahresüberschusses bemühen, um so das Eigenkapital im Zähler zu erhöhen. Hingegen würde eine Reduzierung der Nennerposition – das Geschäftsvolumen – wiederum mit der volumenorientierten Zielsetzung konfligieren.[71]

Zur Feststellung der Risikotragfähigkeit eignet sich ebenfalls der Rückgriff auf die bereits angesprochenen finanzaufsichtsrechtlichen Vorschriften in den §§ 10 ff. KWG über die Eigenmittelausstattung von Banken sowie die damit zusammenhängenden Publizitätsvorschriften der SolvV. So sind die Eigenkapitalanforderungen nach der Solvabilitätsverordnung unter anderen[72] Risiken für das Adressenrisiko dann erfüllt, wenn der Gesamtanrechnungsbetrag für Adressenrisiken und der ermittelte Anrechnungsbetrag für weitere Risiken (operationelle Risiken) insgesamt das modifizierte verfügbare Eigenkapital, das sich aus Hinzufügungen und Kürzungen des haftenden Eigenkapitals ergibt, nicht überschreiten (§ 2 Abs. 2 SolvV). Um den Gesamtanrechnungsbetrag für Adressenrisiken zu ermitteln, sind Forderungsklassen mit einem einheitlichen Risikoprofil zu bilden (etwa die Unterteilung von Forderungen gegenüber Privatkunden, Firmenkunden und anderen Banken). Gemäß § 325 Abs. 2 SolvV sind die sich aus diesen Risikoklassen ergebenden Eigenkapitalanforderungen offenzulegen, damit ein kundiger Bilanzleser erkennen kann, ob die jeweilige Bank die aufsichtsrechtlichen Anforderungen einhält und wie viel geschäftspolitischer Spielraum verbleibt.[73]

---

69 Im Einzelnen vgl. *Bieg*[1], S. 778–780; *Bieg*[2], S. 959–961. Zu den einzelnen Risikoarten siehe auch die Übersicht bei *Graf-Tiedtke*, Bankbilanzanalyse, S. 1092.

70 Vgl. etwa § 10 Abs. 2a KWG.

71 *Bieg*[1], S. 780; *Bieg*[2], S. 961.

72 Neben dem Adressenrisiko behandelt § 2 Abs. 2 SolvV auch das operationelle Risiko, welches Gefahren für die Erfolgslage einer Bank hinsichtlich der Voraussetzungen des institutsbetrieblichen Handeln und dem laufenden Geschäft behandelt. Vgl. *Bieg*[2], S. 966.

73 *Bieg*[2], S. 966.

3.3.1.3. Liquiditätsorientierte Ziele und deren Messung

Die liquiditätsorientierten Ziele werden einerseits von den gesetzlichen Rahmenbedingungen – etwa §§ 17, 18 InsO oder § 11 S. 1 KWG und die konkretisierende Liquiditätsverordnung – maßgebend bestimmt,[74] zugleich spielt die Zahlungsfähigkeit von Banken für das laufende Geschäft und insbesondere für Gläubiger der bilanzierenden Bank eine entscheidende Rolle.[75] Zunehmend hat die Sensibilität bezüglich der Liquidität durch die Finanzmarktkrise und den Zahlungsausfall der Investmentbank *Lehman Brothers* zugenommen. Aus Sicht der Bilanzadressaten wird zur Einschätzung des Liquiditätsrisikos wiederum auf den Branchen- und Vorjahresvergleich unter den Gesichtspunkten der Konformität bzw. der Superiorität und der Kontinuität zurückgegriffen.[76] Inwieweit die Einhaltung von Liquiditätsreserven im Branchen- und Vorjahresvergleich tatsächlich Ausdruck der Zahlungsfähigkeit im Einzelnen sein kann, sei einmal dahingestellt.[77] Jedenfalls werden die Aktiva nach verschiedenen Liquiditätsgraden aufgeteilt, das heißt, die Einzahlungen werden in Relation zu den Auszahlungen gesetzt.[78] Im Einzelnen werden die Primärliquidität (nur **Liquidität 1. Grades**) oder die Primär- und Sekundärliquidität (**Liquidität 2. bis 4. Grades**) ins Verhältnis zu täglich fälligen Geldern (**Liquidität 1. und 2. Grades**), täglich fälligen und kurz- und mittelfristigen Geldern (**Liquidität 3. Grades**) bzw. täglich fälligen, kurz- und mittelfristigen und langfristigen Geldern (**Liquidität 4. Grades**) gesetzt.[79] Dabei können Vermögensgegenstände, die der Primärliquidität zugeordnet werden als Aktiva definiert werden, die unmittelbar für erforderliche Auszahlungen bereitstehen.[80] Hingegen sind Vermögensgegenstände der Sekundärliquidität solche Aktiva, die vor Ablauf der Fälligkeit kurzfristig in Zahlungsmittel getauscht werden können.[81] In Abgrenzung dazu werden von Primär- und Sekundärliquidität diejenigen Vermö-

---

74 Siehe hierzu Kapitel II.3.4.4.

75 Vgl. auch *Bieg*[1], S. 788; *Bieg*[2], S. 968 f.

76 Vgl. *Bieg*[1], S. 788; *Bieg*[2], S. 968.

77 Die Einhaltung durch den Vergleich bestimmter Restriktionen ist nicht über den Zweifel erhaben, dass die Liquiditätserfordernisse vergleichsweise falsch – auch über eine Branche hinweg – eingeschätzt werden.

78 *Bieg*[1], S. 788; *Bieg*[2], S. 968 f. Vgl. hierzu die Liquiditätsgrade von Industrieunternehmen: *Baetge/Kirsch/Thiele*, Bilanzanalyse, S. 263; *Küting/Weber*, Bilanzanalyse, S. 153 f.; *Coenenberg/Haller*/Schultze[21], Jahresabschluss, S. 1066; *Bieg/Kußmaul*, Externes Rechnungswesen, S. 330.

79 *Bieg*[1], S. 789; *Bieg*[2], S. 968 f.

80 *Bieg*[1], S. 771; *Bieg*[2], S. 951.

81 *Bieg*[1], S. 771; *Bieg*[2], S. 952.

gensgegenstände nicht erfasst, die entweder nur mit zeitlicher Verzögerung oder einem Abschlag zu liquidieren sind.[82]

Teilweise wird den zuvor dargestellten Liquiditätsgraden die Aussagekraft abgesprochen, zumal es unterschiedliche Auffassungen hinsichtlich der Fristen gibt und damit Divergenzen bei der Einordnung in die Kategorien kurz-, mittel- und langfristiger Gelder.[83]

3.3.1.4. Bonitätsorientierte Ziele und deren Messung

Die Bonität dient der Erreichung der finanzpolitischen Ziele einer Bank, die zunächst einmal außerhalb der Jahresabschlusspolitik angesiedelt sind. Je höher die Bonität, desto günstiger kann sich eine Bank am Geld- und Kapitalmarkt refinanzieren. Dabei steht die Bonität im unmittelbaren Zusammenhang mit der Erfolgs-, der Vermögens-, der Ertrags- und insbesondere der Liquiditätslage. Darüber hinaus lassen sich aber keine originär finanzpolitisch motivierten und bonitätsorientierten Ziele konstatieren.[84]

3.3.2. Rein publizitätspolitische Ziele

3.3.2.1. Leistungsorientierte Ziele und deren Messung

Leistungsorientierte Ziele in Form rein publizitätspolitischer Ziele sind – wie oben bereits dargestellt – solche, die über das gesetzliche Mindestmaß der Publizitätspflichtigkeit hinausgehen.[85] Dabei wird in erster Linie das Leistungsangebot der jeweiligen Bank präsentiert.[86] Anhand dessen kann der Adressat die Anpassungsfähigkeit und die Flexibilität des auf sich ändernde Marktbedingungen reagierenden Kreditinstituts erkennen. Derartige Informationen fließen in den Geschäftsbericht ein, der eigenständig neben dem Jahresabschluss und Lagebericht zu verorten ist und keiner gesetzlichen Publizitätspflicht unterliegt. Mithin lässt sich bei restriktiver Auslegung auch konstatieren, dass die durch den Geschäftsbericht publizierte Information deshalb kein jahresabschlusspolitisches Instrument darstellt.[87] Im Folgenden werden leistungsorientierte Ziele im

82 *Bieg*[1], S. 771; *Bieg*[2], S. 952.
83 *Bieg*[1], S. 788 f; *Bieg*[2], S. 969 f. Zu dieser Kritik siehe auch: *Küting/Weber*, Bilanzanalyse, S. 154 f.; *Bieg/Kußmaul*, Externes Rechnungswesen, S. 330 f.
84 *Bieg*[1], S. 790; *Bieg*[2], S. 970.
85 Siehe hierzu Kapitel III. 3.2.
86 *Bieg*[1], S. 791; *Bieg*[2], S. 971 f.
87 Vgl. hierzu und zu den vorangegangenen Überlegungen: *Bieg*[1], S. 791; *Bieg*[2], S. 971.

Rahmen der rein publizitätspolitischen Ziele außer Betracht der Untersuchung bleiben.

3.3.2.2. Volumenorientierte Ziele und deren Messung

Volumenorientierte Ziele im Sinne einer rein publizitätspolitischen Motivation sind die Steigerung der Bilanzsumme und des Geschäftsvolumens; also Kennzahlen, die die „*Expansionskraft*" der jeweiligen Bank charakterisieren.[88] Diese Größen wurden bezüglich ihrer Messung bereits oben erläutert.[89]

3.3.3. Anwendbarkeit von HGB-Bilanzkennzahlen auf IFRS-Abschlüsse

Es ist fraglich, ob die zuvor beschriebenen Bilanzkennzahlen, die ursprünglich zur Analyse von HGB-Abschlüssen entwickelt worden sind, auch auf IFRS-Abschlüsse angewendet werden können. Grundsätzlich ist eine exakte Übertragung (1:1) wenig sinnvoll.[90] Das liegt einerseits an verschiedenen Grundkonzeptionen, die den beiden Bilanzrechtsregimen unterliegen als auch andererseits an sich unterscheidenden Bilanzanalysetraditionen.[91] So ist bereits hinsichtlich des Ansatzes und der Bewertung von Vermögensgegenständen festzustellen, dass die IFRS zwar Bewertungswahlrechte, aber keine – oder zumindest nur vereinzelt – Ansatzwahlrechte vorsehen, während das HGB hingegen durchaus Wahlrechte bezüglich Ansatz und Bewertung kennt.[92] Im Einzelnen geht es aber in dieser Arbeit nicht um eine exakte Berechnung von Kennzahlen, um einen Vergleich zwischen den unterschiedlichen Abschlüssen erstellen zu können, sondern vielmehr um die Darstellung einer Tendenz. Hierfür ist eine ungefähre Übertragbarkeit ausreichend und zugleich gewährleistet: Bei der Berechnung der Eigenkapitalrentabilität stehen sich im Zähler die beiden zumindest ähnlichen Größen Jahres-

---

88 *Bieg*[1], S. 792; *Bieg*[2], S. 972

89 Siehe 3.3.1.1.

90 So im Ergebnis auch *Baetge/Kirsch/Thiele*, Bilanzanalyse, S. 178 ff.; *Küting/Weber*, Bilanzanalyse, S. 74 f.; *Bieg*[2], *et passim*.

91 *Küting/Weber*, Bilanzanalyse, S. 75. Auf divergierende Grundfunktionen der Rechnungslegungssysteme ist bereits an anderer Stelle hinreichend eingegangen worden (siehe: Kapitel II.3.4.2.).

92 Keine Ansatzwahlrechte: *Baetge/Kirsch/Thiele*, Bilanzanalyse, S. 178 f. („*nicht existieren*"). A.A.: (soweit ersichtlich) siehe *Coenenberg/Haller/*Schultze[21], Jahresabschluss, S. 1005 f. Mit einer weitgehenden Darstellung zu Wahlrechten nach HGB und IFRS: *Coenenberg/Haller/*Schultze[21], Jahresabschluss, S. 1003–1007.

überschuss (vor Steuern) und *earnings before tax* (*EBT*) gegenüber.[93] Bezüglich der Nennerposition müsste das Eigenkapital für eine exakte Vergleichbarkeit hinsichtlich GuV-neutraler Wertänderungen in der IFRS-Bilanz bereinigt werden.[94] Gleichzeitig ist bereits die unbereinigte Berechnung der Eigenkapitalrentabilität („*at the face of the balance sheet*") für sich genommen aussagekräftig.[95]

Für IFRS-Abschlüsse werden teilweise eigene Berechnungen aufgestellt, um die Zins- und Provisionsspanne zu ermitteln. Diese Kennzahl unterscheidet sich aber nur unwesentlich von der zuvor dargestellten Kennzahl für HGB-Abschlüsse.[96]

Bezüglich der Kennzahlen zur Risikobewertung bilden die international anerkannten Vorschriften für die Eigenmittelunterlegung (Basel II und demnächst Basel III) eine hinreichende Vergleich- und Übertragbarkeit im Hinblick auf IFRS-Abschlüsse.

Auch die Darstellung der Liquiditätskennzahlen kann in etwa auf IFRS-Abschlüsse übertragen werden, zumal auch die IFRS Vermögensgegenstände und Schulden hinsichtlich der Liquidität untergliedern („*non-current assets/liabilities*" und „*current assets/liabilities*").[97]

Zwar gibt es noch eine ganze Reihe weiterer Kennzahlen, die für die Informationsgewinnung relevant sein mögen.[98] Zudem gibt es zu beinahe jeder einzelnen Kennzahl wiederum eine Vielzahl verschiedener Berechnungsansätze. Zugleich sollen die hier eingeführten Kennzahlen lediglich Tendenzen der Informationsgewinnung beschreiben und nicht abschließend eine vergleichende Bilanzanalyse betreiben.

---

93 *Coenenberg/Haller*/Schultze[21], Jahresabschluss, S. 1135; *Küting/Weber*, Bilanzanalyse, S. 334; *Baetge/Kirsch/Thiele*, Bilanzanalyse, S. 136.

94 *Coenenberg/Haller*/Schultze[21], Jahresabschluss, S. 1135; insbesondere zur Aufbereitung bei Posten der IFRS Bilanz: *Baetge/Kirsch/Thiele*, Bilanzanalyse, S. 139 ff.

95 *Coenenberg/Haller*/Schultze[21], Jahresabschluss, S. 1135.

96 *Graf-Tiedtke*, Bankbilanzanalyse, S. 1111 f. Die Berechnung unterscheidet sich lediglich insoweit, als dass die jeweilige Zählerposition mit „100" multipliziert wird und die Bilanzsumme aus einem Durchschnitt der Bilanzsumme zum Beginn und zum Ende der jeweiligen Periode ermittelt wird.

97 *Coenenberg/Haller*/Schultze[21], Jahresabschluss, S. 1135; *Baetge/Kirsch/Thiele*, Bilanzanalyse, S. 141.

98 Hier ist neben anderen an die Kennzahl des Ergebnisses je Aktie zu denken, der sogar ein eigener Standard gewidmet ist: IAS 33; hierzu *Coenenberg/Haller*/Schultze[21], Jahresabschluss, S. 583 f.; *Küting/Weber*, Bilanzanalyse, S. 312.

3.4. Instrumente der Jahresabschlusspolitik von Banken

Bei der Einordnung der Instrumente der Jahresabschlusspolitik von Banken kann ganz grundlegend nach den zuvor diskutierten Zielen (3.2.) oder auch nach dem Zeitpunkt des ergriffenen Instruments differenziert werden.[99] Unterscheidet man nach der jeweils ergriffenen bilanzpolitischen Maßnahme zu Grunde liegenden Zielen, folgt die Zuordnung nach Maßnahmen mit finanzpolitischer Wirkung (insbesondere zur Verfolgung von erfolgs- und liquiditätsorientierten Zielen) und publizitätspolitischen Zielen der aktiven und passiven Publizitätspolitik. Bei einer Zuordnung der zu systematisierenden Instrumente nach der Zielsetzung eröffnet sich aber das Problem, dass die respektiven Maßnahmen oft nicht klar einer Zielsetzung zuzuordnen sind, weil sie positiv wie negativ verschiedene Zielsetzungen verfolgen.[100] Die bilanzpolitischen Maßnahmen werden teilweise im Rahmen der Sachverhaltsabbildung nach formeller (Ausweis, Erläuterung, Gliederung) und materieller Bilanzpolitik (Ansatz und Bewertung) unterschieden.[101] Dieser Einordnung wird hier nicht gefolgt, weil für die vorliegende Arbeit die Aufteilung in Sachverhaltsgestaltung und Sachverhaltsabbildung eine wichtigere Rolle spielt bzw. innerhalb der Sachverhaltsabbildung lediglich die materielle Abbildung schwerpunktmäßig in den Blick genommen wird.

Daneben steht die Einordnung der ergriffenen Maßnahme in zeitlicher Hinsicht. So handelt es sich bei bilanzpolitischen Maßnahmen vor dem Bilanzstichtag um Sachverhaltsgestaltungen, während nach dem Bilanzstichtag nur noch im Rahmen der Darstellung bilanzpolitisch auf das zu publizierende Rechenwerk Einfluss genommen werden kann.[102] Bei der Sachverhaltsgestaltung handelt es sich regelmäßig um die zeitliche Disposition von Maßnahmen von einem in ein anderes (gleich, ob früheres oder späteres) Geschäftsjahr. Unabhängig von dem Zeitpunkt des Ergreifens einer Maßnahme, unterliegt der Bilanzierende wiederum bestimmten Restriktionen: Zum einen den gesetzlichen,[103] zum anderen

---

99 *Bieg*[1], S. 796 f.; *Bieg*[2], S. 976 f. Insbesondere zur Differenzierung nach dem Zeitpunkt der Maßnahme: *Baetge/Kirsch/Thiele*, Bilanzanalyse, S. 154 f.; *Küting/Weber*, Bilanzanalyse, S. 40 f. Zu Zielen der Bilanzpolitik: *Coenenberg/Haller*/Schultze[21], Jahresabschluss, S. 997 ff. Zu bilanzpolitischen Maßnahmen: *dies.*, a.a.O., S. 1000 ff.

100 Zu Zielkonflikten der Bilanzpolitik: *Bieg*[1], S. 796 f.; *Bieg*[2], S. 976 f.; *Küting/Weber*, Bilanzanalyse, S. 37. Zu den Grenzen der Bilanzpolitik: *Coenenberg/Haller*/Schultze[21], Jahresabschluss, S. 1007 f.

101 *Baetge/Kirsch/Thiele*, Bilanzanalyse, S. 154 f.; *Küting/Weber*, Bilanzanalyse, S. 40; *Coenenberg/Haller*/Schultze[21], Jahresabschluss, S. 1001.

102 *Bieg*[1], S. 798 ff.; *Bieg*[2], S. 978 ff.; *Baetge/Kirsch/Thiele*, Bilanzanalyse, S. 154 f.; *Küting/Weber*, Bilanzanalyse, S. 40 f.; *Coenenberg/Haller*/Schultze[21], Jahresabschluss, S. 1001 ff.

103 Siehe hierzu Kapitel II.3.4.

dem sinnvollen Zusammenspiel von Primär- und Sekundärwirkungen; das heißt solchen Instrumenten, die sich unmittelbar in der Ergebnispräsentation niederschlagen und solchen, die sich erst phasenverschoben in einem späteren Geschäftsjahr bilanziell auswirken.[104]

Nimmt man zunächst die erfolgsorientierten Ziele in den Blick, sind all diejenigen bilanzpolitischen Instrumente zu erfassen, die Einfluss auf den Jahresüberschuss und den Bilanzgewinn haben. Primäre Auswirkungen haben **Sachverhaltsgestaltungen**, die in der Aufdeckung stiller Reserven unterbewerteter Aktiva gegeben sind. Grundsätzlich können jegliche Vermögensgegenstände in diesem Zusammenhang relevant sein; im Hinblick auf Finanzinstrumente sind jedenfalls aufgrund der verschiedenen Bewertungsregeln regelmäßig Finanzinstrumente des Anlagevermögens anfälliger für stille Rücklagen als solche des Umlaufvermögens. Auch nach dem Stichtag kann die Höhe von Jahresüberschuss und Bilanzgewinn im Rahmen der Darstellung durch Aktivierungs- und Bewertungswahlrechte und die Bildung oder Auflösung offener Rücklagen in jede Richtung beeinflusst werden.

Bezüglich jahresabschlusspolitischer Instrumente mit Wirkung auf **Liquiditätskennzahlen**, kann wiederum zwischen Primär- und Sekundärliquidität unterschieden werden.[105] Die Beschaffung von Primärliquidität kann etwa durch den Rückgriff auf die Europäische Zentralbank (EZB), auf den Inter-Banken-Markt, den Kapitalmarkt oder eine sonstige Möglichkeiten erreicht werden.[106] Für die Beschaffung von Sekundärliquidität spielt die Verbriefung von Buchforderungen eine erhebliche Rolle. Bilanziell wirkt sich aber die bloße[107] Verbriefung nicht aus, zumal der Austausch eines Inhaberpapiers gegen eine Buchforderung als reiner Aktivtausch ohne wesentliche Folgen für die Sekundärliquidität bleibt.[108]

Schließlich verbleiben bilanzpolitische Instrumente, die Einfluss auf die **Publizitätspolitik** nehmen können. Bezüglich der finanzpolitisch motivierten passiven Publizitätspolitik wurden bereits die wesentlichen Kennzahlen angesprochen. Mithin ergibt sich bezüglich der Einflussnahme die Steigerung oder Senkung der jeweiligen Nenner bzw. Zählerpositionen. Darüber hinaus können die Kennzahlen über die Risikograde regelmäßig durch vier Maßnahmen verändert werden: Durch die Liquidisierung risikobehafteter Aktiva (bspw. die Veräu-

---

104 *Bieg*[1], S. 801–804; *Bieg*[2], S. 981–984.

105 Siehe Kapitel III. 3.3.1.3. sowie *Bieg*[1], S. 822–825; *Bieg*[2], S. 1010–1012.

106 Insbesondere zur Refinanzierungspolitik: *Graf-Tiedtke*, Bankbilanzanalyse, S. 1067 f.; vgl. auch *Bieg*[1], S. 823; *Bieg*[2], S. 1010 f.

107 Hier gemeint ist eine einfache Verbriefung in Form einer Verbriefungstransaktion ohne Auslagerung auf eine eigene juristische Person (*Special Purpose Vehicle; SPV*).

108 Vgl. *Bieg*[1], S. 825; *Bieg*[2], S. 1012.

ßerung von Finanzvermögen), durch den Nichtausweis risikobehafteter Aktiva (bspw. durch Nichtinanspruchnahme von Aktivierungswahlrechten), durch die Zuordnung einzelner Aktiva in eine niedrigere oder höhere Risikoklasse (bspw. durch Vornahme von Ermessensentscheidungen über die Zuordnung von Risikoklassen) und schließlich durch die niedrigere Bewertung von risikobehafteten Aktiva (bspw. durch die Zuordnung in Umlaufvermögen anstelle des Anlagevermögens, was die Anwendung des strengen Niederstwertprinzips zur Folge hat). Bezug nehmend auf die rein publizitätspolitische passive Publizitätspolitik konzentriert sich eine mögliche Einflussnahme auf die Maßgrößen von Bilanzsumme und Geschäftsvolumen.[109]

Wie zuvor erläutert, setzt sich die aktive Publizitätspolitik mit der freiwilligen – das heißt nicht gesetzlich vorgeschriebenen – Veröffentlichung auseinander. Die aktive Publizitätspolitik hat möglicherweise einen positiven Einfluss auf die Leistungsziele und stellt einen nicht unwesentlichen Teil der Bilanzpolitik dar. Im Folgenden beschränken sich aber die Überlegungen auf die passive Publizitätspolitik, weil es im Rahmen dieser Arbeit um die Frage geht, wieweit respektive Rechnungslegungssysteme es tatsächlich zulassen, Informationsasymmetrien abzubauen bzw. aufrechtzuerhalten. Freilich findet die aktive Publizitätspolitik (auch) ihre gesetzlichen Grenzen, wenn zu viel – und damit den Jahresabschluss verwirrende – Information publiziert wird (sog. *information overkill*). Allerdings sprengen diese Überlegungen den Rahmen dieser Arbeit.

4. Zusammenfassung

Zusammenfassend haben die herausgearbeiteten Adressatengruppen (Anteilseigner, insbesondere Groß- und Mehrheitsanteilseigner, Minderheitsanteilseigner und zukünftige Anteilseigner; Gläubiger, insbesondere auch Arbeitnehmer; der Staat, insbesondere Fiskus und Finanzaufsicht und die Öffentlichkeit) ein besonderes Interesse an der Jahresabschlusspublizität, um mit Hilfe dieser (durch bestimmte Bilanzkennzahlen) Rückschlüsse auf die Vermögens-, Finanz-, Ertrags- sowie Risikolage der jeweiligen Bank ziehen zu können. Die Gewinnung ableitbarer Information dient den Akteuren dann wiederum zur Planung und Durchführung zukünftiger Schritte. Aufgrund divergierender Interessensansätze unterscheiden sich die Informationsbedarfe der Akteure, was sich wiederum im geltenden Bilanzrecht der HGB-Rechnungslegung und in den Standards der

---

109 *Bieg*[1], S. 835 mit zahlreichen Beispielen S. 835–839; *Bieg*[2], S. 1022–1025. Vgl. *Coenenberg/Haller*/Schultze[21], Jahresabschluss, S. 1003.

IFRS wiederfindet. Diese Rechnungslegungsregime können keine einheitlichen Systeme darstellen, die den individuellen Nutzen aller Adressaten maximieren.[110] Unter der Annahme des eigennützigen Verhaltens des bilanzerstellenden Leitungsorgans, können bezogen auf (noch) zu bestimmende Restriktionen Nutzenprofile bzw. Nutzenpräferenzen gebildet werden, mit deren Hilfe divergierende und konvergierende Interessen dargestellt und verglichen werden können. Das Leitungsorgan kann durch die Bilanzpolitik vor und nach dem Bilanzstichtag aktiv – entsprechend seinem eigenen Nutzen – auf die Jahresabschlusspublizität Einfluss nehmen, und es wird sich daran orientieren, welche Schlüsse die Bilanzadressaten aus dem veröffentlichten Zahlenwerk durch die Bilanzanalyse mittels Kennzahlenberechnung ziehen können.

An diese Überlegungen anschließend werden im VII. Kapitel die Nutzenprofile der in diesem Kapitel bestimmten Akteure bzw. Bilanzadressaten determiniert und der Einfluss des individuellen Nutzenprofils auf das Leitungshandeln analysiert. Dabei wird auch auf die bilanzanalytischen sowie bilanzpolitischen Implikationen eingegangen.

110 Siehe hierzu Kapitel VII.2.

Kapitel IV. Bilanzregime in ihrer Entwicklung, besonders in jüngerer Zeit

1. Einleitung

In diesem Kapitel werden die bilanzrechtlichen Grundlagen der zu vergleichenden Rechnungslegungsregime bezüglich des Ansatzes und der Bewertung von Finanzinstrumenten besprochen. Dabei beginnt die Darstellung historisch mit der für den Einzelabschluss maßgebenden HGB-Rechnungslegung in alter Fassung (2.). Daran schließt die Erörterung der IFRS-Bilanzierung an (3.), um zunächst einmal diese beiden grundlegenden Bilanzregime gegenüberzustellen. Dann werden die Änderungen des HGB-Rechnungslegungsrechts durch das Bilanzrechtsmodernisierungsgesetz (BilMoG) fokussiert, um die Entwicklungseinflüsse auf das nationale Bilanzrecht durch die IFRS-Bilanzierung einerseits und die Finanzmarktkrise andererseits aufzuzeigen (4.). Anschließend werden die wesentlichen Reformen und Reformprojekte der IFRS-Bilanzierung in den Blick genommen. (5.).

2. Bilanzierung nach HGB a.F.

2.1. Einleitung

Für die Bilanzierung von finanziellen Vermögensgegenständen und Verbindlichkeiten finden sowohl die Rechnungslegungsregeln für alle Kaufleute (§§ 238–263 HGB), die Vorschriften für Kapitalgesellschaften (§§ 340a Abs. 1 iVm. 264–289 HGB), die Vorschriften über die Konzernrechnungslegung (§§ 340i Abs. 1 iVm. 290–315a HGB) als auch die spezialgesetzlichen Regelungen für Kreditinstitute (§§ 340–340o HGB) Anwendung. Die maßgebenden bankspezifischen Sonderregelungen des HGB-Rechnungslegungsrechts sind weitestgehend auf die EG-Bank-Bilanzrichtlinie zurückzuführen; am Rande wird auf die Regelungen des Gemeinschaftsrechts Bezug genommen.[1] Die gesetzlichen Bestimmungen beziehen sich in diesem Unterkapitel jeweils auf die Fassung des Handelsgesetzbuchs vor der Reform durch das Bilanzrechtsmodernisierungsgesetz (BilMoG).

---

1 Bankbilanzrichtlinie 86/635 EWG vom 8.12.1986, ABl. 1986 L 372/1; hierzu siehe MüKo HGB²-*Böcking/Löw/Wohlmannstetter* allgemein: Vor § 340 Rn. 1–8; zur GuV: § 340c Rn. 2; zu Bewertungsvorschriften: § 340e Rn. 1–3; Heymann HGB²-*Kröll/Balzer* Vor § 340 Rn. 1; Hopt/Merkt-*Merkt*, Bilanzrecht § 340 Rn. 1.

2.2. Begriffsbestimmung und Anwendungsbereich

Der Begriff des Finanzinstruments wird von § 340c Abs. 1 S. 1 HGB erwähnt und ist dort im Zuge der Umsetzung der EG-Bank-Bilanz-Richtlinie festgeschrieben worden.[2] Zugleich liefert das HGB aber keine Legaldefinition des Begriffs. Hier kann auf die Bestimmung des § 1a Abs. 3 KWG zurückgegriffen werden, die an die Begriffsfassung der internationalen Standards anlehnt:[3] „*Finanzinstrumente (...) sind (...) alle Verträge, die für eine der beteiligten Seiten einen finanziellen Vermögenswert und für die andere Seite eine finanzielle Verbindlichkeit oder ein Eigenkapitalinstrument schaffen.*“[4] Damit ist der Begriff des Finanzinstruments weit zu verstehen und umfasst sowohl originäre (Aktien, Anleihen etc.), als auch derivative Finanzinstrumente.[5] Derivative Finanzinstrumente (auch Derivate) erfüllen obige Definition von Finanzinstrumenten, zeichnen sich aber dadurch aus, dass sie Bezug auf ein originäres oder ein anderes derivatives Finanzinstrument (sog. Basiswert oder *Underlying*) nehmen.[6] Dabei besteht der Bezug in einem regelmäßig zum Zeitpunkt des Vertragsschlusses festgelegten Tatbestand.[7] In die Gruppe der Derivate lassen sich damit auch Optionen, Terminkontrakte und Swaps – insbesondere auch Credit Default Swaps – einordnen.

2.3. Gliederungsvorschriften und Abgrenzung nach Vermögenskategorien

Gemäß § 340a Abs. 2 HGB treten an die Stelle des allgemeinen Gliederungsschemas (§§ 247 Abs. 1, 266 Abs. 2 HGB) die durch Rechtsverordnung erlassenen Formblätter, namentlich die Verordnung über die Rechnungslegung der Kreditinstitute und Finanzdienstleistungsinstitute (RechKredV).[8] Daher wird in der Gliederung der Bankbilanz nicht zwischen Anlage- und Umlaufvermögen unterschieden. Hingegen sehen §§ 12 bis 20 RechKredV sowie §§ 21 bis 27 RechKredV eine branchenspezifische Gliederung vor.

---

2 Hierzu siehe MüKo HGB[2]-*Böcking/Löw/Wohlmannstetter*: Vor § 340e Rn. 69; *Coenenberg/Haller/Schultze*[21], Jahresabschluss, S. 237 f.

3 Siehe zur Begriffsdefinition nach IAS/IFRS: Kapitel IV. 3.2.

4 § 1a Abs. 3 KWG.

5 MüKo HGB[2]-*Böcking/Löw/Wohlmannstetter* § 340e Rn. 69; Heymann HGB[2]-*Kröll/Balzer* § 340c Rn. 6: „*extreme Weite des Begriffs*“.

6 So auch *Glaum*, DB 1997, 1625 (1625); sowie MüKo HGB[2]-*Böcking/Löw/Wohlmannstetter* § 340e Rn. 70. Siehe im Einzelnen zum Begriff Derivat: *Bieg*[2], S. 512 ff.

7 *Glaum*, DB 1997, 1625 (1625); MüKo HGB[2]-*Böcking/Löw/Wohlmannstetter* § 340e Rn. 70.

8 Heymann HGB[2]-*Kröll/Balzer* Vor § 340 Rn. 6; MüKo HGB[2]-*Böcking/Löw/Wohlmannstetter* § 340e Rn. 6; zur Begründung BT-Drs. 11/6275, S. 22.

Insbesondere für die Bewertung von Finanzinstrumenten bleibt aber neben diesem Gliederungsschema eine Kategorisierung nach Anlage- und Umlaufvermögen in Anlehnung an die allgemeinen Vorschriften maßgebend. So knüpft § 340e HGB für die Bewertung von Vermögensgegenständen an „*wie*“[9] Anlage- bzw. Umlaufvermögen zu bewertende Vermögensgegenstände an. Allerdings unterscheidet sich die Bankbilanz von der allgemeinen Handelsbilanz hinsichtlich der Bedeutung von („*wie*“) Anlage- und Umlaufvermögen („*zu bewertendes Vermögen*“). Im Gegensatz zur Handelsbilanz folgt die Bankbilanz nicht der Regelung des § 253 Abs. 2 und 3 HGB, sondern regelt die Abgrenzung zwischen („*wie*“) Anlage- und Umlaufvermögen („*zu bewertendes Vermögen*“) spezialgesetzlich in den §§ 340e Abs. 1, 1. Hs. und Abs. 2 HGB. Dort werden finanzielle Vermögensgegenstände aufgelistet, die jeweils dem Anlage- (§ 253 Abs. 1 S. 1, Abs. 2 HGB) oder Umlaufvermögen (§ 253 Abs. 1 S. 1, Abs. 3 HGB) zuzuordnen sind bzw. „*wie*“ entsprechendes Vermögen zu bewerten sind. Dabei handelt es sich um ein sog. Regel-Ausnahme-Verhältnis.[10] Als Ausnahme von der banktypischen Einordnung ist dann die Intention des Bilanzierenden maßgebend in Betracht zu ziehen: So kann etwa eine Anleihe, die nach §§ 340e Abs. 1 S. 2 iVm. § 253 Abs. 1 S. 1, Abs. 3 HGB als „*wie*“ Umlaufvermögen zu bewertendes Vermögen einzuordnen ist (Negativregelung),[11] des subjektiven Willens des Bilanzierenden wegen, „*wie*“ Anlagevermögen bewertet werden, wenn die Anleihe dazu bestimmt wird, dauerhaft dem Geschäftsbetrieb zu dienen. Behält sich also der Bilanzierende eine abweichende Bestimmung des jeweiligen Vermögensgegenstands vor, so kann eine – entgegen der gesetzlichen Vermutung – von § 340e HGB abweichende Zuordnung in Umlauf- und Anlagevermögen erfolgen.[12] Die Typisierung der in § 340e Abs. 1 S. 1 und S. 2 HGB aufgelisteten Wertpapiere ist für die meisten Fälle auch sachgerecht und sinnvoll, weil Banken beispielsweise im Eigenbestand gehaltene Wertpapiere in der Regel nicht auf Dauer, sondern aus spekulativen Gründen halten. Zugleich entspricht es aber auch der Bankpraxis,

---

9 Während § 340e HGB folgendermaßen formuliert: „*nach den für das Anlagevermögen geltenden Vorschriften zu bewerten*“, fasst § 340f HGB dieselbe Bewertungsregel kürzer: „*wie Anlage Vermögen zu behandeln*“. Zur Vereinfachung wird hier auch bei der Besprechung des § 340e die prägnantere Formulierung des § 340f HGB gewählt.

10 MüKo HGB[2]-*Böcking/Löw/Wohlmannstetter* § 340e Rn. 1, 4–5; Heymann HGB[2]-*Kröll/Balzer* § 340e Rn. 3.

11 Ebenroth/Boujong HGB[2]-*Wiedmann* § 340e Rn. 9; MüKo HGB[2]-*Böcking/Löw/Wohlmannstetter* § 340e Rn. 9.

12 Heymann HGB[2]-*Kröll/Balzer* § 340e Rn. 3; MüKo HGB[2]-*Böcking/Löw/Wohlmannstetter* § 340e Rn. 9.

Wertpapiere als Liquiditätsvorsorge dauerhaft zu halten.[13] Insgesamt wird mit der Regeltypisierung mit Bestimmungsvorbehalt ein vernünftiges Ergebnis verfolgt. Freilich bedarf es einer entsprechenden Dokumentation, damit ein ausgeübter Bestimmungsvorbehalt auch nachvollzogen werden kann.[14] Aus der jeweiligen Zuordnung in „*wie*" Anlage- oder Umlaufvermögen zu bewertende Vermögensgegenstände ergeben sich Konsequenzen für die Folgebewertung.[15]

Hinzu tritt die Vorschrift des § 340f HGB über die Vorsorge für allgemeine Bankrisiken, wonach bestimmte Finanzinstrumente des „*wie*" Umlaufvermögen zu behandelnden Finanzvermögens mit einem „*niedrigeren als dem nach § 253 Abs. 1 Satz 1, Abs. 3* [HGB] *vorgeschriebenen Wert*"[16] angesetzt werden dürfen. Diese Vorschrift soll branchenspezifischen Risiken im Kreditwesen entgegentreten,[17] soll wie eine faktische Ausschüttungssperre den Gläubiger schützen[18] und dient dabei der Bildung stiller Reserven.[19] Diese Möglichkeit besteht für alle Forderungen gegenüber Kreditinstituten und Kunden, Schuldverschreibungen, anderen festverzinslichen Wertpapiere sowie Aktien und anderen nicht festverzinsliche Wertpapiere, soweit bestimmte qualitative und quantitative Voraussetzungen erfüllt sind: Einerseits ist die Bildung der Vorsorge nach § 340f Abs. 1 HGB nur dann angezeigt, wenn diese nach „*vernünftiger kaufmännischer Beurteilung zur Sicherung gegen die besonderen Risiken des Geschäftszweigs der Kreditinstitute notwendig ist*" und andererseits vier Prozent bezogen auf die nach § 340f Abs. 1 HGB gesondert bewerteten Vermögensgegenstände nicht übersteigt – freilich vor der Absetzung der stillen Reserve.[20]

Grundsätzlich ist für die Entscheidung der Zuordnung von Vermögensgegenständen zu Finanzanlagen oder zu Finanzinstrumenten des Umlaufvermögens der Zeitpunkt des Erwerbs maßgebend. Eine Änderung bzw. Umwidmung

---

13 MüKo HGB²-*Böcking/Löw/Wohlmannstetter* § 340e Rn. 10.

14 MüKo HGB²-*Böcking/Löw/Wohlmannstetter* § 340e Rn. 11, mit zahlreichen Beispielen.

15 Sowohl vor der Reform als auch nach der Reform durch das BilMoG: Vgl. *Bieg*¹, 389 ff. und *Bieg*², S. 385.

16 § 340f Abs. 1 S. 1.

17 § 340f Abs. 1 S. 1 a.E. Dazu auch *Bieg/Waschbusch*, ZfgK 2005, 145 (145); MüKo HGB²-*Böcking/Löw/Wohlmannstetter* § 340f Rn. 8.

18 Vgl. *Bieg*, WPg 1986, 257 (258), noch zur Vorgängerregelung des § 26a KWG.

19 *Bieg/Waschbusch*, ZfgK 2005, 145 (145 f.); MüKo HGB²-*Böcking/Löw/Wohlmannstetter* § 340f Rn. 4.

20 Die Regeln des § 340f HGB werden hier nur am Rande besprochen. Für weiterführende Darstellungen zu den unbestimmten Rechtsbegriffen des allgemeinen Branchenrisikos, der kaufmännischen Beurteilung sowie der Bemessungsgrundlage des § 340f Abs. 1 S. 2 HGB siehe: MüKo HGB²-*Böcking/Löw/Wohlmannstetter* § 340f Rn. 9–16; *Bieg/Waschbusch*, ZfgK 2005, 145 (145 ff.). Letztere auch zur Abgrenzung zu § 340g HGB.

nach erstmaliger Zuordnung bleibt sowohl bezüglich eines Wechsels vom „*wie*" Anlage- in „*wie*" Umlaufvermögen zu bewertendes Vermögens als auch andersherum möglich.[21] Wird ein finanzieller Vermögensgegenstand aus dem Anlagevermögen kurzfristig veräußert, ist eine Umbuchung in das Umlaufvermögen allerdings nicht nötig. Findet eine Umwidmung vom Umlaufvermögen in das Anlagevermögen statt, verbietet sich eine Gewinnrealisierung oder der Ansatz von Anschaffungskosten, weil gerade kein Umsatz vorliegt.[22] Gleichfalls ist eine Zuschreibung im Sinne eines Rückgängigmachens des Niederstwerts unzulässig.[23] Wie zuvor skizziert hat der Wechsel der Zuordnung (zum Bilanzstichtag) freilich eine Auswirkung auf die GuV (bspw. Anwendung des strengen oder des gemilderten Niederstwertprinzips), doch werden weder in der GuV noch im Anhang Anpassungen von Vorjahresbeträgen vorgenommen.[24]

Der nahe liegenden Kritik, die Umwidmung laufe dem Grundsatz der Bewertungsstetigkeit zu wider, wird zutreffend mit dem Argument begegnet, dass nicht eine Änderung der Bewertungsmethode, sondern eine Änderung des zu Grunde liegenden Sachverhalts vorliegt.[25]

2.4. Ansatz und Bewertung

2.4.1. Grundkonzept

Das Bilanzrechtsregime für Banken folgt für den Ansatz von Vermögensgegenständen, Schulden und Eigenkapital den allgemeinen Vorschriften. So verlangt etwa das Gebot der Vollständigkeit, dass sämtliche Vermögensgegenstände auf der Aktivseite und Schulden sowie das Eigenkapital auf der Passivseite ausgewiesen werden müssen.

Die Zugangsbewertung erfolgt in Höhe der Anschaffungskosten zuzüglich angefallener Transaktionskosten (etwa Maklercourtage oder Provision).[26] Teilweise werden Transaktionskosten in der Bankpraxis unter Berufung auf Wesentlichkeitsgründe im Zugangszeitpunkt erfolgswirksam als Aufwand erfasst und nicht den Anschaffungskosten zugerechnet.[27]

Die Folgebewertung richtet sich dann nach den zuvor dargestellten Vermögenskategorien. Wie bereits zuvor angedeutet, hat die Untergliederung in „*wie*"

---

21 MüKo HGB²-*Böcking/Löw/Wohlmannstetter* § 340e Rn. 12 f.
22 MüKo HGB²-*Böcking/Löw/Wohlmannstetter* § 340e Rn. 13.
23 MüKo HGB²-*Böcking/Löw/Wohlmannstetter* § 340e Rn. 13.
24 MüKo HGB²-*Böcking/Löw/Wohlmannstetter* § 340e Rn. 15.
25 MüKo HGB²-*Böcking/Löw/Wohlmannstetter* § 340e Rn. 14.
26 Ebenroth/Boujong HGB²-*Wiedmann* § 340e Rn. 16.
27 Ebenroth/Boujong HGB²-*Wiedmann* § 340e Rn. 16.

Umlaufvermögen bzw. „*wie*" Anlagevermögen zu bewertende Vermögensgegenstände Bedeutung: Vermögensgegenstände des Umlaufvermögens bzw. solche, die „*wie*" Umlaufvermögen zu behandeln sind, werden nach dem sog. *strengen Niederstwertprinzip* (§ 253 Abs. 3 HGB) bewertet, während Vermögensgegenstände des Anlagevermögens bzw. solche, die „*wie*" Anlagevermögen zu behandeln sind, nach dem sog. *gemilderten Niederstwertprinzip* behandelt werden.[28] Nach dem *strengen Niederstwertprinzip* wird der jeweilige Vermögensgegenstand auf den niedrigeren Börsen- oder Marktwert bzw. den niedrigeren beizulegenden Wert abgeschrieben.[29] Beim *gemilderten Niederstwertprinzip* hingegen findet eine Abschreibung auf den niedrigeren beizulegenden Wert nur dann statt, sofern eine dauerhafte Wertminderung gegeben ist.[30]

Während § 253 Abs. 2 S. 3 HGB bilanzierenden Unternehmen ein Wahlrecht einräumt, Vermögensgegenständen des Anlagevermögens außerplanmäßig auf den Niederstwert bei nur vorübergehender Wertminderung abzuschreiben, verkürzt § 340e Abs. 1 S. 3 HGB dieses Wahlrecht auf Beteiligungen und Anteile an verbundenen Unternehmen.[31]

Finanzinstrumente, die gemäß § 340f HGB der Vorsorge für allgemeine Bankrisiken dienen, werden entsprechend der „*vernünftigen kaufmännischen Beurteilung*" zu einem niedrigeren Wert (als dem sich aus § 253 Abs. 1 S. 1, Abs. 3 HGB ergebenden) bewertet. Für die Folgebewertung gestattet § 340f Abs. 2 HGB ein Beibehaltungswahlrecht.[32] Das bedeutet, dass bei Wertsteigerungen des zu Grunde liegenden Finanzinstruments eine Zuschreibung nicht nötig ist. Die Zuschreibung spielt insbesondere eine Rolle im Hinblick auf die – etwa durch Kursschwankungen – variierende Bemessungsgrundlage für die Vier-Prozent-Regel. Für die Bildung und Auflösung der Vorsorge für allgemeine Bankrisiken gestattet § 340f Abs. 3 HGB in Verbindung mit § 32 RechKredV die sog. Überkreuzkompensation,

---

28 MüKo HGB²-*Böcking/Löw/Wohlmannstetter* § 340e Rn. 6; Hopt/Merkt-*Merkt*, Bilanzrecht § 340e Rn. 2 f.; Baumbach/Hopt-*ders.*, Handelsgesetzbuch³⁵ § 340e Rn. 2 f. sowie bereits Baumbach/Hopt-*ders.*, Handelsgesetzbuch³³ § 340e Rn. 2 f.

29 Zu § 253 Abs. 3 HGB a.F.: Baumbach/Hopt-*Merkt*, Handelsgesetzbuch³³ § 253 Rn. 13; nun in § 253 Abs. 4 HGB n.F.: Hopt/Merkt-*Merkt*, Bilanzrecht § 253 Rn. 15; Baumbach/Hopt-*ders.*, Handelsgesetzbuch³⁵ § 253 Rn. 15; *Coenenberg/Haller/Schultze*²¹, Jahresabschluss, S. 247.

30 Zu § 253 Abs. 2 HGB a.F.: Baumbach/Hopt-*Merkt*, Handelsgesetzbuch³³ § 253 Rn. 11; nun in § 253 Abs. 3 HGB n.F.: Hopt/Merkt-*Merkt*, Bilanzrecht § 253 Rn. 13; Baumbach/Hopt-*ders.*, Handelsgesetzbuch³⁵ § 253 Rn. 13; *Coenenberg/Haller/Schultze*²¹, Jahresabschluss, S. 248.

31 Ebenroth/Boujong HGB²-*Wiedmann* § 340e Rn. 14 f.; MüKo HGB²-*Böcking/Löw/Wohlmannstetter* § 340e Rn. 17.

32 Zum Beibehaltungswahlrecht mit Beispielen: MüKo HGB²-*Böcking/Löw/Wohlmannstetter* § 340f Rn. 23 ff.

die eine Verrechnung von Aufwendungen und Erträgen aus Finanzinstrumenten der Vermögensvorsorge mit anderen Aufwendungen und Erträgen zulässt und damit den Ausweis in nur einem Aufwands- oder Ertragsposten der GuV vorsieht. Damit gestattet der Gesetzgeber eine sog. stille Bildung wie auch Auflösung von Reserven, die die Nachvollziehbarkeit der entsprechenden Geschäftsvorfälle für den Jahresabschlussadressaten unmöglich macht.[33]

2.4.2. Nominalwertbilanzierung (§ 340e Abs. 2 HGB)

Abweichend von § 253 Abs. 1 S. 1 HGB, der eine Bewertung von finanziellen Vermögensgegenständen höchstens zu Anschaffungs- oder Herstellungskosten zulässt, eröffnet § 340e Abs. 2 HGB dem Kreditinstitut das Wahlrecht Hypothekendarlehen und andere Forderungen zum Nominalwert zu bilanzieren, auch wenn dieser positiv (Unter-Pari-Erwerb) oder negativ (Über-Pari-Erwerb) von den eigentlichen Anschaffungskosten abweicht: sog. Bilanzierung zum Nominalwert.[34] Das Wahlrecht stets zum Nominalwert bilanzieren zu dürfen, setzt allerdings zweierlei voraus: Zum einen muss es sich entweder um ein Hypothekendarlehen oder eine Forderung handeln.[35] Zum anderen muss der Unterschiedsbetrag (Differenzbetrag zwischen Nominalwert und Anschaffungskosten) Zinscharakter haben. Damit der Zinscharakter zu bejahen ist, muss die Kreditgewährung im Vordergrund stehen.[36] Somit scheiden zu Handelszwecken gehaltene Forderungen aufgrund ihres spekulativen Grundmotivs stets aus. Abgrenzungsprobleme können bei solchen Forderungen auftreten, die wie etwa Schuldverschreibungen öffentlich gehandelt werden. Strittig ist die Frage, ob nachträglich in die Nomi-

33 *Bieg/Waschbusch*, ZfgK 2005, 145 (145 f.); MüKo HGB²-*Böcking/Löw/Wohlmannstetter* § 340f Rn. 17 ff. *Dies.* insgesamt kritisch im Hinblick auf das Transparenzgebot und die Zahlungsbemessungsfunktion: Rn. 30 ff., 38 ff.

34 Ebenroth/Boujong HGB²-*Wiedmann* § 340e Rn. 28; MüKo HGB²-*Böcking/Löw/Wohlmannstetter* § 340e Rn. 18 f.; Hopt/Merkt-*Merkt*, Bilanzrecht § 340e Rn. 6; Baumbach/Hopt-*ders.*, Handelsgesetzbuch³⁵ § 340e Rn. 6 sowie bereits Baumbach/Hopt-*ders.*, Handelsgesetzbuch³³ § 340e Rn. 6.

35 Hier weicht der deutsche Gesetzgeber von Art. 35 Abs. 3a S. 2 Bankbilanzrichtlinie 86/635 EWG im Rahmen des Mitgliedstaatenwahlrechts vom Richtlinientext ab, der dieses Wahlrecht gleichfalls auf Schuldverschreibungen und andere festverzinsliche Wertpapiere, welche wie Anlagevermögen zu behandeln sind, ausdehnte; siehe auch MüKo HGB²-*Böcking/Löw/Wohlmannstetter* § 340e Rn. 22; Ebenroth/Boujong HGB²-*Wiedmann* § 340e Rn. 25 f.

36 Ebenroth/Boujong HGB²-*Wiedmann* § 340e Rn. 26; MüKo HGB²-*Böcking/Löw/Wohlmannstetter* § 340e Rn. 23.

nalwertbilanzierung optiert werden kann, wenn etwa eine Forderung aus dem Handelsbestand in das Anlagevermögen umgewidmet wird.[37]

Erfolgt die Bilanzierung zum höheren Nominalbetrag, ist der Unterschiedsbetrag – also die Differenz zu den niedrigeren Anschaffungskosten – auf der Passivseite in einen Rechnungsabgrenzungsposten einzustellen und planmäßig aufzulösen.[38] Wird zum niedrigeren Nominalbetrag bilanziert – sind die Anschaffungskosten also höher als der Nominalwert – ist der Unterschiedsbetrag in einen aktivischen Rechnungsabgrenzungsposten einzustellen und planmäßig aufzulösen, alternativ kann die Differenz als Sofortaufwand verbucht werden.[39] Gemäß § 340e Abs. 2 und Abs. 3 HGB sind die jeweiligen Unterschiedsbeträge ihrer Höhe nach gesondert anzugeben (sog. Davon-Vermerk).[40]

2.4.3. Behandlung von Kreditrisiken

In der bilanziellen Darstellung von Forderungen sind akute und latente Kreditrisiken abzubilden. Zur Abbildung akuter Risiken sind entsprechende Einzelwertberichtigungen, für latente Risiken hingegen Pauschalwertberichtigungen zur Darstellung von Kapital- und Zinsausfallrisiken zu berücksichtigen.[41] Akute Risiken für eine Bank liegen dann vor, wenn die Beziehung zu einem Kreditnehmer derart gestört ist, dass mit einem teilweisen oder sogar vollständigen Forderungsausfall zu rechnen ist.[42] Die Höhe der Einzelwertberichtigung bildet den anzunehmenden Ausfall von Zins- und Tilgungszahlungen ab.[43] Freilich gilt hier das Stichtagsprinzip (§ 252 Abs. 1 Nr. 3 HGB).[44]

---

37 Dagegen: Bonner HdR-*Grewe* Rn. 44; dafür: Ebenroth/Boujong HGB[2]-*Wiedmann* § 340e Rn. 26; offen gelassen von MüKo HGB[2]-*Böcking/Löw/Wohlmannstetter* § 340e Rn. 22.

38 MüKo HGB[2]-*Böcking/Löw/Wohlmannstetter* § 340e Rn. 19 und 25; Ebenroth/Boujong HGB[2]-*Wiedmann* § 340e Rn. 33 f.

39 MüKo HGB[2]-*Böcking/Löw/Wohlmannstetter* § 340e Rn. 19 und 26; siehe hierzu auch: Ebenroth/Boujong HGB[2]-*Wiedmann* § 340e Rn. 33–35.

40 MüKo HGB[2]-*Böcking/Löw/Wohlmannstetter* § 340e Rn. 30; Ebenroth/Boujong HGB[2]-*Wiedmann* § 340e Rn. 36: Angabe in der Bilanz als „*Darunter*-Angabe" oder im Anhang.

41 Vgl. *Bieg*[2], S. 408–416 und schon zuvor: *Bieg*[1], 413–421.

42 MüKo HGB[2]-*Böcking/Löw/Wohlmannstetter* § 340e Rn. 34, *Krumnow/Sprißler et al.*, Rechnungslegung der Kreditinstitute[2], § 340e Rn. 168.

43 Der antizipierte Ausfall resultiert aus der Bonität des Schuldners und der Werthaltigkeit etwaiger Sicherheiten; vgl. hierzu MüKo HGB[2]-*Böcking/Löw/Wohlmannstetter* § 340e Rn. 36.

44 Vgl. auch MüKo HGB[2]-*Böcking/Löw/Wohlmannstetter* § 340e Rn. 34; durch das BilMoG unverändert: § 253 Abs. 4 HGB n.F.: Hopt/Merkt-*Merkt*, Bilanzrecht § 252 Rn. 8; Baumbach/Hopt-*ders.*, Handelsgesetzbuch[35] § 252 Rn. 8; zuvor bereits: Baumbach/Hopt-*Merkt*, Handelsgesetzbuch[33] § 252 Rn. 8.

Zugleich bestehen generell latente Risiken, die den Forderungen immanent sind. Diesen Risiken kann nicht durch Einzelwertberichtigungen begegnet werden.[45] Daher sind sog. Pauschalwertberichtigungen zu bilden. Pauschalwertberichtigungen sind aber insoweit von Einzelwertberichtigungen abzugrenzen, als dass keine Überschneidungen stattfinden dürfen, das heißt, dass wenn einem akuten Risiko bereits durch eine Einzelwertberichtigung Rechnung getragen wurde, sich eine Absicherung durch eine Pauschalwertberichtigung verbietet.[46] Leitlinien für die Höhe der Pauschalwertberichtigungen ergeben sich aus den vom *BMF* vorgegebenen Kriterien für die Bildung von Pauschalwertberichtigungen und deren steuerrechtliche Anerkennung durch die Finanzverwaltung.[47] Im Verhältnis zur Risikovorsorge des § 340f HGB, ist folgendermaßen abzugrenzen: Während § 340f HGB Risiken aus dem allgemeinen Kreditgewerbe begegnen soll, tragen Pauschalwertberichtigungen dem Forderungsausfallrisiko des einzelnen Kreditinstituts Rechnung.[48]

2.4.4. Bewertungsvorschriften für finanzielle Verbindlichkeiten und Rückstellungen

Gemäß § 253 Abs. 1 S. 2 HGB sind **Verbindlichkeiten** zu ihrem Rückzahlungsbetrag bzw. Erfüllungsbetrag anzusetzen. Diese allgemeine Vorschrift ist auch in der Bankbilanz anzuwenden.[49] Damit folgen die Bewertungsregeln für finanzielle Verbindlichkeiten den allgemeinen Bewertungsprinzipien aus § 252 Abs. 1 HGB. Dem Realisationsprinzip folgend ist ein Umsatz bzw. eine Transaktion maßgebend für die bilanzielle Erfassung.[50] Während diese Vorschrift streng für Aktivpositionen anzuwenden ist, sieht das Imparitätsprinzip (§ 252 Abs. 1 Nr. 4 HGB) hingegen vor, dass alle vorhersehbaren Verluste und Risiken, die bis zum

---

45 MüKo HGB²-*Böcking/Löw/Wohlmannstetter* § 340e Rn. 38.

46 MüKo HGB²-*Böcking/Löw/Wohlmannstetter* § 340e Rn. 40; Hopt/Merkt-*Merkt*, Bilanzrecht § 253 Rn. 21; Baumbach/Hopt-*ders.*, Handelsgesetzbuch³⁵ § 253 Rn. 23; zuvor bereits: Baumbach/Hopt-*Merkt*, Handelsgesetzbuch³³ § 253 Rn. 23.

47 *BMF*, BStBl. I 1994, 98 f.; vgl. auch MüKo HGB²-*Böcking/Löw/Wohlmannstetter* § 340e Rn. 42; *Krumnow/Sprißler et al.*, Rechnungslegung der Kreditinstitute², § 340e Rn. 211; dazu auch: *Bieg*², S. 412 ff. und schon zuvor: *Bieg*¹, 417 ff.

48 MüKo HGB²-*Böcking/Löw/Wohlmannstetter* § 340e Rn. 43.

49 MüKo HGB²-*Böcking/Löw/Wohlmannstetter* § 340e Rn. 47 ff. Zu § 253 Abs. 1 S. 2 HGB in neuer und alter Fassung: Hopt/Merkt-*Merkt*, Bilanzrecht § 253 Rn. 21; Baumbach/Hopt-*ders.*, Handelsgesetzbuch³⁵ § 253 Rn. 23; zur a.F.: Baumbach/Hopt- *Merkt*, Handelsgesetzbuch³³ § 253 Rn. 23.

50 MüKo HGB²-*Böcking/Löw/Wohlmannstetter* § 340e Rn. 49; Hopt/Merkt-*Merkt*, Bilanzrecht § 252 Rn. 18; Baumbach/Hopt-*ders.*, Handelsgesetzbuch³⁵ § 252 Rn. 18; zuvor bereits: Baumbach/Hopt-*Merkt*, Handelsgesetzbuch³³ § 252 Rn. 13.

Abschlussstichtag entstanden sind, – auch ohne Transaktion – bilanziell erfasst werden müssen.[51] Entsprechend dem – oben erläuterten – *Niederstwertprinzip* für Vermögenswerte wird aus dem Imparitätsprinzip das sog. *Höchstwertprinzip* für finanzielle Verbindlichkeiten abgeleitet.[52] Um somit den Anschaffungswert für finanzielle Verbindlichkeiten erfolgsneutral darzustellen, wird auf den Nennwert der jeweiligen finanziellen Verbindlichkeit abgestellt und gemäß § 250 Abs. 3 S. 1 HGB zwischen Kapital- und Zinsanteil unterschieden:[53] § 250 Abs. 3 S. 1 HGB gestattet es, den Unterschiedsbetrag in einen aktivischen Rechnungsabgrenzungsposten einzustellen, wenn der Rückzahlungsbetrag bzw. Erfüllungsbetrag den Ausgabebetrag für die finanzielle Verbindlichkeit übersteigt. Dieses Wahlrecht ist darauf zurückzuführen, dass der Unterschiedsbetrag einen Zinsanteil verkörpert, der als Gegenleistung im Synallagma zur Darlehensgewährung steht. Zur Darstellung einer periodengerechten Belastung in der GuV, ist die Bildung eines aktivischen Rechnungsabgrenzungspostens jedenfalls für die korrekte Darstellung der finanziellen Schulden sinnvoller, als die sofortige Aufwandsverrechnung.[54] Dennoch verbleibt Uneinigkeit in der Rechnungslegungspraxis in Hinblick auf die bilanziellen Konsequenzen. So wird einerseits vertreten, dass entsprechend der steuerrechtlichen Handhabung eine Abgrenzungspflicht bestehe, während andere von einem Aktivierungswahlrecht gemäß § 253 Abs. 1 HGB ausgehen, welches dem Bilanzierenden ermögliche, in eine sofortige Aufwandsverrechnung zu optieren.[55] Diese Uneinigkeit führt letztlich zu einem Parallellauf verschiedener Bilanzierungspraktiken, die in der Darstellung zu unterschiedlichen Ergebnissen führen.[56]

Darüber hinaus kann für einen korrekten Ausweis der Rückzahlungsbetrag nicht *per se* auf den Barwert im Zugangszeitpunkt abgezinst werden: Zwar führt die aus der Finanzmathematik stammende Abzinsung fraglos für Verbindlichkeitsdarlehen, die zu 100 % ausgezahlt werden, zu richtigen und nachvollzieh-

---

51 Diesem Grundsatz folgend sind umsatzinduzierte Passivzugänge erfolgswirksam, während nicht umsatzinduzierte Passivzugänge erfolgsneutral zu behandeln sind.

52 MüKo HGB²-*Böcking/Löw/Wohlmannstetter* § 340e Rn. 49; grundlegend: *Ballwieser*, FS Forster 1992, S. 45 (58 f.).

53 MüKo HGB²-*Böcking/Löw/Wohlmannstetter* § 340e Rn. 50 f. Zu § 250 Abs. 3 HGB Hopt/Merkt-*Merkt*, Bilanzrecht § 250 Rn. 8; Baumbach/Hopt-*ders.*, Handelsgesetzbuch³⁵ § 250 Rn. 8; zuvor bereits: Baumbach/Hopt-*Merkt*, Handelsgesetzbuch³³ § 250 Rn. 8.

54 Vgl. auch MüKo HGB²-*Böcking/Löw/Wohlmannstetter* § 340e Rn. 51.

55 Für ein Wahlrecht: der Wortlaut des § 250 Abs 3 S. 1 HGB „*darf*"; gegen ein Wahlrecht: MüKo HGB²-*Böcking/Löw/Wohlmannstetter* § 340e Rn. 52 ff.

56 Vgl. MüKo HGB²-*Böcking/Löw/Wohlmannstetter* § 340e Rn. 55.

baren Ergebnissen.[57] Dennoch kann eine starre Anwendung der Abzinsung auf den Barwert, um zwischen Kapital- und Zinsanteil zu unterscheiden, erhebliche Folgeprobleme auslösen, wenn Ausgabebetrag und Rückzahlungs- bzw. Erfüllungsbetrag voneinander abweichen: Beispielsweise würde bei einem zinslosen Darlehen letztlich eine nicht gegebene Verzinslichkeit unterstellt werden.[58]

Neben der bilanziellen Darstellung der Schulden im Zugangszeitpunkt ergeben sich insbesondere für handelbare Verbindlichkeiten bei schwankenden Kursen weitere Probleme in der Folgebewertung. Steigt etwa der Barwert über den Nennwert, liegt für das respektive Investment eine Überverzinslichkeit vor, weil das Marktzinsniveau gesunken ist, d.h. der Schuldner zahlt höhere Zinsen als der Markt (zum Zeitpunkt des Bilanzstichtags) einfordert. Hier ist strittig, ob Drohverlustrückstellungen zu bilden sind.[59] Dieser Streit kann für die Bilanzierungspraxis der Banken aber letztlich offen bleiben, weil regelmäßig von einer marktzinsabhängigen Bewertung abgesehen und schlicht zum Nominalwert bilanziert wird.[60] Diese Bilanzierungspraxis ist darauf zurückzuführen, dass die Zinsspanne, also die Differenz zwischen Zins und Refinanzierungszins, für Banken wichtiger ist, als die Verzinslichkeit der einzelnen Verbindlichkeit.[61]

Gemäß § 253 Abs. 1 S. 2 HGB sind **Rückstellungen** *„nur in der Höhe des Betrages anzusetzen, der nach vernünftiger kaufmännischer Beurteilung notwendig ist"*. Dabei sind Rückstellungen sowohl für ungewisse Verbindlichkeiten, als auch für drohende Verluste aus schwebenden Geschäften zu bilden.[62] Schwierigkeiten in diesem Zusammenhang bereitet vielmehr die Frage, ob im Rahmen der erstmaligen Erfassung der Erfüllungsbetrag jeweils abzuzinsen ist.[63] Unstreitig ist dabei, dass eine Abzinsung nur stattfinden darf, wenn der Erfüllungsbetrag einen

---

57 MüKo HGB²-*Böcking/Löw/Wohlmannstetter* § 340e Rn. 52 f.

58 Hierzu und mit weitergehender Vertiefung: MüKo HGB²-*Böcking/Löw/Wohlmannstetter* § 340e Rn. 52 ff.

59 Dafür: *A/D/S* § 253 Rn. 78 f.; dagegen: MüKo HGB²-*Böcking/Löw/Wohlmannstetter* § 340e Rn. 53.

60 MüKo HGB²-*Böcking/Löw/Wohlmannstetter* § 340e Rn. 54.

61 Hierzu *Windmöller*, FS Moxter 1994, S. 883 (891 f.); MüKo HGB²-*Böcking/Löw/Wohlmannstetter* § 340e Rn. 54; auch mit der bilanztheoretischen Argumentation zur Bewertungseinheit; vgl. dazu *BFH*, BStBl. 1990 II, S. 642.

62 MüKo HGB²-*Böcking/Löw/Wohlmannstetter* § 340e Rn. 63 und 65.

63 MüKo HGB²-*Böcking/Löw/Wohlmannstetter* § 340e Rn. 63 und 65; MüKo HGB²-*Ballwieser* § 253 Rn. 98; Baumbach/Hopt-*Merkt*, Handelsgesetzbuch³³ § 253 Rn. 4. Inzwischen durch die Einführung des § 253 Abs. 2 S. 1 HGB n.F. geklärt; dazu: Hopt/Merkt-*Merkt*, Bilanzrecht § 253 Rn. 3; Baumbach/Hopt-*ders.*, Handelsgesetzbuch³⁵ § 253 Rn. 3.

Zinsanteil hat.[64] Zugleich müsse dieser Zinsanteil bewertbar sein, eine Fiktion genüge hingegen nicht.[65] Zwar ist bei ökonomischer Betrachtung der Zeitwert jeder Auszahlung, die dem Bilanzstichtag folgt, niedriger als der Nominalwert und dieser ließe sich auch mit Hilfe des fristenadäquaten Verschuldungszinses des Kreditmarktes ermitteln, doch werde das HGB-Bilanzrecht nicht von der Zeitwertbilanzierung geleitet.[66] Auch verstoße eine Abzinsung gegen das Realisationsprinzip.[67] Damit scheidet eine Abzinsung von Rückstellungen für ungewisse Verbindlichkeiten und Drohverlustrückstellungen nach dem HGB a.F. aus.[68]

2.5. Insbesondere: Bilanzierung von Derivaten

Für Derivate gibt es im Hinblick auf Ansatz und Bewertung keine spezialgesetzlichen Vorschriften, mithin sind die allgemeinen Grundsätze der ordnungsgemäßer Buchführung (GoB) anzuwenden.[69] Weil sich Derivate regelmäßig auf (unsichere) zukünftige Ereignisse und damit die jeweils geschuldeten Verpflichtungen der Parteien auch auf die Zukunft beziehen, stellen Derivate zum Zeitpunkt des Vertragsschlusses sog. schwebende Geschäfte dar und dürfen nicht bilanziert werden.[70] Gleichwohl sind schwebende Geschäfte aber in der sog. Nebenbuchhaltung zu erfassen.[71] Im Ergebnis finden Derivate keinen Ansatz in der Bilanz, es sei denn, es drohen aus dem jeweiligen Geschäft Verluste. Dann

---

64 MüKo HGB²-*Böcking/Löw/Wohlmannstetter* § 340e Rn. 63 sowie MüKo HGB²-*Ballwieser* § 253 Rn. 97; Baumbach/Hopt-*Merkt*, Handelsgesetzbuch³³ § 253 Rn. 4. Zu § 253 Abs. 2 S. 1 HGB n.F. geklärt; dazu: Hopt/Merkt-*Merkt*, Bilanzrecht § 253 Rn. 3; Baumbach/Hopt-*ders.*, Handelsgesetzbuch³⁵ § 253 Rn. 3.

65 MüKo HGB²-*Böcking/Löw/Wohlmannstetter* § 340e Rn. 63.

66 MüKo HGB²-*Ballwieser* § 253 Rn. 99.

67 MüKo HGB²-*Ballwieser* § 253 Rn. 99.

68 MüKo HGB²-*Böcking/Löw/Wohlmannstetter* § 340e Rn. 63 und 65 sowie MüKo HGB²-*Ballwieser* § 253 Rn. 99 ff. Etwas anderes sieht nun das HGB n.F. (BilMoG) in § 253 Abs. 2 S. 1 HGB für Rückstellungen von mehr als einem Jahr Restlaufzeit vor.

69 MüKo HGB²-*Böcking/Löw/Wohlmannstetter* § 340e Rn. 87 (auch zu „*geschäftsspezifischen GoB*"); *Glaum*, DB 1997, 1625 (1626).

70 *Glaum*, DB 1997, 1625 (1626); MüKo HGB²-*Böcking/Löw/Wohlmannstetter* § 340e Rn. 70; *Krumnow/Sprißler et al.*, Rechnungslegung der Kreditinstitute², § 340e Rn. 329. Der Grundsatz der Nichtbilanzierung schwebender Geschäfte verbietet die bilanzielle Erfassung in der Hauptbuchhaltung von Geschäften, die zwar zum Bilanzstichtag abgeschlossen sind, von keinem Vertragspartner die jeweilige Leistung aber vollständig erbracht worden ist.

71 MüKo HGB²-*Böcking/Löw/Wohlmannstetter* § 340e Rn. 70. Die Nebenbuchhaltung ist die organisatorische Ausgliederung von bestimmten Teilbereichen, um die Hauptbuchhaltung auf das Wesentliche zu beschränken.

sind entsprechend Rückstellungen zu bilden.[72] Von dem Grundsatz der Nichtbilanzierung sind freilich diejenigen Derivate ausgenommen, bei denen eine Partei beim Vertragsschluss bereits zur Zahlung einer Prämie verpflichtet wird (so etwa bei einer Option),[73] weil mit der Prämienzahlung eine Partei bereits ihre vertragliche Verpflichtung vollends erfüllt hat. Die Prämien zuzüglich entstehender Transaktionskosten sind vom Prämienzahlenden (Optionsberechtigten) als sonstiger Vermögensgegenstand anzusetzen, der Prämienvereinnahmende (Stillhalter) hingegen passiviert eine sonstige Verbindlichkeit.[74] Weitere Einzelheiten in der bankgeschäftlichen Bilanzierungspraxis von Optionen werden durch die Stellungnahme des Bankenfachausschusses des *IDW* BFA 2/1995 konkretisiert.[75] Anderes gilt freilich für die Bilanzierung von Sicherungsbeziehung, dazu sogleich (2.7.).

2.6. Insbesondere: Bilanzierung von Credit Default Swaps

Weder in den allgemeinen oder den besondern Vorschriften des HGB noch in der Rechnungslegungsverordnung für Kreditinstitute (RechKredV) ist spezialgesetzlich geregelt, wie Credit Default Swaps zu bilanzieren sind.[76] Vielmehr ist wiederum auf die allgemeinen Bilanzierungsgrundsätze zurückzugreifen. Auf dieser Grundlage wird die Bilanzierung durch die *IDW* Stellungnahme des Bankenfachausschuss vom 4. Dezember 2001 konkretisiert.[77]

Die bilanzielle Darstellung von Credit Default Swaps nach den Regeln der HGB Rechnungslegung ist maßgebend davon abhängig, ob das Kreditderivat vom bilanzierenden Kreditinstitut im Nichthandelsbestand oder im Handelsbestand gehalten wird.[78] Dabei sieht der Bankenfachausschuss in seiner Stellungnahme eine Zuordnung zum Handelsbestand als gegeben an, *„wenn das Kreditderivat in der Absicht abgeschlossen wird, bei Veränderung seines Marktpreises im Zeitablauf durch Terminierung des abgeschlossenen Geschäftes (close-out) oder durch*

---

72 MüKo HGB²-*Böcking/Löw/Wohlmannstetter* § 340e Rn. 103.

73 MüKo HGB²-*Böcking/Löw/Wohlmannstetter* § 340e Rn. 103.

74 MüKo HGB²-*Böcking/Löw/Wohlmannstetter* § 340e Rn. 103.

75 *IDW RS BFA* 2/1995, WPg 1995, 421.

76 *Auerbach/Fischer*, Kreditderivate Hdb., S. 237 (238); *Struffert*, ABS Transaktionen und Kreditderivate, S. 246 f.

77 *IDW RS BFA 1*, WPg 2002, 195.

78 *IDW RS BFA 1*, WPg 2002, 195 (197), Tz. 11; vgl. hierzu *Auerbach/Fischer*, Kreditderivate Hdb., S. 237 (239); *Kühnle*, WPg 2002, 288 (291); *Krumnow/Sprißler et al.*, Rechnungslegung der Kreditinstitute², § 340e Rn. 501 f.; *Struffert*, ABS Transaktionen und Kreditderivate, S. 247 f.

Abschluss eines Gegengeschäftes einen Handelsgewinn zu erzielen."[79] Im Gegensatz dazu fehlt es an dieser Absicht bei Kreditderivaten, die im Nichthandelsbestand gehalten werden und damit ein Kreditinstitut als Endverwender zu sehen ist, weil es das Kreditderivat gerade zur Sicherung eines Kreditrisikos einsetzt.[80]

Der Bankenfachausschuss benennt weiterhin einige Anforderungen zur Annahme des Sicherungscharakters: Zum einen müsse der Credit Default Swap objektiv geeignet sein.[81] Die objektive Eignung wird dann zugesprochen, wenn ein Credit Default Swap den verfolgten Sicherungszweck zu erfüllen vermag, also im Falle des Kreditereignisses den Sicherungsnehmer vor Vermögensverlusten aus dem Forderungsausfall schützt. Obwohl sich der Bankenfachausschuss gegen die Vorgabe „*starrer Prinzipien*" verwehrt, werden als notwendige Mindestanforderungen eine einwandfreie Bonität des Sicherungsgebers, die Identität von originärem Kreditschuldner und Emittenten des Referenzaktivums und schließlich eindeutige Swapvereinbarungen vorausgesetzt.[82] In jedem Fall ist der Verwendungszweck zu dokumentieren.[83]

Credit Default Swaps, die im Handelsbestand gehalten werden, sind gleich Optionen zu bilanzieren.[84] Damit kann auf die unter 2.5. dargestellten Bilanzierungsregeln verwiesen werden. Stehen im Handelsbestand gehaltene Credit Default Swaps in einem Sicherungszusammenhang, können sich wiederum andere Regeln für die Bilanzierung ergeben (siehe 2.7.).

Credit Default Swaps werden im Nichthandelsbestand gleich wie eine Garantie oder eine Bürgschaft behandelt.[85] Für die Behandlung der Prämie in der Zugangsbewertung bedeutet das, dass die Prämienzahlung über die Laufzeit des

---

79 *IDW RS BFA 1*, WPg 2002, 195 (197), Tz. 13.

80 *IDW RS BFA 1*, WPg 2002, 195 (197), Tz. 12 und 16; vgl. hierzu *Auerbach/Fischer*, Kreditderivate Hdb., S. 237 (239); *Kühnle*, WPg 2002, 288 (291 f.); *Struffert*, ABS Transaktionen und Kreditderivate, S. 247 f.

81 *IDW RS BFA 1*, WPg 2002, 195 (197), Tz. 16; vgl. hierzu *Auerbach/Fischer*, Kreditderivate Hdb., S. 237 (239): zum wirtschaftlichen Nutzungs- und Funktionszusammenhang.

82 *IDW RS BFA 1*, WPg 2002, 195 (197), Tz. 16; zu den einzelnen Voraussetzungen: *Krumnow/Sprißler et al.*, Rechnungslegung der Kreditinstitute², § 340e Rn. 507; *Kühnle*, WPg 2002, 288 (293), insbesondere zu den Bonitätsanforderungen des Sicherungsgebers (294); *Struffert*, ABS Transaktionen und Kreditderivate, S. 248.

83 *IDW RS BFA 1*, WPg 2002, 195 (197), Tz. 16; *Kühnle*, WPg 2002, 288 (292).

84 *IDW RS BFA 1*, WPg 2002, 195 (197), Tz. 28.

85 *Krumnow/Sprißler et al.*, Rechnungslegung der Kreditinstitute², § 340e Rn. 508; *IDW RS BFA 1*, WPg 2002, 196 (197), Tz. 18; vgl. hierzu auch *Auerbach/Fischer*, Kreditderivate Hdb., S. 237 (242); *Barz et al.*, S. 657 (tabellarische Übersicht); *Kühnle*, WPg 2002, 288 (292 f.); *Struffert*, ABS Transaktionen und Kreditderivate, S. 247.

Credit Default Swap zu verteilen ist.[86] Wird die Prämie vorschüssig geleistet, ist ein aktiver Rechnungsabgrenzungsposten zu bilden und entsprechend über die Laufzeit aufzulösen.[87] Wird hingegen die Prämie nachschüssig gezahlt, so ist die Prämie periodengerecht als Aufwand zu verbuchen und die Zahlungsverpflichtung ist als „*Verbindlichkeit gegenüber anderen Kreditinstituten*" bzw. als „*Verbindlichkeit gegenüber Kunden*" bis zur Zahlung zu erfassen.[88] Grundsätzlich sollen die Prämienzahlungen als Provisionsaufwand aus Dienstleistungsgeschäften gemäß § 30 RechKredV in der GuV erfasst werden.[89]

Tritt das Kreditereignis ein und findet eine Ausgleichszahlung statt, ist diese in dem Posten „*Abschreibungen und Wertberichtigungen auf Forderungen und bestimmte Wertpapiere sowie Zuführungen zu Rückstellungen im Kreditgeschäft*" zu verbuchen.[90] Somit kompensiert die Ausgleichszahlung aus dem Credit Default Swap, also aus dem Kreditderivat, die Verluste aus dem originären Kreditgeschäft.[91]

2.7. Insbesondere: Bilanzierung von Sicherungsbeziehungen

Während zuvor (2.5.) dargestellt worden ist, wie Derivate zu bilanzieren sind, die aus spekulativen Gründen gehalten werden, wird im nun folgenden Teil auf die bilanzielle Erfassung von Sicherungsbeziehungen eingegangen. Dabei dienen Derivate dazu, risikoreiche Geschäfte (Basiswert) abzusichern, indem sie etwaige (Buch-)Verluste des Basiswerts durch eine entgegengerichtete Marktbewegung kompensieren (*Hedging*). Die Bilanzierung von Derivaten innerhalb eines Sicherungszusammenhangs wirft dabei eine ganze Reihe von Problemen auf, weil neben der Nichtbilanzierung schwebender Geschäfte das Realisations-,

---

86 *IDW RS BFA 1*, WPg 2002, 196 (197), Tz. 17; *Struffert*, ABS Transaktionen und Kreditderivate, S. 254.

87 Analoge Behandlung an eine Bürgschaft im Anschluss *BFH*, BStBl. II 1978, 262: *Auerbach/Fischer*, Kreditderivate Hdb., S. 237 (242 f.).

88 *Auerbach/Fischer*, Kreditderivate Hdb., S. 237 (243).

89 Vgl. *Auerbach/Fischer*, Kreditderivate Hdb., S. 237 (243); *Kühnle*, WPg 2002, 288 (293); *Barz et al.*, S. 657 (tabellarische Übersicht). Dieser Grundsatz soll allerdings dann durchbrochen werden, wenn die Prämienzahlung von einem überwiegenden Zinscharakter geprägt ist; vgl. *Krumnow/Sprißler et al.*, Rechnungslegung der Kreditinstitute², § 340e Rn. 508; ebenso: *Kühnle*, WPg 2002, 288 (293); *ders.*, a.a.O. auch zur Entwicklungsgeschichte dieses IDW Standards (293 f.).

90 *IDW RS BFA 1*, WPg 2002, 195 (197), Tz. 19 unter Verweis auf §§ 32 und 33 RechKredV; vgl. auch *Auerbach/Fischer*, Kreditderivate Hdb., S. 237 (243); *Kühnle*, WPg 2002, 288 (294); *Krumnow/Sprißler et al.*, Rechnungslegung der Kreditinstitute², § 340e Rn. 508.

91 *Krumnow/Sprißler et al.*, Rechnungslegung der Kreditinstitute², § 340e Rn. 508; *IDW RS BFA 1*, WPg 2002, 195 (197), Tz. 19; *Struffert*, ABS Transaktionen und Kreditderivate, S. 255.

das Imparitäts- und das Einzelbewertungsprinzip zu beachten sind; zusätzlich sind der Grundsatz der Vollständigkeit, der Bewertungsstetigkeit und des Verrechnungsverbots zu beachten, die allesamt der Bilanzierung von Sicherungsbeziehungen argumentativ entgegenstehen.[92] Dennoch soll unter engen Voraussetzungen die bilanzielle Darstellung von Sicherungsbeziehungen möglich sein,[93] um der Abbildung der tatsächlichen Vermögens-, Finanz- und Ertragslage einer Bank gerecht zu werden, weil sonst in der Einzelbetrachtung von Basiswert und absicherndem Derivat bei faktisch bestehenden Sicherungsbeziehungen irreführende Ergebnisse entstünden – präziser: Der kompensatorische Effekt, den das sichernde Derivat gegenüber dem Basiswert hat, würde durch die bilanzielle Darstellung nicht zum Ausdruck kommen.

Es sind im Wesentlichen drei verschiedene Formen von Bewertungseinheiten zu unterscheiden: der Mikro-*Hedge*, der Makro-*Hedge* und der Portfolio-*Hedge*. Bei einem Mikro-*Hedge* steht dem abzusichernden Geschäft genau ein speziell zugeschnittenes, sicherndes Geschäft mit gegenläufigem Risiko gegenüber, das regelmäßig auch eine gleiche Laufzeit hat, sodass Grundgeschäft und Sicherungsgeschäft exakt als Bewertungseinheit zusammengefasst werden können.[94] Bei einem Makro-*Hedge* wird eine Mehrzahl von Geschäften aus einem abgegrenzten Bestand von Vermögensgegenständen einer Bank zusammengefasst, die kompensierende Wirkung dieser Geschäfte wird ermittelt und das verbleibende Restrisiko (sog. Nettorisiko) wird durch ein Sicherungsgeschäft abgesichert.[95] Bei einem Portfolio-*Hedge* werden mehrere gleichartige Grundgeschäfte eines Portfolios durch ein oder mehrere Sicherungsinstrumente abgesichert.[96] Zwar wird der Mikro-*Hedge* im modernen Risikomanagement tendenziell seltener als der Makro-*Hedge* eingesetzt,[97] gleichwohl wird zur Vereinfachung der Darstellung bei der später folgenden Untersuchung der Mikro-*Hedge* in den Blick genommen.

---

92 MüKo HGB²-*Böcking/Löw/Wohlmannstetter* § 340e Rn. 88 f.; Vollständigkeitsgrundsatz (§ 246 Abs. 1 HGB), Bewertungsstetigkeit (§ 252 Abs. 1 Nr. 6 HGB), Verrechnungsverbot (§ 246 Abs. 2 HGB).

93 Die Abbildung von Bewertungseinheiten wird überwiegend für zulässig erklärt: MüKo HGB²-*Böcking/Löw/Wohlmannstetter* § 340e Rn. 93; *A/D/S* § 253 Rn. 105; *IDW RS BFA* 2/1995, WPg 1995, 421; *Prahl/Naumann*, ZBB 1994, 1 (2 f.); *Glaum*, DB 1997, 1625 (1626 f.); *Schneider*, BB 1995, 1231 (1231 ff.).

94 MüKo HGB²-*Böcking/Löw/Wohlmannstetter* § 340e Rn. 93.

95 MüKo HGB²-*Böcking/Löw/Wohlmannstetter* § 340e Rn. 95.

96 *Coenenberg/Haller/Schultze*²¹, Jahresabschluss, S. 288 mit dem Hinweis, dass es kein einheitliches Verständnis des Begriffs Portfolio-Hedge gibt. Siehe hierzu auch *Arbeitskreis „Externe Unternehmensrechnung" der Schmalenbach-Gesellschaft*, DB 1997, 637 (639 f.).

97 MüKo HGB²-*Böcking/Löw/Wohlmannstetter* § 340e Rn. 95.

Deshalb werden hier nur die Voraussetzungen zur Bilanzierung eines Mikro-*Hedges* kurz zusammengefasst: Die Sicherungsbeziehung muss vom Bilanzierenden bewusst als solche dokumentiert und fortlaufend von einer Durchhalteabsicht getragen werden. Außerdem muss die Sicherungsbeziehung objektiv zur Risikoabsicherung geeignet sein, das heißt, es muss durch das Sicherungsinstrument ein kompensatorischer Effekt aufgrund eines gegenläufigen Risikoprofils bestehen (auch Nutzen- und Funktionszusammenhang). Darüber hinaus muss das Grundgeschäft eindeutig identifizierbar sein und Grund- und Sicherungsgeschäft müssen in getrennten Beständen ausgewiesen werden.[98] Antizipative Sicherungsgeschäfte, bei denen das Grundgeschäft noch nicht definitiv geschlossen ist, sind damit nicht zulässig.[99]

2.8. Zusammenfassung

Das HGB definiert den Begriff „Finanzinstrument" nicht. Daher ist auf die Begriffsbestimmung des § 1a Abs. 3 KWG zurückzugreifen. Insgesamt können die Finanzinstrumente in der HGB-Bankbilanz folgendermaßen kategorisiert werden: Gemäß § 340e HGB wird bei der Bewertung von Vermögensgegenständen an „*wie*" Anlage- bzw. „*wie*" Umlaufvermögen zu bewertende Vermögensgegenstände angeknüpft. Daneben können gemäß § 340f HGB zur Vorsorge für allgemeine Bankrisiken bestimmte Finanzinstrumente des „*wie*" Umlaufvermögen zu behandelnden Finanzvermögens mit einem „*niedrigeren als dem nach § 253 Abs. 1 Satz 1, Abs. 3* [HGB] *vorgeschriebenen Wert*" angesetzt werden.

Eine Änderung bzw. Umwidmung nach erstmaliger Zuordnung bleibt sowohl bezüglich eines Wechsels vom „*wie*" Anlage- in „*wie*" Umlaufvermögen zu bewertendes Vermögens als auch andersherum möglich.

Die Zugangsbewertung erfolgt in Höhe der Anschaffungskosten (in der Regel zuzüglich angefallener Transaktionskosten). Daneben eröffnet § 340e Abs. 2 HGB unter bestimmten Voraussetzungen die sog. Nominalwertbilanzierung für bestimmte Forderungen. Gemäß § 253 Abs. 1 S. 2 HGB sind Verbindlichkeiten zu ihrem Rückzahlungsbetrag bzw. Erfüllungsbetrag anzusetzen.

---

98 Zu den Voraussetzungen im Einzelnen: MüKo HGB²-*Böcking/Löw/Wohlmannstetter* § 340e Rn. 94; *Arbeitskreis „Externe Unternehmensrechnung" der Schmalenbach-Gesellschaft* DB 1997, 637 (638 ff.); *Steiner/Tebroke/Wallmeier*, WPg 1995, 533 (534 ff.); *Wiedmann*² § 252 Rn. 22 f.; *Löw*, WPg 2004, 1109 (1110 ff.).

99 MüKo HGB²-*Böcking/Löw/Wohlmannstetter* § 340e Rn. 104; allerdings kritisch zur Unzulässigkeit, Rn. 105.

Die Folgebewertung richtet sich nach der jeweiligen Kategorisierung: Vermögensgegenstände, die „*wie*" Umlaufvermögen zu behandeln sind, werden nach dem sog. *strengen Niederstwertprinzip* (§ 253 Abs. 3 HGB) bewertet, während Vermögensgegenstände, die „*wie*" Anlagevermögen zu behandeln sind, nach dem sog. *gemilderten Niederstwertprinzip* behandelt werden. Finanzinstrumente, die gemäß § 340f HGB der Vorsorge für allgemeine Bankrisiken dienen, werden entsprechend der „*vernünftigen kaufmännischen Beurteilung*" zu einem niedrigeren Wert (als dem sich aus § 253 Abs. 1 S. 1, Abs. 3 HGB ergebenden) bewertet. Außerdem sind bei Forderungen Einzelwertberichtigungen zur Abbildung akuter und Pauschalwertberichtigungen zur Abbildung latenter Kreditrisiken zu berücksichtigen.

Aus dem Imparitätsprinzip wird das sog. *Höchstwertprinzip* für finanzielle Verbindlichkeiten abgeleitet.

Nach § 253 Abs. 1 S. 2 HGB sind Rückstellungen nur in der Höhe des Betrags anzusetzen, der nach vernünftiger kaufmännischer Beurteilung notwendig ist. Eine Abzinsung von Rückstellungen wird als nicht zulässig erachtet.

Für Derivate gibt es im Hinblick auf Ansatz und Bewertung keine spezialgesetzlichen Vorschriften. Daher sind die allgemeinen Regeln der Grundsätze ordnungsgemäßer Buchführung anzuwenden. Einzelheiten der bankgeschäftlichen Bilanzierungspraxis von Optionen werden durch die Stellungnahme des Bankenfachausschusses des *IDW* BFA 2/1995 konkretisiert.[100]

Credit Default Swaps werden je nach Art der wirtschaftlichen Verwendung bilanziell behandelt wie Finanzinstrumente nach allgemeinen Grundsätzen oder wie Derivate. Im Detail werden in Kapital VII. die Unterschiede exemplifiziert.

Die Bildung von Sicherungsbeziehungen ist zwar im HGB nicht geregelt, aber nach allgemeiner Bilanzierungspraxis unter bestimmten Voraussetzungen möglich. Stehen Finanzinstrumente in einem Sicherungszusammenhang, ist eine Bewertung von Finanzinstrumenten, die die historischen Anschaffungskosten übersteigen, möglich. Antizipierte Sicherungsbeziehungen sind allerdings nicht zulässig.

3. Bilanzierung nach geltenden IFRS

3.1. Einleitung

Zur bilanziellen Darstellung von Finanzinstrumenten nach internationalen Standards sind zuvörderst IAS 32, IAS 39 und IFRS 7 maßgebend. Während IAS 39 schwerpunktmäßig den Ansatz und die Bewertung von Finanzinstrumenten

100 *IDW RS BFA* 2/1995, WPg 1995, 421.

regelt, liefert IAS 32 bestimmte Definitionen und IFRS 7 umfasst die Offenlegungspflichten. Die Bilanzierung von Finanzinstrumenten unterlag und unterliegt einem steten Wandel.[101] So arbeitet das *International Accounting Standards Board* (*IASB*) als Standardsetzer derzeit an einer Neufassung des IAS 39, dem zukünftig (ab 1. Januar 2015) anzuwendenden IFRS 9. Im folgenden Abschnitt wird die Bilanzierung von Finanzinstrumenten auf der Grundlage von IAS 39 und IAS 32 erörtert. Auf die Neuentwicklungen und die noch zu bewältigenden Projekte im Zusammenhang mit IFRS 9 wird im Unterabschnitt IV.5. eingegangen.

3.2. Begriffsbestimmung und Anwendungsbereich

Ein Finanzinstrument ist nach IAS 39.9, der auf IAS 32.11 verweist,[102] *„ein Vertrag, der gleichzeitig bei dem einen Unternehmen zu einem finanziellen Vermögenswert und bei dem anderen Unternehmen zu einer finanziellen Verbindlichkeit oder einem Eigenkapitalinstrument führt.“* Bezüglich der Vertragsparteien spricht IAS 32.11 von *„Unternehmen“*, meint damit aber umfassend Einzelpersonen, Personengesellschaften, Kapitalgesellschaften, Treuhänder und öffentliche Institutionen.[103] IAS 32.13 konkretisiert die Anforderungen an den Vertrag, wonach es sich um eine *„Vereinbarung mit wirtschaftlichen Folgen handeln muss, die von den Vertragsparteien kaum oder überhaupt nicht zu vermeiden sind, weil die Vereinbarung für gewöhnlich im Rechtsweg durchsetzbar ist.“* Aus Sicht des nationalen zivilrechtlichen Rechtsverständnisses genügt damit ein wirksamer – nicht zwingend schriftlicher[104] – Vertrag. In Abgrenzung zur zivilrechtlichen Vertragsbeziehung sind Forderungen oder Verbindlichkeiten, welche sich auf einem hoheitlichen Akt begründen (so etwa Verbindlichkeiten für Ertragsteuern aus dem Steuerschuldrecht[105]), keine Finanzinstrumente im Sinne des IAS 32.11.[106] Im Einzelnen werden sogleich die von IAS 32.11 bezeichneten Eingrenzungen zu (1) finanziellen Vermögenswerten, (2) finanziellen Verbindlichkeiten und (3) Eigenkapitalinstrumenten – soweit relevant – näher erläutert. Im Vorwege sind noch zwei Punkte

---

101 Siehe zur Entwicklungsgeschichte: *Tanski*, S. 281 f.; *Löw/Lorenz*, Rechnungslegung für Banken nach IFRS, S. 420 ff.; *Alexander/Archer*, 16.06 ff.; *Bonham, et alii*, International GAAP 2007, S. 1043 ff.

102 Vgl. *Tanski*, S. 282; *Alexander/Archer*, 16.12; *Löw/Lorenz*, Rechnungslegung für Banken nach IFRS, S. 429.

103 Vgl. IAS 32.14. Vgl. auch *Bonham, et alii*, International GAAP 2007, S. 1057.

104 Vgl. ebenfalls 32.13. *Bonham, et alii*, International GAAP 2007, S. 1052.

105 Beispiel nach IAS 32 AG 12.

106 Als Kommentierung zu IAS 32 AG 12: Heuser/Theile-*Theile*, IFRS Hdb[4], Rn. 1813; Heuser/Theile-*Löw/Theile*, IFRS Hdb[5], Rn. 2423.

hervorzuheben: Zum einen werden gemäß IAS 32 AG 11 erhaltene oder geleistete Anzahlungen dann nicht als Vermögenswert eingeordnet, wenn die Anzahlung im Synallagma zu einer Dienstleistung oder im Austausch mit Waren steht (das gilt auch für Verbindlichkeiten). Zum anderen werden schwebende Geschäfte bilanziell gar nicht erfasst, d.h. nach dem Vertragsschluss und vor Erfüllung durch den Bilanzierenden erfolgt keine Erfassung. Erst in dem Augenblick, in dem der Bilanzierende seine Verpflichtung erfüllt, kann die Forderung, soweit sie auf Zahlung gerichtet ist, bilanziell als Finanzinstrument erfasst werden. Als Ausnahme von dieser Regel wird zum späteren Zeitpunkt die bilanzielle Darstellung von Derivaten vorgestellt.

Unter (1) finanziellen Vermögenswerten sind im Einzelnen folgende Positionen zu verstehen: der Kassenbestand; Eigenkapitalinstrumente, die an anderen Unternehmen gehalten werden (z.B. eine Aktie aus Sicht des Halters); Rechte, finanzielle Vermögensgegenstände zu erhalten (z.B. eine Anleihe aus Sicht des Halters); Rechte, Finanzinstrumente auszutauschen bzw. wandeln zu können (z.B. Wandelanleihen) und Verträge, die durch Eigenkapitalinstrumente bedient werden können. Für letztgenannte Finanzinstrumente fordert IAS 32.11, dass es sich entweder um *„ein nicht derivatives Finanzinstrument, das eine vertragliche Verpflichtung des Unternehmens beinhaltet oder beinhalten kann, eine variable Anzahl von Eigenkapitalinstrumenten des Unternehmens zu erhalten"* oder um *„ein derivatives Finanzinstrument, das auf andere Weise als durch den Austausch eines festen Betrags an flüssigen Mitteln oder anderen finanziellen Vermögenswerten gegen eine feste Anzahl von Eigenkapitalinstrumenten des Unternehmens erfüllt werden wird oder kann"* handelt.[107] Darüber hinaus sind jegliche Forderungen, die sich aus Anleihen, Kreditverträgen usw. ergeben, erfasst. Als (2) finanzielle Verbindlichkeiten begreift man jede vertragliche Verpflichtung, einen unter (1) genannten Vermögenswert abgeben zu müssen (*payables*), Finanzinstrumente auszutauschen bzw. wandeln zu müssen und schließlich Verträge, die durch Eigenkapitalinstrumente bedient werden können.[108] (3) Eigenkapitalinstrumente sind alle Verträge, die für den Vertragsgegner einen Residualanspruch am bilanzierenden Unternehmen begründen (z.B. eine Aktie aus Sicht des Emittenten).[109] Sehr oft stellt sich – gerade bei Zwittern (Genussrechten) – die Problematik der

---

107 Vgl. *Löw/Lorenz*, Rechnungslegung für Banken nach IFRS, S. 429 f., MüKo-IFRS-*Varain*, IAS 39, Rn. 24; *Alexander/Archer*, 16.12 f.

108 Spiegelbildlich stellt IAS 32.11 an finanzielle Verbindlichkeiten die gleichen Bedingungen wie an entsprechende finanzielle Vermögenswerte, welche in eigenen Eigenkapitalinstrumenten erfüllt werden können: siehe oben sowie *Löw/Lorenz*, Rechnungslegung für Banken nach IFRS, S. 430; MüKo-IFRS-*Varain*, IAS 39, Rn. 25.

109 Vgl. IAS 32.11. Dazu *Alexander/Archer*, 16.13.

Einordnung und Abgrenzung nach der Frage, ob im konkreten Fall ein Eigenkapital- oder ein Fremdkapitalinstrument vorliegt. Bei der Abgrenzung von Eigen- und Fremdkapital ist stets auf die relevante Betrachtungsebene und die jeweils anknüpfenden Rechtsfolgen abzustellen. Während IAS 32 das eigene Eigenkapital behandelt, regelt IAS 39 Ansatz und Bewertung von Eigenkapitalinstrumenten, die an anderen Unternehmen gehalten werden.[110]

Die Einordnung von Derivaten (z.B. Optionen oder auch Credit Default Swaps) in Vermögenswerte oder Verbindlichkeiten hängt von der individuellen vertraglichen Ausgestaltung und der Wertermittlung des Basisinstruments (*Underlying*) maßgebend ab, so dass sich eine generelle Zuordnung wie bei Aktien oder Anleihen verschließt. Insoweit kann jedenfalls eine Einordnung als Eigenkapitalinstrument verneint werden.[111]

IAS 39.2 definiert den **Anwendungsbereich**. Danach behandelt IAS 39 alle Finanzinstrumente – sowie zuvor definiert – exklusive diejenigen, welche von Spezialregelungen erfasst werden.[112] Beispielsweise ist IAS 37 für Rückgriffsansprüche aus Verpflichtungen, für die entsprechende Rückstellungen nach IAS 37 angesetzt wurden, maßgebend.[113]

Im Einzelnen kann es zu feinen Differenzierungen kommen: Während für Rechte und Pflichten des Versicherers aus Versicherungsverträgen IFRS 4 Anwendung findet,[114] werden Kreditversicherungen nicht von IFRS 4, sondern von IAS 39 erfasst.[115] Damit unterfallen etwa Credit Default Swaps grundsätzlich dem Regime des IAS 39.

Daneben finden noch weitere Vorschriften, etwa diejenigen der Konzernrechnungslegung Anwendung (z.B. SIC 12).[116]

---

110 Heuser/Theile-*Pawelzik/Heuser*, IFRS Hdb[4], Rn. 2000; Heuser/Theile-*Pawelzik*, IFRS Hdb[5], Rn. 2800 ff.

111 *Alfredson, et al.*, Applying International Financial Reporting Standards, S. 201; *Bonham, et alii*, International GAAP 2007, S. 1077 ff.

112 Heuser/Theile-*Theile*, IFRS Hdb[4], Rn. 1801. In weitgehender Darstellung des Anwendungsbereichs: *Bonham, et alii*, International GAAP 2007, S. 1057–1077. Hingegen in überblicksartiger Darstellung: *Alfredson, et al.*, Applying International Financial Reporting Standards, S. 213 ff.; siehe auch Heuser/Theile-*Löw/Theile*, IFRS Hdb[5], Rn. 2405 ff.

113 Heuser/Theile-*Theile*, IFRS Hdb[4], Rn. 1801; Heuser/Theile-*Löw/Theile*, IFRS Hdb[5], Rn. 2407.

114 Heuser/Theile-*Theile*, IFRS Hdb[4], Rn. 1801; Heuser/Theile-*Löw/Theile*, IFRS Hdb[5], Rn. 2407; *Bonham, et alii*, International GAAP 2007, S. 1059.

115 MüKo-IFRS-*Geib*, IFRS 4, Rn. 8; *Tanski*, S. 285; im Einzelnen siehe *Bonham, et alii*, International GAAP 2007, S. 1060 ff.

116 Siehe etwa *Löw/Lorenz*, Rechnungslegung für Banken nach IFRS, S. 448–461 oder Heuser/Theile-*Theile/Pawelzik*, IFRS Hdb[4], Rn. 3025–3035; Heuser/Theile-*Theile/Pawelzik*, IFRS Hdb[5], Rn. 5034 ff.

3.3. Kategorisierung von Finanzinstrumenten und Ansatz (*classification and recognition of financial instruments*)

Bevor auf den Ansatz und die Bewertung von Finanzinstrumenten eingegangen werden kann, bedarf es zum weiteren Verständnis der Darstellung der von IAS 39 getroffenen Kategorisierung (*classification*).[117] IAS 39 trifft Einordnungen in Bezug auf Vermögenswerte (*assets*) und Verbindlichkeiten (*liabilities*) und bildet entsprechend vier und zwei Kategorien.[118] Die vier Kategorien werden zur Einordnung von Finanzinstrumenten durch IAS 39.9 vorgegeben: Erfolgswirksames *Fair Value*-Finanzvermögen (*financial assets at fair value through profit and loss*), bis zur Endfälligkeit zu haltende finanzielle Vermögenswerte (*held to maturity*), Kredite und Forderungen (*loans and receivables*) und zur Veräußerung verfügbare finanzielle Vermögenswerte (*available for sale*). Die genannten vier Kategorien sind nur auf Vermögenswerte anzuwenden. Verbindlichkeiten hingegen werden entweder als „erfolgswirksam zum beizulegenden Zeitwert" (*Fair Value*) kategorisiert.[119] Alternativ werden Verbindlichkeiten, die nicht derart zu klassifizieren sind, als „andere finanzielle Verbindlichkeiten" erfasst.[120] Die Kategorisierung ist letztlich maßgebend für die Fragen, ob eine Bewertung nach dem *Fair Value* oder zu fortgeführten Anschaffungskosten (*at amortised costs*) in Betracht kommt und weitergehend, ob aufgrund von Wertschwankungen Gewinne und Verluste in die GuV oder im Eigenkapital erfasst werden.[121] Zu betonen ist für die später folgende Untersuchung im Hinblick auf die Auflösung von Informationsasymmetrien, dass für eine klare Kategorisierung im bilanzierenden Unternehmen eine für Dritte verständliche und nachvollziehbare Dokumentation über Zuordnungskriterien erfolgen muss.[122] Im Einzelnen werden nun die verschiedenen Kategorien kurz beschrieben.

---

117 Gleichfalls Bohl/Riese/Schlüter-*von Oertzen*, Beck'sches IFRS-Hdb.[3], § 3, Rn. 49; *Löw/Lorenz*, Rechnungslegung für Banken nach IFRS, S. 475 ff.; *Tanski*, S. 282 f.; *Bonham, et alii*, International GAAP 2007, S. 1106; *Alfredson, et al.*, Applying International Financial Reporting Standards, S. 220.

118 MüKo-IFRS-*Varain*, IAS 39, Rn. 192.

119 Vgl. Bohl/Riese/Schlüter-*von Oertzen*, Beck'sches IFRS-Hdb.[3], § 3 Rn. 50; so explizit Bohl/Riese/Schlüter-*Wawrzinek*, Beck'sches IFRS-Hdb.[2], § 3, Rn. 28; gleichfalls MüKo-IFRS-*Varain*, IAS 39, Rn. 192; *Alfredson, et al.*, Applying International Financial Reporting Standards, S. 218; *Bonham, et alii*, International GAAP 2007, S. 1106.

120 MüKo-IFRS-*Varain*, IAS 39, Rn. 192; *Löw/Lorenz*, Rechnungslegung für Banken nach IFRS, S. 487 f.

121 *Hague*, Financial Instruments, S. 45; siehe hierzu auch *Tanski*, S. 287; *Löw/Lorenz*, Rechnungslegung für Banken nach IFRS, S. 476.

122 Heuser/Theile-*Theile*, IFRS Hdb[4], Rn. 1821; Heuser/Theile-*Löw/Theile*, IFRS Hdb[5], Rn. 2431.

3.3.1. Erfolgswirksames *Fair Value*-Finanzvermögen (*financial assets at fair value through profit and loss*)

Die Kategorie des erfolgswirksamen *Fair Value*-Finanzvermögens umfasst zwei Untergruppen: Zu Handelszwecken gehaltene Vermögenswerte (*held for trading*) und beim erstmaligen Ansatz wahlweise zugeordnete finanzielle Vermögenswerte (*Fair Value*-Option; *designated as at fair value through profit and loss*). Die zweite Untergruppe (*Fair Value*-Option) wurde erst in 2005 eingeführt und wird daher auch „*fünfte*" Kategorie genannt.[123] Vermögenswerte der erstgenannten Untergruppe (*held for trading*) sind stets unter der Kategorie des erfolgswirksamen *Fair Value*-Finanzvermögen zu fassen, während die Kategorisierung von Vermögenswerten letzterer Untergruppe im Ermessen des Bilanzierenden steht.[124] Die beiden Untergruppen werden nun einzeln besprochen.

Ein Vermögenswert ist nach IAS 39.9 (a) als zu **Handelszwecken** gehalten, wenn ein Finanzinstrument „*hauptsächlich mit der Absicht erworben oder eingegangen wurde, das Finanzinstrument kurzfristig zu verkaufen oder zurückzukaufen*"[125]. Neben das auf die Intention des Bilanzierenden zurückzuführende subjektive[126] Kategorisierungskriterium muss ein weiteres, objektives Merkmal[127] treten: Entweder ist es „*Teil eines Portfolios eindeutig identifizierter und gemeinsam gemanagter Finanzinstrumente (...), für das in der jüngeren Vergangenheit Hinweise auf kurzfristige Gewinnmitnahmen bestehen*"[128], oder es handelt sich um ein Derivat, das nicht als Sicherungsinstrument (*hedge instrument*)[129] dient.

Erforderlich zur entsprechenden Einordnung ist also eine Absicht (*acquired or incurred for the purpose*), womit sich IAS 39 an der individuellen Zielsetzung des bilanzierenden Unternehmens orientiert. Dabei ist es nicht zwingend nötig, die Absicht bei Erwerb des Finanzinstrumentes zu dokumentieren, vielmehr kann

---

123 Bohl/Riese/Schlüter-*Wawrzinek*, Beck'sches IFRS-Hdb.², § 3, Rn. 29; *Löw/Lorenz*, Rechnungslegung für Banken nach IFRS, S. 484.

124 *Hague*, Financial Instruments, S. 46.

125 IAS 39.9 (a) (i).

126 Bohl/Riese/Schlüter-*von Oertzen*, Beck'sches IFRS-Hdb.³, § 3 Rn. 56; Bohl/Riese/Schlüter-*Wawrzinek*, Beck'sches IFRS-Hdb.², § 3, Rn. 32; Heuser/Theile-*Theile*, IFRS Hdb⁴, Rn. 1834; Heuser/Theile-*Löw/Theile*, IFRS Hdb⁵, Rn. 2442 f.; MüKo-IFRS-*Varain*, IAS 39, Rn. 196; a.A.: *Hague*, Financial Instruments, S. 47, der auch das Erfordernis eher als Tatsache, denn als Intention ansieht („*a question of fact rather than intent*"). Hierzu auch *Löw/Lorenz*, Rechnungslegung für Banken nach IFRS, S. 484.

127 *Hague*, Financial Instruments, S. 47. Hierzu auch *Löw/Lorenz*, Rechnungslegung für Banken nach IFRS, S. 484.

128 IAS 39.9. (a) (ii).

129 IAS 39.9 (a) (iii). Hierzu: *Bonham, et alii*, International GAAP 2007, S. 1108.

sich die Absicht auch aus anderen Umständen wie der Umschlagshäufigkeit oder bestimmten Handelsmustern der Finanzinstrumente im Portfolio ergeben.[130] Maßgebend allein soll die einheitliche und stetige Verwendung sein.[131] Eine Aussage über den Zeitpunkt, wann die Intention vorliegen muss, trifft der Standard allerdings nicht. Es ist daher auf den Zeitpunkt des Erwerbs abzustellen.[132] Dafür spricht auch das Umgliederungsverbot aus IAS 39.50, das gerade zum Ausdruck bringt, dass eine Veränderung der maßgebenden Parameter (hier die Absicht) gerade keinen Einfluss auf die einmal getroffene Zuordnung haben soll.

Weiterhin ist nicht eindeutig, was unter „*kurzfristig*" (*near term*) zu verstehen ist. Im Hinblick darauf wird vertreten, dass diese Entscheidung gänzlich dem Unternehmen überlassen werde.[133]

Neben die einfache, kurzfristige Handelsabsicht muss zur adäquaten Klassifizierung in die Untergruppe *held for trading* auch ein spekulatives Motiv treten. Die bloße Absicht des kurzfristigen Haltens reiche damit nicht aus.[134] Die kurzfristige Halteabsicht bei fehlendem spekulativen Motiv lässt sich am Beispiel ausgegebener Hypothekendarlehen zeigen, welche kurzfristig verbrieft und anschließend veräußert werden sollen. Auch wenn die Absicht zur kurzfristigen Veräußerung im konkreten Fall durchaus besteht, fehlt es am spekulativen Motiv. Im Vordergrund stehen in diesen Fällen vielmehr das Refinanzierungsmotiv oder der Transfer von Bonitätsrisiken.[135]

Neben die zuvor beschriebenen subjektiven Voraussetzungen muss nun ein weiteres Kriterium treten. Soweit es sich nicht um ein Derivat handelt, ist für die Einordnung eines Finanzinstruments in die Kategorie *held for trading* die Zuordnung zu einem bestimmten Portfolio nötig. Dabei handelt es sich um ein Portfolio, das sich durch Hinweise auf Gewinnmitnahmen in der jüngeren Vergangenheit auszeichnet. Mit anderen Worten: Ein Portfolio, das sich gerade dadurch auszeichnet, dass aktiver Handel mit Finanzinstrumenten betrieben wird. Freilich genügt es nicht, dass das zu qualifizierende Finanzinstrument bloßer Bestandteil ist, vielmehr muss es auch in gleicher Weise gemanagt werden.[136] Wann diese

130 MüKo-IFRS-*Varain*, IAS 39, Rn. 196.

131 MüKo-IFRS-*Varain*, IAS 39, Rn. 198.

132 Heuser/Theile-*Theile*, IFRS Hdb[4], Rn. 1834; Heuser/Theile-*Löw/Theile*, IFRS Hdb[5], Rn. 2442 f.

133 Bohl/Riese/Schlüter-*von Oertzen*, Beck'sches IFRS-Hdb.[3], § 3 Rn. 56; Bohl/Riese/Schlüter-*Wawrzinek*, Beck'sches IFRS-Hdb.[2], § 3, Rn. 32; *Kuhn/Scharpf*[3], S. 103 f.

134 MüKo-IFRS-*Varain*, IAS 39, Rn. 199; *Bonham, et alii*, International GAAP 2007, S. 1107.

135 Beispiel nach MüKo-IFRS-*Varain*, IAS 39, Rn. 199 mit weiteren Beispielen.

136 MüKo-IFRS-*Varain*, IAS 39, Rn. 197; *Löw/Lorenz*, Rechnungslegung für Banken nach IFRS, S. 484; *Tanski*, S. 283; *Bonham, et alii*, International GAAP 2007, S. 1108; etwas großzügiger: *Kehm/Lüdenbach*, Haufe-IFRS[8], § 28, Rn. 145; *Lüdenbach*, Haufe-IFRS[9], § 28, Rn. 142.

Voraussetzungen im Einzelnen erfüllt sind und das objektive Kriterium gegeben ist, kann im Einzelfall zu Abgrenzungsproblemen führen.

Die Unterkategorie von Finanzinstrumenten, die als erfolgswirksam zum beizulegenden Zeitwert zu bewerten designiert werden kann, wurde – wie erwähnt – 2005 als sog. *Fair Value*-Option in den Standard IAS 39 aufgenommen. Zielsetzung der damaligen Standardänderung war es, die Darstellung von Sicherungsbeziehungen[137] zu erleichtern und ökonomisch nicht gerechtfertigte Wertschwankungen in der Gewinn- und Verlustrechnung zu verhindern.[138] Mit der *Fair Value*-Option ist den Unternehmen die Möglichkeit eröffnet worden, bilanziell das Grundgeschäft gleich dem korrespondierenden Sicherungsgeschäft abzubilden, um so eine bilanzielle Synchronisation von beiden Geschäften darstellen zu können. Die Synchronisation verhindert dann, dass in der Bilanz aufgrund der unterschiedlichen Folgebewertung von Grundgeschäft und Sicherungsgeschäft ökonomische Inkongruenzen entstehen.[139]

Grundsätzlich steht es den Unternehmen offen, finanzielle Vermögenswerte entsprechend zu kategorisieren, soweit es sich nicht um Eigenkapitalinstrumente handelt, für welche kein Marktpreis an einer Börse oder in sonst verlässlicher Weise ermittelt werden kann[140] und die im Folgenden dargestellten Voraussetzungen ansonsten auch nicht erfüllt sind. Die *Fair Value*-Option ist für Vermögenswerte zulässig, wenn sich durch die Darstellung zum beizulegenden Zeitwert eine verbesserte Informationsvermittlung und eine Reduktion an Komplexität oder eine Erhöhung der Zuverlässigkeit der Bewertung erreichen lässt.[141]

Unter dem Gesichtspunkt der Vermeidung von Inkongruenzen bei Sicherungszusammenhängen ist es aufgrund praktischer Bedürfnisse auch möglich, bei einem zeitlichen Auseinanderfallen von Grund- und Sicherungsgeschäft die *Fair Value*-Option anzuwenden, soweit eine angemessene Dokumentation

---

137 *Löw/Blaschke*, BB 2005, S. 1727 (1730).

138 Bohl/Riese/Schlüter-*von Oertzen*, Beck'sches IFRS-Hdb.³, § 3 Rn. 59; Bohl/Riese/Schlüter-*Wawrzinek*, Beck'sches IFRS-Hdb.², § 3, Rn. 34; im Einzelnen auch *Löw/Lorenz*, Rechnungslegung für Banken nach IFRS, S. 485.

139 MüKo-IFRS-*Varain*, IAS 39, Rn. 209 mit Beispiel der Sicherungsbeziehung einer festverzinslichen Anleihe und eines Zins-Swaps. Vgl. auch *Bonham, et alii*, International GAAP 2007, S. 1109 f.

140 Bohl/Riese/Schlüter-*von Oertzen*, Beck'sches IFRS-Hdb.³, § 3 Rn. 59; Bohl/Riese/Schlüter-*Wawrzinek*, Beck'sches IFRS-Hdb.², § 3, Rn. 34; MüKo-IFRS-*Varain*, IAS 39, Rn. 204.

141 Bohl/Riese/Schlüter-*Wawrzinek*, Beck'sches IFRS-Hdb.², § 3, Rn. 34. Siehe hierzu auch Bohl/Riese/Schlüter-*von Oertzen*, Beck'sches IFRS-Hdb.³, § 3 Rn. 59 f.

erfolgt.[142] Zur Vermeidung von Inkongruenzen können alternativ auch die Regeln zum Hedge Accounting herangezogen werden (3.7.).

3.3.2. Bis zur Endfälligkeit zu haltende finanzielle Vermögenswerte (*held to maturity investments*)

In die Kategorie „bis zur Endfälligkeit zu haltende finanzielle Vermögenswerte“ lassen sich grundsätzlich all diejenigen Finanzinstrumente einordnen, die keine Derivate sind und die über feste oder bestimmbare Zahlungen sowie eine feste Laufzeit verfügen.[143] Feste Laufzeit meint dabei eine festgelegte Endfälligkeit.[144] Eine Zahlung – sowohl Zins- als auch Kapitalrückzahlung – ist dann bestimmbar, wenn diese durch einen Markt oder eine sog. *Benchmark* näher konkretisiert wird.[145] Darüber hinaus fallen in diese Kategorie nach dem Ausschlussprinzip diejenigen Finanzinstrumente, die nicht als erfolgswirksam zum beizulegenden Zeitwert zu bewerten designiert werden können (3.3.1.), solche, die das Unternehmen nicht als zur Veräußerung bestimmt hat (3.3.4.) und schließlich diejenigen, die nicht vom Anwendungsbereich der Kategorie Kredite und Forderungen erfasst werden (3.3.3.). Neben diesen objektiven Voraussetzungen muss noch das subjektive Kriterium treten, wonach das bilanzierende Unternehmen die Absicht hat, das Finanzinstrument tatsächlich bis zur Endfälligkeit zu halten. Dabei muss sich diese Absicht explizit auf eine Haltedauer bis zur Endfälligkeit beziehen.[146] Die Absicht ist dann zu verneinen, wenn aufgrund der Finanzkonstruktion bereits ein Halten bis zur Endfälligkeit nicht angelegt ist. Das ist etwa bei einem eingebetteten Kündigungsrecht des Käufers der Fall (*Puttable*); nicht aber bei einem Kündigungsrecht des Emittenten (*Callable*).[147] Letzteres Kündigungsrecht führt nämlich nicht zum vorzeitigen Verkauf, sondern lediglich zu einem früheren Endfälligkeitszeitpunkt. Freilich wird das voluntative Element wiederum von der

---

142 MüKo-IFRS-*Varain*, IAS 39, Rn. 206.

143 IAS 39.9; hierzu siehe auch Bohl/Riese/Schlüter-*von Oertzen*, Beck'sches IFRS-Hdb.[3], § 3 Rn. 62 ff.; Bohl/Riese/Schlüter-*Wawrzinek*, Beck'sches IFRS-Hdb.[2], § 3, Rn. 35, MüKo-IFRS-*Varain*, IAS 39, Rn. 216; *Löw/Lorenz*, Rechnungslegung für Banken nach IFRS, S. 485; *Tanski*, S. 283; *Bonham, et alii*, International GAAP 2007, S. 1115.

144 MüKo-IFRS-*Varain*, IAS 39, Rn. 222, nicht etwa Anleihen mit unbegrenzter Dauer, sog. *Perpetuals*: siehe hierzu MüKo-IFRS-*Varain*, IAS 39, Rn. 224; *Löw/Lorenz*, Rechnungslegung für Banken nach IFRS, S. 485; *Bonham, et alii*, International GAAP 2007, S. 1115.

145 Bohl/Riese/Schlüter-*von Oertzen*, Beck'sches IFRS-Hdb.[3], § 3, Rn. 63; MüKo-IFRS-*Varain*, IAS 39, Rn. 225; *Bonham, et alii*, International GAAP 2007, S. 1116 f. Siehe auch IAS 39 AG 17.

146 MüKo-IFRS-*Varain*, IAS 39, Rn. 226; *Bonham, et alii*, International GAAP 2007, S. 1117.

147 Beide Beispiele siehe MüKo-IFRS-*Varain*, IAS 39, Rn. 228.

objektiven Haltefähigkeit des Unternehmens begleitet. Gemäß IAS 39 AG 23 fehlt es an der Haltefähigkeit, soweit das Unternehmen nicht über erforderliche finanzielle Ressourcen verfügt, um den Vermögenswert entsprechend zu finanzieren oder wenn gesetzliche oder sonstige Rahmenbedingungen dem Halten bis zur Endfälligkeit entgegenstehen. Beispielsweise kommt hier das Eingreifen einer Regulierungsbehörde aufgrund einer Bonitätsverschlechterung in Betracht.[148]

Der Standard gibt für die Bewertung zu fortgeführten Anschaffungskosten eine Reihe von Sanktionsvorschriften für den Fall einer fehlerhaften Klassifizierung vor. Diese Sanktionierung trägt der Tatsache Rechnung, dass sich die Motivation bzw. die Halteabsicht eines Unternehmens zum Klassifizierungszeitpunkt nicht abschließend bestimmen lässt und sich daher einer nachträglichen Auseinandersetzung oder Disziplinierung stellen muss.[149] Gemäß IAS 39.9 dürfen Finanzinstrumente für zwei Jahre nicht mehr in der hier besprochenen Kategorie klassifiziert werden, wenn das Unternehmen *„mehr als einen unwesentlichen Teil der bis zur Endfälligkeit gehaltenen Finanzinvestitionen vor Endfälligkeit verkauft oder umgegliedert hat“*. Der Standard erläutert den Begriff der Wesentlichkeit nicht,[150] deutet aber explizit darauf hin, dass sich die Sanktionierungsregeln auf sämtliche bis zur Endfälligkeit gehaltenen Finanzinstrumente beziehen.[151] Auch ohne weitergehende Begriffsbestimmung lässt sich die Wesentlichkeitsgrenze jedenfalls stets nach den Umständen des Einzelfalls definieren.[152] Daneben schließt der Standard explizit einige Fälle aus: So etwa den Verkauf von Finanzinstrumenten, die in zeitlicher Hinsicht so nah am Fälligkeitszeitpunkt sind, dass Veränderungen des Marktzinses keinen wesentlichen Einfluss auf den beizulegenden Zeitwert haben.[153] Denn nahe der Endfälligkeit sind Marktwert oder fortgeführte Anschaffungskosten nahezu identisch mit dem Nennwert, und

---

148 MüKo-IFRS-*Varain*, IAS 39, Rn. 231; vgl. auch Bohl/Riese/Schlüter-*von Oertzen*, Beck'sches IFRS-Hdb.[3], § 3, Rn. 64.

149 Ähnlich MüKo-IFRS-*Varain*, IAS 39, Rn. 233. Vgl. auch *Löw/Lorenz*, Rechnungslegung für Banken nach IFRS, S. 480 f; *Bonham, et alii*, International GAAP 2007, S. 1118.

150 MüKo-IFRS-*Varain*, IAS 39, Rn. 232 und 237.

151 IAS 39.9. *Löw/Lorenz*, Rechnungslegung für Banken nach IFRS, S. 480 f. Daher gelten die Vorschriften auch im Konzern, so dass eine Umklassifizierung durch eine Tochtergesellschaft gleichfalls zur Sanktionierung der Muttergesellschaft führt (MüKo-IFRS-*Varain*, IAS 39, Rn. 234). Freilich verhält es sich ebenso im Falle mehrerer von einem Unternehmen gehaltener Portfeuilles bei Auslösung der Sanktionsvorschriften nur bezüglich eines Portfeuilles (MüKo-IFRS-*Varain*, IAS 39, Rn. 234; siehe hierzu auch IAS 39 IG B 21). Eine Infektion greift dann portfeuille- oder konzernebenenübergreifend Platz.

152 MüKo-IFRS-*Varain*, IAS 39, Rn. 237; die Einzelfallbetrachtung führt aber nicht dazu, dass der Verkauf unwesentlicher Teile zum wiederholten Mal in der Gesamtschau unschädlich ist.

153 IAS 39.9.

gleichzeitig ist das Zinsrisiko gering.[154] Gleichfalls unschädlich sind den Halteabsichten zuwiderlaufende Sachverhalte, die einmalig und für das Unternehmen unkontrollierbar sind und zum Klassifizierungszeitpunkt nicht vorhergesehen werden konnten.[155]

3.3.3. Kredite und Forderungen (*loans and receivables*)

Als Finanzinstrumente der Kategorie „Kredite und Forderungen" fasst IAS 39 nicht-derivative und nicht-börsennotierte Vermögenswerte, die sich durch feste und bestimmbare Zahlungen auszeichnen[156] und dabei nicht bereits einer der Kategorien der erfolgswirksam zum beizulegenden Zeitwert zu bewertenden Finanzinstrumente zugeschrieben worden sind.[157] Darüber hinaus hat das Unternehmen ein Wahlrecht, Kredite und Forderungen beim Erstansatz als „zur Veräußerung verfügbar" zu klassifizieren.[158] Für diese Finanzinstrumente scheidet mithin eine Klassifizierung in die Kategorie „Kredite und Forderungen" gleichfalls aus. Gleichermaßen ausgeschlossen sind Finanzinstrumente, deren unterliegende Investition aus anderen als Bonitätsgründen nicht mehr in vollem Umfang an den Gläubiger zurückgegeben werden wird und deshalb auch als „zur Veräußerung verfügbar" zu klassifizieren ist.[159]

3.3.4. Zur Veräußerung verfügbare finanzielle Vermögenswerte (*available for sale financial assets*)

Die vierte und letzte Kategorie fasst die „zur Veräußerung verfügbaren" finanziellen Vermögenswerte zusammen. Diese Klasse wird auch bisweilen als „*Rest*"-

154 MüKo-IFRS-*Varain*, IAS 39, Rn. 238.

155 IAS 39.9. Hierzu siehe exemplarisch: IAS 39 AG 22 (a) bis (f); etwa: Bonitätsverschlechterung des Emittenten, Änderung der Steuergesetzgebung, bedeutende Unternehmenszusammenschlüsse oder -veräußerungen, wesentliche Änderungen gesetzlicher oder aufsichtsrechtlicher Vorschriften. Für weitere Erläuterungen siehe MüKo-IFRS-*Varain*, IAS 39, Rn. 242–250.

156 Bohl/Riese/Schlüter-*von Oertzen*, Beck'sches IFRS-Hdb.^{3}, § 3 Rn. 69; Bohl/Riese/Schlüter-*Wawrzinek*, Beck'sches IFRS-Hdb.^{2}, § 3, Rn. 39; MüKo-IFRS-*Varain*, IAS 39, Rn. 211; *Löw/Lorenz*, Rechnungslegung für Banken nach IFRS, S. 478 f.

157 MüKo-IFRS-*Varain*, IAS 39, Rn. 211; *Löw/Lorenz*, Rechnungslegung für Banken nach IFRS, S. 478 f.; *Bonham, et alii*, International GAAP 2007, S. 1120 f.

158 MüKo-IFRS-*Varain*, IAS 39, Rn. 215; *Löw/Lorenz*, Rechnungslegung für Banken nach IFRS, S. 478 f.; *Pellens/Fülbier/Gassen/Sellhorn*, S. 546.

159 MüKo-IFRS-*Varain*, IAS 39, Rn. 211.

Kategorie bezeichnet.[160] Diese Bezeichnung ist insoweit zutreffend, als dass Finanzinstrumente immer dann von ihr erfasst werden, wenn eine adäquate Klassifizierung in eine der zuvor genannten Kategorien nicht erfolgen kann.[161]

3.3.5. Klassifizierung von Verbindlichkeiten

Wie eingangs skizziert, eröffnen sich für finanzielle Verbindlichkeiten lediglich zwei Kategorien: Zum einen die, in der die Verbindlichkeiten erfolgswirksam zum beizulegenden Zeitwert bewertet werden und zum anderen die Kategorie anderer finanzieller Verbindlichkeiten.[162]

Zum beizulegenden Zeitwert werden – entsprechend der Kategorie für finanzielle Vermögenswerte – Verbindlichkeiten erfasst, die entweder zu Handelszwecken gehalten werden oder im Rahmen der *Fair Value*-Option designiert worden sind. Eine Verbindlichkeit wird zu Handelszwecken gehalten, wenn diese entweder mit der Absicht eingegangen worden ist, kurzfristig zurückgekauft zu werden,[163] oder Teil eines entsprechenden Portfolios iSd. IAS 39 AG 15 (d) ist.[164] Die *Fair Value*-Option erlaubt es, Sicherungszusammenhänge abzubilden, ohne auf die teilweise komplexen Vorschriften des *Hedge Accounting* (IAS 39.71–102; siehe 3.7.) zurückgreifen zu müssen.[165] Wie vormals für finanzielle Vermögenswerte beschrieben, führt die Refinanzierungsaktivität eines Portfolios von Verbindlichkeiten nicht zwingend zu einem solchen, das zu Handelszwecken gehalten wird.[166] Schließlich kann auch ein Derivat mit negativem Marktwert als eine zu Handelszwecken gehaltene Verbindlichkeit betrachtet werden, soweit dieses

---

160 Bohl/Riese/Schlüter-*von Oertzen*, Beck'sches IFRS-Hdb.[3], § 3 Rn. 71; Bohl/Riese/Schlüter-*Wawrzinek*, Beck'sches IFRS-Hdb.[2], § 3, Rn. 40; *Löw/Lorenz*, Rechnungslegung für Banken nach IFRS, S. 487: „*Restposten*". Ähnlich auch *Bonham, et alii*, International GAAP 2007, S. 1122.

161 Bohl/Riese/Schlüter-*von Oertzen*, Beck'sches IFRS-Hdb.[3], § 3 Rn. 71; Bohl/Riese/Schlüter-*Wawrzinek*, Beck'sches IFRS-Hdb.[2], § 3, Rn. 40; MüKo-IFRS-*Varain*, IAS 39, Rn. 251; *Löw/Lorenz*, Rechnungslegung für Banken nach IFRS, S. 486 f.

162 MüKo-IFRS-*Varain*, IAS 39, Rn. 192 *Löw/Lorenz*, Rechnungslegung für Banken nach IFRS, S. 487.

163 Siehe IAS 39 AG 15 (c); darüber hinaus MüKo-IFRS-*Varain*, IAS 39, Rn. 253.

164 IAS 39 AG 15 (d): „*finanzielle Verbindlichkeiten, die Teil eines Portfolios eindeutig identifizierter und gemeinsam gemanagter Finanzinstrumente sind, für die in der jüngeren Vergangenheit Nachweise für kurzfristige Gewinnmitnahmen bestehen.*"

165 MüKo-IFRS-*Varain*, IAS 39, Rn. 255.

166 MüKo-IFRS-*Varain*, IAS 39, Rn. 254.

Derivat nicht als Absicherungsinstrument in einem Sicherungszusammenhang steht.[167]

Die zweite Kategorie der „anderen Verbindlichkeiten“ umfasst all diejenigen Verbindlichkeiten, die nicht als erfolgswirksam zum beizulegenden Zeitwert bilanziert werden.[168] Beispielsweise können Anleihen oder Kundeneinlagen derart eingeordnet werden.[169] Diese Verbindlichkeiten werden zu fortgeführten Anschaffungskosten (*at amortised costs*) bewertet.[170]

3.3.6. Wechsel bzw. Umwidmung zwischen den Kategorien

Wenn es in der Kategorie der erfolgswirksam zum beizulegenden Wert zu bewertenden finanziellen Vermögenswerte und Schulden letztlich nur auf die Absicht zum Erwerbszeitpunkt ankommt, stellt sich möglicherweise ein Problem mit der bilanziellen Erfassung unter sich ändernden Bedingungen zu einem späteren Zeitpunkt.

Grundsätzlich verbietet sich ein Transfer aus und in die Kategorien erfolgswirksam zum beizulegenden Zeitwert zu bewertender Finanzinstrumente sowie bei Krediten und Forderungen.[171] Diese Umwidmungsverbote sollen bilanzpolitische Maßnahmen einschränken.[172]

Hingegen ist ein Wechsel aus der Kategorie „bis zur Endfälligkeit gehaltener Finanzinstrumente“ in die Kategorie „zur Veräußerung verfügbarer Finanzinstrumente“ notwendig, wenn nachträglich die Halteabsicht oder die Haltefähigkeit entfallen. Dabei ist allerdings aus Sicht des Bilanzierenden zu beachten, dass

---

167 Siehe IAS 39 AG 15 (a); darüber hinaus auch MüKo-IFRS-*Varain*, IAS 39, Rn. 253; *Löw/Lorenz*, Rechnungslegung für Banken nach IFRS, S. 487.

168 MüKo-IFRS-*Varain*, IAS 39, Rn. 256; ähnlich *Löw/Lorenz*, Rechnungslegung für Banken nach IFRS, S. 487.

169 MüKo-IFRS-*Varain*, IAS 39, Rn. 256.

170 MüKo-IFRS-*Varain*, IAS 39, Rn. 256; *Löw/Lorenz*, Rechnungslegung für Banken nach IFRS, S. 487.

171 MüKo-IFRS-*Varain*, IAS 39, Rn. 380 und 383; *Löw/Lorenz*, Rechnungslegung für Banken nach IFRS, S. 489; *Alfredson, et al.*, Applying International Financial Reporting Standards, S. 225; *Bonham, et alii*, International GAAP 2007, S. 1123.

172 *Löw/Lorenz*, Rechnungslegung für Banken nach IFRS, S. 485 *Löw/Lorenz*, Rechnungslegung für Banken nach IFRS, S. 490; *Alfredson, et al.*, Applying International Financial Reporting Standards, S. 225 („*preventing inconsistent gain and loss recognition*“); *Bonham, et alii*, International GAAP 2007, S. 1123 („*to impose discipline*“).

zuvor beschriebene Sanktionsvorschriften greifen, die weitere Umqualifizierungen zwangsweise zur Folge haben.[173]

Schließlich ist – *vice versa* – ein Wechsel aus der Kategorie „zur Veräußerung verfügbarer Finanzinstrumente" in die Kategorie „bis zur Endfälligkeit gehaltener finanzieller Vermögenswerte" zulässig, soweit nicht das Sanktionierungsregime der Umwidmung entgegensteht.[174]

Ein Kategoriewechsel bei finanziellen Verbindlichkeiten ist gänzlich ausgeschlossen.[175]

3.4. Ansatz, Bewertung und Ausbuchung

3.4.1. Erstmaliger Ansatz

Wie bereits zuvor erläutert, ist für den erstmaligen Ansatz derjenige Zeitpunkt maßgebend, zu welchem der bilanzierende Unternehmer Vertragspartner wird und damit zur Leistung oder Gegenleistung berechtigt oder verpflichtet wird.[176] Das Anknüpfen an den Vertragsschluss als entscheidendes Kriterium weicht damit von den grundsätzlichen Ansatzvorschriften des Rahmenkonzepts für Vermögenswerte und Schulden ab (RK. 53 ff. und 60 ff.).[177]

Im Folgenden wird der erstmalige Ansatz in Hinblick auf die Höhe, den Zeitpunkt des Ansatzes und die Ausbuchung diskutiert.

---

173 MüKo-IFRS-*Varain*, IAS 39, Rn. 386; *Alfredson, et al.*, Applying International Financial Reporting Standards, S. 225; *Bonham, et alii*, International GAAP 2007, S. 1123; aufgrund regelmäßiger Unterschiede in der Bewertung (fortführende Anschaffungskosten/beizulegender Zeitwert), wird der Differenzbetrag im Eigenkapital (Neubewertungsrücklage) erfasst; siehe MüKo-IFRS-*Varain*, IAS 39, Rn. 387, sowie IAS 39.51 f.

174 MüKo-IFRS-*Varain*, IAS 39, Rn. 388: Der im Zeitpunkt des Wechsels erfasste beizulegende Zeitwert ist dann die Grundlage für die Bewertung zu fortgeführten Anschaffungskosten bis zur Endfälligkeit. Siehe auch *Löw/Lorenz*, Rechnungslegung für Banken nach IFRS, S. 490; *Bonham, et alii*, International GAAP 2007, S. 1123.

175 MüKo-IFRS-*Varain*, IAS 39, Rn. 255; wiederum besteht eine Ausnahme für Verbindlichkeiten, die in ein Portfolio eingegliedert sind; weiterführend zu dieser Ausnahme: MüKo-IFRS-*Varain*, IAS 39, Rn. 380.

176 Vgl. IAS 39.14, ebenso Bohl/Riese/Schlüter-*von Oertzen*, Beck'sches IFRS-Hdb.[3], § 3 Rn. 86; Bohl/Riese/Schlüter-*Wawrzinek*, Beck'sches IFRS-Hdb.[2], § 3, Rn. 45; *Tanski*, S. 286; *Alexander/Archer*, 16.18.

177 Bohl/Riese/Schlüter-*von Oertzen*, Beck'sches IFRS-Hdb.[3], § 3 Rn. 87; Bohl/Riese/Schlüter-*Wawrzinek*, Beck'sches IFRS-Hdb.[2], § 3, Rn. 46: *„Der Zufluss eines zukünftigen wirtschaftlichen Nutzens oder eine Verpflichtung aus dem Finanzinstrument sind nicht als Ansatzkriterium formuliert."*

3.4.2. Wertmäßiger Ansatz und Behandlung von Transaktionskosten

Aus IAS 39.43 ergibt sich für die Zugangsbewertung, dass Finanzinstrumente zunächst einmal kategorieunabhängig zum beizulegenden Zeitwert (*Fair Value*) erfasst werden.[178] In der Regel wird der *Fair Value* gleich dem Transaktionspreis bzw. den Anschaffungskosten sein, also dem bezahlten oder erhaltenen Entgelt.[179] Vom Ansatz zum Transaktionskostenpreis weicht die Zugangsbewertung nur dann ab, wenn eine Transaktion nicht zu Marktbedingungen erfolgt ist. In solchen Fällen ist die Höhe des Ansatzes unter Heranziehung anerkannter Bewertungsmethoden (3.5.2.3.) zu schätzen.[180] Ergibt sich nach einem Bewertungsverfahren, welches nur auf Marktdaten beruht, ein positiver Differenzbetrag zwischen dem geschätzten Wert und dem tatsächlichen Transaktionspreis (Bewertungsgewinn), ist das gewählte Bewertungsverfahren insoweit anzupassen, dass letztlich kein Bewertungsgewinn ausgewiesen wird.[181]

Ein Abweichen vom marktüblichen Transaktionspreis ist weiterhin bei niedrig- oder unverzinslichen Krediten zu beobachten (z.B. im Falle eines Mitarbeiterdarlehens).[182] In diesen Fällen ist eine Diskontierung mit marktgerechten Zinssätzen erforderlich. Der sich ergebende Unterschiedsbetrag zwischen dem tatsächlichen Transaktionspreis und dem diskontierten Barwert findet gemäß IAS 39 AG 64 als Sofortaufwand Eingang in die Gewinn- und Verlustrechnung.[183]

---

178 Siehe auch Bohl/Riese/Schlüter-*von Oertzen*, Beck'sches IFRS-Hdb.[3], § 3 Rn. 136; Bohl/Riese/Schlüter-*Wawrzinek*, Beck'sches IFRS-Hdb.[2], § 3, Rn. 57; *Hague*, Financial Instruments, S. 73, Heuser/Theile-*Theile*, IFRS Hdb[4], Rn. 1860; Heuser/Theile-*Löw/Theile*, IFRS Hdb[5], Rn. 2470; MüKo-IFRS-*Varain*, IAS 39, Rn. 107; *Tanski*, S. 287; *Alfredson, et al.*, Applying International Financial Reporting Standards, S. 219; *Bonham, et alii*, International GAAP 2007, S. 1307.

179 Vgl. IAS 39 AG 64; hierzu auch Bohl/Riese/Schlüter-*von Oertzen*, Beck'sches IFRS-Hdb.[3], § 3 Rn. 136; Bohl/Riese/Schlüter-*Wawrzinek*, Beck'sches IFRS-Hdb.[2], § 3, Rn. 57, Heuser/Theile-*Theile*, IFRS Hdb[4], Rn. 1860; Heuser/Theile-*Löw/Theile*, IFRS Hdb[5], Rn. 2470; mit weiteren Beispielen auch *Hague*, Financial Instruments, S. 73 f., MüKo-IFRS-*Varain*, IAS 39, Rn. 107.

180 MüKo-IFRS-*Varain*, IAS 39, Rn. 108 mit weiteren Ausführungen zur Art und Weise des Schätzungsverfahrens. Vgl. auch Heuser/Theile-*Theile*, IFRS Hdb[4], Rn. 1861; Heuser/Theile-*Löw/Theile*, IFRS Hdb[5], Rn. 2471.

181 MüKo-IFRS-*Varain*, IAS 39, Rn. 108.

182 Hierzu Bohl/Riese/Schlüter-*von Oertzen*, Beck'sches IFRS-Hdb.[3], § 3 Rn. 136; Bohl/Riese/Schlüter-*Wawrzinek*, Beck'sches IFRS-Hdb.[2], § 3, Rn. 58, Heuser/Theile-*Theile*, IFRS Hdb[4], Rn. 1861; Heuser/Theile-*Löw/Theile*, IFRS Hdb[5], Rn. 2471; MüKo-IFRS-*Varain*, IAS 39, Rn. 110 mit Beispielrechnung zur Neukundenakquise und weiterem Beispiel zu konzerninternen Darlehen. Zum zinslosen Darlehen: *Alfredson, et al.*, Applying International Financial Reporting Standards, S. 220; *Bonham, et alii*, International GAAP 2007, S. 1307 f.

183 MüKo-IFRS-*Varain*, IAS 39, Rn. 110; a.A.: Bohl/Riese/Schlüter-*von Oertzen*, Beck'sches IFRS-

Fraglich ist die Behandlung der anfallenden **Transaktionskosten**. Transaktionskosten (*transaction costs*) sind solche Kosten, die mit der Transaktion – sei es der Erwerb oder die Emission eines Finanzinstruments – unmittelbar im Zusammenhang stehen.[184] Zur Überprüfung im Einzelfall kann hier die Frage leitend sein, ob die fraglichen Kosten auch ohne Transaktion zustande gekommen wären.[185] Regelmäßig sind Transaktionskosten zu bejahen, wenn externe Dritte zum Gelingen der Transaktion involviert sind.[186] So weist IAS 39 AG 13 etwa Zahlungen an Vermittler, Berater, Makler, Händler usw. die Transaktionskosteneigenschaft zu. Keinen Transaktionskostencharakter haben Agien oder Disagien[187]. Auch nicht erfasst werden – etwa durch Einstellung eines zusätzlichen Mitarbeiters entstehende – sog. sprungfixe Kosten.[188] Hingegen wird es als zulässig erachtet, abweichend von der Einzelfallbetrachtung, innerhalb eines Portfolios homogener Finanzinstrumente entstehende proportionale Kosten zu aggregieren und erst in einem zweiten Schritt den einzelnen Finanzinstrumenten zuzuordnen.[189]

Die bilanzielle Behandlung von Anschaffungsnebenkosten erfolgt entsprechend der Kategorisierung der jeweiligen Finanzinstrumente.[190]

So werden Transaktionskosten beim erstmaligen Ansatz von erfolgswirksam zum beizulegenden Zeitwert zu bilanzierenden Vermögenswerten und Verbind-

Hdb.[3], § 3 Rn. 136: *„Die Differenz wird nach der Effektivzinsmethode über die Laufzeit des zugrunde liegenden Investments verteilt."*

184 MüKo-IFRS-*Varain*, IAS 39, Rn. 113; *Alexander/Archer*, 16.29; *Löw/Lorenz*, Rechnungslegung für Banken nach IFRS, S. 470; *Bonham, et alii*, International GAAP 2007, S. 1310.

185 MüKo-IFRS-*Varain*, IAS 39, Rn. 113.

186 MüKo-IFRS-*Varain*, IAS 39, Rn. 113; *Bonham, et alii*, International GAAP 2007, S. 1310 f.

187 Ein mit Agio oder Disagio ausgereichtes Darlehen ist mit dem valutierenden Betrag anzusetzen. Die jeweilige Differenz zum Nominalbetrag wird später gemäß IAS 39 AG 65 in der Folgebewertung unter Anwendung der Effektivzinsmethode amortisiert; siehe auch: Bohl/Riese/Schlüter-*von Oertzen*, Beck'sches IFRS-Hdb.[3], § 3 Rn. 137; Bohl/Riese/Schlüter-*Wawrzinek*, Beck'sches IFRS-Hdb.[2], § 3, Rn. 58.

188 MüKo-IFRS-*Varain*, IAS 39, Rn. 117; *Löw/Lorenz*, Rechnungslegung für Banken nach IFRS, S. 470.

189 So MüKo-IFRS-*Varain*, IAS 39, Rn. 115; für eine konzernweite einheitliche Behandlung: *Löw/Lorenz*, Rechnungslegung für Banken nach IFRS, S. 470.

190 Bohl/Riese/Schlüter-*von Oertzen*, Beck'sches IFRS-Hdb.[3], § 3 Rn. 145; Bohl/Riese/Schlüter-*Wawrzinek*, Beck'sches IFRS-Hdb.[2], § 3, Rn. 59; zur Behandlung von Transaktionskosten auch MüKo-IFRS-*Varain*, IAS 39, Rn. 113–119; *Bonham, et alii*, International GAAP 2007, S. 1310.

lichkeiten erfolgswirksam erfasst,[191] was sich insbesondere aus dem Umkehrschluss zu IAS 39.43 ergibt.[192]

Bei zu fortgeführten Anschaffungskosten (*at amortised costs*) bilanzierten Vermögenswerten und Verbindlichkeiten werden hingegen die Transaktionskosten erst über die Laufzeit erfolgswirksam nach der Effektivzinsmethode amortisiert.[193] Die Effektivzinsmethode stellt dabei eine von IAS 39.9 definierte Methode zur Allokation von Zinserträgen und Zinsaufwendungen auf die jeweiligen Perioden dar.

Transaktionskosten solcher Vermögenswerte ohne feste Endfälligkeit, die aber nicht zum beizulegenden Zeitwert, sondern zu Anschaffungskosten bilanziert werden, sind erst mit der Ausbuchung erfolgswirksam zu erfassen.[194]

Im Falle zur Veräußerung verfügbarer Vermögenswerte werden Transaktionskosten im Eigenkapital (Neubewertungsrücklage; auch AfS-Rücklage) als anteilige Veränderung des Zeitwerts zum nächsten Bilanzstichtag erfolgswirksam unter Anwendung der Effektivzinsmethode erfasst, soweit der Vermögenswert über feste oder zumindest bestimmbare Zahlungen verfügt und ein Endfälligkeitstermin fest vereinbart ist.[195] Erfüllt ein Vermögenswert der Kategorie „zur Veräußerung verfügbarer Vermögenswerte" diese Anforderungen gar nicht oder nicht vollständig, so werden angefallene Transaktionskosten erst mit der Ausbuchung oder einer Wertminderung erfolgswirksam erfasst.[196]

Anders wiederum verhält es sich bei Anschaffungsnebenkosten, die erst zu einem späteren Zeitpunkt als dem der eigentlichen Transaktion erwartet werden: diese werden in der Folgebewertung nicht erfasst.[197] Transaktionskosten, die erst

191 MüKo-IFRS-*Varain*, IAS 39, Rn. 113, siehe auch *Löw/Lorenz*, Rechnungslegung für Banken nach IFRS, S. 470; *Alexander/Archer*, 16.29; Bohl/Riese/Schlüter-*von Oertzen*, Beck'sches IFRS-Hdb.³, § 3 Rn. 141.

192 Bohl/Riese/Schlüter-*von Oertzen*, Beck'sches IFRS-Hdb.³, § 3 Rn. 141; so bereits: Bohl/Riese/Schlüter-*Wawrzinek*, Beck'sches IFRS-Hdb.², § 3, Rn. 59.

193 Bohl/Riese/Schlüter-*von Oertzen*, Beck'sches IFRS-Hdb.³, § 3 Rn. 140; Bohl/Riese/Schlüter-*Wawrzinek*, Beck'sches IFRS-Hdb.², § 3, Rn. 59; MüKo-IFRS-*Varain*, IAS 39, Rn. 118; *Löw/Lorenz*, Rechnungslegung für Banken nach IFRS, S. 470.

194 MüKo-IFRS-*Varain*, IAS 39, Rn. 118.

195 MüKo-IFRS-*Varain*, IAS 39, Rn. 118; *Löw/Lorenz*, Rechnungslegung für Banken nach IFRS, S. 470.

196 MüKo-IFRS-*Varain*, IAS 39, Rn. 118; *Löw/Lorenz*, Rechnungslegung für Banken nach IFRS, S. 470.

197 MüKo-IFRS-*Varain*, IAS 39, Rn. 119.

mit der Veräußerung entstehen, werden schließlich mit der Ausbuchung erfolgswirksam erfasst.[198]

3.4.3. Zeitlicher Ansatz

Als exakten Zeitpunkt für die Zugangsbewertung bei marktüblichen Verträgen (*regular way purchase or sale*) gibt der IAS 39.38 dem Bilanzierenden zwei mögliche Zeitpunkte[199] an, zwischen denen er wählen kann: Den Zeitpunkt des Handelstages (*trade date accounting*) und den Zeitpunkt des Erfüllungstages (*settlement date accounting*). Dieses Wahlrecht ist aber insoweit beschränkt, als dass der Bilanzierende innerhalb der vier Kategorien[200] sich jeweils nur für eine Form des Ansatzes entscheiden kann.[201]

Die Begriffe Handelstag (*trade date*) und Erfüllungstag (*settlement date*) sind im Anhang des Standards weitergehend erläutert: Der Handelstag ist nach IAS 39 AG 55 der Tag, an dem die Verpflichtung zum Kauf oder Verkauf eingegangen wird, während der Erfüllungstag nach AG 56 der Tag ist, an dem an oder durch das Unternehmen geliefert wird. Für Finanzinstrumente ist das regelmäßig die Einbuchung in das Depot.[202]

Zu echten Divergenzen zwischen dem Ansatz am Handelstag und dem Ansatz am Erfüllungstag wird es wohl nur dann kommen, wenn dazwischen ein Bilanzstichtag oder Quartalsabschlussstichtag liegt.[203]

3.4.4. Ausbuchung von Finanzinstrumenten

IAS 39.15 bis 23 geben ein umfassendes Regelwerk für die **Ausbuchung von finanziellen Vermögenswerten** vor (*derecognition*). Neben einer Reihe von Vorschriften, die im Wesentlichen im Rahmen der Konzernkonsolidierung Platz greifen, ist ein finanzieller Vermögenswert dann auszubuchen, wenn entweder vertragliche Rechte auf den *Cashflow* auslaufen (*expire*), oder der Vermögens-

---

198 Bohl/Riese/Schlüter-*Wawrzinek*, Beck'sches IFRS-Hdb.², § 3, Rn. 59; MüKo-IFRS-*Varain*, IAS 39, Rn. 119; *Löw/Lorenz*, Rechnungslegung für Banken nach IFRS, S. 470.

199 Für die Annahme eines Wahlrecht: Heuser/Theile-*Theile*, IFRS Hdb⁴, Rn. 1850; Heuser/Theile-*Löw/Theile*, IFRS Hdb⁵, Rn. 2460; für die Annahme einer Bilanzierungsregel mit Ausnahme: *Hague*, Financial Instruments, S. 69; wobei m. E. letztere Ansicht aufgrund des Wortlauts „*oder*" bzw. „*or*" nicht vorzugswürdig ist. Umfassend mit Beispielen: *Alexander/Archer*, 16.18 ff.

200 Darstellung und Beschreibungen der vier Kategorien von Finanzinstrumenten, siehe 3.3.

201 Siehe IAS 39 AG 53 „*stetig*" bzw. „*consistently*".

202 Hierzu auch *Hague*, Financial Instruments, S. 72.

203 Heuser/Theile-*Theile*, IFRS Hdb⁴, Rn. 1851; Heuser/Theile-*Löw/Theile*, IFRS Hdb⁵, Rn. 2461.

wert auf eine andere Person übertragen wird (*transfer*).[204] Maßgebend zu prüfen ist nach IAS 39.16 f., in welchem Umfang die Ausbuchung durchzuführen ist. So beschreibt IAS 39.16 verschiedene Fälle, in denen die Ausbuchungsschriften lediglich auf einen Teil des jeweiligen Finanzinstruments anzuwenden sind.[205]

Das Auslaufen von vertraglichen Rechten ist unproblematisch etwa im Begleichen einer Verbindlichkeit durch den Gläubiger oder durch das Ablaufen der Ausübungsfrist eines Derivats, gegeben.[206]

Im Rahmen der Übertragung von finanziellen Vermögenswerten können sich hingegen weitreichende Abgrenzungsfragen ergeben, auf die hier nicht weiter eingegangen werden soll.[207]

Schließlich ist im Fall der vollständigen Ausbuchung gemäß IAS 39.26 der *„Differenzbetrag zwischen dem Buchwert und der Summe aus der erhaltenen Gegenleistung (einschließlich jedes neu erhaltenen Vermögenswertes abzüglich jeder neu übernommenen Verbindlichkeit) und aller kumulierten Gewinne oder Verluste, die direkt im Eigenkapital erfasst wurden (...) ergebniswirksam zu erfassen.“*[208]

Gemäß IAS 39.39 knüpft die **Ausbuchung einer finanziellen Verbindlichkeit** an den rechtlichen Bestand an,[209] wenn vertragliche Verpflichtungen beglichen, aufgehoben oder ausgelaufen sind.[210]

3.5. Folgebewertung

3.5.1. Grundkonzept

Die Folgebewertung von **finanziellen Vermögenswerten** (*subsequent measurement*) knüpft an die jeweilige Bewertungskategorie an:[211] Werden Finanzinstrumente etwa als erfolgwirsames *Fair Value* Finanzvermögen erfasst, werden diese Finanzinstrumente zum beizulegenden Zeitwert bewertet.[212] Von diesem Grund-

---

204 Vgl. IAS 39.17 (a) und (a). Siehe auch *Alfredson, et al.*, Applying International Financial Reporting Standards, S. 225 f.; *Bonham, et alii*, International GAAP 2007, S. 1148.

205 Siehe hierzu im Einzelnen IAS 39.16 (a) (i)–(iii); kommentiert bei Heuser/Theile-*Theile*, IFRS Hdb[4], Rn. 1911; Heuser/Theile-*Löw/Theile*, IFRS Hdb[5], Rn. 2531; *Alexander/Archer*, 16.21 f.

206 Heuser/Theile-*Theile*, IFRS Hdb[4], Rn. 2145; Heuser/Theile-*Löw/Theile*, IFRS Hdb[5], Rn. 3060.

207 Siehe zu dieser Thematik: *Alexander/Archer*, 16.21 f.

208 IAS 39.26 sog. *„recycling“* bzw. *„reclassification“*; siehe auch Heuser/Theile-*Theile*, IFRS Hdb[4], Rn. 1912; Heuser/Theile-*Löw/Theile*, IFRS Hdb[5], Rn. 2532.

209 Siehe etwa Bohl/Riese/Schlüter-*von Oertzen*, Beck'sches IFRS-Hdb.[3], § 3 Rn. 132 ff.; Bohl/Riese/Schlüter-*Wawrzinek*, Beck'sches IFRS-Hdb.[2], § 3, Rn. 56.

210 IAS 39.39; siehe *Tanski*, S. 287; *Alexander/Archer*, 16.30.

211 Siehe auch MüKo-IFRS-*Varain*, IAS 39, Rn. 267; *Tanski*, S. 287; *Alexander/Archer*, 16.29.

212 Siehe IAS 39.48; Bohl/Riese/Schlüter-*Wawrzinek*, Beck'sches IFRS-Hdb.[2], § 3, Rn. 62; MüKo-IFRS-*Varain*, IAS 39, Rn. 268; *Bonham, et alii*, International GAAP 2007, S. 1315 f.

satz gibt es folgende Ausnahme: Finanzinvestitionen in Eigenkapitalinstrumenten, die keiner verlässlichen Wertermittlung über einen aktiven Markt zugänglich sind, werden zu fortgeführten Anschaffungskosten bewertet.[213]

Bis zur Endfälligkeit gehaltene Finanzinstrumente sowie Kredite und Forderungen werden zu fortgeführten Anschaffungskosten ausgewiesen – jeweils unter Anwendung der Effektivzinsmethode.[214]

Entstehende Differenzen zwischen Eingangs- und Folgebewertung werden in der Kategorie „zu Handelszwecken gehaltener Finanzinstrumente" und der zur „*Fair Value*-Bewertung designierter Finanzinstrumente" erfolgswirksam in der Gewinn- und Verlustrechnung erfasst. Gleichzeitig bleibt das Eigenkapital unberührt. In den übrigen Kategorien findet eine erfolgswirksame Erfassung in der GuV nicht statt, hingegen werden Unterschiedsbeträge entsprechend im Eigenkapital verbucht. Freilich werden Finanzinvestitionen in Eigenkapitalinstrumenten, deren Zeitwert nicht zuverlässig zu bestimmen ist, weder in der GuV noch im Eigenkapital erfasst.[215]

IAS 39.47 beschreibt den Grundsatz, dass **Verbindlichkeiten** in Folgeperioden zu fortgeführten Anschaffungskosten unter Anwendung der Effektivzinsmethode zu bewerten sind.[216] Abweichend davon werden Schulden, die zu Handelszwecken gehalten werden zum *Fair Value* bewertet.[217] In gleicher Weise werden Derivate mit negativem Marktwert behandelt.[218] Für Finanzgarantien im Sinne

---

213 IAS 39.46 (c); Bohl/Riese/Schlüter-*Wawrzinek*, Beck'sches IFRS-Hdb.², § 3, Rn. 62; MüKo-IFRS-*Varain*, IAS 39, Rn. 269; *Alexander/Archer*, 16.30; *Tanski*, S. 287.

214 Bohl/Riese/Schlüter-*Wawrzinek*, Beck'sches IFRS-Hdb.², § 3, Rn. 62; MüKo-IFRS-*Varain*, IAS 39, Rn. 269; *Alexander/Archer*, 16.30; *Tanski*, 287; *Bonham, et alii*, International GAAP 2007, S. 1316.

215 Im Einzelen siehe auch *Alfredson, et al.*, Applying International Financial Reporting Standards, S. 220–224; *Bonham, et alii*, International GAAP 2007, S. 1315–1318.

216 Bohl/Riese/Schlüter-*Wawrzinek*, Beck'sches IFRS-Hdb.², § 3, Rn. 64; MüKo-IFRS-*Varain*, IAS 39, Rn. 270; *Tanski*, S. 288.

217 Vgl. *Tanski*, S. 288. Auch für derivative Schulden kommt bis auf wenige Ausnahmen eine *Fair Value*-Bewertung in Betracht; im Einzelnen siehe: *Tanski*, S. 288.

218 Hiervon werden solche Derivate ausgeschlossen, die sich auf nicht notierte Eigenkapitalinstrumente ohne zuverlässigen Marktwert oder physisch zu liefernde Eigenkapitalinstrumente ohne Notierung am amtlichen Markt beziehen; hierzu Bohl/Riese/Schlüter-*Wawrzinek*, Beck'sches IFRS-Hdb.², § 3, Rn. 64; MüKo-IFRS-*Varain*, IAS 39, Rn. 270; *Tanski*, S. 288; *Alexander/Archer*, 16.30.

des IAS 39.9 ergeben sich hingegen gesonderte Vorschriften (siehe hierzu 3.2. sowie 3.6.).[219]

3.5.2. Folgebewertung zum beizulegenden Zeitwert

3.5.2.1. Einleitung

Der beizulegende Zeitwert wird in IAS 39.9 definiert als Betrag, *„zu dem ein Vermögenswert in einer Transaktion zu Marktwertbedingungen zwischen sachkundigen, vertragswilligen und voneinander unabhängigen Parteien getauscht bzw. eine Schuld beglichen werden kann.“* Dabei werden Transaktionskosten außer Acht gelassen.[220] Weiterhin gibt der Standard eine eindeutige Hierarchie der Ermittlung des beizulegenden Zeitwerts vor:[221] Existiert ein aktiver Markt, so ist der sich an diesem Markt bildende Preis anzusetzen. Existiert kein aktiver Markt, so ist auf anerkannte Bewertungsmodelle zurückzugreifen. Freilich sind die Bewertungsmodelle nicht alternativ zu einem bestehenden Markt zur Bewertung zulässig. Wird aber aufgrund eines fehlenden aktiven Markts auf Bewertungsmodelle zurückgegriffen, sind diese konsistent für gleichartige Finanzinstrumente anzuwenden. Des Weiteren sind Anhangangaben im Falle der Verwendung von Bewertungsmodellen zu machen (3.5.2.3.).

3.5.2.2. Wertermittlung bei aktivem Markt

Der *terminus technicus „aktiver Markt“* wird von IAS 39 selbst nicht definiert. Hingegen wird der Begriff von IAS 36.6, IAS 38.8 und IAS 41.8 bestimmt:[222] Danach ist ein aktiver Markt dann gegeben, wenn *„(a) die auf dem Markt gehandelten Produkte homogen* [sind]*; (b) vertragswillige Käufer und Verkäufer (...) in der Regel jederzeit gefunden werden* [können]*; und (c) Preise (...) der Öffentlichkeit zur Verfügung* [stehen].“ Diese Voraussetzungen sind unstrittig Marktpreise, die an Wertpapier-, Waren- und Terminbörsen und außerbörslichen OTC-Märkten[223] gebil-

---

219 Siehe hierzu mit entsprechenden Verweisen: Bohl/Riese/Schlüter-*Wawrzinek*, Beck'sches IFRS-Hdb.², § 3, Rn. 64; MüKo-IFRS-*Varain*, IAS 39, Rn. 270.

220 IAS 32.11, IAS 39.9; MüKo-IFRS-*Varain*, IAS 39, Rn. 281; *Löw/Lorenz*, Rechnungslegung für Banken nach IFRS, S. 510; *Alfredson, et al.*, Applying International Financial Reporting Standards, S. 224; *Bonham, et alii*, International GAAP 2007, S. 1320 f.

221 Siehe IAS 39.48 und IAS 39 AG 69 ff. Siehe hierzu auch *Alexander/Archer*, 16.32; *Tanski*, S. 288 ff.; *Löw/Lorenz*, Rechnungslegung für Banken nach IFRS, S. 510 ff.

222 In dieser Form den Vergleich ziehend MüKo-IFRS-*Varain*, IAS 39, Rn. 289.

223 OTC = over the counter.

det werden.[224] Für finanzielle Vermögenswerte und Verbindlichkeiten, die vom Unternehmen begeben werden, ist der Geldkurs, für finanzielle Verbindlichkeiten der Briefkurs des Bilanzstichtags, maßgebend heranzuziehen.[225] Werden die Finanzinstrumente an verschiedenen Märkten gehandelt und weichen die entsprechenden Kurse von einander ab, so ist der Kurs des vorteilhaftesten Markts zu wählen.[226]

3.5.2.3. Wertermittlung nach Bewertungsmethoden

Fehlt ein aktiver Markt, so schreiben IAS 39.48 iVm IAS 39 AG 74 den Rückgriff auf anerkannte Bewertungsmethoden vor.[227] Diese verfolgen das Ziel, einen Transaktionspreis zu ermitteln, der *„sich am Bewertungsstichtag zwischen unabhängigen Vertragspartnern bei vorliegen normaler Geschäftsbedingungen ergeben hätte."*[228] Preisbildende Bewertungsmethoden können Bezug auf jüngste Geschäftsvorfälle zwischen *„sachverständigen, vertragswilligen und unabhängigen Geschäftspartnern"* nehmen, sich auf einen Vergleich im Wesentlichen identischer Finanzinstrumente beziehen oder sich aus diskontierten *Cashflows* oder Optionsmodellen ableiten lassen.[229] Maßgebend sind dabei insbesondere Methoden, die üblicherweise verwendet werden und zugleich verlässliche Schätzwerte hervorbringen.[230] Eine Anwendung üblich verwendeter Methoden ist auch dann zulässig, wenn diese *„theoretisch"* für unrichtig gehalten werden.[231] IAS 39 AG 82 spezifiziert die in die Bewertungsmethoden einfließenden Daten. Hier können etwa der Zeitwert des Gelds, Ausfallrisiken, Wechselkurse, Warenpreise, Eigenkapitalkurse, Vola-

---

224 Bohl/Riese/Schlüter-*von Oertzen*, Beck'sches IFRS-Hdb.[3], § 3 Rn. 158; Bohl/Riese/Schlüter-*Wawrzinek*, Beck'sches IFRS-Hdb.[2], § 3, Rn. 66; *Löw/Lorenz*, Rechnungslegung für Banken nach IFRS, S. 511. Zum aktiven Markt siehe auch *Alexander/Archer*, 16.32; *Alfredson, et al.*, Applying International Financial Reporting Standards, S. 224 f.; *Bonham, et alii*, International GAAP 2007, S. 1321 ff.

225 Siehe IAS 39 AG 72.

226 MüKo-IFRS-*Varain*, IAS 39, Rn. 293; *Alexander/Archer*, 16.32; *Löw/Lorenz*, Rechnungslegung für Banken nach IFRS, S. 511.

227 Siehe auch Bohl/Riese/Schlüter-*von Oertzen*, Beck'sches IFRS-Hdb.[3], § 3 Rn. 165 ff.; Bohl/Riese/Schlüter-*Wawrzinek*, Beck'sches IFRS-Hdb.[2], § 3, Rn. 69; MüKo-IFRS-*Varain*, IAS 39, Rn. 309; *Löw/Lorenz*, Rechnungslegung für Banken nach IFRS, S. 512 f.; *Alexander/Archer*, 16.32.

228 IAS 39 AG 75.

229 IAS 39 AG 74. Sog. *discounted cash flow analysis* (DCF); hierzu insbesondere: *Alexander/Archer*, 16.32; *Löw/Lorenz*, Rechnungslegung für Banken nach IFRS, S. 513.

230 IAS 39 AG 73.

231 Vgl. so Bohl/Riese/Schlüter-*Wawrzinek*, Beck'sches IFRS-Hdb.[2], § 3, Rn. 70.

tilitäten, Risiken der vorzeitigen Rückzahlung oder mögliche Verwaltungs- und Abwicklungsgebühren eine Rolle spielen.[232]

3.5.3. Wertminderung (Risikovorsorge)

Gemäß IAS 39.58 wird ein Wertminderungstest für diejenigen finanziellen Vermögensgegenstände vorgesehen, welche zu fortgeführten Anschaffungskosten bewertet werden.[233] Dieser Wertminderungstest findet gerade keine Anwendung für finanzielle Vermögenswerte, die zum *Fair Value* bewertet werden. In letzterem Fall findet eine ausreichende Berücksichtigung von Marktpreis- und Bonitätsrisiken durch die Wertermittlung von Marktpreisen, subsidiär von Bewertungsmethoden, statt.[234] Eine Herabsetzung des jeweiligen Werts im Rahmen der Folgebewertung wird vorgenommen, soweit substantielle Hinweise für eine Wertminderung vorliegen. Einen Beispielkatalog derartiger Hinweise beschreibt IAS 39.59 (a)–(f): So können etwa erhebliche finanzielle Schwierigkeiten von Schuldnern oder Emittenten oder der Verlust eines aktiven Markts einen solchen Hinweis darstellen. Gleichfalls kann für gehaltene Eigenkapitalinstrumente nach IAS 39.61 ein substantieller Hinweis vorliegen, wenn etwa nachteilige Entwicklungen im technologischen, wirtschaftlichen und rechtlichen Umfeld des Unternehmens gegeben sind.

3.6. Insbesondere: Bilanzierung von Credit Default Swaps

Bei der Bilanzierung von Credit Default Swaps ist zu differenzieren, ob es sich bei dem jeweiligen Credit Default Swap um ein Derivat oder eine Finanzgarantie handelt. An diese Einordnung knüpfen dann unterschiedliche Bilanzierungsvorschriften an. Während die Begriffe Derivat und Finanzgarantie inzwischen beide von IAS 39.9 erfasst werden, mussten eine Reihe von Reformen vollzogen werden, die sich mit der Bilanzierung von Finanzgarantien auseinandergesetzt

---

232 Vgl. IAS 39 AG 82 und weiterführend Bohl/Riese/Schlüter-*von Oertzen*, Beck'sches IFRS-Hdb.[3], § 3 Rn. 168 f.; Bohl/Riese/Schlüter-*Wawrzinek*, Beck'sches IFRS-Hdb.[2], § 3, Rn. 71; MüKo-IFRS-*Varain*, IAS 39, Rn. 303.

233 *Alexander/Archer*, 16.35; *Tanski*, S. 291 f. Zum *Impairment* von Finanzinstrumenten siehe *Köster*, BB 2009, 97 (auch mit Regelungsvergleich zu den US-GAAP); *Bonham, et alii*, International GAAP 2007, S. 1344 f.

234 Bohl/Riese/Schlüter-*Wawrzinek*, Beck'sches IFRS-Hdb.[2], § 3, Rn. 75; vgl. auch Bohl/Riese/Schlüter-*von Oertzen*, Beck'sches IFRS-Hdb.[3], § 3 Rn. 173; im Einzelnen siehe auch *Bonham, et alii*, International GAAP 2007, S. 1344 ff.

haben.[235] Das entscheidende Kriterium für die Annahme einer Finanzgarantie ist darin zu sehen, dass eine Ausgleichszahlung nur dann zu erfolgen hat, wenn ein tatsächlicher Verlust beim Sicherungsnehmer durch einen Zahlungsausfall seines Schuldners eingetreten ist.[236] Diese Voraussetzung ist erfüllt, wenn der Sicherungsnehmer das Referenzaktivum in seinem Bestand hat und sich die Ausgleichszahlungsverpflichtung gerade nur auf das Ausfallrisiko bezieht.[237] Nur wenn diese beiden Voraussetzungen erfüllt sind, kann ein Credit Default Swap als Finanzgarantie im Sinne des IAS 39 verstanden werden.[238] IFRS 4 (Versicherungsverträge) findet auf Kreditderivate hingegen keine Anwendung mehr.[239]

Credit Default Swaps, die die Definitionen von Derivaten erfüllen sind nach den zuvor (3.1.) dargestellten Grundsätzen zu bilanzieren. Stehen Credit Default Swaps in einem Sicherungszusammenhang (*sog. Hedge Accounting*), können sich wiederum andere Regeln für die Bilanzierung ergeben (siehe 3.7.).

Für Credit Default Swaps, die die Definition von Finanzgarantien erfüllen, sind folgende Bilanzierungsregeln nachzuvollziehen:

Beim Sicherungsgeber wird die Verpflichtung aus der Finanzgarantie mit dem Vertragsschluss gemäß IAS 39.14 zum *Fair Value* angesetzt (IAS 39.43). Beim Vertragsschluss, ohne dass der Sicherungsnehmer die Prämie gezahlt hat, beträgt der *Fair Value* gleich „null“. Wird anschließend die Prämie vorschüssig vom Sicherungsnehmer gezahlt, ist diese in entsprechender Höhe zu passivieren. Bei ratierlicher Prämienzahlung über die Laufzeit verbleibt der *Fair Value* zunächst bei „null“. Des Weiteren hat der Bilanzierende bei ratierlicher Prämienzahlung ein Wahlrecht, die Prämie nach der Brutto- oder der Nettodarstellung zu erfassen[240]. Streng nach dem Wortlaut von IAS 39 AG 4 (a) werden Prämienansprüche und Verpflichtungen aufgerechnet und als Nettoposition dargestellt

---

235 Zur Entwicklungsgeschichte und der Problematik der Normenkonkurrenz siehe: *Struffert*, ABS Transaktionen und Kreditderivate, S. 217; zu Entwicklungstendenzen siehe auch *Barz et al.*, S. 645 f.; zur Entwicklung bis 2005 und zur Normenkonkurrenz: *Auerbach/Klotzbach*, Kreditderivate Hdb., S. 261 (262 ff.); hierzu auch *Friedhofen*, ZfgK 2008, 1159 (1159).

236 Vgl. auch *Barz et al.*, S. 643; *Weigel/Barz*, BankPraktiker 2006, 606 (607); *Struffert*, ABS Transaktionen und Kreditderivate, S. 218.

237 Vgl. *Barz et al.*, S. 643; bzgl. der Beschränkung auf das Ausfallrisiko, siehe explizit IAS 39 AG 4 (b).

238 Ausnahmsweise gilt etwas anderes für so genannte Back-to-back Vereinbarungen; siehe hierzu *Barz et al.*, S. 643 f.

239 Siehe hierzu *Struffert*, ABS Transaktionen und Kreditderivate, S. 217; zu Entwicklungstendenzen siehe auch *Barz et al.*, S. 645 f. und insbesondere IAS 39.2 (e), IAS 39 AG 4 (a) und IFRS 4.4 (d).

240 *Barz et al.*, 646; *Grünberger*, KoR 2006, 81 (86); *Scharpf/Weigel/Löw*, WPg 2006, 1492 (1497 f.); *Weigel/Barz*, BankPraktiker 2006, 606 (608 f.).

(*sog. Nettodarstellung*).[241] Nach der Bruttomethode werden hingegen sowohl die Prämienforderungen aktiviert als auch die Garantieverpflichtungen passiviert.[242]

Für die Folgebewertung der Finanzgarantie schreibt IAS 39.47 (c) vor, den jeweils höheren Betrag gemessen an dem nach IAS 18 definierten „*fortgeschriebenen, ursprünglich erfassten Betrag*" und dem nach IAS 37 definierten „*bestimmten Betrag*" anzusetzen.[243]

Alternativ besteht die Möglichkeit, die *Fair Value*-Option zu nutzen. Entsprechend sind die oben dargestellten Bilanzierungsregeln für die *Fair Value*-Bewertung anzuwenden (3.3.1.).[244]

Im Falle der Nettodarstellung werden die über die Laufzeit eingehenden Zahlungen unmittelbar erfolgswirksam als Provisionsertrag vereinnahmt, während bei der Bruttodarstellung die eingehenden Zahlungen die Prämienforderung reduzieren. Neben diesem erfolgsneutralen Aktivtausch wird bei der Bruttodarstellung die Garantieverpflichtung aus dem Credit Default Swap erfolgswirksam als Provisionsertrag (über die Laufzeit verteilt) aufgelöst.[245]

Für den Sicherungsnehmer hingegen gibt der IAS 39 – trotz der Forderung aus der Praxis – keine eindeutigen Regelungen für Ansatz und Bewertung vor.[246] Einzig die *Notes to Editors* vom 18. August 2005 verweisen in IFRS 4 IG 1.11 pauschal auf die Auslegungshilfen des IAS 8.10–12, welche Hilfestellungen bei Lücken in den Standards vorgeben, wenn kein spezieller IFRS greift. IAS 8.11 f. sieht für Regelungslücken in gestufter Handhabung vor, Regelungen anderer Standards heranzuziehen, auf das Rahmenkonzept zurückzugreifen und schließlich Verlautbarungen anderer Standardsetzer und Kommentarliteratur zu konsultieren.[247] Letztlich ist daher nicht ersichtlich, warum sich die Bilanzierung beim Sicherungsnehmer wesentlich von der des Sicherungsgebers unterscheiden sollte.[248] In der Konsequenz wird die Finanzgarantie beim Sicherungsnehmer bzw. Garantienehmer bilanziell nicht erfasst (IAS 39 IN 6),[249] denn es liegt eine

---

241 *Barz et al.* S. 646: „*erhaltene Prämie*" = „*premium received*"; *Struffert*, ABS Transaktionen und Kreditderivate, S. 220.

242 *Barz et al.* S. 646; *Struffert*, ABS Transaktionen und Kreditderivate, S. 220.

243 *Barz et al.* S. 646; *Struffert*, ABS Transaktionen und Kreditderivate, S. 220 f.

244 *Struffert*, ABS Transaktionen und Kreditderivate, S. 220 f.; *Barz et al.* S. 648.

245 *Barz et al.* S. 646 f.

246 *Struffert*, ABS Transaktionen und Kreditderivate, S. 222 f.

247 Vgl. hierzu im Einzelnen *Struffert*, ABS Transaktionen und Kreditderivate, S. 223.

248 *Struffert*, ABS Transaktionen und Kreditderivate, S. 223; *Auerbach/Klotzbach*, Kreditderivate Hdb., S. 261 (267).

249 Vgl. *Barz et al.* S. 646.

Eventualforderung vor, die nach IAS 37.31 zu behandeln ist. Die Finanzgarantie stellt lediglich eine Sicherheit dar.[250]

Die Prämie wird periodengerecht analog IAS 18.20 als Provisionsaufwand erfasst.[251] Bei vorschüssig gezahlten Prämien ist dann ein aktivischer Rechnungsabgrenzungsposten zu bilden.[252]

Die Berechtigung aus der Finanzgarantie – soweit die Bonität des Sicherungsgebers nicht in Frage steht – führt beim Sicherungsnehmer dazu, dass kein Wertverzehr des Referenzaktivums eintritt.

Der Ausfall des gesicherten Zahlungsanspruchs und die korrespondierend erhaltene Ausgleichszahlung werden beim Sicherungsnehmer erfolgswirksam über die GuV gebucht, so dass letztlich keine Ergebnisbelastung eintritt.[253]

3.7. Insbesondere: Bilanzierung von Sicherungsbeziehungen (*Hedge Accounting*)

Gleich dem Grundgedanken der *Fair Value*-Option, ökonomische Inkongruenzen von Sicherungsbeziehungen in der bilanziellen Darstellung zu würdigen, bilden die Regelungen zum Hedge Accounting (IAS 39.71–102) das letzte Teilstück dieses Konzepts: Es soll ein kompensatorischer Effekt zwischen Grund- und Sicherungsgeschäft in der GuV erzielt werden.[254] Ein Synchronisationsproblem kann insbesondere dann auftreten, wenn das Grundgeschäft zu fortgeführten Anschaffungskosten und das Sicherungsgeschäft – ein Derivat – erfolgswirksam zum beizulegenden Zeitwert erfasst werden.[255] Wurde die Synchronisation eben nicht schon durch die *Fair Value*-Option herbeigeführt (*accounting mismatch*), geben die Regelungen zum *Hedge Accounting* die Möglichkeit, eine nicht der ökonomischen Realität entsprechende Darstellung zu korrigieren.[256] Dabei können,

---

250 Vgl. *Barz et al.* S. 646; hierzu auch *Struffert*, ABS Transaktionen und Kreditderivate, S. 223.

251 *Barz et al.* (S. 646) wollen IAS 18.20 analog anwenden, während *Struffert*, ABS Transaktionen und Kreditderivate, (S. 224) soweit ersichtlich auf IAS 18.20 direkt zurückgreifen will. Für die Analogie spricht m. E., dass IAS 18.20 die erfolgswirksame Erfassung von Dienstleistungen anspricht und damit einen Aktivposten.

252 *Coenenberg/Haller/Schultze*[21], Jahresabschluss, S. 461 f.: Nach dem Prinzip der periodengerechten Erfolgsermittlung (*accrual principle*) gemäß RK 22 und IAS 1.25 sind auch in der IFRS-Bilanz Rechnungsabgrenzungsposten zu bilden. Voraussetzung dafür ist allerdings, dass diese Positionen bereits die Qualität von „*assets*" bzw. „*liabilities*" haben (IAS 1.28 f.).

253 So auch *Struffert*, ABS Transaktionen und Kreditderivate, S. 224.

254 *Schmidt/Pittroff/Klingels*, Finanzinstrumente nach IFRS, S. 111 f.

255 *Kehm/Lüdenbach*, Haufe-IFRS[8], § 28, Rn. 43 f.; *Lüdenbach*, Haufe-IFRS[9], § 28, Rn. 41 f.

256 *Friedhofen*, ZfgK 2008, 1159 (1159); Bohl/Riese/Schlüter-*Flintrop*, Beck'sches IFRS-Hdb.[3], § 23, Rn. 54; *Löw/Lorenz*, Rechnungslegung Banken IFRS, S. 415 (557); *Coenenberg/Haller/*

wie im vorangegangenen Beispiel, nicht bloß finanzielle Einzelposten, sondern banktypische Portfolios als Grundgeschäft abgesichert werden, soweit sich gleichartige Vermögenswerte bzw. Verbindlichkeiten zusammenfassen lassen (Homogenitätserfordernis).[257] Im Einzelnen geben IAS 39.9 und IAS 39.74 ff. bzw. IAS 39.78 ff. die Anforderungen an das Grundgeschäft (*hedged item*) und das Sicherungsgeschäft (*hedging instrument*) und IAS 39.88–102 spezielle Anforderungen für eine korrekte Verbindung vor. Nach IAS 39.9 ist ein Sicherungsinstrument (*hedging instrument*) ein *„designierter derivativer oder (im Falle einer Absicherung von Währungsrisiken) nicht derivativer finanzieller Vermögenswert bzw. eine nicht finanzielle Verbindlichkeit, von deren beizulegendem Zeitwert oder Cashflow erwartet wird, dass sie Änderungen des beizulegenden Zeitwertes oder der Cashflows eines designierten Grundgeschäfts kompensieren.“*

Ein abzusicherndes Grundgeschäft (*hedged item*) ist dann anzunehmen, wenn *„ein Vermögenswert, eine Verbindlichkeit, eine feste Verpflichtung, eine erwartete und mit hoher Wahrscheinlichkeit eintretende künftige Transaktion oder eine Nettoinvestition in einen ausländischen Geschäftsbetrieb, durch das (a) das Unternehmen dem Risiko einer Änderung des beizulegenden Zeitwerts oder der künftigen Cashflows ausgesetzt ist und das (b) als gesichert designiert wird.“*[258]

Darüber hinaus genügt es nicht, dass die Anforderungen an ein Grundgeschäft und an ein korrespondierendes Sicherungsinstrument erfüllt sind, es müssen auch die Voraussetzungen an eine hinreichende Dokumentation, die Gewährleistung von prospektiven und retrospektiven Effektivitäten sowie eine fortlaufende Effektivitätsprüfung erfüllt sein.[259] Die Dokumentation ist zwingend, kann also nicht nachträglich erfolgen,[260] und umfasst die Benennung des Sicherungsinstruments und des Grundgeschäfts, die Art des abgesicherten

---

Schultze[21], Jahresabschluss, S. 296. Im Einzelnen zur Darstellung siehe *Schmidt/Pittroff/Klingels*, Finanzinstrumente nach IFRS, S. 112–114.

257 *Schmidt/Pittroff/Klingels*, Finanzinstrumente nach IFRS, S. 82–84; mit illustrativem Beispiel insbesondere S. 117–118.

258 IAS 39.9.

259 Im Einzelnen zu den Voraussetzungen zur Anwendung des Hedge Accounting und der Effektivitätsanforderungen siehe: *Schmidt/Pittroff/Klingels*, Finanzinstrumente nach IFRS, S. 95–111; *Alfredson, et al.*, Applying International Financial Reporting Standards, S. 232 f.; *Kehm/Lüdenbach*, Haufe-IFRS[8], § 28, Rn. 48 ff.; *Lüdenbach*, Haufe-IFRS[9], § 28, Rn. 46 f.; Bohl/Riese/Schlüter-*Flintrop*, Beck'sches IFRS-Hdb.[3], § 23, Rn. 54 f.; *Löw/Lorenz*, Rechnungslegung Banken IFRS, S. 415 (561 ff.); *Coenenberg/Haller/Schultze*[21], Jahresabschluss, S. 296 ff.; *Friedhofen*, ZfgK 2008, 1159 (1160) mit der Darstellung einer Parallele zur SolvV.

260 *Lüdenbach*, Haufe-IFRS[9], § 28, Rn. 258; *Alfredson, et al.*, Applying International Financial Reporting Standards, S. 232; *Löw/Lorenz*, Rechnungslegung Banken IFRS, S. 415 (561); *Coenenberg/Haller/Schultze*[21], Jahresabschluss, S. 297.

Risikos, die Art der Bestimmung der Effektivität der Sicherungsbeziehung und schließlich die Darstellung der Risikomanagementstrategie sowie der Risikomanagementzielsetzung, die im Zusammenhang mit der Sicherungsbeziehung stehen.[261] Für die Wirksamkeit der Sicherung (*hedge effectiveness*) definiert IAS 39.9 *„den Grad, mit dem die einem gesicherten Risiko zurechenbare Änderung des beizulegenden Zeitwertes oder Cashflows des Grundgeschäftes durch Änderungen des beizulegenden Zeitwertes oder der Cashflows des Sicherungsinstruments kompensiert werden.“* Zur retrospektiven Messung der Effektivität werden mithin die *Fair Value*-Änderung des Grundgeschäfts und die *Fair Value*-Änderung des Sicherungsinstruments rechnerisch gegenübergestellt.[262] IAS 39 AG 105 konkretisiert die retrospektive Effektivität dahingehend, dass sich der Quotient der beiden Werte innerhalb einer Bandbreite von 80 bis 125 Prozent bewegen müsse. Für die prospektive Effektivität genügt, dass das Grundgeschäft und das Referenzaktivum des Sicherungsinstruments sich weitgehend entsprechen.[263] Das ist jedenfalls dann der Fall, wenn sich aus dem Sicherungsinstrument für den Sicherungsgeber eine Zahlungsverpflichtung in Höhe des Nominalwerts des Grundgeschäfts unter Bedingungseintritt ergibt.[264]

Die Darstellung von Sicherungszusammenhängen kann nach abgesicherten Risiken untergliedert werden: *Fair Value-Hedge* (IAS 39.89–94), *Cash Flow-Hedge* (IAS 39.95–101) und *Hedge „of a net investment in a foreign operation“* (IAS 39.102).[265]

Sind die Voraussetzungen für eine Sicherungsbeziehung erfüllt, wird beispielsweise bei einem *Fair Value-Hedge* das Sicherungsinstrument weiterhin erfolgswirksam zum *Fair Value* bilanziert, während Wertänderungen des abzusichernden Grundgeschäfts, das ursprünglich der Kategorie *available for sale* zugeordnet worden ist, entgegen der grundsätzlichen Folgebewertung nun

---

261 Bohl/Riese/Schlüter-*Flintrop*, Beck'sches IFRS-Hdb.[3], § 23, Rn. 55; *Löw/Lorenz*, Rechnungslegung Banken IFRS, S. 415 (561); *Coenenberg/Haller/Schultze*[21], Jahresabschluss, S. 297.

262 Sog. Dollar Offset Methode; hierzu auch *Friedhofen*, ZfgK 2008, 1159 (1160); *Alfredson, et al.*, Applying International Financial Reporting Standards, S. 232 f.; Bohl/Riese/Schlüter-*Flintrop*, Beck'sches IFRS-Hdb.[3], § 23, Rn. 55; *Löw/Lorenz*, Rechnungslegung Banken IFRS, S. 415 (567 ff.); *Coenenberg/Haller/Schultze*[21], Jahresabschluss, S. 297 f.

263 *Friedhofen*, ZfgK 2008, 1159 (1160); *Alfredson, et al.*, Applying International Financial Reporting Standards, S. 233; Bohl/Riese/Schlüter-*Flintrop*, Beck'sches IFRS-Hdb.[2], § 23, Rn. 55 will die Bandbreite von 80 bis 125 % aufgrund historischer Erfahrungen und statistischer Korrelationen bereits auf die prospektive Effektivität anwenden.

264 *Friedhofen*, ZfgK 2008, 1159 (1160).

265 *Schmidt/Pittroff/Klingels*, Finanzinstrumente nach IFRS, S. 91, im Einzelnen S. 91–94.

erfolgswirksam erfasst wird.[266] Die Bildung einer AfS-Rücklage findet dann nicht statt.[267] Buchungstechnisch wird im Rahmen der Sicherungsbeziehung hinsichtlich des Grundgeschäfts nur der Teil abgebildet und unmittelbar erfolgswirksam erfasst, auf den das abgesicherte Risiko reagiert.[268]

3.8. Zusammenfassung

Während IAS 39 den Ansatz und die Bewertung von Finanzinstrumenten regelt, umfasst IAS 32 relevante Definitionen: So definiert IAS 32.11 den Begriff des Finanzinstruments. IAS 39 trifft Einordnungen in Bezug auf Vermögenswerte und Verbindlichkeiten und bildet je vier bzw. zwei Kategorien: erfolgswirksames *Fair Value* Finanzvermögen (umfasst: zu Handelszwecken gehaltene Vermögenswerte und wahlweise zugeordnete finanzielle Vermögenswerte), bis zur Endfälligkeit zu haltende finanzielle Vermögenswerte, Kredite und Forderungen und zur Veräußerung verfügbare finanzielle Vermögenswerte sowie Verbindlichkeiten, die erfolgswirksam zum beizulegenden Zeitwert bewertet werden, und andere finanzielle Verbindlichkeiten.

Eine Umwidmung aus und in die Kategorien erfolgswirksamen *Fair Value* Finanzvermögens sowie Kredite und Forderungen verbietet sich. Diese Umwidmungsverbote sollen bilanzpolitische Maßnahmen einschränken.

Ein Wechsel aus der Kategorie „bis zur Endfälligkeit zu haltender Finanzinstrumente" in die Kategorie „zur Veräußerung verfügbarer Finanzinstrumente" ist hingegen sogar notwendig, wenn nachträglich die Halteabsicht oder die Haltefähigkeit entfallen. Auch andersherum kann ein Wechsel zulässig sein.

Die Zugangsbewertung erfolgt zum beizulegenden Zeitwert (*Fair Value*), welcher sich regelmäßig aus dem Transaktionspreis ergibt. Die Behandlung von Transaktionskosten erfolgt entsprechend der Kategorisierung. Die Zugangsbe-

---

266 *Schmidt/Pittroff/Klingels*, Finanzinstrumente nach IFRS, S 112; *Löw/Lorenz*, Rechnungslegung Banken IFRS, S. 415 (571 f.); *Coenenberg/Haller/Schultze*[21], Jahresabschluss, S. 299 f.

267 *Löw/Lorenz*, Rechnungslegung Banken IFRS, S. 415 (571 f.); *Coenenberg/Haller/Schultze*[21], Jahresabschluss, S. 299 f.; weichen die fortgeführten Anschaffungskosten vom *hedge fair value* ab, ist die Differenz (*hedge adjustment*) erfolgswirksam zu erfassen. Eine Differenz zwischen *fair value* und *hedge fair value* wird erfolgsneutral in die AfS-Rücklage gebucht, hierzu: *Schmidt/Pittroff/Klingels*, Finanzinstrumente nach IFRS, S 112 f.

268 Anders erfolgt die Buchungslogik etwa bei der Darstellung eines *Cash Flow-Hedges*, bei dem zunächst im passiven Bilanzposten *„other comprehensive income" (OCI)* unabhängig vom Umfang der Reaktion auf das abzusichernde Risiko sowohl die Wertentwicklungen vom Grundgeschäft und Sicherungsinstrument erfasst werden, und erst dann erfolgswirksam der nicht effektive Teil in die GuV umgebucht wird.

wertung kann wahlweise zum Handelstag oder zum Erfüllungstag erfolgen. Der Vermögenswert ist regelmäßig auszubuchen, wenn ein vertragliches Recht ausgelaufen oder der Vermögenswert übertragen worden ist.

Die Folgebewertung orientiert sich an der Kategorisierung im Zugang: erfolgswirksames *Fair Value* Finanzvermögen und zur Veräußerung verfügbare finanzielle Vermögenswerte werden zum *Fair Value* bewertet. Bis zur Endfälligkeit zu haltende finanzielle Vermögenswerte sowie Kredite und Forderungen werden zu fortgeführten Anschaffungskosten ausgewiesen (jeweils unter Anwendung der Effektivzinsmethode).

Differenzen in der Folgebewertung werden beim erfolgswirksamen *Fair Value* Finanzvermögen – gleich dem Namen – erfolgswirksam in der GuV verbucht. In den übrigen Fällen werden Unterschiedsbeträge entsprechend im Eigenkapital erfasst.

Die IFRS sehen ein gestuftes Modell zur Ermittlung des *Fair Value* vor: Auf der ersten Stufe wird der *Fair Value* hinsichtlich der Wertermittlung durch einen aktiven Markt bestimmt, subsidiär kann eine Wertermittlung nach anerkannten Bewertungsmethoden erfolgen.

Bei Finanzinstrumenten, die nicht zum *Fair Value* bewertet werden, ist zur Risikovorsorge ein Wertminderungstest durchzuführen und ein Wertverlust entsprechend zu korrigieren.

Bei der Bilanzierung von Credit Default Swaps gelten unterschiedliche Vorschriften. Es ist zu differenzieren, ob es sich bei dem jeweiligen Credit Default Swap um ein Derivat oder eine Finanzgarantie handelt. Die an diese Einordnung anknüpfenden unterschiedlichen Bilanzierungsvorschriften werden in Kapitel VII. weitergehend dargestellt.

Die Bildung von Sicherungsbeziehungen ist in IAS 39.71–102 explizit und detailliert geregelt, um einen möglichen *accounting mismatch* zu verhindern.

4. Bilanzierung nach HGB n.F. (BilMoG)

4.1. Einleitung

Der Reformprozess durch das Bilanzrechtsmodernisierungsgesetz hat sich von der Veröffentlichung des Referentenentwurfs bis hin zum Inkrafttreten über einen Zeitraum von fast anderthalb Jahren hingezogen.[269] Der sehr langwierige, umfangreiche und kontrovers diskutierte Findungsprozess ist darauf zurückzu-

---

269 Referentenentwurf des BMJ vom 08.11.2007; später: Gesetz zur Modernisierung des Bilanzrechts (Bilanzrechtsmodernisierungsgesetz – BilMoG) vom 25.05.2009; BGBl. I S. 1102.

führen, dass es sich bei dieser Reform erstens um die größte bilanzrechtliche Reform seit dem Bilanzrichtliniengesetz (BiRiLiG) gehandelt hat,[270] zweitens wesentliche Grundsätze der HGB-Bilanzierung auf dem Prüfstand gestanden haben und drittens die Finanzmarktkrise das Reformvorhaben partiell in Frage gestellt hat.[271] Insbesondere die beiden zuletzt genannten Punkte lassen sich an Hand der Stationen Referentenentwurf,[272] Regierungsentwurf[273] und endgültige Gesetzesform nachvollziehen.

Ein Schwerpunkt der Reform liegt in der Einführung der Zeitwertbilanzierung für Finanzinstrumente des Handelsbestands über die Höhe der Anschaffungskosten hinaus, mit anderen Worten in der Einführung einer *Fair Value*-Bilanzierung, die bisher lediglich als informatorische Anhangangabe vorgesehen war.[274] Während der Referenten- und Regierungsentwurf eine derartige bilanzielle Behandlung von Finanzinstrumenten des Handelsbestands sogar als allgemeine Vorschrift für jeden Kaufmann einführen wollten (§ 253 Abs. 1 S. 3 BilMoG-Referentenentwurf),[275] sieht die endgültige Gesetzesfassung solche Bilanzierungsregeln im Wesentlichen nur noch für Kreditinstitute vor.[276] Gegen eine Zeitwertbilanzierung bzw. *Fair Value*-Bewertung wandte sich insbesondere die sog. „*Saarbrücker Initiative gegen den Fair Value*", die vehement und mit einer Reihe von Argumenten einerseits die Pflicht zur Aufstellung eines HGB-Konzernabschlusses neben dem IFRS-Abschluss einforderte und andererseits den Einzug eines *Fair Value*-Konzepts in die Bewertungsvorschriften der HGB-Rechnungslegung zu verhindern versuchte.[277] Argumentativ mahnte die Initiative eine Verletzung traditioneller Bewertungsprinzipien, insbesondere des Realisations- und des Gläubigerschutzprinzips, an. Denn hinter dem Begriff des *Fair Value* verberge sich kein einheitlicher Wertbegriff, sondern bloß ein interpretationsbedürftiger

---

270 *Wenk*, IRZ 2010, 205 (206).

271 So auch *Zwirner*, DB 2009, 353 (355).

272 Referentenentwurf vom 08.11.2007; dazu *Ernst/Seidler*, BB 2007, 2557.

273 Regierungsentwurf vom 21.05.2008, dazu *Ernst/Seidler*, ZGR 2008, 631.

274 Zur Verschiebung von § 285 S. 3 bis 6 HGB a.F. in den § 255 Abs. 4 HGB n.F.: *Böcking/Torabian*, BB 2008, 265 (266); *Scharpf/Schaber*, DB 2008, 2552 (2556); *Löw/Scharpf/Weigel*, WPg 2008, 1011 (1012).

275 Referentenentwurf vom 08.11.2007; abrufbar unter: http://www.audit-committee-institute.de/pdf/071108-RefEBilMoG.pdf; zuletzt abgerufen am 27.09.2010; hierzu auch *Löw/Scharpf/Weigel*, WPg 2008, 1011 (1012).

276 Die Vorschriften der § 340 ff. HGB beziehen sich auf Kreditinstitute und Finanzdienstleistungsinstitute im Sinne von § 1 Abs. 1 und Abs. 1a KWG.

277 *Bieg et al.*, DB 2008, 2549 sowie DB 2009, 188.

Oberbegriff,[278] dessen Anwendung dem Bilanzierenden Gestaltungsmöglichkeiten eröffne, indem er faktische Wahlrechte nutzen könne.[279] Dies erhöhe die Anforderungen an die Bilanzierung und Prüfung sowohl in quantitativer, als auch in qualitativer Hinsicht,[280] während die Bilanzpolitik ausgeweitet werde und sich spiegelbildlich dazu die Bilanzanalyse erschweren würde.[281] Zudem werde das Kongruenzprinzip, also die Kongruenz zwischen der Summe der über die Totalperiode erfassten Periodenerfolge und den kumulierten Eigenkapitalveränderungen, verletzt, was zu einer Relativierung des Gewinnbegriffs führe.[282] Aufgrund der Vermögenswertänderungen würden auch die Eigenmittel der Banken verändert, was die Informationsversorgung der Finanzaufsicht in Hinblick auf § 10 KWG (Ermittlung der Eigenmittel) verfälschen könne.[283] Auch schüre die Bewertung über den historischen Anschaffungswert hinaus zusätzlich Bewertungsblasen und fördere eine Überhitzung der Kapitalmärkte.[284] Schließlich sei eine fortschreitende Internationalisierung deshalb nicht angebracht, weil sogar das IASB – als Antwort auf die Finanzmarktkrise – die Fair Value Bewertung teilweise aussetze.[285] Die von der *Saarbrücker Initiative* vermittelten Bedenken stießen teils auf Zustimmung,[286] teils auf Widerspruch,[287] konnten sich aber zu einem gewissen Grad durchsetzten: Im Rahmen der öffentlichen Anhörung des Rechtsausschusses im Dezember 2008 kamen die Sachverständigen hinsichtlich der Frage, ob eine *Fair Value*-Bewertung von Finanzinstrumenten nur für Kreditinstitute zugelassen werden solle, zu einem beinahe einstimmigen Ergebnis.[288] Freilich lehnte *Küting* als Sachverständiger und Mitglied der *Saarbrücker Initiative* jegli-

---

278 *Bieg et al.*, DB 2008, 2549 (2549); ebenso *Schildbach*, DStR 2008, 2381 (2385): *„Der Fair Value ist nicht fair, er ist ein Phantom.*".

279 *Bieg et al.*, DB 2008, 2549 (2549 f.).

280 *Bieg et al.*, DB 2008, 2549 (2550).

281 *Bieg et al.*, DB 2008, 2549 (2550 f.).

282 *Bieg et al.*, DB 2008, 2549 (2550).

283 *Bieg et al.*, DB 2008, 2549 (2551).

284 *Bieg et al.*, DB 2008, 2549 (2551).

285 *Bieg et al.*, DB 2008, 2549 (2551); siehe hierzu auch 5.1.

286 Zur Darstellung der zustimmenden Resonanz siehe *Bieg et al.*, DB 2009, 188.

287 Zur Darstellung der ablehnenden Resonanz siehe insbesondere *Böcking/Flick*, DB 2009, 185 ff.

288 So *Hennrichs*, S. 005 ff.; *Vinken*, S. 079; zumindest kritisch für Nichtbanken: *Hoffmann-Becking*, S. 017 f.; *Jutz*, S. 046 f.; hingegen für eine Zeitwertbilanzierung nicht nur für Institute: *Jäger*, S. 023 f.; *Naumann*, S. 061 f.; *Schäfer*, S. 094; grundsätzlich auch *Zeitler*, S. 101 ff. Die Stellungnahmen sind allesamt auf der Internetseite des Deutschen Bundestages abrufbar; im Einzelnen siehe Nachweis im Online-Quellenverzeichnis.

chen Einzug der *Fair Value*-Konzeption in das HGB ab.[289] Der Gesetzgeber setzte die *Fair Value*-Bewertung letztlich nur für Kreditinstitute in § 340e Abs. 3 HGB n.F. um. Mithin war die *Saarbrücker Initiative* zumindest teilweise erfolgreich.

Einen weiteren Schwerpunkt setzt die Reform bei der Bilanzierung von Sicherungsbeziehungen, wobei in erster Linie die gängige Bilanzierungspraxis durch das BilMoG in das HGB Eingang gefunden hat. Überdies lässt das HGB n.F. nun sogar antizipierte Sicherungsbeziehungen bei *„hoher Wahrscheinlichkeit"* der Transaktion zu.

4.2. Begriffsbestimmung

Auch das BilMoG bestimmt den Begriff des Finanzinstruments nicht. Vielmehr lässt der Gesetzgeber die Bestimmung offen, um der fortlaufenden Entwicklung von Finanzinnovationen gerecht zu werden und eine damit verbundene ständige Anpassung des Gesetzes zu umgehen.[290] Um den unbestimmten Rechtsbegriff „Finanzinstrument" zu konkretisieren, kann (weiterhin) auf § 1a Abs. 3 KWG zurückgegriffen werden, der inhaltlich der Definition des IAS 32.11 entspricht.[291]

4.3. Bewertungskategorien

Neben den Finanzinstrumenten, die *„wie"* Anlagevermögen behandelt werden (Finanzanlagen), sind die Finanzinstrumenten, die *„wie"* Umlaufvermögen zu behandeln sind, zukünftig in solche, die mit Handelsabsicht gehalten werden und sonstige Finanzinstrumente zu kategorisieren.[292] Diese handelsrechtliche Behandlung führt zu einem Gleichlauf des bilanzrechtlichen Handelsbestands und des finanzaufsichtsrechtlichen Handelsbuchs (§ 1a Abs. 1 KWG).[293]

---

289 *Küting*, S. 054 f., http://www.bundestag.de/ausschuesse/a06/anhoerungen/Archiv/43_Bilanzrecht/04_Stellungnahmen/Stellungnahme_Kueting.pdf.; zuletzt abgerufen am 29.07.2009.
290 *Löw/Scharpf/Weigel*, WPg 2008, 1011 (1014); *Scharpf/Schaber*, DB 2008, 2552 (2553); *Böcking/Torabian*, BB 2008, 265 (265); *Gemeinhardt/Bode*, StuB 2008, 170 (171 f.) (auch mit historischen Bezügen zum Begriff des Finanzinstruments).
291 *Löw/Scharpf/Weigel*, WPg 2008, 1011 (1014).
292 *Löw/Scharpf/Weigel*, WPg 2008, 1011 (1011).
293 *Löw/Scharpf/Weigel*, WPg 2008, 1011 (1012); *Scharpf/Schaber*, DB 2008, 2552 (2553); *Böcking/Torabian*, BB 2008, 265 (265); nach *Gemeinhardt/Bode*, StuB 2008, 170 (171) sei direkt auf IAS 32.11 abzustellen. Diesen Gleichlauf einfordernd: *BaFin*, Rundschreiben 17/1999 der Bankenaufsicht, II.1.2., http://www.bafin.de/cln_179/nn_721290/SharedDocs/Veroeffentlichungen/DE/Service/ Rundschreiben/ba_bis_042002/rs_9917_ba.html?_nnn=true; zuletzt abgerufen am 05.10.2010; dazu: *Scharpf/Schaber*, DB 2008, 2552 (2556).

4.4. Ansatz und Bewertung von Finanzinstrumenten des Handelsbestands

Gemäß § 340e Abs. 3 S. 1 HGB n.F. sind Finanzinstrumente des Handelsbestands (zunächst) zum beizulegenden Zeitwert zu bewerten. Dabei ist das Finanzinstrument zu Handelszwecken, also zur kurzfristigen Gewinnrealisierung durch Weiterveräußerung oder Rückerwerbung,[294] zu halten. Der beizulegende Zeitwert lässt sich nach § 255 Abs. 4 HGB n.F. in einem mehrstufigen Verfahren ermitteln: Nach Satz 1 entspricht der beizulegende Zeitwert dem Marktwert. Der Marktwert oder Marktpreis lässt sich dann zuverlässig ermitteln, wenn er sich an einer Börse, von einem Händler, Broker, Preisberechnungsservice bzw. einer Branchengruppe oder einer Aufsichtsbehörde leicht und regelmäßig erhalten lässt, wobei der Preisbildung aktuelle und regelmäßig auftretende Markttransaktionen zu Grunde liegen müssen, die einem Drittvergleich standhalten.[295] Satz 2 bis 3 setzen die Bewertungshierarchie wie folgt fort: Wenn *„kein aktiver Markt besteht, anhand dessen sich der Marktpreis ermitteln lässt, ist der beizulegende Zeitwert mit Hilfe anerkannter Bewertungsmethoden zu bestimmen. Lässt sich der beizulegende Zeitwert weder nach Satz 1 noch nach Satz 2 ermitteln, sind die Anschaffungs- oder Herstellungskosten gemäß § 253 Abs. 4 fortzuführen.“* Damit schreibt das BilMoG eine Zugangs- und Folgebewertung zum *Fair Value* fest.[296] Freilich entspricht der beizulegende Zeitwert im Zugang den Anschaffungskosten insoweit, als dass der Marktpreis zum Erwerb des Finanzinstruments eben auch die Anschaffungskosten darstellt.[297] Für die Zugangsbewertung ergeben sich insoweit keine Änderungen. Fraglich ist allerdings, ob auch Transaktionskosten zum Kaufpreis hinzuzurechnen sind, weil es sich bei diesen um Kosten handelt, die den jeweiligen Vermögensgegenstand in einen *„betriebsbereiten Zustand (...) versetzen“*.[298] Dagegen spricht aber zum einen, dass der Betrag der Transaktionskosten spätestens in der Folgebewertung zum beizulegenden Zeitwert wieder abzuschreiben wäre.[299] Zum anderen spricht m.E. die Systematik des § 255 HGB n.F. dagegen, der zwischen Anschaffungskosten in Abs. 1 und dem beizulegenden Zeitwert in Abs. 4 differenziert und Aufwendungen, die nötig sind, den Vermögensgegen-

---

294 *Gemeinhardt/Bode*, StuB 2008, 170 (173); *Scharpf/Schaber*, DB 2008, 2552 (2554) und (2555 f.).

295 So Begründung des RegE. zu § 255, BR-Drs. 344/08, S. 132; dazu: *Scharpf/Schaber*, DB 2008, 2552 (2557); ebenso BT-Drs. 16/10067, S. 61.

296 *Löw/Scharpf/Weigel*, WPg 2008, 1011 (1012); zur Bewertungshierarchie siehe auch *Böcking/Torabian*, BB 2008, 265 (266); *Scharpf/Schaber*, DB 2008, 2552 (2556 f.); *Gemeinhardt/Bode*, StuB 2008, 170 (173 f.).

297 Vgl. auch *Scharpf/Schaber*, DB 2008, 2552 (2557).

298 § 255 Abs. 1 S. 1 HGB; zu dieser Problematik *Löw/Scharpf/Weigel*, WPg 2008, 1011 (1012).

299 *Löw/Scharpf/Weigel*, WPg 2008, 1011 (1012).

stand in einen „*betriebsbereiten Zustand zu versetzen*" nur den Anschaffungskosten zuweist. Transaktionskosten sind daher außer Acht zu lassen und mit der Anschaffung in der GuV wirksam als Aufwand zu verbuchen.[300] In der Folgebewertung sind Änderungen des *Fair Value* in beide Richtungen erfolgswirksam in der GuV zu verbuchen.[301] Um dabei dem Realisations- sowie Imparitätsprinzip und dem Grundsatz der vorsichtigen Bilanzierung Rechnung zu tragen, fordert § 340e Abs. 3 S. 1 HGB n.F. die Zeitwertbilanzierung abzüglich eines Risikoabschlags.[302] Welche Berechnung für den Risikoabschlag anzuwenden ist, lässt das BilMoG allerdings weitgehend offen. Die Regierungsbegründung formuliert: „*Der Risikoabschlag muss den Ausfallwahrscheinlichkeiten der realisierbaren Gewinne Rechnung tragen. Es ist eine adäquate Berechnungsmethode zugrunde zu legen. Die Angemessenheit der Berechnungsmethode und der Berechnungsparameter wird durch die Bankenaufsicht nach den Vorschriften des KWG beurteilt und überwacht.*"[303] Als Vorschlag für eine angemessene Berechnungsmethode wird ein sog. *Value at risk*-Abschlag und als Berechnungsparameter werden jene der Solvabilitätsverordnung herangezogen.[304] Während zuvor gesagt worden ist, die Anschaffungskosten entsprächen üblicherweise dem beizulegenden Zeitwert, führt die Korrektur durch den Risikoabschlag nun nach dem HGB n.F. für die Zugangsbewertung zu einer noch vorsichtigeren Bilanzierung als nach dem HGB a.F.

Gemäß § 340e Abs. 4 S. 1 HGB sind 10% des aus dem Ansatz von Finanzinstrumenten zum Zeitwert resultierenden Nettoertrags eines Geschäftsjahrs zum Sonderposten „Fonds für allgemeine Bankrisiken" nach § 340g HGB zuzuführen und dort als Davon-Vermerk auszuweisen.[305] Der nach § 340e Abs. 4 S. 1 HGB zu bildende Posten darf nur aufgelöst werden, wenn Nettoaufwendungen aus dem Handelsbestand auszugleichen sind (Nr. 1) oder wenn der Posten 50 % des Durchschnitts der letzten fünf jährlichen Nettoerträge des Handelsbestands übersteigt (Nr. 2).

Bezüglich der Vorsorgereserven im Sinne des § 340f HGB hat es keine materiellrechtlichen Änderungen gegeben, die Vorschrift wurde lediglich an die allge-

---

300 So ebenfalls: *Löw/Scharpf/Weigel*, WPg 2008, 1011 (1012); *Wehrheim/Rupp*, DB 2009, 356 (357).

301 *Löw/Scharpf/Weigel*, WPg 2008, 1011 (1012).

302 Hierzu mit Bedenken und dem Vorschlag, bei nicht am aktiven Markt gehandelten Finanzinstrumenten eine Ausschüttungssperre vorzusehen: *Hennrichs*, S. 007, a.a.O.; gegen eine Ausschüttungssperre für Institute: *Jäger*, S. 025, a.a.O.

303 Begründung des RegE. zu § 340e Abs. 3 S. 1, BR-Drs. 344/08, S. 208; BT-Drs. 16/10067, S. 95.

304 *Löw/Scharpf/Weigel*, WPg 2008, 1011 (1014).

305 Hopt/Merkt-*Merkt*, Bilanzrecht, § 340e, Rn. 7.

meinen Bilanzierungsregeln des HGB angepasst.[306] Damit besteht auch weiterhin die Möglichkeit, stille Reserven zu bilden.

Eine weitere Angleichung an die IFRS kann hinsichtlich der Bewertung von Rückstellungen gesehen werden: Zukünftig sind gemäß § 253 Abs. 2 S. 1 HGB n.F. Rückstellungen, deren Restlaufzeit ein Jahr übersteigt, entsprechend dem durchschnittlichen Marktzins der vergangenen sieben Geschäftsjahre abzuzinsen.

4.4.1. Exkurs: Ausschüttungssperre

Noch der Regierungsentwurf des BilMoG sah für die erfolgswirksame Erfassung von (nicht realisierten) Erträgen aufgrund der Bewertung der Finanzinstrumente zum beizulegenden Zeitwert eine Ausschüttungssperre vor.[307] Dieses Regime stellte eine Alternativbehandlung für alle Nichtbanken dar und sperrte eine Ausschüttung nicht realisierter Erträge verbunden mit der Bedingung, dass *„nach der Ausschüttung verbleibende frei verfügbare Rücklagen abzüglich eines Verlustvortrags oder zuzüglich eines Gewinnvortrags dem Gesamtbetrag der Erträge mindestens entsprechen.“*[308] Für Banken wurde an Stelle der Ausschüttungssperre sowohl in den Gesetzesentwürfen als auch in der endgültigen Fassung ein Risikoabschlag vorgesehen, der *„das Surrogat für die in § 268 Abs. 6 HGB für zu Handelszwecken erworbenen Finanzinstrumente vorgesehene Ausschüttungssperre“*[309] darstellen sollte.

4.4.2. Umwidmungsverbot

Der § 340e Abs. 1 S. 2 HGB verbietet eine Umwidmung in den Handelsbestand. Im Umkehrschluss muss die Handelsabsicht also mit der ersten bilanziellen Erfassung erfolgt und letztlich auch dokumentiert sein. Weniger restriktiv wird die Umwidmung aus dem Handelsbestand geregelt. Zwar ist in diesem Fall eine Umwidmung grundsätzlich auch ausgeschlossen, doch ausnahmsweise gilt etwas anderes, wenn *„außergewöhnliche Umstände, insbesondere schwerwiegende Beeinträchtigungen der Handelbarkeit der Finanzinstrumente“* vorliegen

---

306 *Petersen/Zwirner*-BilMoG-*Waschbusch*, S. 589.

307 § 268 Abs. 6 HGB i.d.F RegE. Dazu *Löw/Scharpf/Weigel*, WPg 2008, 1011 (1013); *Funnemann/Kerssenbrock*, BB 2008, 2674; *Wehrheim/Rupp*, DB 2009, 356 auch mit Prüfung einer analogen Anwendung zu Personengesellschaften.

308 § 268 Abs. 6 HGB i.d.F RegE.

309 Begründung des RegE. zu § 340e Abs. 3 S. 1, BR-Drs. 344/08, S. 208, BT-Drs. 16/10067, S. 95.

und diese Umstände dazu führen, dass die Bank die Handelsabsicht „*nachträglich*“ aufgibt.

Als Antwort auf kritische Stimmen in der Literatur[310] hinsichtlich des Referenten- und des Regierungsentwurfs ist eine weitere Ausnahme des restriktiven Umwidmungsverbotes für Finanzinstrumente eingeführt worden, die zwar zunächst dem Handelsbestand zugeordnet worden sind, nachträglich aber in eine Bewertungseinheit einbezogen werden sollen (§ 340e Abs. 3 S. 4 HGB). Nach Beendigung der Bewertungseinheit sind diese Finanzinstrumente allerdings wieder in den Handelsbestand umzugliedern.[311]

4.5. Insbesondere: Sicherungsbeziehungen

Durch das BilMoG ist § 254 HGB neu gefasst worden, der nun die Bildung von Sicherungsbeziehungen bzw. Bewertungseinheiten behandelt: „*Werden Vermögensgegenstände, Schulden, schwebende Geschäfte oder mit hoher Wahrscheinlichkeit erwartete Transaktionen zum Ausgleich gegenläufiger Wertänderungen oder Zahlungsströme aus dem Eintritt vergleichbarer Risiken mit Finanzinstrumenten zusammengefasst (Bewertungseinheit), sind § 249 Abs. 1, § 252 Abs. 1 Nr. 3 und 4, § 253 Abs. 1 Satz 1 und § 256a in dem Umfang und für den Zeitraum nicht anzuwenden, in dem die gegenläufigen Wertänderungen oder Zahlungsströme sich ausgleichen.*“[312] Präziser verordnet § 254 S. 1 HGB n.F., die Vorschriften über bestimmte Rückstellungen, die Anwendung des Einzelbewertungsgrundsatzes sowie des Imparitäts- und des Realisationsprinzips, der Zugangs- und der Folgebewertung zu Anschaffungskosten und zur Währungsumrechnung nicht zu beachten.[313] Damit setzt die punktuelle Nichtanwendung von Einzelbewertungsgrundsatz, Imparitäts- und Realisationsprinzip nun das Vorliegen einer Bewertungseinheit iSd. § 254 S. 1 HGB n.F. voraus.[314] Insbesondere muss die Dokumen-

310 Eine Einschränkung des Gleichlaufs von handelsrechtlichem und aufsichtsrechtlichem Handelsbestand kritisierten etwa: *Löw/Scharpf/Weigel*, WPg 2008, 1011 (1013) sowie *Scharpf/Schaber*, DB 2008, 2552 (2556). Siehe auch während des Beratungsprozesses: *Hennrichs*, S. 008, a.a.O.; *Hoffmann-Becking*, S. 018, a.a.O.; *Jäger*, S. 024, a.a.O.; *Naumann*, S. 061 f., a.a.O.; *Zeitler*, S. 103 f, a.a.O.

311 § 340e Abs. 3 S. 4, 2. Hs. HGB.

312 § 254 S. 1 HGB.

313 Siehe auch *Coenenberg/Haller/Schultze*[21], Jahresabschluss, S. 289; zur Währungsumrechnung im Einzelabschluss nach dem BilMoG siehe *Hommel/Laas*, BB 2008, 1666 ff.

314 Zu den Voraussetzungen einer Bewertungseinheit im Einzelnen: *Coenenberg/Haller/Schultze*[21], Jahresabschluss, S. 290 f.; *Löw/Scharpf/Weigel*, WPg 2008, 1011 (1016 ff.).

tation der Bewertungseinheit und der objektiven Eignung, Risiken abzusichern, *ex ante* erfüllt werden.[315]

Die Abweichung vom Grundsatz der Einzelbewertung gemäß Art. 31 Abs. 1 lit. e) der Jahresabschlussrichtlinie lässt sich auf Art. 2 Abs. 5 S. 3 der Jahresabschlussrichtlinie stützen, wonach Mitgliedsstaaten in zulässiger Weise Ausnahmeregelungen festlegen können, „*wenn die Anwendung einer Vorschrift der Bilanzrichtlinie dazu führt, dass der Jahresabschluss ein den tatsächlichen Verhältnissen entsprechendes Bild der Vermögens-, Finanz- und Ertragslage des Unternehmens nicht vermittelt.*“[316] Gerade die Abbildung von Sicherungsbeziehungen dient dazu, ökonomische Sachverhalte korrekt abzubilden und einen sog. *accounting mismatch* zu verhindern. Mithin bestehen m.E. auch keine Bedenken, dass die Voraussetzungen der Ausnahmeregelung des Art. 2 Abs. 5 S. 3 der Jahrabschlussrichtlinie auch erfüllt sind.

Letztlich wird die gängige Praxis der Bildung von Bewertungseinheiten schlicht kodifiziert:[317] Der eingeführte § 254 n.F. HGB diene der gesetzlichen Verankerung der im Schrifttum als Grundsätze ordnungsgemäßer Bilanzierung eingestuften Abbildung von Bewertungseinheiten.[318] Änderungen der Bilanzierungspraxis würden mit dieser Regelung aber nicht verfolgt werden.[319] Die explizite Erfassung von „*mit hoher Wahrscheinlichkeit erwartete*[r] *Transaktionen*“ führt zu stärkerer Rechtssicherheit bei der Bilanzierung sog. antizipativer Bewertungseinheiten. Eine hohe Wahrscheinlichkeit liegt – so die Regierungsbegründung – vor, wenn „*der tatsächliche Abschluss des Rechtsgeschäfts so gut wie sicher*“ ist und „*allenfalls noch außergewöhnliche Umstände entgegenstehen, die außerhalb des Einflussbereichs des Unternehmens liegen.*“[320]

4.6. Zusammenfassung

Eine Definition des Begriffs Finanzinstrument hat das BilMoG nicht eingeführt. Dafür wurde eine weitere Bewertungskategorie geschaffen: Die Bewertung von

---

315 Begründung des RegE. zu § 254, BR-Drs. 344/08, S. 126, BT-Drs. 16/10067, S. 58 f.; formal keine Tatbestandsvoraussetzung aber Folge aus §§ 238 und 239 HGB: *Coenenberg/Haller/Schultze*[21], Jahresabschluss, S. 292.

316 Art. 2 Abs. 5 S. 3 Jahresabschlussrichtlinie 78/660/EWG; so auch die Argumentation des Regierungsentwurfs: Begründung des RegE. zu § 254, BR-Drs. 344/08, S. 127; BT-Drs. 16/10067, S. 59.

317 *Löw/Scharpf/Weigel*, WPg 2008, 1011 (1016).

318 Begründung des RegE. zu § 254, BR-Drs. 344/08, S. 124; BT-Drs. 16/10067, S. 57.

319 Begründung des RegE. zu § 254, BR-Drs. 344/08, S. 124; BT-Drs. 16/10067, S. 57 unter Hinweis auf die bereits seit 2006 bestehende Regelung des § 5 Abs. 1a EStG.

320 Begründung des RegE. zu § 254, BR-Drs. 344/08, S. 125; BT-Drs. 16/10067, S. 58.

Finanzinstrumenten des Handelsbestands zum beizulegenden Zeitwert. Damit entwickelt sich für Banken das Rechnungslegungsrecht des Einzelabschlusses in punkto Finanzinstrumente des Handelsbestands von einem imparitätischen *Fair Value*-Konzept[321] weiter und lässt eine Zeitwertbilanzierung, die die historischen Anschaffungskosten übersteigt, zu. Ein *full Fair Value*-Konzept wird wegen des Risikoabschlags gleichwohl nicht eingeführt.[322] Dennoch vollzieht das BilMoG eine weitgehende Angleichung der Bewertung von Finanzinstrumenten an die internationalen Standards. Teilweise werden grundlegende Prinzipien – insbesondere das Realisationsprinzip – gelockert.[323] Die Umgliederung aus und in den Handelsbestand ist grundsätzlich nicht zulässig (§ 340e Abs. 3 S. 3 und 4 HGB). Hinsichtlich der Umgliederung aus dem Handelsbestand kann bei „*außergewöhnliche*[n] *Umstände*[n]" von diesem Grundsatz abgewichen werden.

Des Weiteren hat das BilMoG die bereits nach der Bilanzpraxis zum HGB a.F. für zulässig erachtete Bildung von Bewertungseinheiten kodifiziert.

Der neu eingeführte § 340e Abs. 4 HGB sieht zudem eine Aufstockung des „Fonds für allgemeine Bankrisiken" vor, der nun zusätzlich mit Erträgen aus dem Handelsbestand gespeist werden soll.

5. Die Finanzkrise und die Weiterentwicklung der internationalen Standards

5.1. Die Finanzkrise und ihre Auswirkungen auf IAS 39

Die Finanzkrise hat gerade im Hinblick auf die Zeitwertbilanzierung von Vermögensgegenständen zu einer Vertrauenskrise gegenüber der Rechnungslegung geführt:[324] Aufgrund des Misstrauens der Marktakteure in die Märkte nahm die Aktivität an denselben einerseits ab, zugleich stieg der Verkaufsdruck zur Beschaffung von Liquidität. Diese Entwicklung führte dazu, dass unter anderem auch die Schuldverschreibungen solventer Schuldner, die ihre schuldrechtlichen Verpflichtungen gegenüber ihren Kreditgebern stets erfüllten, unter dem Druck der Finanzmarktkrise abgewertet wurden.[325] Gegen Mitte 2008 rief daher das

---

321 *Gemeinhardt/Bode*, StuB 2008, 170 (172).

322 *Scharpf/Schaber*, DB 2008, 2552 (2552).

323 Von einer „*Ausdehnung*" sprechen: *Scharpf/Schaber*, DB 2008, 2552 (2556); von einer „*Konkretisierung*" sprechen: *Böcking/Torabian*, BB 2008, 265 (267); von einer „*Durchbrechung*" sprechen: *Gemeinhardt/Bode*, StuB 2008, 170 (173) und (176); von einer „*Verletzung*" sprechen: *Bieg et al.*, DB 2008, 2549 (2549).

324 Zu dieser Entwicklung siehe *Zwirner*, DB 2009, 353; *Schildbach*, DStR 2008, 2381; *Baetge/Brembt/Brüggemann*, WPg 2008, 1001; *Goldschmidt/Weigel*, WPg 2009, 192.

325 Vgl. *Schildbach*, DStR 2008, 2381 (2381) und (2383).

IASB ein Expertengremium, die sog. „*Financial Crisis Advisory Group*", ein, das sich insbesondere mit den Vorschriften des IAS 39 bei illiquiden Märkten auseinandersetzen sollte.[326] Dieses Expertengremium kritisierte in erster Linie die von IAS 39 vorgesehene *Mark-to-Model*-Bewertung.[327] Problematisch bei der *Mark-to-Model*-Bewertung, auf welche gerade zur *Fair Value*-Bewertung in illiquiden Märkten zurückgegriffen wurde, sei die uneinheitliche Anwendung verschiedener Modelle:[328] So hat sich bisher keine *Mark-to-Model*-Bewertungsmethode als allgemein akzeptiert durchsetzen können. Zudem stand zu befürchten, dass eine „*beliebige*" Parameterwahl zu einer nicht unerheblichen „*Accounting Arbitrage*" führen könne.[329] Als kurzfristige Antwort auf die Krise wurden daher die Vorschriften zu Umwidmungsverboten im Rahmen des IAS 39 weitgehend gelockert.[330] Tatsächlich verdient diese Maßnahme den Titel „*kurzfristig*", denn das *Amendment* zu IAS 39 und IFRS 7 „*Reclassification of Financial Assets*" ist vom IASB veröffentlicht und innerhalb von 48 Stunden von der EU übernommen worden (*Endorsement*).[331]

Im Einzelnen wurde zwar an den vier Bewertungskategorien für Finanzinstrumente (*mixed model*) festgehalten,[332] dennoch lässt die Änderung des IAS 39 die Umwidmung aus der Kategorie „*held for trading*" in die Kategorien „*available for sale*", „*loans and receivables*" und „*held to maturity*" nun zu. Weiterhin sah die Änderung des IAS 39 die Umwidmungsmöglichkeit aus der Kategorie „*available for sale*" in die Kategorie „*loans and receivables*" vor.[333]

Das *Amendment* zu IAS 39 und IFRS 7 „*Reclassification of Financial Assets*" sah eine Reklassifizierung in zuvor geschilderter Form bis Ende Oktober sogar

326 Zur Arbeit dieses Expertengremiums siehe *Baetge/Brembt/Brüggemann*, WPg 2008, 1001 (1002).

327 Vgl. *Baetge/Brembt/Brüggemann*, WPg 2008, 1001 (1002).

328 Zu einer kritischen Würdigung verschiedener Modelle: *Baetge/Brembt/Brüggemann*, WPg 2008, 1001 (1006–1007); *Goldschmidt/Weigel*, WPg 2009, 192 (196–202).

329 *Baetge/Brembt/Brüggemann*, WPg 2008, 1001 (1010); zur „*Accounting Arbitrage*" siehe die Rechenbeispiele für CDOs bei *Prince*, (2006) 12(2) Journal of Structured Finance Summer, 14 (20) *et passim*. Ein einheitliches Mark-to-Model Konzept einfordernd: *Baetge/Brembt/Brüggemann*, WPg 2008, 1001 (1010).

330 Dazu siehe *Goldschmidt/Weigel*, WPg 2009, 192 (192); *Zwirner*, DB 2009, 353 (353 f.); *Schildbach*, DStR 2008, 2381.

331 *Goldschmidt/Weigel*, WPg 2009, 192 (192); *Zwirner*, DB 2009, 353 (353 f.); im Detail zu den Änderungen siehe die Darstellung bei *Schildbach*, DStR 2008, 2381.

332 Siehe hierzu 3.3.; Kurzüberblick in tabellarischer Form bei *Schildbach*, DStR 2008, 2381 (2381 f.).

333 Siehe hierzu – wiederum mit tabellarischer Übersicht – *Schildbach*, DStR 2008, 2381 (2384 f.).

rückwirkend auf den 1. Juli 2008 und ab dem 1. November 2008 auf den Stichtag vor.[334] Um die Auswirkungen dieser Änderung exemplarisch zu verdeutlichen: Von der Lockerung der Umwidmungsverbote haben soweit ersichtlich eine Reihe von deutschen Großbanken Gebrauch gemacht und damit mussten über drei Mrd. Euro zum 30. September 2008 nicht eigenkapitalwirksam verbucht werden.[335]

5.2. IFRS 9 und Entwicklungstendenzen der internationalen Standards

Bereits vor dem Ausbruch der Finanzmarktkrise arbeitete das *IASB* an einer Neufassung der Vorschriften für die Bilanzierung von Finanzinstrumenten,[336] gleichwohl wurde unter dem Druck der Finanzmarktkrise der Regelfindungsprozess nochmals beschleunigt.[337]

Am Ende dieses laufenden Projekts soll eine vollständige Ersetzung des IAS 39 durch den künftig – ab 2015[338] – geltenden IFRS 9 erfolgen. Das Vorhaben, den Standard zu überarbeiten, entsprang damit nicht in erster Linie der Finanzmarktkrise, sondern der Forderung nach einfacheren, prinzipienorientierten Bilanzierungsregeln („*principle based and less complex*"), zumal die Vorschriften des IAS 39 als „*difficult to understand, apply and interpret*" charakterisiert wurden.[339] Zudem sind die Bilanzierungsregeln für Finanzinstrumente immer wieder geändert worden und Konvergenzbemühungen zu den US-GAAP sollten in einem neuen Standard erfasst werden.[340]

Das Gesamtprojekt, den IAS 39 durch IFRS 9 zu ersetzen, wurde in drei Projektstufen unterteilt: (1) „*Klassifizierung und Bewertung*" („*Classification and Measurement*"), (2) „*Wertminderungen*" („*Impairment Methodology*") und (3) „*Sicherungsbeziehungen*" („*Hedge Accounting*"). Am 12. November 2009 ist mit

---

334 Amendment to IAS 39 und IFRS 7 „*Reclassification of Financial Assets*", abrufbar unter http://www.iasb.org/NR/rdonlyres/BE8B72FB-B7B8-49D9-95A3-CE2BDCFB915F/0/Amdments IAS39andIFRS7.pdf; zuletzt abgerufen am 05.10.2010; siehe auch *Schildbach*, DStR 2008, 2381 (2385).

335 *Zwirner*, DB 2009, 353 (354); *Petersen/Zwirner*, IRZ 2009, 65 f.

336 IFRS 9 IN3; zur jüngeren Geschichte des IAS 39 bzw. IFRS 9 siehe auch *Kuhn*, IRZ 2010, 103 (103) sowie *Lüdenbach/Freiberg*, BB 2009, 2750 (2750 f.).

337 IFRS 9 IN4.

338 Der neue Standard IFRS 9 sollte zunächst für die Berichtsperiode am oder nach dem 01.01.2013 anzuwenden sein (IFRS 9.8.1.1.). Zu Übergangsvorschriften siehe *Kuhn*, IRZ 2010, 103 (110). Zu den einzelnen Stufen des Gesamtprojekts: *Märkl/Schaber*, KoR 2010, 65 (66). Der Erstanwendungszeitpunkt ist nunmehr auf Anfang 2015 verschoben worden, siehe Mitteilung: BB 2012, 41.

339 IFRS 9 IN2; siehe auch *Lüdenbach/Freiberg*, BB 2009, 2750 (2750).

340 IFRS 9 IN3.

der Veröffentlichung des (Teil-) Standards IFRS 9 „*Finanzinstrumente*" („*Financial Instruments*") die erste Stufe abgeschlossen worden. Während ursprünglich das Gesamtprojekt bis Ende 2010 eine vollständige Ersetzung des IAS 39 vorsah,[341] legte der Zeitplan zum Juni 2010 das zweite Quartal 2012 fest; inzwischen ist diese Planung erneut korrigiert worden.[342]

Wesentliche Punkte der bisher umgesetzten Projekte betreffen die Klassifizierung, das Klassifizierungsverfahren und darauf aufbauend die Folgebewertung:[343] Vorab ist festzuhalten, dass das *Fair Value*-Konzept trotz der sich während der Finanzmarktkrise auftunden Probleme nicht abgeschafft worden ist[344] und dass auch der IFRS 9 einen *mixed model*-Ansatz verfolgt.[345] Der IFRS 9 sieht zwei[346] bzw. drei[347] verschiedene Bewertungskategorien vor: einerseits können Finanzinstrumente zu fortgeführten Anschaffungskosten, andererseits (erfolgswirksam oder erfolgsneutral) zum beizulegenden Zeitwert bewertet werden.[348] Bei der Klassifizierung zu fortgeführten Anschaffungskosten von Vermögenswerten (insbesondere Schuldtitel wie Forderungen) sind zwei neu eingeführte Merkmale gemäß IFRS 9.4.2. vorausgesetzt: Der Vermögenswert ist nach dem sog. „*Geschäftsmodell*" („*business model*") mit dem Ziel zu halten, vertragliche Leistungsströme zu vereinnahmen („*to hold assets in order to collect contractual cash flows*") und es müssen vertraglich vereinbarte Zahlungsströme zu bestimmten Zeitpunkten vereinnahmt werden, die ausschließlich Zins- und Tilgungszahlungen auf den ausstehenden Nominalbetrag darstellen („*the contractual terms of the financial asset*

---

341 IFRS 9 IN6 und IN14.

342 Die einzelnen Projektschritte und der jeweilige Status sind von der offiziellen Seite des IASB abzurufen unter: http://www.ifrs.org/Current+Projects/IASB+Projects/Financial+Instruments+A+Replacement+of+IAS+39+Financial+Instruments+Recognitio/Financial+Instruments+Impairment+of+Financial+Assetseplacement+of+IAS+39+Financial+Instruments+Recog/Financial+Instruments+Impairment+of+Financial+Assets.htm; zuletzt abgerufen am 16.06.2010. Zur Orientierung siehe auch Mitteilung: BB 2012, 2357.

343 Vgl. IFRS 9 IN10 f.; sowie *Kuhn*, IRZ 2010, 103 ff.; *Wenk*, IRZ 2010, 205 ff.; *Lüdenbach/Freiberg*, BB 2009, 2750 (2750 f.); *Märkl/Schaber*, KoR 2010, 65 (65 f.); *Eckes/Flick/Sierleja*, WPg 2010, 627 (628 f.). Weitergehend zum Exposure Draft zu fortgeführten Anschaffungskosten und Wertminderungen: *Schaber/Märkl/Kroh*, KoR 2010, 241.

344 *Wenk*, IRZ 2010, 205 (205 f.).

345 *Kuhn*, IRZ 2010, 103 (104); vgl. hierzu auch: *Märkl/Schaber*, KoR 2010, 65 (65 f.); *Eckes/Flick/Sierleja*, WPg 2010, 627 (628 f.).

346 So *Wenk*, IRZ 2010, 205 (205 f.); *Lüdenbach/Freiberg*, BB 2009, 2750 (2751); *Märkl/Schaber*, KoR 2010, 65 (65); *Eckes/Flick/Sierleja*, WPg 2010, 627 (628). Mit dem ED/2012/4 soll nunmehr eine weitere Kategorie in den IFRS 9 Einzug nehmen, siehe *Lüdenbach/Freiberg*, BB 2012, 3191 (3195).

347 So *Kuhn*, IRZ 2010, 103 (104).

348 IFRS 9.4.1.

give rise on specified dates to cash flows that are solely payments of principal and interest on principal amount outstanding"). Liegen diese Voraussetzungen vor, ist eine Kategorisierung zu fortgeführten Anschaffungskosten möglich, soweit sich der Bilanzierende nicht für die *Fair Value*-Option (IFRS 9.4.5.) entscheidet, um einen *accounting mismatch* zu vermeiden.[349]

Mit dem Begriff Geschäftsmodell führt der neue Standard einen interpretationsbedürftigen (unbestimmten Rechts-)Begriff ein.[350] Zumindest die Anwendungsleitlinien (*application guidance*) im Anhang B des Standards – IFRS 9.B4.1 ff. – stellen eine Auslegungshilfe dar. Es handelt sich um ein subjektives Kriterium,[351] welches durch die Intention des Managements in Schlüsselpositionen („*entity's key management personnel*") bestimmt bzw. konkretisiert werden soll.[352] Dabei ist es nicht nötig, dass das Management eine Verwendungsabsicht in Hinblick auf jedes einzelne Finanzinstrument („*instrument-by-instrument approach*") hat, vielmehr genügt es, die Geschäftsmodellprüfung auf höherer Ebene vorzunehmen (auch Portfolioebene).[353] Da das Geschäftsmodell zur Einordnung in die Kategorie „*at amortised costs*" grundsätzlich vorsehen muss, dass das bzw. die so kategorisierten Finanzinstrument(e) auch bis zur Endfälligkeit zu halten sind (IFRS 9.B4.3.), setzen sich die Anwendungsleitlinien mit der zentralen Frage eines vorzeitigen Verkaufs einzelner Finanzinstrumente aus einem Portfolio auseinander. Unter bestimmten Voraussetzungen soll der Verkauf einzelner Finanzinstrumente für die Kategorisierung unschädlich sein, sofern der Verkauf sich lediglich auf eine geringe Anzahl von Verkäufen beschränkt („*more than an infrequent number of sales*").[354] Das objektive Kriterium[355] des vertraglichen *Cash Flows* verlangt, dass bis zur Endfälligkeit in Höhe und Zeitpunkt bestimmbare Zahlungsströme erfolgen. Davon abweichend sind allerdings unter engen Voraussetzungen vertragliche *Cash Flow* Vereinbarungen möglich, die einseitige

---

349 *Kuhn*, IRZ 2010, 103 (104); *Märkl/Schaber*, KoR 2010, 65 (66); *Eckes/Flick/Sierleja*, WPg 2010, 627 (631).

350 *Wenk*, IRZ 2010, 205 (205 f.); Interpretationsansätze liefern: *Kuhn*, IRZ 2010, 103 (105 f.); *Lüdenbach/Freiberg*, BB 2009, 2750 (2751); *Märkl/Schaber*, KoR 2010, 65 (66 ff.); *Eckes/Flick/Sierleja*, WPg 2010, 627 (629 f.).

351 Vgl. auch *Lüdenbach/Freiberg*, BB 2009, 2750 (2751).

352 IFRS 9.B4.1. Vgl. auch *Kuhn*, IRZ 2010, 103 (105 f.); *Eckes/Flick/Sierleja*, WPg 2010, 627 (629).

353 IFRS 9.B4.2. Vgl. auch *Kuhn*, IRZ 2010, 103 (105); *Märkl/Schaber*, KoR 2010, 65 (67); *Eckes/Flick/Sierleja*, WPg 2010, 627 (629).

354 Siehe weitergehend und zu einzelnen Voraussetzungen IFRS 9.B4.3. f.; sowie auch *Kuhn*, IRZ 2010, 103 (105 f.); *Märkl/Schaber*, KoR 2010, 65 (67); *Eckes/Flick/Sierleja*, WPg 2010, 627 (629).

355 Vgl. auch *Lüdenbach/Freiberg*, BB 2009, 2750 (2751).

Gestaltungsrechte beinhalten und dem jeweiligen Berechtigten entweder ein vorzeitiges Kündigungsrecht oder ein Prolongationsrecht einräumen.[356]

Gleich dem IAS 39 eröffnet der IFRS 9 die Möglichkeit, Finanzinstrumente, welche die Voraussetzungen erfüllen, zu fortgeführten Anschaffungskosten zu bilanzieren, sowie ein Wahlrecht, diese als erfolgswirksam zum beizulegenden Zeitwert zu designieren. Weitere Voraussetzungen für die *Fair Value*-Option sieht IFRS – anders als sein Vorgängerstandard – nicht vor.[357]

Ebenso wie schon von IAS 39 geregelt, ist eine Kategorisierung zu fortgeführten Anschaffungskosten von gehaltenen Eigenkapitalinstrumenten nicht zulässig.[358] Allerdings besteht für den Bilanzierenden bei der Zugangserfassung ein Wahlrecht für Eigenkapitalinstrumente, die nicht zu Handelszwecken gehalten werden, den jeweiligen Vermögenswert erfolgswirksam oder erfolgsneutral zu erfassen; diese Entscheidung kann allerdings nicht mehr revidiert werden.[359]

Derivate ohne Sicherungszusammenhang werden gemäß IFRS 9.B4.9 aufgrund ihrer Hebelwirkung nie zu fortgeführten Anschaffungskosten kategorisiert.[360]

Während IFRS 9 im Zugang eine Bewertung aller Finanzinstrumente zum *Fair Value* – zuzüglich Transaktionskosten bei allen Finanzinstrumenten, die nicht erfolgswirksam zum beizulegenden Zeitwert bilanziert werden, – vorsieht (IFRS 9.5.1.1.), knüpft der Standard bei der Folgebewertung daran an, wie im Zeitpunkt des Ansatzes das jeweilige Finanzinstrument kategorisiert worden ist (IFRS 9.5.2.1.).[361] Die der Kategorie *at amortised costs* zugeordneten Finanzinstrumente sind zu fortgeführten Anschaffungskosten zu bewerten, wobei die Vorschriften zur Wertminderung („*impairment*") und zu Sicherungsbeziehungen („*hedge accounting*") bis auf weiteres nach den Vorschriften des IAS 39 zu beachten sind.[362] Gleichzeitig schreitet der Entwicklungsprozess zu diesen Themenkomplexen voran: So ist im Dezember 2010 der *Exposure Draft* zu Sicherungsbezie-

---

356 Im Einzelnen hierzu: IFRS 9.B4.10. f.; sowie auch *Kuhn*, IRZ 2010, 103 (106 f.).

357 IFRS 9.4.5. (*Fair Value*-Option). Siehe auch *Kuhn*, IRZ 2010, 103 (108); *Märkl/Schaber*, KoR 2010, 65 (66); *Eckes/Flick/Sierleja*, WPg 2010, 627 (629) sowie (631).

358 *Kuhn*, IRZ 2010, 103 (104); *Märkl/Schaber*, KoR 2010, 65 (72); *Eckes/Flick/Sierleja*, WPg 2010, 627 (633).

359 *Kuhn*, IRZ 2010, 103 (104); *Märkl/Schaber*, KoR 2010, 65 (72); *Eckes/Flick/Sierleja*, WPg 2010, 627 (632 f.).

360 Siehe auch *Kuhn*, IRZ 2010, 103 (104).

361 Vgl. auch *Kuhn*, IRZ 2010, 103 (109); *Märkl/Schaber*, KoR 2010, 65 (72); *Eckes/Flick/Sierleja*, WPg 2010, 627 (633).

362 IFRS 9.5.2.1. ff.; siehe auch *Kuhn*, IRZ 2010, 103 (109); *Märkl/Schaber*, KoR 2010, 65 (72); *Eckes/Flick/Sierleja*, WPg 2010, 627 (633).

hung – ED/2010/13 – durch das *IASB* zur Stellungnahme veröffentlicht worden,[363] gefolgt von einem *Review Draft* im September 2012.[364] Die endgültige Erweiterung des IFRS 9 um die (allgemeinen) Regeln zu Sicherungsbeziehungen soll in der ersten Hälfte 2013 erfolgen.[365]

Die als Krisenmaßnahme kurzfristig geschaffene Möglichkeit der Umwidmung bei illiquiden Märkten findet sich im IFRS 9 nicht wieder.[366] Damit eine Umwidmung in zulässiger Weise vollzogen werden kann, muss eine Änderung des Geschäftsmodells vorliegen (IFRS 9.4.9.).[367] Eine Änderung des Geschäftsmodells wird dabei nicht schlicht dann angenommen, wenn das Management seine Verwendungsabsicht hinsichtlich eines oder einer Gruppe von Finanzinstrumenten ändert,[368] vielmehr knüpfen die Anwendungsmöglichkeiten der Änderungen des Geschäftsmodells exemplarisch an folgende – kumulativ zu erfüllende – Voraussetzungen: Die Änderung des Geschäftsmodells muss als Ergebnis interner oder externer Änderungen durch die Geschäftsführung beschlossen werden, die Änderung des Geschäftsmodells muss signifikant für die Arbeitsabläufe des Unternehmens sein und gegenüber externen Dritten nachweisbar. Schließlich muss zum Zeitpunkt der Änderung die Klassifizierung bereits beschlossen sein.[369]

Einen Einfluss auf die Bewertung von Finanzinstrumenten zum *Fair Value* hat zukünftig auch IFRS 13 (*Fair Value Measurement*), der ab Januar 2013 wirksam ist. IFRS 13 regelt nicht, ob ein Finanzinstrument zum *Fair Value* zu bewerten ist, sondern beinhaltet allgemeine Vorschriften zur Bewertung der Höhe nach. Der Bewertungsmaßstab *Fair Value* wird nunmehr definiert: Es ist der Preis, welcher beim Verkauf eines Vermögenswerts bzw. für eine Schuldübernahme in

---

363 Der *Exposure Draft* ist abrufbar unter: http://www.ifrs.org/NR/rdonlyres/05439229-8491-4A70-BF4A-714FEA872CAD/0/EDFIHedgeAcctDec10.pdf; zuletzt abgerufen am 13.05.2011. Die Frist zur Stellungnahme endete am 09.03.2011; zum ED/2010/13: *Barz/Weigel*, IRZ 2011, 227; *Flick/Krakuhn/Schüz*, IRZ 2011, 117; überdies zur Zusammenfassung der Stellungnahme des *IDW* siehe BB 2011, 810.

364 *IASB*, *Review Draft*, Draft of the forthcomming general hedge accounting requirements, a.a.O; siehe hierzu: *Barz/Flick/Maisborn*, IRZ 2012, 473.

365 Vgl. hierzu den Zeitplan unter http://www.ifrs.org/Current-Projects/IASB-Projects/Pages/IASB-Work-Plan.aspx; zuletzt abgerufen am 05.01.2013. Neben den allgemeinen Regeln zu Sicherungsbeziehungen (*General Hedge Accounting*) soll die Reform zum *Macro Hedge Accounting* zeitlich versetzt erfolgen.

366 *Wenk*, IRZ 2010, 205 (205).

367 Dazu *Wenk*, IRZ 2010, 205 (206); *Märkl/Schaber*, KoR 2010, 65 (71); *Eckes/Flick/Sierleja*, WPg 2010, 627 (632).

368 IFRS 9.B5.11. (a). Vgl. auch *Kuhn*, IRZ 2010, 103 (109); *Märkl/Schaber*, KoR 2010, 65 (71); *Eckes/Flick/Sierleja*, WPg 2010, 627 (632).

369 IFRS 9.B5.9.–5.10. Vgl. auch *Kuhn*, IRZ 2010, 103 (109); *Märkl/Schaber*, KoR 2010, 65 (71).

Anbetracht einer geordneten Transaktion zwischen Marktteilnehmern am Bewertungsstichtag erzielt werden würde (vgl. IFRS 13.9).[370]

Mit den Änderungen des IFRS sind auch einige Offenlegungsvorschriften des IFRS 7 betroffen: Danach sind für folgende Angaben tabellarisch offen zu legen: Die ursprünglichen Kategorien und der Buchwert nach IAS 39, die neuen Bewertungskategorien und der neue Buchwert nach IFRS 9, schließlich der Gesamtbetrag an Vermögenswerten, für die die *Fair Value*-Option (IFRS 9.4.5.) bei der erstmaligen Anwendung des IFRS 9 gegenüber der Bilanzierung nach IAS 39 zurückgenommen worden ist.

Mit dem ED/2010/13 sollen neben anderen[371] auch folgende Neuerungen zur Bilanzierung von Sicherungsbeziehungen eingeführt werden: Zunächst ist eine Erweiterung des Anwendungsbereichs geplant. Gemäß ED/2010/13.12 und ED/2010/13.34 besteht entgegen IAS 39.83 nun kein Homogenitätserfordernis bei einem *Portfolio-Hedge* mehr. Das bedeutet, dass nicht mehr zwingend nur gleichartige Vermögenswerte bzw. Verbindlichkeiten als einheitlicher Posten für eine Sicherungsbeziehung als Grundgeschäft zusammengefasst werden können.[372] Zudem ist fortan eine generelle Beschränkung der Sicherungsinstrumente auf Derivate nicht mehr vorgesehen (ED/2010/13.5 f.).[373]

Der Exposure Draft verfolgt das Ziel, eine stärkere Konvergenz hinsichtlich der Bilanzierung von Sicherungsbeziehungen und dem zu Grunde liegenden Risikomanagement zu erreichen. Dementsprechend ist im Rahmen der Effektivitätsmessung nicht mehr auf eine retrospektive, sondern nur noch auf eine prospektive Effektivitätsmessung abzustellen.[374] Des Weiteren wird die Buchungslogik für *Fair Value-Hedges* etwas modifiziert: Während ursprünglich die Wertänderungen des (effektiv abgesicherten) Grundgeschäfts und des Sicherungsinstruments unmittelbar in die GuV gebucht worden sind, sollen fortan die Wertänderungen in einem ersten Schritt brutto unter dem passiven Bilanzposten *other comprehen-*

370 Siehe hierzu *Lüdenbach/Freiberg*, BB 2011, 3112 (3113 f.).

371 Die nachfolgenden Ausführungen bilden den Stand des ED/2010/13 zum Dezember 2010 ab. Für eine umfassende Übersicht siehe *Barz/Weigel*, IRZ 2011, 227. Aus dem ED/2010/13 komplett ausgenommen ist die Behandlung von *Makro-Hedges*, die im Rahmen eines separaten Projektes behandelt werden sollen; hierzu *Barz/Weigel*, IRZ 2011, 227 (235); *Flick/Krakuhn/Schüz*, IRZ 2011, 117 (117). Zum aktuellen Stand siehe *Lüdenbach/Freiberg*, BB 2012, 3191 (3194).

372 *Barz/Weigel*, IRZ 2011, 227 (233); *Flick/Krakuhn/Schüz*, IRZ 2011, 117 (118).

373 *Flick/Krakuhn/Schüz*, IRZ 2011, 117 (120); zur gegenteiligen Vorgängerregelung: IAS 39.9 (anders bei der Absicherung von Währungsrisiken); siehe im Einzelnen oben: 3.7.

374 Siehe im Einzelnen: ED/2010/13.19 und ED/2010/13.B32 (c); sowie *Flick/Krakuhn/Schüz*, IRZ 2011, 117 (120).

sive income erfasst werden. In einem zweiten Schritt wird dann ein gegebenenfalls ineffektiver Teil in die GuV umgebucht.[375]

Wohl hervorgerufen durch die Finanzmarktkrise, wird im ED/2010/13 diskutiert und zur Disposition gestellt, ob Kreditrisiken überhaupt im Rahmen des *Hedge Accounting* berücksichtigt werden sollten.[376] Dagegen spreche die Schwierigkeit einer verlässlichen Messbarkeit der risikobedingten Wertänderungen.[377] Sollte sich diese Auffassung durchsetzen, wäre eine Absicherung durch einen Credit Default Swap, der eben das Kreditrisiko in den Blick nimmt, durch eine Sicherungsbeziehung nach den Regeln des *Hedge Accounting* u.U. nicht mehr möglich. Im Anschluss an den ED/2010/13 hat das *IASB* in seinem *Review Draft* seine Haltung bestätigt: Eine Absicherung von Kreditrisiken wird von den *Hedge Accounting*-Regeln des IFRS 9 zukünftig wohl ausgeschlossen werden. Um einen *accounting mismatch* zu verhindern, sind gleichzeitig die Anforderungen zur nachträglichen *Fair Value*-Option bezüglich des abzusichernden Finanzinstruments gelockert worden.[378]

5.3. Zusammenfassung

Als wesentliche Änderung sieht IFRS 9 – im Vergleich zu seinem Vorgängerstandard – nur noch zwei verschiedene Bewertungskategorien vor: So können Finanzinstrumente zu fortgeführten Anschaffungskosten oder (erfolgswirksam bzw. erfolgsneutral) zum beizulegenden Zeitwert bewertet werden.

---

375 Wesentliche Änderungen dürften sich hierdurch nicht ergeben, es wird lediglich die Reihenfolge der bilanziellen Erfassung variiert. So wird eine Angleichung an die Behandlung von *Cash Flow-Hedges* erreicht, die auch schon unter IAS 39 – ausgehend von einer Bruttobetrachtung mit einem Zwischenschritt über den passivischen Bilanzposten OCI – vorgesehen war. Hierzu: *Flick/Krakuhn/Schüz*, IRZ 2011, 117 (122).

376 Hierzu: ED/2010/13.IN45 ff. sowie BC 219–246; das IASB macht drei Alternativvorschläge zur Bilanzierung von Kreditrisiken, welche jeweils auf der Anwendung der *Fair Value*-Option basieren. *Barz/Weigel*, IRZ 2011, 227 (231); kritisch hierzu: *Flick/Krakuhn/Schüz*, IRZ 2011, 117 (119); ebenso kritisch der *IDW*, Stellungnahme zum IASB Exposure Draft 2010/13 „Hedge Accounting" vom 14.3.2011, S. 16 f., abrufbar unter: http://www.idw.de/idw/download/Hedge_Accounting_IDW_Stell.pdf?id=606992&property=Datei, zuletzt abgerufen am 13.05.2011.

377 ED/2010/13.IN46: *„it is operationally difficult (if not impossible) to isolate and measure the credit risk component of a financial item as a component that meets the eligibility criteria for hedged items."*

378 *IASB*, *Review Draft* 9.6.7.1, Draft of the forthcomming general hedge accounting requirements, a.a.O; siehe auch die Erläuterungen in BC 6.382. Vgl hierzu ebenfalls: *Barz/Flick/Maisborn*, IRZ 2012, 473 (477).

Die Klassifizierung zu fortgeführten Anschaffungskosten setzt nun voraus, dass der Vermögenswert entsprechend eines bestimmten „Geschäftsmodells" zu halten ist und voraussichtlich vertraglich vereinbarte Zahlungsströme vereinnahmt werden, die ausschließlich Zins- und Tilgungszahlungen auf den ausstehenden Nominalbetrag darstellen.

Im Zugang sieht IFRS 9 die Bewertung aller Finanzinstrumente zum *Fair Value* vor. Hinzu kommen Transaktionskosten, soweit das jeweilige Finanzinstrument nicht erfolgswirksam zum beizulegenden Zeitwert bilanziert wird (IFRS 9.5.1.1.). Wie gehabt knüpft der Standard bei der Folgebewertung an die Kategorisierung im Zugang an (IFRS 9.5.2.1.).

Des Weiteren sieht der IFRS 9 eine *Fair Value*-Option vor, um einen möglichen *accounting mismatch* zu verhindern.

Als Voraussetzung für eine Umwidmung wird an den neu eingeführten Begriff des Geschäftsmodells angeknüpft (IFRS 9.4.9.). Hat sich das Geschäftsmodell geändert, ist eine Umwidmung grundsätzlich möglich.

Anstehende Änderungen des IAS 39 und damit verbundene Neufassungen im IFRS 9 zu Sicherungsbeziehungen werden derzeit noch diskutiert.

6. Zusammenfassender Bilanzregimevergleich

Nachdem bereits im Anschluss an jedes Unterkapitel die wesentlichen Merkmale der zu vergleichenden Bilanzregime zusammengefasst worden sind (2.8, 3.8., 4.6. und 5.3.), wird an dieser Stelle nur auf die maßgebenden Entwicklungsprozesse des HGB und der IFRS kurz eingegangen:

Beim Bilanzansatz stellen das HGB a.F. und die IFRS auf unterschiedliche Konzepte ab. Während das HGB a.F. einen Ansatz zu Anschaffungskosten vorsieht, fordern die IFRS eine Zugangsbewertung zum *Fair Value*. Faktisch unterscheiden sich die beiden Konzeptionen nicht, weil die Anschaffungskosten und der *Fair Value* häufig identisch sind.

Auch hinsichtlich der Bewertungskategorien bzw. Bewertungsarten bei der Folgebewertung weisen die beiden Bilanzregime Unterschiede auf: Während das HGB a.F. im Wesentlichen zwei verschiedene Arten der Bewertungen von Finanzinstrumenten kennt, differenzieren die geltenden IFRS sogar zwischen vier Kategorien. Der wichtigste Unterschied besteht allerdings darin, dass das HGB keine *Fair Value*-Bewertung bei (über die historischen Anschaffungskosten) steigenden Kursen kennt. Bei fallenden Kursen hingegen führt das strenge Niederstwertprinzip bei „*wie*" Umlaufvermögen zu behandelnden Finanzinstrumenten zu einer der *Fair Value*-Bewertung ähnlichen Lösung. Weil das HGB eine – die historischen Anschaffungskosten übersteigende – Folgebewertung nicht zulässt, ist nach dem

HGB a.F. auch kein Umwidmungsverbot vorgesehen, welches nach IAS 39 etwa zur Verhinderung von bilanzpolitischen Handlungsspielräumen einen Wechsel in die und aus der Kategorie *held for trading* untersagte. Die Gefahr, dass das Leitungsorgan sich bilanzpolitischer Maßnahmen durch einen Kategorienwechsel bedienen könnte, ist bei einer *full Fair Value*-Bewertung eben weitaus größer.

Sehr ähnliche Ansätze verfolgen die handelsrechtliche Bilanzierung und die IFRS bei der Darstellung von Sicherungsbeziehungen. Dies ist darauf zurückzuführen, dass das HGB a.F. keine speziellen Regelungen zu dieser Thematik vorsah und sich die Bilanzierung von Sicherungsbeziehungen am Beispiel der internationalen Standards aus der Bilanzierungspraxis heraus entwickelt hat.

Das HGB n.F. führt nun für die Bilanzierung von Finanzinstrumenten des Handelsbestands eine Ansatzbewertung und Folgebewertung zum beizulegenden Zeitwert ein. Damit nähert sich das HGB durch das BilMoG den internationalen Standards hinsichtlich der Bewertungskategorien an. Zugleich verordnet der § 340e Abs. 3 und 4 HGB einen Risikoabschlag sowie die Aufstockung des „Fonds für allgemeine Bankrisiken". Gerade der Risikoabschlag hat letztlich zur Folge, dass im Rahmen der Ansatzbewertung faktisch eine Divergenz zu den IFRS geschaffen wird, weil der neue Ansatz zum beizulegenden Zeitwert abzüglich des Risikoabschlags sowohl die Anschaffungskosten nach HGB a.F., als auch die Ansatzbewertung zum *Fair Value* nach den IFRS unterschreitet. Darüber hinaus wird bei fallenden Kursen durch den Risikoabschlag die Bewertung sogar noch vorsichtiger als nach dem HGB a.F.

Das HGB n.F. verbietet konsequenter Weise die Umwidmung in und aus dem Handelsbestand – gleich dem IAS 39. Dieses Verbot kennt allerdings eine Ausnahme für den Fall, dass etwa die Handelbarkeit der Finanzinstrumente nicht mehr gewährleistet ist. Damit vollzieht das HGB n.F. als Lehre aus der Finanzmarktkrise die Auflockerung des Umwidmungsverbots des IAS 39 nach. Etwas anders löst das Umwidmungsproblem nun der zukünftig geltende IFRS 9, der an eine Änderung des sog. Geschäftsmodells anknüpft.

Die HGB-Regeln zu Sicherungsbeziehungen sind nun entsprechend der Bilanzierungspraxis kodifiziert worden. Es bleibt abzuwarten, ob der Reform-Prozess des IFRS 9 in endgültiger Fassung wesentliche Änderungen bringen wird. Jedenfalls nimmt das *IASB* die Regelungen zum *Hedge Accounting* maßgebend in den Fokus. Nach dem ED/2010/13 und dem *Review Draft* wird die Absicherung von Kreditsrisiken durch Kreditderivate im Rahmen von Sicherungsbeziehungen voraussichtlich nicht mehr möglich sein. Bisher sind die umfangreichen Ansatz- und Bewertungsvorschriften des IAS 39 weitgehend vereinfacht worden. Insbesondere kennt der IFRS 9 nur noch zwei Bewertungskategorien.

Teil II. Anwendung am Beispiel der CDS

Kapitel V. Funktionsweise und rechtliche Einordnung von Credit Default Swaps

1. Einleitung

Nachdem im ersten Teil einerseits die methodischen Grundlagen für diese Arbeit (siehe II. und III.), und andererseits die Entwicklung der Bilanzierung von Finanzinstrumenten in der jüngsten Zeit dargestellt worden sind (siehe IV.), wird nun auf den ersten Teil aufbauend das Thema im Hinblick auf Credit Default Swaps konkretisiert. Wie bereits im Rahmen der Vorstrukturierung (siehe I.) angesprochen, versucht diese Arbeit herauszuarbeiten, ob die Rechnungslegungssysteme von IFRS und HGB die Informationsasymmetrien zwischen dem bilanzierenden Leitungsorgan und den Bilanzadressaten (siehe III.) im Lichte einer „guten" Corporate Governance ausgleichen. Greift man die Folgerung auf, dass das Unternehmensgeschehen durch Geschäftsvorfälle in der Buchführung und somit im Jahresabschluss erfasst wird und dass, sofern diese Geschäftsvorfälle klar definiert sind, sie auch repräsentativ für das Unternehmensgeschehen sind,[1] und somit Informationsasymmetrien ausgeglichen werden, lassen sich Rechnungslegungssysteme am besten überprüfend vergleichen, wenn man die Bilanzierungsregeln anhand eines Anwendungsfalls nachvollzieht. Deshalb wird am Ende dieses Kapitels ein solcher Fall gebildet, auf den die im vorigen Kapitel (siehe IV.) beschriebenen Bilanzierungsregeln angewandt werden (siehe VI.). Zuvor werden – im Anschluss an die Vorstrukturierung (siehe I.) – Credit Default Swaps genauer definiert und anschließend zivilrechtlich eingeordnet.

2. Begriffsbestimmung und Funktionsweise von Credit Default Swaps

Bei einem Credit Default Swap handelt es sich um einen Vertrag, bei dem der Kreditsicherungsnehmer (*default protection buyer*) und der Kreditsicherungsgeber (*default protection seller*) vereinbaren, dass sich bei Eintritt eines genau definierten Ausfallmoments (*default; credit event*) des Referenzschuldners bzw. des Referenzaktivums (*reference entity*) der Kreditsicherungsgeber verpflichtet, eine Ausgleichszahlung zu leisten. Dafür verpflichtet sich der Kreditsicherungs-

1 *Baetge*, FS Leffson 1976, S. 11 (24 f.).

nehmer, dem Kreditsicherungsgeber fortlaufend bis zur Endfälligkeit (quartalsweise, halbjährlich, jährlich) eine Prämie zu zahlen.[2] Die Ausgleichszahlung im Falle des Eintretens des Kreditereignisses (*credit event*) kann in Höhe des Nominalwerts (*face value*) gegen Lieferung von Wertpapieren des Referenzaktivums erfolgen. Alternativ ist auch eine Ausgleichszahlung entsprechend dem Wert des zu Grunde liegenden Referenzaktivums im Zeitpunkt des Vertragabschlusses oder eine Ausgleichszahlung, die nicht auf dem Referenzaktivum fußt, sondern individual-vertraglich vereinbart ist, denkbar.[3] Die Gesamtsumme der jährlich gezahlten Prämien im Verhältnis zum Nominalbetrag wird auch als CDS-Spread bezeichnet. Maßgebend für den Eintritt des Ausfallmoments ist die exakte Definition desselben. Das damit übertragene Bonitäts- oder Kreditrisiko bezieht sich also auf den Forderungsausfall bezüglich Zins- und Tilgungszahlungen des Kreditschuldners, der mit dem Sicherungsnehmer kontrahiert.[4]

Im Rahmen der Vorstrukturierung (siehe I.) wurde bereits zwischen drei Szenarien differenziert: der originären Ausfallabsicherung, der derivativen Ausfallabsicherung und der reinen Spekulation.[5] Maßgebend für das Verständnis der beteiligten Akteure ist die jeweilige Risikoposition. An dieser Stelle sollen die Risiken anhand der drei Szenarien noch einmal in Erinnerung gerufen werden:

Im grundlegenden Fall der originären Ausfallabsicherung bezieht der Kreditgläubiger, der an seinen Kreditschuldner Geld ausgegeben hat, die Position des Kreditsicherungsnehmers, der Dritte die Position des Kreditsicherungsgebers. Für das Versprechen des Kreditsicherungsgebers, den Kreditsicherungsnehmer im Falle des Zahlungsausfalls des Kreditschuldners schadlos zu halten, erhält er eine Prämie.[6] Während der Kreditgläubiger vor der Absicherung durch den Kreditsicherungsgeber das Ausfallrisiko des Kreditschuldners trug, hat der Kreditsicherungsgeber dieses nun übernommen. Das heißt, dass das Ausfallrisiko für den Gläubiger bzw. den Kreditsicherungsnehmer lediglich verlagert – nicht

2 Vgl. *IDW* RS BFA 1, WPg 2002, 195 (195); *Kühnle*, WPg 2002, 288 (289); *Nordhues/Benzler*, WM 1999, 461 (461) und (462); *Pohl*, DZWiR 1998, 309 (310); *Brandt*, BKR 2002, 243 (243 f.); *Krumnow/Sprißler et al.*, Rechnungslegung der Kreditinstitute², § 340e Rn. 503; *Barz et al.*, S. 640 f.

3 *IDW* RS BFA 1, WPg 2002, 195 (195); *Kühnle*, WPg 2002, 288 (289); *Nordhues/Benzler*, WM 1999, 461 (462); *Pohl*, DZWiR 1998, 309 (310).

4 Zur Erläuterung des Kreditrisikos siehe auch *Kühnle*, WPg 2002, 288 (288); *Pohl*, DZWiR 1998, 309 (310).

5 Siehe hierzu und zu den Ausprägungen dieser drei Konstellationen insbesondere: *Weistroffer*, Credit Default Swaps, S. 8 ff.

6 Vgl. grundlegend zur Funktionsweise von CDS: *IDW* RS BFA 1, WPg 2002, 195 (195); *Kühnle*, WPg 2002, 288 (289); *Nordhues/Benzler*, WM 1999, 461 (461) und (462); *Pohl*, DZWiR 1998, 309 (310).

hingegen aufgehoben – wird. Für den Gläubiger hat das Abschließen eines Credit Default Swaps den Vorteil, dass die bilanzielle Notwendigkeit der Rückstellungsbildung für den Ausfall des Schuldners entfällt, soweit der Kreditsicherungsgeber über eine hinreichende Bonität verfügt.

Vom grundlegenden Fall abweichend besteht die Möglichkeit, das Kreditrisiko von der Kreditbeziehung zu trennen und anschließend das Kreditrisiko eigenständig zu handeln.[7] Dabei kann der Credit Default Swap entweder als Absicherungsinstrument (*Hedging*) genutzt oder aus rein spekulativen Motiven verwandt werden. Wird der Credit Default Swap als Absicherungsinstrument eingesetzt, sind die Risikopositionen der Akteure weitgehend dieselben wie im grundlegenden Ausgangsfall. Werden Credit Default Swaps hingegen aus rein spekulativen Motiven gehalten, unterscheidet sich die Position des Kreditsicherungsnehmers insoweit, als dass sich die Prämie, die dem Kreditsicherungsgeber zu zahlen ist, nicht aus den Zinsen, die der Kreditgläubiger von seinem Kreditschuldner erhält, finanzieren lässt. Der Kreditsicherungsnehmer profitiert nur dann, wenn das Kreditereignis tatsächlich eintritt.

Dient der Credit Default Swap hingegen als Absicherungsinstrument (originär oder derivativ), entfällt die bilanzielle Pflicht zur Rückstellungsbildung bzw. diese Pflicht geht auf den Kreditsicherungsgeber über. Wie eingangs bereits erläutert besteht hier die Möglichkeit, mittels eines Arbitragegeschäfts gewinnbringend die Risikoposition wiederum auf einen anderen Akteur zu verlagern: Unter Zahlung einer Prämie schließt der Kreditsicherungsgeber einen weiteren Credit Default Swap mit einem weiteren Kreditsicherungsgeber. Der ursprüngliche Kreditsicherungsgeber wird selbst zum Kreditsicherungsnehmer gegenüber dem weiteren Kreditsicherungsgeber. Es entsteht eine Kette von Kreditsicherungsgebern.

Die folgende Abbildung illustriert die Zahlungsströme zwischen Sicherungsgeber und Sicherungsnehmer:

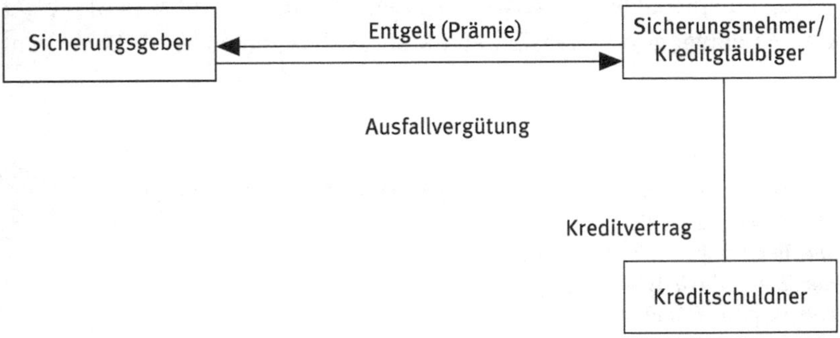

7 Vgl. *Kühnle*, WPg 2002, 288 (288); *Nordhues/Benzler*, WM 1999, 461 (461).

3. Zivilrechtliche Einordnung von Credit Default Swaps

Rechtlich kann der Credit Default Swaps als Vertrag eigener Art nach § 311 Abs. 1 BGB qualifiziert werden.[8] Dieses Ergebnis lässt sich aus dem Vergleich mit ähnlichen und zugleich gesetzlich definierten Verträgen schließen: In Abgrenzung zur Schuldübernahme (§§ 414, 415 BGB) tritt der Sicherungsgeber nicht an die Stelle des Schuldners, sondern verpflichtet sich lediglich, im Falle des Forderungsausfalls dem Sicherungsnehmer eine Ausgleichszahlung zu leisten.[9] Konsequenterweise kommt aufgrund der fehlenden Schuldübernahme zumindest eine Erfüllungsübernahme (§ 329 BGB) in Betracht. Wesensmerkmal der Erfüllungsübernahme ist aber, dass der Übernehmende – hier der Sicherungsgeber – die Erfüllungsübernahme hauptsächlich dem Schuldner verspricht und die Erfüllungsübernahme nur aus dem Interesse desselben erfolgt.[10] Die Vereinbarung über die Ausgleichszahlung im Fall des Kreditereignisses schließen aber Sicherungsgeber und Gläubiger gerade im besonderen Interesse des Gläubigers und nicht im Interesse des Schuldners.[11] Eine Erfüllungsübernahme scheidet somit aus. Daneben verbleibt eine Ähnlichkeit der Vertragskonstruktion zum Bürgschafts- (§ 765 BGB) oder Garantievertrag. Eine Bürgschaft in einem Credit Default Swap zu erblicken, verbietet sich aber aufgrund der fehlenden Akzessorietät des respektiven Vertrags und des abzusichernden Grundgeschäfts.[12] So führt die mögliche Identität des Referenzaktivums mit dem zu Grunde liegenden Vertrag auch nicht automatisch zu einem akzessorischen Verhältnis; vielmehr ist es möglich, durch eine individualvertraglich festgelegte Definition das Kreditereignis so auszugestalten, dass das Referenzaktivum und der zu Grunde liegende Vertrag gerade nicht mehr deckungsgleich sind. Hinzu kommt, dass der Sicherungsgeber nicht primär für die Verbindlichkeit des Schuldners einstehen möchte.[13] Sonach verschließt sich eine verallgemeinernde Kategorisierung des Credit Default Swaps als Bürgschaftsvertrag.[14] Der Garantievertrag ist dem Credit Default Swap entsprechend ein Vertrag, bei dem sich der Garant dem Gläubiger oder Garantienehmer gegenüber für den Garantiefall schadlos hält.[15] Dabei geht

---

8 *Pohl*, DZWiR 1998, 309 (312).

9 *Nordhues/Benzler*, WM 1999, 461 (463); *dies.*, Krediderivate Hdb., S. 183 (187 ff.).

10 MüKo BGB^{6}-*Gottwald*, § 329 Rn. 1.

11 *Nordhues/Benzler*, WM 1999, 461 (463).

12 *Nordhues/Benzler*, WM 1999, 461 (463).

13 *Nordhues/Benzler*, WM 1999, 461 (463).

14 Ein Akkreditiv scheidet in diesem Zusammenhang gleichfalls aus, zumal eine Zahlung gegen Dokumentenvorlage der Kreditderivatepraxis fremd ist; vgl. *Pohl*, DZWiR 1998, 309 (312).

15 MüKo BGB^{5}-*Habersack*, Vor § 765 Rn. 16; so auch vertiefender *Pohl*, DZWiR 1998, 309 (312).

es um eine Schadloshaltung und nicht um die Erfüllung gegenüber dem Gläubiger aus dem zu Grunde liegenden Vertrag.[16] Im Unterschied zu der Vereinbarung des Credit Default Swaps handelt es sich beim selbstständigen Garantievertrag aber um einen einseitig verpflichtenden Vertrag eigener Art. Demgegenüber steht beim Credit Default Swap das Versprechen der Schadloshaltung im Falle des Garantiefalls bzw. Kreditereignisses im Synallagma zur Prämienzahlung durch den Gläubiger bzw. Sicherungsnehmer.[17] Deshalb handelt es sich bei einem Credit Default Swap auch nicht um einen selbstständigen Garantievertrag.[18]

Das im Synallagma zur Prämienzahlung stehende Versprechen, bei Eintreten eines definierten „Schadenfalls" oder Kreditereignisses eine Ausgleichszahlung vorzunehmen, vermittelt schließlich eine Ähnlichkeit zu Versicherungsverträgen. Fraglos würden sich aus einer Einordnung von Credit Default Swaps als Versicherungsverträge insbesondere auch gravierende aufsichtsrechtliche Folgen ergeben. Während das VVG explizit von einer Vertragsdefinition absieht, bejaht das *BVerwG* in Auslegung des § 1 VAG das Vorliegen eines Versicherungsgeschäfts, wenn entgeltlich für den Fall eines ungewissen Ereigniseintritts bestimmte Leistungen übernommen werden sollen und das übernommene Risiko des Ereigniseintritts auf *„eine Vielzahl durch die gleiche Gefahr bedrohter Personen verteilt wird und der Risikoübernahme eine auf dem Gesetz der großen Zahlen beruhende Kalkulation zugrunde liegt"*.[19] Zwar verpflichtet sich der Sicherungsgeber gegen ein Entgelt im Falle des Ereigniseintritts bzw. Kreditereignisses, die Leistung (bestimmt als Ausgleichszahlung) an den Sicherungsnehmer zu übernehmen, dennoch wird diese Leistung nicht von einer Risikogemeinschaft – also einer Vielzahl in gleicher Weise vom Ereigniseintritt bedrohter Personen – erbracht, sondern nur vom Sicherungsgeber selbst.[20] Man könnte zwar angesichts der gängigen Verbriefungspraxis und der Übertragung der Risiken auf viele Investoren[21] erwägen, dass diese Vielzahl an Investoren eine Risikogemeinschaft bildet. Allerdings würde dabei verkannt werden, dass hier die einzelnen Investoren die Position des Versicherungsunternehmens einnehmen. Daneben ist es denkbar, dass

---

16 MüKo BGB^5-*Habersack*, Vor § 765 Rn. 16.

17 So auch *Pohl*, DZWiR 1998, 309 (312); a.A.: *Nordhues/Benzler*, WM 1999, 461 (463).

18 Aufgrund der üblichen synallagmatischen Ausgestaltung von Credit Default Swaps scheidet auch ein abstraktes Schuldversprechen iSd. § 780 BGB aus, welches als Wesensmerkmal eine Abhängigkeit zur Gegenleistung verbietet; vgl. *Pohl*, DZWiR 1998, 309 (313); allgemeiner zum abstrakten Schuldversprechen: MüKo BGB^5-*Habersack*, Vor § 780 Rn. 13 m.w.N.

19 *BVerwG*, NJW 1992, 2978 (2978); *BVerwG*, NJW 1987, 1900 (1901 f.); *BVerwG*, NJW 1969, 1978 (1979).

20 Vgl. *Pohl*, DZWiR 1998, 309 (312).

21 Vgl. *Schwintowski* in: Finanzkrise und Wirtschaftsordnung, S. 45.

eine Mehrzahl von Sicherungsnehmern einem einzelnen Sicherungsgeber gegenüber steht.[22] Aber auch in diesem Fall fehlt es an der finalen Verbindung zwischen den Risikoträgern, die gerade die versicherungstypische Risikogemeinschaft ausmacht. Dies wird deutlich bei der Berücksichtigung der Kalkulation nach dem Gesetz der großen Zahlen. Eine solche Kalkulation ist dann gegeben, wenn die Risikoentlastung gerade durch die Gewinnung einer ausreichend erscheinenden Anzahl von Risikoträgern erreicht werden soll.[23] Stehen aber verschiedene Sicherungsnehmer bezüglich des gleichen Kreditereignisses zufällig (zugleich aber unabhängig) ein und demselben Sicherungsgeber gegenüber,[24] findet eine Kalkulation der großen Zahlen keine Anwendung. Sonach scheidet die Einordnung eines Credit Default Swaps als Versicherungsgeschäft aus.[25]

Während es sich bei der Credit Linked Note[26] fraglos um eine Inhaberschuldverschreibung im Sinne von § 793 BGB handelt,[27] lässt sich diese Eingrenzung nicht auf Credit Default Swaps übertragen, zumal der Sicherungsgeber bei der Credit Linked Note nicht nur das Bonitätsrisiko bezüglich der Schuldverschreibung gegenüber dem Emittenten, sondern auch bezüglich des Referenzunternehmens trägt.[28]

Zur besseren Einordnung ist der Credit Default Swap als Vertrag mit einseitiger Ausgleichsverpflichtung noch vom sog. Total Return Swap abzugrenzen. Einem Total Return Swap liegt gleichfalls ein Referenzaktivum zu Grunde, dessen laufende Erträge (Kupon) und Wertsteigerungen der Sicherungsnehmer an den Sicherungsgeber überträgt. Dies bedeutet, dass der Sicherungsgeber den vollen wirtschaftlichen Erfolg genießt. Als Ausgleich dafür erhält der Sicherungsnehmer vom Sicherungsgeber Zinszahlungen, die sich regelmäßig auf einen festgelegten Referenzzinssatz – wie etwa den EURIBOR[29] – beziehen. Zudem erhält der Sicherungsnehmer im Falle der Wertminderung eine Ausgleichszahlung. Damit

---

22 Vgl. *Pohl*, DZWiR 1998, 309 (312), der diese Annahme tätigt.

23 Vgl. *BVerwG*, NJW 1969, 1978 (1980).

24 Soweit vgl. *Pohl*, DZWiR 1998, 309 (312).

25 Im Ergebnis so auch *Jahn*, Bankrechtshandbuch, § 114 Rn. 86; *Pohl*, DZWiR 1998, 309 (311); zweifelnd *Nordheus/Benzler*, WM 1999, 461 (467); inzwischen allerdings den Versicherungscharakter ablehnend: *dies.*, Krediderivate Hdb., S. 183 (198); *Brandt*, BKR 2002, 243 (251). A.A.: *Schwintowski* in: Finanzkrise und Wirtschaftsordnung, S. 50.

26 Eine Credit-Linked-Note setzt sich aus einem Credit Default Swap und einer Schuldverschreibung zusammen. Tritt das *credit event* ein, werden Rückzahlungsbetrag und gegebenenfalls auch die Zinszahlungen aus der Schuldverschreibung entsprechend gekürzt.

27 *Nordhues/Benzler*, WM 1999, 461 (462).

28 Vgl. *Kühnle*, WPg 2002, 288 (290).

29 EURIBOR = Euro Interbank Offered Rate.

handelt es sich beim Total Return Swap um einen Zinsswap auf Effektivzinsbasis, für den der Sicherungsnehmer nicht bloß das Bonitätsrisiko, sondern gleichfalls das Marktrisiko trägt. Damit liegt der wesentliche Unterschied zum Credit Default Swap in seiner wirtschaftlichen Folge auf der Hand: Der Credit Default Swap sichert eben nur gegen das Bonitäts- bzw. das Ausfallrisiko ab.

Somit verbleibt ein Vertrag *sui generis* gemäß § 311 Abs. 1 BGB.[30]

Im Zusammenhang mit der rechtlichen Einordnung ist schließlich noch die vertragstypische Dokumentation zu erwähnen: Sie dient der Standardisierung der Transaktion. Für die Notwendigkeit einer solchen Standardisierung sprechen im Wesentlichen zwei Gründe:

Einerseits werden Credit Default Swaps nicht an einer Derivatebörse gehandelt, sondern als sog. *over the counter*-Geschäfte zwischen den Vertragsparteien abgewickelt (OTC-Markt).[31] Durch eine standardisierte Vertragsgestaltung, die den beteiligten Akteuren vertraut ist, lassen sich somit Transaktionskosten senken.[32]

Andererseits haben Credit Default Swaps den Zweck, Risiken zu verteilen (Diversifikation) und Risiken zu verlagern, was eng mit der (Be-)Schaffung von Liquidität bei mangelnder Eigenkapitalhinterlegung zusammenhängt.[33] Damit werden Credit Default Swaps zielgerichtet eingesetzt, um im Hinblick auf die regulatorischen Voraussetzungen von Basel II (bzw. demnächst Basel III) Risiken zu verlagern und mehr Liquidität zu schaffen.[34] Eine standardisierte Vertragsdokumentation kann entlang den regulatorischen Voraussetzungen dann die Einhaltung der finanzaufsichtsrechtlichen Anforderungen an die Risikoverlagerung gewährleisten.[35]

---

30 Vgl. *Jahn*, Bankrechtshandbuch, § 114 Rn. 86; *Pohl*, DZWiR 1998, 309 (312).

31 *Nordhues/Benzler*, WM 1999, 461 (461).

32 *Brandt*, BKR 2002, 243 (245).

33 *Nordhues/Benzler*, WM 1999, 461 (461); *Pohl*, DZWiR 1998, 309 (310).

34 *Weistroffer*, Credit Default Swaps, S. 5. Vgl. zu aufsichtsrechtlichen Rechtsgrundlagen: Kapitel II.3.4.4. Zur aufsichtsrechtlichen Zuständigkeit einführend und zu Recht kritisch: *Schwintowski* in: Finanzkrise und Wirtschaftsordnung, S. 50.

35 Zu aufsichtsrechtlichen Anforderungen an die Dokumentation: *Nordhues/Benzler*, WM 1999, 461 (471 ff.); *dies.*, Kreditderivate Hdb., S. 217 (217 ff.).

Im Wesentlichen kommen zwei Muster in Betracht: Das Master Agreement der International Swaps and Derivatives Association (ISDA)[36] sowie der deutsche Rahmenvertrag für Finanztermingeschäfte.[37]

Abschließend darf nicht außer Acht gelassen werden, dass hier nur eine einzelne Adresse als Referenzaktivum besprochen wird, während in der Bankpraxis auch eine Vielzahl von Adressen in einem Kreditportfolio gebündelt werden können.[38]

4. Bildung des Anwendungsfalls

Für die weitere Untersuchung wird ein konkreter Anwendungsfall gebildet, an dem dann die verschiedenen Beziehungen zwischen dem bilanzierenden Leitungsorgan und den Bilanzadressaten auf Informationsasymmetrien hin analysiert werden sollen. Dabei wird die bilanzielle Darstellung beider am Credit Default Swap beteiligter Banken betrachtet, also die Bilanzierung beim Kreditsicherungsgeber und beim Kreditsicherungsnehmer.

4.1. Ausgangsfall

Am 2. Januar 2009 erwirbt die A-Bank Anleihen des Unternehmens C (C-Anleihe) zu einem Nominalwert von 100 Mio. EUR. Die C-Anleihe hat eine Laufzeit von vier Jahren (2009 bis 2012) und wird zu einem Kurs von 100% (pari-Emission) ausgegeben. Der Kupon beträgt 6,5% p.a., zahlbar zum 31.12. jeden Jahres.

Darüber hinaus schließt die A-Bank mit der B-Bank einen Vertrag über einen Credit Default Swap für einen Zeitraum von ebenfalls vier Jahren ab (2009 bis 2012). Darin wird als Kreditereignis der Zahlungsausfall des Unternehmens C hinsichtlich der C-Anleihe festgelegt. Weiterhin geht aus dem Vertrag hervor, dass die B-Bank als Sicherungsgeberin verpflichtet wird, im Falle des Kreditereignisses einen der A-Bank tatsächlich entstehenden Schaden durch Zahlung einer festgelegten Summe in Höhe von 100 Mio. EUR (*digital payment*) auszugleichen.

36 Siehe hierzu: http://www.isda.org; sowie *Brandt*, BKR 2002, 243 (245 f.); *Barz et al.*, S. 644; *Weistroffer*, Credit Default Swaps, S. 17 sowie S. 19. Teilweise abgedruckt und kommentiert bei *Nordhues/Benzler*, Kreditderivate Hdb., S. 217 (217 ff.). Dazu bereits: *Nordhues/Benzler*, WM 1999, 461 (471 ff.); *Pohl*, DZWiR 1998, 309 (315).

37 *Brandt*, BKR 2002, 243 (245 f.); der deutsche Rahmenvertrag für Finanztermingeschäfte ist auch abgedruckt bei *Jahn*, Bankrechtshandbuch, § 114 Anhang 1.

38 *IDW RS BFA 1*, WPg 2002, 195 (195).

Dafür hat die A-Bank als Sicherungsnehmerin eine vorschüssige Prämie in Höhe von 4 Mio. EUR zu zahlen. Auch wurde eine Vorfälligkeitsklausel in das Vertragswerk aufgenommen. Die B-Bank will das Kreditrisiko wie ein originärer Kreditgeber sichern und dokumentiert dies entsprechend.

Am 31. Dezember 2009 wird ermittelt, dass der Wert des Referenzaktivums konstant geblieben ist (Kurs zum 31. Dezember 2009: 100%) und lediglich eine Wahrscheinlichkeit der Inanspruchnahme aus dem CDS in Höhe von 0,9% besteht. Der Marktwert des CDS beträgt zu diesem Zeitpunkt wegen der kürzeren Laufzeit bis zur Fälligkeit nur noch 3 Mio. EUR.

Im Laufe des Kalenderjahrs 2010 ist der Wert der Anleihe aufgrund rezessiver Entwicklungen am Wertpapiermarkt gestiegen (Kurs zum Dezember 2010: 101,5%). Gleichzeitig ist die Wahrscheinlichkeit der Inanspruchnahme aus dem CDS auf 0,7% gesunken. Bezüglich der Bewertung des CDS führen die geringere Wahrscheinlichkeit der Inanspruchnahme und die kürzere Laufzeit zu einer Reduktion des Marktwerts auf 0,5 Mio. EUR.

Im Laufe des Kalenderjahrs 2011 sinkt der Wert der C-Anleihe aufgrund einer Bonitätsverschlechterung des Emittenten C (Kurs zum Dezember 2011: 80%). Die Wahrscheinlichkeit der Inanspruchnahme aus dem CDS steigt auf 60%. Trotz der immer kürzeren Laufzeit des CDS steigt sein Wert entsprechend der Wahrscheinlichkeit der Inanspruchnahme auf 21 Mio. EUR.

Im vierten Jahr tritt das Kreditereignis ein. Das Unternehmen C meldet Insolvenz an (30. Juni 2012) und ist auch nicht in der Lage, zumindest teilweise der Verpflichtung zur Rückzahlung aus der C-Anleihe gegenüber der A-Bank zum Laufzeitende nachzukommen.

Sowohl bei der A-Bank als auch bei der B-Bank ist das Geschäftsjahr gleich dem Kalenderjahr. Im Hinblick auf die IFRS-Bilanzierung macht die B-Bank nicht von einer eventuell möglichen *Fair Value*-Option gebrauch.

Transaktionskosten bleiben außer Betracht. Aus Vereinfachungsgründen werden etwaige Auf- und Abzinsungen nicht vorgenommen. Es wird davon ausgegangen, dass der jeweilige Marktwert bzw. beizulegende Zeitwert des CDS verlässlich bestimmt werden kann. Die vom Unternehmen C an die A-Bank gezahlten Zinsen in Höhe von 6,5% p.a. werden ebenfalls außer Acht gelassen.

Zur Darstellung von sog. Kettengeschäften wird punktuell auf die D-Bank eingegangen werden, die mit der B-Bank wiederum einen Vertrag über einen CDS abschließt.

4.2. Abwandlung 1

Im Unterschied zum Ausgangsfall hält die A-Bank die Anleihen der C-Bank nicht im Bestand, sondern beabsichtigt aus spekulativen Gründen den CDS mit der

B-Bank abzuschließen, weil die A-Bank vom Ausbleiben des Kreditereignisses ausgeht. Auch die B-Bank hält den CDS aus spekulativen Gründen.

Der nach dem HGB n.F. (BilMoG) zu berücksichtigende Risikoabschlag wird pauschal mit 5% angesetzt.

4.3. Abwandlung 2

Die A-Bank hält die C-Anleihe bereits im Bestand (HGB-Bilanzierung: Handelsbestand; IFRS-Bilanzierung: Kategorie *available for sale*) und entschließt sich nun (02. Januar 2009) zur Absicherung dieses Finanzinstruments, einen CDS mit der B-Bank einzugehen. Die für eine Sicherungsbeziehung notwendige Dokumentation ist jeweils durchgeführt worden. Die prospektiven Effektivitätsvoraussetzungen sind als erfüllt anzunehmen. Noch vor dem Laufzeitende stellt die A-Bank zu Beginn des vierten Jahres die Positionen glatt.

Kapitel VI. Bilanzierung von CDS

1. Einleitung

In diesem Kapitel werden die zu vergleichenden Bilanzierungsregeln auf den in Kapitel V. gebildeten Beispielsfall und seine beiden Abwandlungen angewandt. Im Einzelnen werden hierbei die verschiedenen Szenarien nach Zugangsbewertung, Folgebewertung (bei konstanter, steigender sowie fallender Wertentwicklung) und Ausbuchung dargestellt. Durch die Aufteilung soll die Entwicklung eines Credit Default Swaps (CDS) und dessen Bilanzierung vor dem Hintergrund verschiedener zu Grunde liegender ökonomischer Lebenssachverhalte dargestellt werden. Die Bilanzierung von CDS wird gleich der gewählten Reihenfolge der bilanzrechtlichen Grundlagen dargestellt: Beginnend mit der Bilanzierung nach HGB a.F., nach (noch) geltenden IFRS, nach HGB n.F. und schließlich nach zukünftig geltenden IFRS.

2. Bilanzielle Erfassung des Ausgangsfalls

2.1. Nach HGB a.F. bei der A-Bank

Zunächst ist der Erwerb der C-Anleihe bei der A-Bank buchhalterisch nachzuvollziehen. Es liegt ein einfacher Aktivtausch vor. Zahlungsein- bzw. -abgänge werden exemplarisch über das Aktivkonto Kasse dargestellt. Freilich handelt es sich bei diesen Geschäftsvorfällen nicht um Bargeldgeschäfte. Es soll lediglich der Liquiditätszu- bzw. -abgang illustriert werden. Ansatz und Bewertung der C-Anleihe werden exemplarisch über das Aktivkonto Wertpapiere bzw. Anleihe veranschaulicht:

Wertpapiere 100 Mio. EUR

an Kasse 100 Mio. EUR

Die A-Bank beabsichtigt die C-Anleihe bis zur Endfälligkeit zu halten. Das heißt, es handelt sich um ein Wertpapier, das „*wie*" Anlagevermögen und nicht „*wie*" Umlaufvermögen einzuordnen ist. Mithin ist die C-Anleihe im Nichthandelsbestand zu erfassen.

Die bilanzielle Darstellung von CDS nach den Regeln der HGB-Rechnungslegung unterscheidet sich maßgebend danach, ob das Kreditderivat vom bilanzierenden Kreditinstitut im Nichthandelsbestand oder im Handelsbestand gehalten wird.[1] Dabei sieht der Bankenfachausschuss des *IDW* in seiner Stellungnahme

1 *IDW RS BFA 1*, WPg 2002, 196, 197, Tz. 11; vgl. hierzu *Auerbach/Fischer*, Kreditderivate Hdb.,

zur Bilanzierung von Kreditderivaten eine Zuordnung zum Handelsbestand als gegeben an, *„wenn das Kreditderivat in der Absicht abgeschlossen wird, bei Veränderung seines Marktpreises im Zeitablauf durch Terminierung des abgeschlossenen Geschäftes (close-out) oder durch Abschlusses eines Gegengeschäftes einen Handelsgewinn zu erzielen.“*[2] Im Gegensatz dazu fehlt es an dieser Handelsabsicht bei Kreditderivaten, die im Nichthandelsbestand gehalten werden. Denn hier bezieht das Kreditinstitut die Position eines *„Endverwenders“*[3]. Endverwender ist ein Kreditinstitut nämlich dann, wenn das Kreditderivat gerade zur Sicherung eines Kreditrisikos eingesetzt wird.[4] Im Ausgangsfall dient aus Sicht der A-Bank der CDS zur Absicherung des Kreditrisikos aus der C-Anleihe; damit ist die A-Bank als Endverwender zu subsumieren. Der *Bankenfachausschuss* benennt weiterhin einige Anforderungen zur Annahme des Sicherungscharakters: Zunächst müsse der CDS objektiv zur Absicherung der C-Anleihe geeignet sein.[5] Die objektive Eignung wird dann zugesprochen, wenn ein CDS den verfolgten Sicherungszweck zu erfüllen vermag, also im Falle des Kreditereignisses den Sicherungsnehmer vor Vermögensverlusten aus dem Forderungsausfall schützen kann. Obwohl sich der *Bankenfachausschuss* gegen die Vorgabe *„starrer Prinzipien“* verwehrt, werden als notwendige Mindestanforderungen eine einwandfreie Bonität des Sicherungsgebers, die Identität von originärem Kreditschuldner und Emittenten des Referenzaktivums und schließlich eindeutige Swapvereinbarungen vorausgesetzt.[6] In jedem Fall ist der Verwendungszweck zu dokumentieren.[7] Hier sind der Emittent des Referenzaktivums und der originäre Kreditschuldner jeweils das Unternehmen C. Überdies sind Laufzeit und Währung identisch. Die Bonität der B-Bank wird als einwandfrei angenommen und die Dokumentation des Verwendungszwecks ist im Ausgangsfall auch erfolgt. Mithin ist im Rahmen der HGB-Rechnungslegung der CDS im Nichthandelsbestand zu erfassen.

S. 237 (239); *Kühnle*, WPg 2002, 288 (291); *Krumnow/Sprißler et al.*, Rechnungslegung der Kreditinstitute[2], § 340e Rn. 501 f.; *Struffert*, ABS Transaktionen und Kreditderivate, S. 247 f.

2 *IDW RS BFA 1*, WPg 2002, 196, 197, Tz. 13.

3 *IDW RS BFA 1*, WPg 2002, 196, 197, Tz. 12.

4 *IDW RS BFA 1*, WPg 2002, 196, 197, Tz. 12 und 16; vgl. hierzu *Auerbach/Fischer*, Kreditderivate Hdb., S. 237 (239); *Kühnle*, WPg 2002, 288 (291 f.); *Struffert*, ABS Transaktionen und Kreditderivate, S. 247 f.

5 *IDW RS BFA 1*, WPg 2002, 196, 197, Tz. 16; vgl. hierzu *Auerbach/Fischer*, Kreditderivate Hdb., S. 237 (239): zum wirtschaftlichen Nutzungs- und Funktionszusammenhang.

6 *IDW RS BFA 1*, WPg 2002, 196, 197, Tz. 16; zu den einzelnen Voraussetzungen: *Krumnow/Sprißler et al.*, Rechnungslegung der Kreditinstitute[2], § 340e Rn. 507; *Kühnle*, WPg 2002, 288 (293), insbesondere zu den Bonitätsanforderungen des Sicherungsgebers (294); *Struffert*, ABS Transaktionen und Kreditderivate, S. 248.

7 *IDW RS BFA 1*, WPg 2002, 196, 197, Tz. 16; *Kühnle*, WPg 2002, 288 (292).

Damit ergeben sich folgende Konsequenzen für die Bilanzierung: CDS werden im Nichthandelsbestand gleich wie eine Garantie oder eine Bürgschaft behandelt.[8] Daneben ist die Prämienzahlung über die Laufzeit des CDS zu verteilen:[9] Wird die Prämie vorschüssig geleistet, ist ein aktiver Rechnungsabgrenzungsposten zu bilden und entsprechend über die Laufzeit aufzulösen.[10] Wird hingegen die Prämie nachschüssig gezahlt, so ist die Prämie periodengerecht als Aufwand zu verbuchen und die Zahlungsverpflichtung ist als Verbindlichkeit bis zur Zahlung zu erfassen.[11] Grundsätzlich sollen die Prämienzahlungen als Provisionsaufwand aus Dienstleistungsgeschäften gemäß § 30 RechKredV in der GuV erfasst werden.[12] Im konkreten Fall wurde die Prämie der Sicherungsnehmerin, der A-Bank, vorschüssig für die gesamte Laufzeit gezahlt. Mithin ergibt sich der Buchungssatz zum Zeitpunkt des Zahlungsmittelabgangs (nicht zum Zeitpunkt des Vertragsschlusses!) bei der A-Bank:

Aktiver Rechnungsabgrenzungsposten 4 Mio. EUR

an Kasse 4 Mio. EUR

Darüber hinaus stellen CDS im Nichthandelsbestand schwebende Geschäfte dar und werden als solche nicht bzw. lediglich im Rahmen einer Nebenbuchhaltung gesondert bilanziell erfasst.[13]

Freilich können CDS in der Folgebewertung als Sicherungsinstrument gleich wie Bürgschaften oder Garantien die bilanzielle Darstellung anderer Positionen beeinflussen. Soweit der Sicherungszweck objektiv nachweisbar und auch die Werthaltigkeit des CDS unangezweifelt gegeben ist, stellt sich die Wertberichti-

---

8 *Krumnow/Sprißler et al.*, Rechnungslegung der Kreditinstitute², § 340e Rn. 508; *IDW RS BFA 1*, WPg 2002, 196, 197, Tz. 18; vgl. hierzu auch *Auerbach/Fischer*, Kreditderivate Hdb., S. 237 (242); *Barz et al.*, S. 657 (tabellarische Übersicht); *Kühnle*, WPg 2002, 288 (292 f.); *Struffert*, ABS Transaktionen und Kreditderivate, S. 247.

9 *IDW RS BFA 1*, WPg 2002, 196, 197, Tz. 17; *Struffert*, ABS Transaktionen und Kreditderivate, S. 254.

10 Analoge Behandlung an eine Bürgschaft im Anschluss *BFH*, BStBl. II, 1978, 262: *Auerbach/Fischer*, Kreditderivate Hdb., S. 237 (242 f.).

11 *Auerbach/Fischer*, Kreditderivate Hdb., S. 237 (243).

12 Vgl. *Auerbach/Fischer*, Kreditderivate Hdb., S. 237 (243); *Kühnle*, WPg 2002, 288 (293); *Barz et al.*, S. 657 (tabellarische Übersicht). Dieser Grundsatz soll allerdings dann durchbrochen werden, wenn die Prämienzahlung von einem überwiegenden Zinscharakter geprägt ist; vgl. *Krumnow/Sprißler et al.*, Rechnungslegung der Kreditinstitute², § 340e Rn. 508; ebenso: *Kühnle*, WPg 2002, 288 (293); *ders.*, a.a.O. auch zur Entwicklungsgeschichte dieses IDW Standards (293 f.).

13 *Krumnow/Sprißler et al.*, Rechnungslegung der Kreditinstitute², § 340e Rn. 508; zur Problematik der Erfassung von schwebenden Geschäften in der Bilanz: siehe *Alsheimer*, Finanzinstrumente und ihre Darstellung, S. 121–131. Zum Begriff der Nebenbuchhaltung siehe Kapitel IV.2.

gung einer Forderung bis zu der durch den Swap abgesicherten Höhe[14] als unzulässig dar.[15] Dementsprechend ist die C-Anleihe – entgegen der Regel für Wertpapiere, die „*wie*" Anlagevermögen zu bewerten sind – nicht abzuschreiben, soweit der CDS in hinreichender Weise den Wert des Referenzaktivums sichert. Die Bonität der B-Bank steht hier nicht in Frage. Somit sichert der CDS die C-Anleihe ab. Überdies ist der Wert der C-Anleihe zum Stichtag 31. Dezember 2009 nicht gesunken.

Zum 31. Dezember 2009 ergibt sich – aufgrund konstanter Wertentwicklungen der C-Anleihe und des in Mitten stehenden CDS – lediglich die anteilige erfolgswirksame Erfassung der vorschüssig gezahlten Prämie:

Provisionsaufwand 1 Mio. EUR

an aktiven Rechnungsabgrenzungsposten 1 Mio. EUR

Bei dieser Korrekturbuchung bleibt es auch in der Folgebewertung zum Stichtag 31. Dezember 2010: In der Zwischenzeit ist zwar der Wert der C-Anleihe gestiegen und der Wert des CDS gesunken, gleichzeitig werden aber aufgrund des gemilderten Niederstwertprinzips im Anlagevermögen keine Wertsteigerungen für die C-Anleihe erfasst. Zudem ist es nicht nötig, der schwebenden Position des CDS in anderer Weise Ausdruck zu verleihen, als der erfolgswirksamen Erfassung der vorschüssig gezahlten Prämie – wie gehabt:

Provisionsaufwand 1 Mio. EUR

an aktiven Rechnungsabgrenzungsposten 1 Mio. EUR

Änderungen treten hingegen bei der bilanziellen Erfassung zum 31. Dezember 2011 aufgrund der Wertreduktion der C-Anleihe auf. Die Absicherung des Referenzaktivums (C-Anleihe) durch den CDS führt aber dazu, dass trotz der fallenden Wertentwicklung keine Korrekturbuchung vorgenommen wird. Etwas anderes könnte nur gelten, wenn sich die Bonität des Sicherungsgebers verschlechtert. Eine Verschlechterung der Bonität der B-Bank ist aber nicht ersichtlich. Damit verbleibt wiederum die anteilige Auflösung des eingangs gebildeten aktiven Rechnungsabgrenzungspostens:

Provisionsaufwand 1 Mio. EUR

an aktiven Rechnungsabgrenzungsposten 1 Mio. EUR

---

14 Bezüglich der Höhe ist bei Forderungen zwischen der bonitäts- und der zinsinduzierten Wertreduktion zu differenzieren. Nur im ersten Fall kann ein CDS eine kompensatorische Wirkung entfalten; gegebenenfalls ist die Wertreduktion auf seine Ursachen hin aufzuteilen; vgl. hierzu *Krumnow/Sprißler et al.*, Rechnungslegung der Kreditinstitute², § 340e Rn. 508.

15 Vgl. *Krumnow/Sprißler et al.*, Rechnungslegung der Kreditinstitute², § 340e Rn. 508.

Im Laufe des Jahres 2012 kommt es zum Ausfall der Rückzahlung aus der C-Anleihe und damit zum Eintritt des Kreditereignisses – einem tatsächlichen Schaden bei der A-Bank in Höhe von 100 Mio. EUR. Tritt das Kreditereignis ein und findet eine Ausgleichszahlung statt – wie hier durch die B-Bank (*digital payment*) –, ist diese in dem Posten „Abschreibungen und Wertberichtigungen auf Forderungen und bestimmte Wertpapiere sowie Zuführungen zu Rückstellungen im Kreditgeschäft" zu verbuchen.[16] Somit kompensiert die Ausgleichszahlung aus dem CDS die Verluste aus dem originären Kreditgeschäft.[17]

Kasse 100 Mio. EUR
an Abschreibungen und Wertberichtigungen auf Forderungen und bestimmte Wertpapiere sowie Zuführungen zu Rückstellungen im Kreditgeschäft 100 Mio. EUR

Gleichzeitig ist eine Wertberichtigung für die C-Anleihe in gleicher Höhe vorzunehmen:

Abschreibungen und Wertberichtigungen auf Forderungen und bestimmte Wertpapiere sowie Zuführungen zu Rückstellungen im Kreditgeschäft 100 Mio. EUR
an Wertpapiere 100 Mio. EUR

Schließlich ist auch der aktive Rechnungsabgrenzungsposten aufzulösen:

Provisionsaufwand 1 Mio. EUR
an aktiven Rechnungsabgrenzungsposten 1 Mio. EUR

Der Vorfälligkeitsklausel wegen besteht die Zahlungsverpflichtung der B-Bank bereits zum Zeitpunkt der Verwirklichung des Kreditereignisses. Damit erfolgen oben genannte Buchungen mit dem Zahlungseingang zur Mitte des Jahres und gehen zum Jahresende (31. Dezember 2012) in den Jahresabschluss für 2012 ein.

2.2. Nach HGB a.F. bei der B-Bank

Auf die Sicherungsgeberin – hier die B-Bank – sind die oben referierten Voraussetzungen für eine korrekte Zuordnung der Finanzinstrumente sinngemäß zu übertragen. Freilich ist aus der Sicht der Sicherungsgeberin nicht auf den Funktionszusammenhang zwischen Kreditderivat und abzusicherndem Grundgeschäft

---

16 *IDW RS BFA 1*, WPg 2002, 196, 197, Tz. 19 unter Verweis auf §§ 32 und 33 RechKredV; vgl. auch *Auerbach/Fischer*, Kreditderivate Hdb., S. 237 (243); *Kühnle*, WPg 2002, 288 (294); *Krumnow/Sprißler et al.*, Rechnungslegung der Kreditinstitute², § 340e Rn. 508; *Struffert*, ABS Transaktionen und Kreditderivate, S. 255.

17 *Krumnow/Sprißler et al.*, Rechnungslegung der Kreditinstitute², § 340e Rn. 508; *IDW RS BFA 1*, WPg 2002, 196, 197, Tz. 19.

bei der Sicherungsnehmerin abzustellen, weil sonst die Bilanzierung des CDS bei der Sicherungsgeberin von der Bilanzierung bei der Sicherungsnehmerin beeinflusst und damit auf eine möglicherweise unsichere Basis gestellt werden würde. Maßgebend ist der (dokumentierte!) Verwendungszweck.[18] Im vorliegenden Fall will die Sicherungsgeberin das Kreditrisiko – so wie ein originärer Kreditgeber – aus dem CDS absichern und hat dies auch so dokumentiert.

Bei der Sicherungsgeberin, der B-Bank, sind die eingehenden Prämienzahlungen in Höhe von 4 Mio. EUR über die Laufzeit des CDS zu verteilen. Im Falle einer vorschüssig gezahlten Prämie, ist ein passiver Rechnungsabgrenzungsposten zu bilden, welcher über die Laufzeit aufzulösen ist. Bei nachschüssiger Prämienzahlung ist die Prämie periodengerecht als Provisionsertrag zu verbuchen. So werden offene Posten als Forderung bis zur Zahlung in der Bilanz erfasst.[19] Verschlechtert sich die Bonität der Sicherungsnehmerin und ist diese nicht mehr in der Lage, offene Prämienzahlungen zu leisten, – wie generell bei Forderungen – ist gegebenenfalls eine Wertberichtigung auf die respektive Forderung vorzunehmen.[20] Die Prämie wird solange als Provisionsertrag erfasst, soweit der Zinscharakter der Prämienzahlung nicht überwiegt.[21] Hier hat die A-Bank die Prämie vorschüssig an die B-Bank gezahlt. Auch eine etwaige Bonitätsverschlechterung der A-Bank spielt hier keine Rolle, zumal die A-Bank ihre Verpflichtung aus dem CDS bereits vollends erfüllt hat. Damit ergibt sich mit Zahlungseingang folgende Buchung:

Kasse 4 Mio. EUR

an passiven Rechnungsabgrenzungsposten 4 Mio. EUR

Bei wirtschaftlicher Betrachtung übernimmt die Sicherungsgeberin beim CDS die Risikoposition der Sicherungsnehmerin in Hinblick auf den Forderungsausfall. Daher vertritt der *IDW*-Bankenfachausschuss die Auffassung, dass die Sicherungsgeberin die ungewisse Inanspruchnahme gemäß § 340a Abs. 2 S. 2 HGB iVm. § 26 RechKredV als Eventualverbindlichkeit unter dem Bilanzstrich mit dem entsprechenden Nominalwert zu bilanzieren habe.[22] Wird die Zahlung eines fest-

---

18 *IDW RS BFA 1*, WPg 2002, 196, 197, Tz. 11; vgl. auch *Auerbach/Fischer*, Kreditderivate Hdb., S. 237 (239); *Kühnle*, WPg 2002, 288 (291 f.); *Krumnow/Sprißler et al.*, Rechnungslegung der Kreditinstitute², § 340e Rn. 507 („*Eine Sicherungsposition liegt bei ihm nicht vor.*“).

19 *IDW RS BFA 1*, WPg 2002, 196, 197, Tz. 25; *Auerbach/Fischer*, Kreditderivate Hdb., S. 237 (244); *Kühnle*, WPg 2002, 288 (296); *Krumnow/Sprißler et al.*, Rechnungslegung der Kreditinstitute², § 340e Rn. 509 („*analog zum Sicherungsnehmer*“); *Barz et al.*, S. 657 (tabellarische Übersicht).

20 Vgl. hierzu auch *IDW RS BFA 1*, WPg 2002, 196, 197, Tz. 25.

21 Vgl. *Krumnow/Sprißler et al.*, Rechnungslegung der Kreditinstitute², § 340e Rn. 509.

22 *IDW RS BFA 1*, WPg 2002, 196, 197, Tz. 23 f.; *Krumnow/Sprißler et al.*, Rechnungslegung der Kreditinstitute², § 340e Rn. 509; *Struffert*, ABS Transaktionen und Kreditderivate, S. 252; *Auer-*

gelegten Betrags für den Eintritt des Kreditereignisses vorgesehen (sog. *digital payments*), ist zusätzlich der Ausweis dieses Betrags erforderlich.[23] Hier ist der Nominalwert gleich dem festgelegten Betrag. Dieser ist bei der B-Bank unter dem Bilanzstrich als Eventualverbindlichkeit auszuweisen.

Bilanzvermerk (Unterstrichposten 1b im Formblatt 1 der RechKredV):
Verbindlichkeiten aus Bürgschaften und Gewährleistungsverträgen:
nominal: 100 Mio. EUR
digital payment: 100 Mio. EUR

Der Wert des Referenzaktivums bleibt in 2009 stabil. Daher ist neben dem Ausweis der Eventualverbindlichkeit unter dem Bilanzstrich die Bildung von Drohverlustrückstellungen nicht erforderlich. Daneben wird teilweise in Höhe von 1 Mio. EUR der passive Rechnungsabgrenzungsposten zum 31. Dezember 2009 aufgelöst:

Passiver Rechnungsabgrenzungsposten 1 Mio. EUR
an Provisionsertrag 1 Mio. EUR

In 2010 steigt der Wert des Referenzaktivums und die Wahrscheinlichkeit der Inanspruchnahme sinkt. Somit entspricht die bilanzielle Behandlung zum 31. Dezember 2011 derjenigen des Vorjahres:

Bilanzvermerk (Unterstrichposten 1b im Formblatt 1 der RechKredV):
Verbindlichkeiten aus Bürgschaften und Gewährleistungsverträgen:
nominal: 100 Mio. EUR
digital payment: 100 Mio. EUR

Des Weiteren ist zu buchen:

Passiver Rechnungsabgrenzungsposten 1 Mio. EUR
an Provisionsertrag 1 Mio. EUR

In 2012 entwickelt sich der Wert des Referenzaktivums schlechter und die Wahrscheinlichkeit der Inanspruchnahme steigt. Droht in der Folgebewertung der Eintritt des Kreditereignisses und die damit einhergehende Inanspruchnahme des Sicherungsgebers aus dem CDS, ist eine Rückstellung in entsprechender Höhe zu bilden, gleichzeitig ist die Eventualforderung um den gleichen Betrag zu kürzen.[24] Die Höhe richtet sich – bei vernünftiger Würdigung der Sachlage – nach

---

bach/Fischer, Kreditderivate Hdb., S. 237 (244); *Kühnle*, WPg 2002, 288 (296); *Barz et al.*, S. 657 (tabellarische Übersicht).

23 *Auerbach/Fischer*, Kreditderivate Hdb., S. 237 (244); *Kühnle*, WPg 2002, 288 (296); *Krumnow/Sprißler et al.*, Rechnungslegung der Kreditinstitute², § 340e Rn. 509.

24 So *IDW RS BFA 1*, WPg 2002, 196, 197, Tz. 24; *Kühnle*, WPg 2002, 288 (296); *Krumnow/Sprißler et al.*, Rechnungslegung der Kreditinstitute², § 340e Rn. 509; a.A. *BdB*, WPg 2000, 677 (694); offen gelassen von *Struffert*, ABS Transaktionen und Kreditderivate, S. 252.

der Wahrscheinlichkeit des Eintritts des Kreditereignisses.[25] Die Wahrscheinlichkeit der Inanspruchnahme liegt zum 31. Dezember 2011 bei 60%. Dementsprechend ist eine Rückstellung in Höhe von 60 Mio. EUR zu bilden. Der somit erfolgte Aufwand für die Bildung der Drohverlustrückstellung ist im Bewertungsergebnis zu zeigen.[26] Die Abzinsung des Rückstellungsbetrags ist nicht zulässig, bliebe aber auch aus Vereinfachungsgründen (siehe Kapitel V.4.) unberücksichtigt.

Bewertungsaufwand 60 Mio. EUR

an Drohverlustrückstellungen 60 Mio. EUR

Bilanzvermerk (Unterstrichposten 1b im Formblatt 1 der RechKredV):
Verbindlichkeiten aus Bürgschaften und Gewährleistungsverträgen:
nominal: 40 Mio. EUR
digital payment: 100 Mio. EUR

Des Weiteren ist zu buchen:

Passiver Rechnungsabgrenzungsposten 1 Mio. EUR

an Provisionsertrag 1 Mio. EUR

Das Mitte des Jahrs eintretende Kreditereignis und die damit für die B-Bank als Sicherungsgeberin einhergehende Zahlungsverpflichtung des *digital payment* in Höhe von 100 Mio. EUR wird teilweise über die Auflösung der Drohverlustrückstellung und teilweise ergebniswirksam als Bewertungsaufwand gebucht.[27]

Drohverlustrückstellungen 60 Mio. EUR
Bewertungsaufwand 40 Mio. EUR

an Kasse 100 Mio. EUR

Schließlich ist der passivische Rechnungsabgrenzungsposten aufzulösen:

Passiver Rechnungsabgrenzungsposten 1 Mio. EUR

an Provisionsertrag 1 Mio. EUR

2.3. Nach geltenden IFRS bei der A-Bank

Für die Bilanzierung von CDS bei der A-Bank im Ausgangsfall ist zunächst zu differenzieren, ob es sich bei dem vorliegenden CDS um ein Derivat oder eine Finanzgarantie handelt. An diese Einordnung knüpfen dann unterschiedliche

---

25 Vgl. *Kühnle*, WPg 2002, 288 (296); *Krumnow/Sprißler et al.*, Rechnungslegung der Kreditinstitute², § 340e Rn. 509.

26 Vgl. *Kühnle*, WPg 2002, 288 (296); *Krumnow/Sprißler et al.*, Rechnungslegung der Kreditinstitute², § 340e Rn. 509.

27 *Kühnle*, WPg 2002, 288 (296).

Bilanzierungsvorschriften. Während die Begriffe Derivat und Finanzgarantie im Sinne des IAS 39.9 bereits im ersten Teil der Arbeit erläutert worden sind,[28] wird hier anhand des Fallbeispiels und seinen Abwandlungen auf die Abgrenzung im Einzelnen eingegangen. Das entscheidende Kriterium für die Annahme einer Finanzgarantie ist darin zu sehen, dass eine Ausgleichszahlung nur dann zu erfolgen hat, wenn ein tatsächlicher Verlust bei der Sicherungsnehmerin durch einen Zahlungsausfall ihres Schuldners eingetreten ist.[29] Das bedeutet, dass die Sicherungsnehmerin das Referenzaktivum in ihrem Bestand halten muss und sich die Ausgleichszahlungsverpflichtung gerade nur auf das Ausfallrisiko bezieht.[30] Nur wenn diese beiden Voraussetzungen erfüllt sind, kann ein CDS als Finanzgarantie im Sinne des IAS 39 verstanden werden.[31] Hier hat die A-Bank die C-Anleihe im Bestand; auch richtet sich das Kreditereignis auf den tatsächlichen Verlust bei der A-Bank. Wie zuvor im ersten Teil beschrieben, findet IFRS 4 (Versicherungsverträge) auf Kreditderivate keine Anwendung.[32]

Bei der Zugangsbewertung bei der A-Bank sind zwei Vorgänge zu unterscheiden: Die bilanzielle Darstellung des Referenzaktivums und die des CDS. Das Referenzaktivum, hier die Anleihe des Unternehmens C (C-Anleihe), wird entsprechend den allgemeinen Regeln des IAS 39.43 im Zugang mit dem *Fair Value*, also dem Marktwert, bewertet.

Wertpapiere 100 Mio. EUR

an Kasse 100 Mio. EUR

Die C-Anleihe wird als Finanzinstrument der Kategorie *held to maturity* zugeordnet, weil die A-Bank die C-Anleihe bis zur Endfälligkeit halten will. Die Bilanzierung der Finanzgarantie wird bei der Sicherungsnehmerin nicht erfasst (IAS 39 IN 6).[33] Es liegt vielmehr eine Eventualforderung vor, die gemäß IAS 37.31 bilanziell nicht dargestellt werden darf. Die Finanzgarantie stellt mithin lediglich eine Sicherheit dar.[34] Daneben wird die vorschüssig gezahlt Prämie periodengerecht

---

28 Kapitel IV.3.2.

29 Vgl. auch *Barz et al.*, S. 643; *Struffert*, ABS Transaktionen und Kreditderivate, S. 218.

30 Vgl. *Barz et al.*, S. 643; bzgl. der Beschränkung auf das Ausfallrisiko, siehe explizit IAS 39 AG 4 (b).

31 Ausnahmsweise gilt etwas anderes für so genannte Back-to-back Vereinbarungen; siehe hierzu *Barz et al.*, S. 643 f.

32 Siehe hierzu *Struffert*, ABS Transaktionen und Kreditderivate, S. 217; zu Entwicklungstendenzen siehe auch *Barz et al.*, S. 645 f. und insbesondere IAS 39.2 (e), IAS 39 AG 4 (a) und IFRS 4.4 (d).

33 Vgl. *Barz et al.* S. 646.

34 Vgl. *Barz et al.* S. 646; hierzu auch *Struffert*, ABS Transaktionen und Kreditderivate, S. 223; *Grünberger*, KoR 2006, 81 (85).

als Provisionsaufwand erfasst.[35] Dafür ist ein aktiver Rechnungsabgrenzungsposten zu bilden.[36] Mithin ist lediglich der Barmittelabfluss zu buchen:

Aktiver Rechnungsabgrenzungsposten 4 Mio. EUR

an Kasse 4 Mio. EUR

Zum Ende des ersten Geschäftsjahrs, zum 31. Dezember 2009, wird dann der aktive Rechnungsabgrenzungsposten anteilig im Hinblick auf die verstrichene Periode aufgelöst. Die C-Anleihe ist der Kategorie *held to maturity* zugeordnet worden. Damit wird sie in der Folgebewertung grundsätzlich nicht zu ihrem Marktwert (*Fair Value*), sondern zu fortgeführten Anschaffungskosten bewertet. Weil die C-Anleihe hier aber durch eine Finanzgarantie gesichert wird, besteht eine Besonderheit: In der Folgebewertung darf das Referenzaktivum bei Wertverlust nicht abgeschrieben werden, soweit die Finanzgarantie nicht an Wert verloren hat.[37] Die Werthaltigkeit der Finanzgarantie ist gleich geblieben, daraus folgt zum 31. Dezember 2009:

Provisionsaufwand 1 Mio. EUR

an aktiven Rechnungsabgrenzungsposten 1 Mio. EUR

Auch zum 31. Dezember 2010 erfolgt wegen der Kurssteigerung auf 101,5% bei der C-Anleihe keine Werterhöhung oder Zuschreibung auf den Marktwert, zumal die C-Anleihe der Kategorie *held to maturity* zugeordnet worden ist. Es folgt wiederum nur die erfolgswirksame Buchung der Prämie:

Provisionsaufwand 1 Mio. EUR an

an aktiven Rechnungsabgrenzungsposten 1 Mio. EUR

Gleiches ergibt sich für den Rechnungslegungsabschluss zum 31. Dezember 2011: Daran ändert auch der Wertverlust der C-Anleihe und die gestiegene Wahrscheinlichkeit der Inanspruchnahme der B-Bank durch die A-Bank aus dem CDS nichts.

---

35 *Barz et al.* (S. 646) wollen IAS 18.20 analog anwenden, während *Struffert*, ABS Transaktionen und Kreditderivate, (S. 224) soweit ersichtlich auf IAS 18.20 direkt zurückgreifen will. Für die Analogie spricht m.E., dass IAS 18.20 die erfolgswirksame Erfassung von Dienstleistungen anspricht und damit einen Aktivposten.

36 *Grünberger*, KoR 2006, 81 (85); siehe auch *Coenenberg/Haller/Schultze*[21], Jahresabschluss, S. 461 f.: Nach dem Prinzip der periodengerechten Erfolgsermittlung (*accrual principle*) gemäß RK 22 und IAS 1.25 sind auch in der IFRS-Bilanz Rechnungsabgrenzungsposten zu bilden. Voraussetzung dafür ist allerdings, dass diese Positionen bereits die Qualität von „*assets*" bzw. „*liabilities*" haben (IAS 1.27 f.).

37 IAS 39 AG 84.

Wie bereits zuvor festgestellt, darf das Referenzaktivum nicht abgeschrieben werden, soweit die Zahlung aus der Finanzgarantie nicht in Frage steht.[38]

Provisionsaufwand 1 Mio. EUR
an aktiven Rechnungsabgrenzungsposten 1 Mio. EUR

Der Eintritt des Kreditereignisses in 2012 und der damit verbundene Zahlungseingang bei der A-Bank verursachen folgende Buchungen: Der Ausfall des gesicherten Zahlungsanspruchs aus der C-Anleihe und die erhaltene Ausgleichszahlung werden jeweils erfolgswirksam über die GuV gebucht, so dass letztlich keine Ergebnisbelastung erfolgt.[39]

Kasse 100 Mio. EUR
an Ertrag 100 Mio. EUR

Aufwand 100 Mio. EUR
an Wertpapiere 100 Mio. EUR

Schließlich folgt dann noch die Auflösung des aktiven Rechnungsabgrenzungspostens:

Provisionsaufwand 1 Mio. EUR
an aktiven Rechnungsabgrenzungsposten 1 Mio. EUR

2.4. Nach geltenden IFRS bei der B-Bank

Bei der B-Bank ist die Finanzgarantie bilanziell im Zeitpunkt des Vertragsschlusses zu erfassen[40] und zum *Fair Value* zu bewerten.[41] Der *Fair Value* entspricht grundsätzlich der erhaltenen Prämie.[42] Im konkreten Fall werden die Prämien vorschüssig gezahlt und sind gemäß IAS 39.47 (c) iVm. 18.20 über die Laufzeit zu verteilen und beim Zahlungseingang als Verbindlichkeit (Finanzgarantie) zu passivieren:

Kasse 4 Mio. EUR
an Verbindlichkeit (Finanzgarantie) 4 Mio. EUR

Bezüglich der Folgebewertung zum 31. Dezember 2009 hat die bilanzierende B-Bank die Möglichkeit bezüglich der bilanziellen Darstellung der Finanzgaran-

---

38 IAS 39 AG 84.
39 So auch *Struffert*, ABS Transaktionen und Kreditderivate, S. 224.
40 Vgl. IAS 39.14; siehe auch *Kuhn/Scharpf/Albrecht*[3], Financial Instruments nach IFRS, S. 267, Rn. 1320.
41 Vgl. IAS 39.43.
42 Vgl. *Barz et al.*, S. 646.

tie die *Fair Value*-Option zu wählen oder nach den in IAS 39.47 (a) vorgeschriebenen Regeln zu bilanzieren. Eine Darstellung nach der sog. Netto- oder der Bruttomethode ist nicht zu beachten, weil sich diese Darstellungsformen nur auf eine ratierlich gezahlte Prämie beziehen. Die B-Bank hat sich im vorliegenden Fall nicht für die *Fair Value*-Option entschieden. Für die Folgebewertung bedeutet dies, dass die passivierte Verbindlichkeit (Finanzgarantie) erfolgswirksam über die Laufzeit zu verteilen ist, zumindest soweit eine solche Verteilung angemessen erscheint.[43] Angemessen ist die erfolgswirksame Verteilung jedenfalls dann, wenn die Wahrscheinlichkeit der Inanspruchnahme aus der Garantie seit dem Vertragsschluss konstant geblieben ist.[44] Hier ist im Laufe des Kalenderjahrs 2009 die Inanspruchnahme (konstant) unwahrscheinlich geblieben, so dass eine anteilige erfolgswirksame Buchung gerechtfertigt ist.

Darüber hinaus hat die Sicherungsgeberin gemäß IAS 39.47 (c) den höheren der beiden folgenden Beträge für die Folgebewertung zu Grunde zu legen: Den nach IAS 18 fortgeschriebenen und ursprünglich erfassten oder den nach IAS 37 zu bestimmenden Betrag. Der nach IAS 18 fortgeschriebene und ursprünglich erfasste Betrag ist 4 Mio. EUR. Der nach IAS 37 bestimmte Betrag ist derjenige Betrag, mit dem die Sicherungsgeberin aller Voraussicht nach in Anspruch genommen wird.[45] Dabei sind die Vorschriften des IAS 37.15 f. *„more likely than not"* zum Wahrscheinlichkeitskriterium und des IAS 37.36 *„best estimate"* zur Bewertung zu beachten.[46] Die Inanspruchnahme der von der B-Bank übernommenen Finanzgarantie ist aber zum Stichtag 31. Dezember 2009 unwahrscheinlich. Mithin ist der nach IAS 18 entsprechend angesetzte Betrag höher. Es verbleibt bei folgender Buchung:

Verbindlichkeit (Finanzgarantie) 1 Mio. EUR

an Provisionsertrag 1 Mio. EUR

Eine Eventualschuld (*contingent liability*) ist im Anhang(!) anzugeben, wenn die Inanspruchnahme möglich und nicht nur unwahrscheinlich ist.[47] Im konkreten Fall ist die Inanspruchnahme aber unwahrscheinlich. Mithin erfolgt keine Angabe im Anhang.

Für den Abschluss zum 31. Dezember 2010 ergibt sich ein ganz ähnliches Bild: Die Inanspruchnahme ist weiterhin unwahrscheinlich. Denn die Wahr-

43 Vgl. *Struffert*, ABS Transaktionen und Kreditderivate, S. 220.

44 *Struffert*, ABS Transaktionen und Kreditderivate, S. 220; *Grünberger*, KoR 2006, 87 (87 f.).

45 Vgl. *Barz et al.*, S. 647.

46 Dazu: *Struffert*, ABS Transaktionen und Kreditderivate, S. 220 f.; *Barz et al.*, S. 647.

47 Siehe hierzu weiterführend: Heuser/Theile-*Pawelzik/Theile*, IFRS Hdb⁴, Rn. 2304 sowie 2320; Heuser/Theile-*Pawelzik/Theile*, IFRS Hdb⁵, Rn. 3409 sowie 3430.

scheinlichkeit der Inanspruchnahme ist zum Vorjahr sogar noch auf 0,7% gesunken. Damit ist der nach fortgeführten Anschaffungskosten bemessene Betrag nach IAS 18 entsprechend anzusetzen.

Verbindlichkeit (Finanzgarantie) 1 Mio. EUR

an Provisionsertrag 1 Mio. EUR

Anderes ergibt sich nun für den Abschluss zum 31. Dezember 2011. Inzwischen ist die Wahrscheinlichkeit der Inanspruchnahme gestiegen. Im Falle einer drohenden Inanspruchnahme ist zwingend der sich nach IAS 37 ergebende Betrag anzusetzen.[48] Die Wahrscheinlichkeit der Inanspruchnahme beträgt 60%, mithin ist eine entsprechende Rückstellung nach IAS 37 in der Höhe der Wahrscheinlichkeit der Inanspruchnahme zu bilden. Eine erfolgswirksame Vereinnahmung der Prämie erscheint im Sinne von IAS 18 hingegen nicht angemessen, insbesondere würde eine erfolgswirksame Verbuchung gleichzeitig wieder durch eine ebenfalls erfolgswirksame Rückstellungsbildung kompensiert werden. Der Wert der Verbindlichkeit (Finanzgarantie; 2 Mio. EUR) ist mithin erfolgswirksam um den Differenzbetrag bis zur wahrscheinlichen Inanspruchnahme zu erhöhen: 60 (100 × 60%) – 2 = 58. Gemäß IAS 37.45 besteht für Rückstellungen nach IFRS grundsätzlich eine Abzinsungspflicht. Im konkreten Fall soll aber aus Gründen der Vereinfachung auf eine Abzinsung verzichtet werden.[49]

Aufwand 58 Mio. EUR

an Verbindlichkeiten (Finanzgarantie) 58 Mio. EUR

In 2012 kommt es zum Kreditereignis. Nach Ausübung des Gestaltungsrechts durch die A-Bank wird der Zahlungsausgang teils über die passivierte Verbindlichkeit der B-Bank (Aktiv-Passiv-Tausch), teils erfolgswirksam als Aufwand verbucht.

Verbindlichkeiten (Finanzgarantie) 60 Mio. EUR
Aufwand 40 Mio. EUR

an Kasse 100 Mio. EUR

Abschließend ist noch einmal darauf hinzuweisen, dass abweichend von den hier dargestellten Regeln eine Finanzgarantie, die aufgrund der *Fair Value*-Option als ein erfolgswirksam zum *Fair Value* zu bewertendes Finanzinstrument designiert wird, auch in der Folgebewertung nach dem *Fair Value* zu bewerten ist.[50]

---

48 Vgl. *Barz et al.*, S. 647.
49 Siehe hierzu weiterführend: Heuser/Theile-*Pawelzik/Theile*, IFRS Hdb[4], Rn. 2357 ff.; Heuser/Theile-*Pawelzik/Theile*, IFRS Hdb[5], Rn. 3467 ff.
50 IAS 39.47 (a) und IAS 39.55 (a).

2.5. Nach HGB n.F. bei der A-Bank

Die Reform des Bilanzrechtsmodernisierungsgesetzes wirkt sich weder auf die Bilanzierung der C-Anleihe noch auf die Bilanzierung des CDS hinsichtlich der Darstellung des Ausgangsfalls bei der A-Bank aus, weil sowohl die C-Anleihe als auch der CDS bei der A-Bank im Nichthandelsbestand gehalten werden, und damit die Neuregelung des § 340e Abs. 3 HGB keine Anwendung findet.

2.6. Nach HGB n.F. bei der B-Bank

Die Reform des Bilanzrechtsmodernisierungsgesetzes wirkt sich auch nur geringfügig auf die Bilanzierung des CDS hinsichtlich der Darstellung des Ausgangsfalls bei der B-Bank aus: Zukünftig sind gemäß § 253 Abs. 2 S. 1 HGB n.F. Rückstellungen, deren Restlaufzeit ein Jahr übersteigt, entsprechend dem durchschnittlichen Marktzins der vergangenen sieben Geschäftsjahre abzuzinsen. Aus Vereinfachungsgründen wird hierauf aber verzichtet.

2.7. Nach zukünftig geltenden IFRS bei der A-Bank

Die bisher abgeschlossenen IFRS 9-Reformprozesse wirken sich nur auf die Bilanzierung der C-Anleihe, nicht aber auf die Bilanzierung des CDS hinsichtlich der Darstellung des Ausgangsfalls bei der A-Bank aus. Nach IFRS 9 bestehen zukünftig nur noch zwei[51] Bewertungskategorien: So können Finanzinstrumente nach IFRS 9.4.1. zu fortgeführten Anschaffungskosten oder (erfolgswirksam bzw. erfolgsneutral) zum beizulegenden Zeitwert bewertet werden. Für eine Klassifizierung zu fortgeführten Anschaffungskosten der C-Anleihe setzt IFRS 9.4.2. voraus, dass der Vermögensgegenstand nach dem sog. *„Geschäftsmodell“* (*„business model“*) mit dem Ziel zu halten ist, vertragliche Leistungsströme zu vereinnahmen, und zugleich objektiv vertraglich vereinbarte Zahlungsströme, welche ausschließlich Zins- und Tilgungszahlungen auf den ausstehenden Nominalbetrag darstellen, zu bestimmten Zeitpunkten auch prospektiv vereinnahmt werden.

Unter dem unbestimmten (Rechts-)begriff[52] des Geschäftsmodells ist ein subjektives Kriterium zu begreifen,[53] welches durch die Intention des Managements in Schlüsselpositionen konkretisiert wird.[54] Grundsätzlich ist es dabei nicht

---

51 M.E. sind nur zwei Kategorien angezeigt. Zum Meinungsbild und weiteren Hinweisen siehe Kapitel IV.5.2. Zukünftig ist mit dem ED/2012/4 sogar eine weitere Kategorie in Planung.

52 Dazu *Wenk*, IRZ 2010, 205 (205 f.); Interpretationsansätze liefern: *Kuhn*, IRZ 2010, 103 (105 f.); *Lüdenbach/Freiberg*, BB 2009, 2750 (2751); *Märkl/Schaber*, KoR 2010, 65 (66 ff.); *Eckes/Flick/Sierleja*, WPg 2010, 627 (629 f.).

53 Vgl. auch *Lüdenbach/Freiberg*, BB 2009, 2750 (2751).

54 IFRS 9.B4.1. Vgl. auch *Kuhn*, IRZ 2010, 103 (105 f.); *Eckes/Flick/Sierleja*, WPg 2010, 627 (629).

nötig, dass das Management eine Verwendungsabsicht in Hinblick auf jedes einzelne Finanzinstrument („*instrument-by-instrument approach*") hat, vielmehr genügt es, die Geschäftsmodellprüfung auf höherer Ebene vorzunehmen (etwa Portfolioebene).[55] Im konkreten Fall geht es bei der C-Anleihe aber sogar nur um ein einzelnes Finanzinstrument, was die Betrachtung vereinfacht: Das Leitungsorgan der A-Bank sieht hier vor, die C-Anleihe als Anlage bis zur Endfälligkeit zu halten. Damit steht das Geschäftsmodell auch im Einklang mit IFRS 9.B4.3, wo ebendies vorausgesetzt wird. Somit sind die subjektiven Anforderungen an eine Kategorisierung zu fortgeführten Anschaffungskosten erfüllt. Auch das objektive Kriterium[56] des vertraglichen *Cash Flows* ist aufgrund der in Höhe und Zeitpunkt bestimmbaren Zahlungsströme bis zur Endfälligkeit hinsichtlich der C-Anleihe zu bejahen. Schließlich dienen die zukünftig zu vereinnahmenden Zahlungsströme ausschließlich der Zins- und Tilgungszahlung des ausstehenden Nominalbetrags. Mithin erfolgt eine Einordnung in die Kategorie „*at amortised costs*".

In die *Fair Value*-Option (IFRS 9.4.5.) zu optieren ist freilich nicht angezeigt, zumal ein *accounting mismatch* in der Konstellation des Ausgangsfalls nicht zu befürchten ist.[57]

Neben der neu gefassten Kategorisierung hat die bilanzielle Erfassung ansonsten keine Auswirkungen auf die Ansatz- und Folgebewertung. Insbesondere ist nicht angezeigt, warum ein Wertverzehr der Anleihe in Form von Abschreibungen bei fallendem Marktwert erfolgen sollte, solange die B-Bank aus dem CDS im Falle des Zahlungsausfalls aus der C-Anleihe in Anspruch genommen werden kann.[58]

2.8. Nach zukünftig geltenden IFRS bei der B-Bank

Die bisher abgeschlossenen IFRS 9-Reformprozesse wirken sich auch nicht auf die Bilanzierung des CDS hinsichtlich der Darstellung des Ausgangsfalls bei der B-Bank aus.

---

55 IFRS 9.B4.2. Vgl. auch *Kuhn*, IRZ 2010, 103 (105); *Märkl/Schaber*, KoR 2010, 65 (67); *Eckes/Flick/Sierleja*, WPg 2010, 627 (629).

56 Vgl. auch *Lüdenbach/Freiberg*, BB 2009, 2750 (2751).

57 Zum *accounting mismatch: Kuhn*, IRZ 2010, 103 (104); *Märkl/Schaber*, KoR 2010, 65 (66); *Eckes/Flick/Sierleja*, WPg 2010, 627 (631).

58 Vgl. dazu bereits: IAS 39 AG 84.

3. Bilanzielle Erfassung der Abwandlung 1

3.1. Nach HGB a.F. bei der A-Bank

Anders als beim Ausgangsfall liegen die Anforderungen, den CDS dem Nichthandelbestand zuzuordnen, nicht vor, weil die A-Bank weder die C-Anleihe noch einen anderen originären Schuldtitel des Unternehmens C im Bestand hält. Somit hat die A-Bank die Bilanzierungsregeln für den Handelsbestand anzuwenden.[59] Wird ein CDS im Handelsbestand gehalten, folgt die bilanzielle Erfassung den Bilanzierungsregeln von Optionsgeschäften.[60]

Die A-Bank kann das aus dem CDS vertraglich eingeräumte Gestaltungsrecht gleich einer Option in Höhe der von ihr gezahlten Prämie aktivieren.[61] Das sich aus dem CDS ergebende Gestaltungsrecht ist hier wie eine Forderung übertragbar (§ 413 BGB).[62] Die uneingeschränkte Fungibilität des CDS als Kreditderivat ist gerade ein wesentliches Merkmal, womit entscheidende Voraussetzungen eines Vermögensgegenstands (selbstständige Bewertbarkeit und selbstständige Übertragbarkeit) als Aktivierungsvoraussetzungen vorliegen. Sollte die Übertragbarkeit gemäß § 399 BGB dennoch ausgeschlossen sein, liegt zumindest ein *„abstrakt einzelveräußerbarer und bewertbarer, in bilanzieller Sicht ein immaterieller Vermögensgegenstand vor"*[63], bei dem es sich trotz der eingeschränkten Handelbarkeit nicht um ein *„Nonvaleur"* handle.[64] Für den *IDW* ist eine einge-

59 Vgl. hierzu *IDW RS BFA 1*, WPg 2002, 196, 197, Tz. 16; weitergehend zur Abgrenzung zwischen Handels- und Nichthandelsbestand: *Krumnow/Sprißler et al.*, Rechnungslegung der Kreditinstitute², § 340e Rn. 507; *Kühnle*, WPg 2002, 288 (293 f.); *Struffert*, ABS Transaktionen und Kreditderivate, S. 248.

60 *IDW RS BFA 1*, WPg 2002, 196, 197, Tz. 28 mit Verweis auf die Stellungnahme des Bankenfachausschusses BFA 2/1995 des *IDW* zur „Bilanzierung von Optionsgeschäften", WPg 1995, 421 f. (im Folgenden: *IDW RS BFA* 2/1995, WPg 1995, 421); *Krumnow/Sprißler et al.*, Rechnungslegung der Kreditinstitute², § 340e Rn. 515; *Kühnle*, WPg 2002, 288 (297); *Struffert*, ABS Transaktionen und Kreditderivate, S. 258; insbesondere zur Bilanzierung von Optionen siehe insbesondere: *Alsheimer*, Die Rechtsnatur derivativer Finanzinstrumente und ihre Darstellung im Jahresabschluß, S. 131 ff.; *Reiner*, Derivative Finanzinstrumente im Recht, S. 258–259.

61 *Alsheimer*, Die Rechtsnatur derivativer Finanzinstrumente und ihre Darstellung im Jahresabschluß, S. 136 f.; *Krumnow/Sprißler et al.*, Rechnungslegung der Kreditinstitute², § 340e Rn. 454; *Auerbach/Fischer*, Kreditderivate Hdb., S. 237 (244).

62 *Alsheimer*, Die Rechtsnatur derivativer Finanzinstrumente und ihre Darstellung im Jahresabschluß, S. 136.

63 *Alsheimer*, Die Rechtsnatur derivativer Finanzinstrumente und ihre Darstellung im Jahresabschluß, S. 136 f.

64 *Alsheimer*, Die Rechtsnatur derivativer Finanzinstrumente und ihre Darstellung im Jahresabschluß, S. 136; weiterführende Abhandlung zur Frage, ob die Einzelübertragbarkeit bei Optionen

schränkte Fungibilität sogar komplett belanglos.[65] Teilweise wird sogar vertreten, die Aktivierung des CDS bei der Sicherungsnehmerin in Höhe der gezahlten Prämie stelle im Lichte des Vollständigkeitsgebots (§ 246 Abs. 1 HGB) sogar eine Pflicht dar:[66] Insbesondere liege hier kein schwebendes Geschäft vor, da das Gestaltungsrecht – und nur das sei zu betrachten – bereits mit Abschluss des CDS entstünde.[67] Auf ein späteres Erfüllungshandeln komme es dann nicht mehr an.[68] Im vorliegenden Fall kann diese Frage offen bleiben, weil der CDS zwischen der A-Bank und der B-Bank uneingeschränkt veräußerbar ist. Diese Vorüberlegungen sind bei der bilanziellen Darstellung nun zu beachten und mit den konkreten Ansatz- und Bewertungsvorschriften des HGB in Einklang zu bringen: Gemäß den allgemeinen Bewertungsregeln des HGB (§§ 253 Abs. 1 und 255 Abs. 1 HGB) ist die Prämie zuzüglich der Erwerbsnebenkosten im Zugang zu bewerten.[69] Nach Einschätzung des *IDW*-Bankenfachausschusses werden CDS im Handelsbestand analog zu den Vorschriften über Optionen behandelt. Sonach handelt es sich gemäß §§ 340e iVm. 253 Abs. 3 HGB bei CDS im konkreten Fall um „*wie*“ Umlaufvermögen zu bewertende Vermögensgegenstände.[70] Daraus folgt eine Bewertung gemäß dem strengen Niederstwertprinzip.[71] Freilich ist auch die Bonität des Sicherungsgebers zu berücksichtigen. Schließlich ist – dem Imparitätsprinzip folgend – bei einem niedrigeren Marktwert eine Abschreibung vorzunehmen, bei einem höheren Marktwert bzw. zu einem späteren Zeitpunkt wieder gestiegenem Marktwert keine – die Anschaffungskosten übersteigende – Zuschreibung zuzu-

---

als Voraussetzung zur Bejahung eines Vermögensgegenstandes vorliegen muss, oder eine „abstrakte“ selbstständige Veräußerbarkeit ausreiche siehe *Alsheimer*, a.a.O., S. 131–136.

65 *IDW RS BFA* 2/1995, WPg 1995, 421 (421): „*auch wenn ihre Übertragbarkeit gesetzlich oder vertraglich ausgeschlossen ist*“.

66 *Alsheimer*, Die Rechtsnatur derivativer Finanzinstrumente und ihre Darstellung im Jahresabschluß, S. 137; *Krumnow/Sprißler et al.*, Rechnungslegung der Kreditinstitute², § 340e Rn. 454.

67 Vgl. *Alsheimer*, Die Rechtsnatur derivativer Finanzinstrumente und ihre Darstellung im Jahresabschluß, S. 137 f.; a.A.: *Popp*, DStR 1976, 87 (91).

68 Vgl. *Alsheimer*, Die Rechtsnatur derivativer Finanzinstrumente und ihre Darstellung im Jahresabschluß, S. 137 f.

69 Vgl. *Alsheimer*, Die Rechtsnatur derivativer Finanzinstrumente und ihre Darstellung im Jahresabschluß, S. 142.

70 Vgl. *IDW RS BFA* 2/1995, WPg 1995, 421 (421).

71 Vgl. *IDW RS BFA* 2/1995, WPg 1995, 421 (421).

lassen.[72] Im Falle eines Kreditereignisses ist eine Ausgleichszahlung im Nettoergebnis aus Finanzgeschäften gemäß § 340c Abs. 1 HGB bilanziell zu erfassen.[73]

Grundsätzlich steht buchungstechnisch dem Abgang liquider Mittel aufgrund der Zahlung der Prämie die Aktivierung eines Gestaltungsrechts als unverbrieftes Produkt im Posten „Sonstige Vermögensgegenstände" gegenüber (Aktivtausch).[74] In der Abwandlung 1 wird wie im Ausgangsfall die Prämie vorschüssig gezahlt und wiederum periodengerecht als Provisionsaufwand verbucht.[75] Ratierlich gezahlte Prämien hingegen werden mit dem Barwert der Prämienzahlung angesetzt, und noch zu zahlende Prämien werden bis zur Zahlung als Verbindlichkeit passiviert.[76] Im Zeitpunkt des Vertragsschlusses ergibt sich aufgrund der vorschüssig gezahlten Prämien folgende Buchung:

Sonstige Vermögensgegenstände 4 Mio. EUR

an Kasse 4 Mio. EUR

Zum 31. Dezember 2009 erfolgt eine Korrektur des CDS in Höhe von 1 Mio. EUR. In dieser Höhe ist ein Verlust aufgrund des nun niedrigeren Zeitwerts eingetreten, ansonsten wird keine Abschreibung vorgenommen:[77]

Aufwand aus Finanzgeschäft 1 Mio. EUR

an sonstige Vermögensgegenstände 1 Mio. EUR

Zum 31. Dezember 2010 ist der Wert der C-Anleihe gestiegen und die Wahrscheinlichkeit der Inanspruchnahme ist auf 0,7% gesunken. Damit reduziert sich auch der Wert des CDS in zweifacher Hinsicht: Einerseits sinkt der Zeitwert, weil der Zeitraum bis zur Fälligkeit abnimmt, zum anderen sinkt der innere Wert, weil die Wahrscheinlichkeit der Inanspruchnahme des Gestaltungsrechts gesunken ist. Mithin fällt der Marktwert (der beizulegende Zeitwert) des CDS zum 31. Dezember

72 Die Zuschreibung ist auf das Wertaufholungsgebot (§ 253 Abs. 5 HGB) zurückzuführen; hierzu Baumbach/Hopt[35]-*Merkt* § 253, Rn. 28; siehe auch *Struffert*, ABS Transaktionen und Kreditderivate, S. 258.

73 *IDW RS BFA* 2/1995, WPg 1995, 421 (421); *Kühnle*, WPg 2002, 288 (298); *Auerbach/Fischer*, Kreditderivate Hdb., S. 237 (244); zur bilanziellen Darstellung des Nettoertrages bzw. des Nettoaufwandes im Sinne des § 340a Abs. 1 HGB: Baumbach/Hopt[35]-*Merkt* § 340c, Rn. 1; MüKo HGB[2]-*Böcking/Löw/Wohlmannstetter* § 340c Rn. 3 ff.

74 Vgl. *Alsheimer*, Die Rechtsnatur derivativer Finanzinstrumente und ihre Darstellung im Jahresabschluß, S. 140; so auch *Kühnle*, WPg 2002, 288 (297).

75 *Kühnle*, WPg 2002, 288 (297).

76 *Kühnle*, WPg 2002, 288 (297).

77 *Auerbach/Fischer*, Kreditderivate Hdb., S. 237 (243); *Kühnle*, WPg 2002, 288 (297); *Krumnow/Sprißler et al.*, Rechnungslegung der Kreditinstitute[2], § 340e Rn. 515.

2010 auf 0,5 Mio. EUR. Die Differenz zum angesetzten Wert in der Bilanz (3 Mio. EUR) ist folglich in Höhe von 2,5 Mio. EUR abzuschreiben (3 – 0,5 = 2,5).

Aufwand aus Finanzgeschäft 2,5 Mio. EUR
an sonstige Vermögensgegenstände 2,5 Mio. EUR

Zum 31. Dezember 2011 ist wegen der Wertreduktion der C-Anleihe und der gestiegenen Wahrscheinlichkeit der Inanspruchnahme aus dem Gestaltungsrecht der Wert des CDS auf 21 Mio. EUR gestiegen, obwohl der Zeitwert weiterhin abgenommen hat. Damit kommt der Niederstwerttest zu dem Ergebnis, dass der Marktwert des CDS – des hohen inneren Werts wegen – sogar über dem Buchwert liegt. Eine Abschreibung ist damit auf einen niedrigeren Marktwert nicht angezeigt. Eine Zuschreibung hingegen kann nach dem Gebot der Wertaufholung m.E. aber nur in Höhe von 0,5 Mio. EUR erfolgen, weil der Grund für die Abschreibung in der Vorperiode auf den abnehmenden inneren Wert zurückzuführen war, der nun nicht mehr besteht. Zugleich ist dem stetig abnehmenden Zeitwert Rechnung zu tragen.[78]

Sonstiger Vermögensgegenstand 0,5 Mio. EUR
an Ertrag aus Finanzgeschäften 0,5 Mio. EUR

In 2012 erfolgen dann das Kreditereignis und die Einzahlung bei der A-Bank. Durch die Ausübung des Gestaltungsrechts verliert der CDS seinen Wert. Mithin ist das Gestaltungsrecht mittels eines Aktivtauschs entsprechend auszubuchen:

Kasse 100 Mio. EUR
an Ertrag aus Finanzgeschäften 99 Mio. EUR
an sonstige Vermögensgegenstände 1 Mio. EUR

3.2. Nach HGB a.F. bei der B-Bank

Wie im Ausgangsfall richtet sich die Bilanzierung bei der Sicherungsgeberin, der B-Bank, danach, mit welchem Verwendungszweck der CDS gehalten wird. In der Abwandlung 1 verfolgt die Sicherungsgeberin einen anderen Verwendungszweck als im Ausgangsfall. Der CDS soll nun aus spekulativen Gründen gehalten werden. Entsprechend hat die Sicherungsgeberin auch keinen Verwendungszweck dokumentiert,[79] der dahingehend lautet, dass die B-Bank sich verpflichtet,

78 Hier kommt eine Wertaufholung gemäß § 280 Abs. 1 HGB a.F. in Betracht; diese Wertaufholung beschränkt sich aber auf 0,5 Mio. EUR (Anschaffungskosten abzgl. des abnehmenden Zeitwertes) und wäre aufgrund des weiterhin sinkenden Zeitwertes nur von kurzer Dauer.

79 Eine Dokumentation wird für eine Bilanzierung im Nichthandelsbestand vorausgesetzt: *IDW RS BFA 1*, WPg 2002, 196, 197, Tz. 11; vgl. auch *Auerbach/Fischer*, Kreditderivate Hdb., S. 237 (239);

das Kreditrisiko – so wie ein originärer Kreditgeber – aus dem CDS abzusichern. Damit verhält sich die Sicherungsgeberin wie eine Stillhalterin einer Option. Daran ändert sich auch nichts, wenn die Sicherungsgeberin den CDS letztlich bis zur Fälligkeit im Bestand hält, ohne die Position vor Fälligkeit glattzustellen.

Die B-Bank hat sich analog den Bilanzierungsvorschriften der Sicherungsnehmerin zu verhalten.[80] Das bedeutet, dass die Sicherungsgeberin die Prämie zu passivieren hat. Im Falle einer nachschüssigen Prämienzahlung ist der Barwert der Prämienzahlungen als Sonstige Verbindlichkeit zu passivieren,[81] solange die B-Bank die Ausgleichszahlung bei Kreditereigniseintritt noch schuldet.[82] Noch nicht erhaltene Prämien werden als Forderung ausgewiesen, welche dann bei Zahlungseingang zu kürzen ist.[83] Bei vorschüssigen Zahlungen – wie im konkreten Fall – ist im Zahlungseingang unmittelbar zu passivieren. Schließlich unterliegt der CDS keinem Werteverzehr, womit eine Abschreibung – wie bei Optionen – nicht Platz greift.[84] Damit ergibt sich folgende Buchung:

Kasse 4 Mio. EUR

an sonstige Verbindlichkeiten 4 Mio. EUR

Zum 31.12.2009 wäre bei entsprechender Anwendung der Bilanzierungsregeln für die A-Bank auch von der B-Bank ein Niederstwerttest durchzuführen. Aufgrund des Zeitwerts des CDS ließe sich der Posten „Sonstige Verbindlichkeiten" um den Betrag in Höhe von 1 Mio. EUR kürzen. Aufgrund des Höchstwertprinzips für Verbindlichkeiten ist aber eine Zeitwertbilanzierung hier nicht zulässig. Zugleich ist die Inanspruchnahme unwahrscheinlich, der beizulegende Zeitwert übersteigt den Wert der passivierten Optionsprämie nicht, somit ist die Bildung einer Rückstellung ebenfalls nicht angezeigt. Der Ausweis einer Eventualverbindlichkeit unter dem Bilanzstrich ist im konkreten Fall auch nicht vorgesehen.[85]

Zum 31. Dezember 2010 erfolgt die gleiche Buchung wie im Geschäftsjahr zuvor. Aufgrund des anzuwendenden Höchstwertprinzips[86] erfolgt wiederum keine Korrekturbuchung der passivierten Verbindlichkeit. Eine Inanspruch-

Kühnle, WPg 2002, 288 (291 f.); *Krumnow/Sprißler et al.*, Rechnungslegung der Kreditinstitute², § 340e Rn. 507.

80 *Kühnle*, WPg 2002, 288 (297); *Auerbach/Fischer*, Kreditderivate Hdb., S. 237 (245).

81 Vgl. *IDW RS BFA* 2/1995, WPg 1995, 421 (422); a.A.: *Alsheimer*, Die Rechtsnatur derivativer Finanzinstrumente und ihre Darstellung im Jahresabschluß, S. 138 f. (Rückstellung).

82 Vgl. *IDW RS BFA* 2/1995, WPg 1995, 421 (422).

83 Vgl. *IDW RS BFA* 2/1995, WPg 1995, 421 (422).

84 *Auerbach/Fischer*, Kreditderivate Hdb., S. 237 (245); *Krumnow/Sprißler et al.*, Rechnungslegung der Kreditinstitute², § 340e Rn. 515; *Barz et al.*, S. 657 (tabellarische Übersicht).

85 *Auerbach/Fischer*, Kreditderivate Hdb., S. 237 (245).

86 Zum Höchstwertprinzip siehe Kapitel IV.2.4.4.

nahme bleibt weiterhin unwahrscheinlich, der negative Zeitwert übersteigt den Wert der passivierten Optionsprämie nicht, mithin wird keine Rückstellung gebildet.

Zum 31. Dezember 2011 müsste eine Rückstellung für die drohende Inanspruchnahme gebildet werden, wenn *„der Wert der Option am Abschlußstichtag höher als die passivierte Optionsprämie“*[87] ist. Die Rückstellung wäre dann in Höhe des Differenzbetrages zwischen dem Wert der passivierten Optionsprämie und dem Marktwert des CDS zu bilden.[88] Hier übersteigt der Marktwert in Höhe von 21 Mio. EUR den passivierten Wert der Optionsprämie in Höhe von 4 Mio. EUR um 17 Mio. EUR. Damit ist eine entsprechende Rückstellung zu bilden.[89]

Aufwand aus Finanzgeschäften 17 Mio. EUR
an Rückstellungen 17 Mio. EUR

Mit Eintritt des Kreditereignisses in 2012 wird die Zahlungsverpflichtung der B-Bank aus dem CDS teils durch die passivierte Optionsprämie, teils durch Auflösung der in 2011 gebildeten Rückstellung sowie teils erfolgswirksam als Aufwand aus Finanzgeschäften durch die Zahlung der B-Bank an die A-Bank aufgelöst.[90]

Sonstige Verbindlichkeiten 4 Mio. EUR
Rückstellungen 17
Aufwand aus Finanzgeschäften 79 Mio. EUR
an Kasse 100 Mio. EUR

Das Beispiel zeigt, dass bei der B-Bank insgesamt keine Ertragsbuchung aus Finanzgeschäften erfolgt ist, was auf die Anwendung des Höchstwertprinzips bei Verbindlichkeiten zurückzuführen ist. Nach Auffassung des *IDW* unter Verweis auf die Bilanzierungspraxis besteht auch die Möglichkeit, die Prämie *„ertragswirksam zu vereinnahmen“*[91]. Freilich ist dann die zu leistende Zahlungsverpflichtung des Sicherungsgebers in voller Höhe als Aufwand aus Finanzgeschäften aufzulösen.

---

87 *IDW RS BFA* 2/1995, WPg 1995, 421 (422).
88 *IDW RS BFA* 2/1995, WPg 1995, 421 (422).
89 Die Abzinsung der Rückstellung ist nach dem HGB a.F. unzulässig.
90 *Auerbach/Fischer*, Kreditderivate Hdb., S. 237 (245); *Krumnow/Sprißler et al.*, Rechnungslegung der Kreditinstitute², § 340e Rn. 515; *Kühnle*, WPg 2002, 288 (298).
91 *IDW RS BFA* 2/1995, WPg 1995, 421 (422).

3.3. Nach geltenden IFRS bei der A-Bank

Der Sicherungsnehmer aktiviert den CDS im Zugang in Höhe der gezahlten Prämie[92] und weist das Finanzinstrument der Kategorie *held for trading* zu. Grundsätzlich ist der Geschäftsvorfall des Optionserwerbs beim Inhaber (Käufer) mit den Anschaffungskosten zu aktivieren. Gleichzeitig nimmt der Kassenbestand ab, weil die Prämie vereinbarungsgemäß vorschüssig gezahlt worden ist. Mithin liegt ein einfacher Aktivtausch vor. Es ergibt sich der Buchungssatz:

Sonstige WP 4 Mio. EUR

an Kasse 4 Mio. EUR

Eine erfolgswirksame Verteilung der gezahlten Prämie über die Laufzeit findet nicht statt. Hingegen werden in der Folgebewertung Wertschwankungen des CDS erfolgswirksam in der GuV erfasst.[93] Aufgrund der konstanten Wertentwicklung des *Underlying* verliert der CDS nur an seinem Zeitwert in Höhe von 1 Mio. EUR. Mithin ist der Wertverlust erfolgswirksam zum 31. Dezember 2009 zu erfassen:

Provisionsaufwand 1 Mio. EUR

an sonstige WP 1 Mio. EUR

Zum Ende des Folgejahrs (Stichtag 31. Dezember 2010) ist der *Fair Value* des CDS wiederum gesunken. Diesmal beschränkt sich die Wertreduktion allerdings nicht bloß auf den Zeitwert, sondern auch den inneren Wert. Letztlich sinkt der Marktwert (*Fair Value*) des CDS auf 0,5 Mio. EUR. Mithin ist der Differenzbetrag in Höhe von 2,5 Mio. EUR wiederum erfolgswirksam zu erfassen (Buchwert zum 31. Dezember 2009 abzüglich des Marktwerts zum 31.12.2010; 3 – 0,5 = 2,5):

Provisionsaufwand 2,5 Mio. EUR

an sonstige WP 2,5 Mio. EUR

In 2011 steigt der Marktwert des CDS auf 21 Mio. EUR. Nach den Regeln des *Fair Value Accounting* ist die positive Wertentwicklung in der Kategorie *held of trading* erfolgswirksam zu erfassen: Der Differenzbetrag zwischen dem Marktwert zum 31. Dezember 2011 und dem niedrigeren Buchwert zum 31. Dezember 2010 beträgt: 21 – 0,5 = 20,5. Sonach entsteht folgender Buchungssatz:

Sonstige WP 20,5 Mio. EUR

an Provisionsertrag 20,5 Mio. EUR

---

92 *Struffert*, ABS Transaktionen und Kreditderivate, S. 225 f.; *Lüdenbach*, Haufe-IFRS[8], § 28 Rn. 51.

93 *Barz et al.* S. 647; ähnlich *Struffert*, ABS Transaktionen und Kreditderivate, S. 225.

Durch die Ausübung des Gestaltungsrechts nach dem Kreditereignis, verliert der CDS gleich einer Option seinen Wert. Mithin ist der CDS auszubuchen. Gleichzeitig geht die Zahlung der B-Bank ein und wird ebenfalls erfolgswirksam verbucht.

Kasse 100 Mio. EUR

an sonstige WP 21 Mio. EUR
an Ertrag 79 Mio. EUR

Der Zahlungseingang kompensiert dabei die erfolgswirksame Ausbuchung des Gestaltungsrechts bzw. des CDS.

3.4. Nach geltenden IFRS bei der B-Bank

Die B-Bank passiviert den CDS als Sicherungsgeberin im Zugang in Höhe der gezahlten Prämie.[94] Es ergibt sich der Buchungssatz:

Kasse 4 Mio. EUR

an Verbindlichkeiten 4 Mio. EUR

Eine erfolgswirksame Verteilung der gezahlten Prämie über die Laufzeit findet nicht statt. In der Folge werden Wertschwankungen des CDS erfolgswirksam in der GuV erfasst. Aufgrund der konstanten Wertentwicklung des *Underlyings* (C-Anleihe), verliert der CDS nur an seinem Zeitwert in Höhe von 1 Mio. EUR. Der Wertverlust stellt für den spekulierenden Sicherungsgeber eines CDS eine Reduktion der Verbindlichkeit dar, die erfolgswirksam verbucht wird:

Verbindlichkeiten 1 Mio. EUR

an Provisionsertrag 1 Mio. EUR

Zum 31. Dezember 2010 ist der *Fair Value* des CDS auf 0,5 Mio. EUR gesunken. Diesmal ist der Differenzbetrag in Höhe von 2,5 Mio. EUR erfolgswirksam aus der Verbindlichkeit zu buchen, weil es sich bei dem CDS um ein Derivat handelt, dessen Marktwert zuverlässig bestimmt werden kann.[95]

Verbindlichkeiten 2,5 Mio. EUR

an Provisionsertrag 2,5 Mio. EUR

In 2011 steigt der Marktwert des CDS auf 21 Mio. EUR. Nach den Regeln des *Fair Value Accounting* ist die positive Wertentwicklung (Differenzbetrag aus

---

94 *Lüdenbach*, Haufe-IFRS[8], § 28 Rn. 51.

95 Vgl. hierzu *Schmidt/Pittroff/Klingels*, Finanzinstrumente nach IFRS, S. 66; Bohl/Riese/Schlüter-*v. Oertzen*, Beck'sches IFRS-Hdb.[3], § 3, Rn. 155 f.

21 – 0,5 = 20,5) wiederum erfolgswirksam (hier als Aufwand) zu passivieren. Sonach entsteht folgender Buchungssatz:

Aufwand 20,5 Mio. EUR

an Verbindlichkeiten 20,5 Mio. EUR

Im Zeitpunkt des Kreditereignisses ist die Verbindlichkeit mit der Vornahme der Ausgleichszahlung an die A-Bank aufzulösen, was eine Ausbuchung des CDS bedeutet; präziser: die Auszahlung an die A-Bank (*digital payment*) in Höhe von 100 Mio. EUR geht einerseits mit der Ausbuchung des CDS und andererseits mit einer erfolgswirksamen Aufwandsbuchung einher.

Verbindlichkeiten 21 Mio. EUR
Aufwand 79 Mio. EUR

an Kasse 100 Mio. EUR

3.5. Nach HGB n.F. bei der A-Bank

Die Reform des Bilanzrechtsmodernisierungsgesetzes wirkt sich erheblich auf die Bilanzierung des CDS hinsichtlich der Darstellung der Abwandlung 1 bei der A-Bank aus:

Der CDS wird wiederum im Handelsbestand gehalten und die bilanzielle Erfassung erfolgt gleich den Bilanzierungsregeln von Optionsgeschäften.[96] Allerdings sind nach den Änderungen durch das BilMoG Finanzinstrumente des Handelsbestandss gemäß § 340e Abs. 3 S. 1 HGB zum beizulegenden Zeitwert zu bewerten, wenn sie zur kurzfristigen Gewinnrealisierung (durch Weiterveräußerung oder Rückerwerbung)[97] gehalten werden. Anders als nach dem HGB a.F. werden Transaktionskosten bei der Zugangsbewertung außer Acht gelassen, weil diese spätestens in der Folgebewertung zum beizulegenden Zeitwert wieder abzuschreiben wären.[98] Freilich bleiben für die hier angestellten Überlegungen aus Vereinfachungsgründen Transaktionskosten gänzlich

---

96 *IDW RS BFA 1*, WPg 2002, 196, 197, Tz. 28 mit Verweis auf die Stellungnahme des Bankenfachausschusses BFA 2/1995 des *IDW* zur „Bilanzierung von Optionsgeschäften", WPg 1995, 421 f. (im Folgenden: *IDW RS BFA* 2/1995, WPg 1995, 421); *Krumnow/Sprißler et al.*, Rechnungslegung der Kreditinstitute[2], § 340e Rn. 515; *Kühnle*, WPg 2002, 288 (297); *Struffert*, ABS Transaktionen und Kreditderivate, S. 258; insbesondere zur Bilanzierung von Optionen siehe insbesondere: *Alsheimer*, Die Rechtsnatur derivativer Finanzinstrumente und ihre Darstellung im Jahresabschluß, S. 131 ff.; *Reiner*, Derivative Finanzinstrumente im Recht, S. 258–259.

97 *Gemeinhardt/Bode*, StuB 2008, 170 (173); *Scharpf/Schaber*, DB 2008, 2552 (2554) und (2555 f.).

98 *Löw/Scharpf/Weigel*, WPg 2008, 1011 (1012). Bezüglich dieser Frage bestand allerdings auch nach dem HGB a.F. Uneinigkeit.

unbeachtet. Wie bisher steht buchungstechnisch dem Abgang liquider Mittel aufgrund der Zahlung der Prämie die Aktivierung eines Gestaltungsrechts als unverbrieftes Produkt im Posten „Sonstige Vermögensgegenstände" gegenüber (Aktivtausch).[99] Der beizulegende Zeitwert des CDS als Gestaltungsrecht beträgt zum Zeitpunkt des Vertragsschlusses am 2. Januar 2009 über die Restlaufzeit 4 Mio. EUR. Zur Wahrung des Realisations- sowie des Imparitätsprinzips und des Grundsatzes der vorsichtigen Bilanzierung schreibt § 340e Abs. 3 S. 1 HGB vor, dass die Zeitwertbilanzierung nur abzüglich eines Risikoabschlags erfolgen darf. Nach der Regierungsbegründung bedeutet dies, dass der Risikoabschlag den Ausfallwahrscheinlichkeiten der realisierbaren Gewinne Rechnung zu tragen habe.[100] Wiederum zur Vereinfachung der Darstellung wird hier pauschal von einem Risikoabschlag von 5% auf den jeweiligen beizulegenden Zeitwert (*Fair Value*) ausgegangen. Für den konkreten Fall ist der CDS in Höhe von 3,8 Mio. EUR zu aktivieren. Der Differenzbetrag zum beizulegenden Zeitwert in Höhe von 0,2 Mio. EUR ist soweit ersichtlich erfolgswirksam als Aufwand zu verbuchen, weil sich nur im Zeitpunkt der Zugangsbewertung diese Differenz ergibt und spiegelbildlich dazu im Zeitpunkt einer späteren Veräußerung des CDS ein möglicher Gewinn sich ebenfalls erfolgswirksam in der GuV niederschlagen würde. Zudem ist die Bildung von Rückstellungen nicht angezeigt, weil bezogen auf die Folgebewertung § 340e Abs. 4 HGB bereits die Funktion eines Risikopuffers zumindest bei steigenden Kursen bewirkt.

Damit ergeben sich zunächst folgende Buchungen:

Sonstige Vermögensgegenstände 3,8 Mio. EUR
Aufwand aus Finanzgeschäft 0,2 Mio. EUR

an Kasse 4 Mio. EUR

Für die Folgebewertung sind Änderungen des *Fair Value* in beide Richtungen erfolgswirksam in der GuV zu verbuchen,[101] wobei freilich der Risikoabschlag (hier mit 5% angenommen) jeweils zu berücksichtigen ist. Zum 31. Dezember 2009 erfolgt eine Korrektur des CDS in Höhe von 1 Mio. EUR. Damit beträgt der beizulegende Zeitwert des CDS 3 Mio. EUR. Hiervon ist wiederum in Höhe von 0,15 Mio. EUR ein Abschlag zu machen. Entsprechend ist eine Wertkorrektur von

---

99 Vgl. *Alsheimer*, Die Rechtsnatur derivativer Finanzinstrumente und ihre Darstellung im Jahresabschluß, S. 140; so auch *Kühnle*, WPg 2002, 288 (297).

100 Begründung des RegE. zu § 340e Abs. 3 S. 1, BR-Drs. 344/08, S. 208; BT-Drs. 16/10067, S. 95; zur Anwendung der *Value-at-risk* Methode unter Heranziehung der Solvabilitätsverordnung: *Löw/Scharpf/Weigel*, WPg 2008, 1011 (1014).

101 *Löw/Scharpf/Weigel*, WPg 2008, 1011 (1012).

3,8 Mio. EUR auf 2,85 Mio. EUR vorzunehmen. Der Differenzbetrag in Höhe von 0,95 Mio. EUR ist erfolgswirksam als Aufwand zu erfassen.

Aufwand aus Finanzgeschäft 0,95 Mio. EUR
an sonstige Vermögensgegenstände 0,95 Mio. EUR

Zum 31. Dezember 2010 sinkt der Zeitwert des CDS – aus bereits erörterten Gründen – auf 0,5 Mio. EUR. Abzüglich eines Risikoabschlags in Höhe von 0,025 Mio. EUR (5% von 0,5 Mio. EUR) ist eine Wertkorrektur von 2,85 auf 0,475 Mio. EUR vorzunehmen. Es ist mithin ein Verlust in Höhe von 2,375 Mio. EUR zu verbuchen.

Aufwand aus Finanzgeschäft 2,375 Mio. EUR
an sonstige Vermögensgegenstände 2,375 Mio. EUR

Zum 31. Dezember 2011 ist der beizulegende Zeitwert des CDS auf 31 Mio. EUR gestiegen. Abzüglich des Risikoabschlags in Höhe von 1,55 Mio. EUR ist eine Wertkorrektur von 0,475 Mio. EUR auf 29,45 Mio. EUR vorzunehmen, was einem Differenzbetrag von 28,975 entspricht, der erfolgswirksam zu verbuchen ist. Zugleich sind nach § 340e Abs. 4 HGB 10% der Nettoerträge in den Sonderposten „Fonds für allgemeine Bankrisiken" nach § 340g HGB einzustellen.

Sonstige Vermögensgegenstände 28,975 Mio. EUR
an Ertrag aus Finanzgeschäft 28,975 Mio. EUR

Aufwand aus Finanzgeschäft 2,8975 Mio. EUR
an Fonds für allgemeine Bankrisiken 2,8975 Mio. EUR

In 2012 erfolgen dann das Kreditereignis und die Einzahlung bei der A-Bank. Mit Eintritt des Kreditereignisses und Ausübung des Gestaltungsrechts verliert der CDS seinen Wert. Mithin findet ein Aktivtausch statt. Der Differenzbetrag zwischen dem aktivierten CDS wird erfolgswirksam erfasst. Eine Auflösung des „Fonds für allgemeine Bankrisiken findet indes nicht statt, weil die Voraussetzungen aus § 340e Abs. 4 S. 2 HGB nicht erfüllt sind. Es gilt abschließend zu buchen:

Kasse 100 Mio. EUR
an Ertrag aus Finanzgeschäften 71,025 Mio. EUR
an sonstige Vermögensgegenstände 28,975 Mio. EUR

3.6. Nach HGB n.F. bei der B-Bank

Die Reform des Bilanzrechtsmodernisierungsgesetzes wirkt sich lediglich in sehr begrenztem Umfang auf die Bilanzierung des CDS hinsichtlich der Darstellung der Abwandlung 1 bei der B-Bank aus.

So erstreckt sich die Einführung der Zeitwertbilanzierung für Finanzinstrumente des Handelsbestands nur auf die Bewertung von Aktiva, wie die Überschrift des § 340e HGB schon muten lässt „*Bewertung von Vermögensgegenständen*“; nicht von Schulden.

Neuerdings sind Rückstellungen von mehr als einem Jahr abzuzinsen (§ 253 Abs. 2 S. 1 HGB n.F.), was hier im Fall aber aus Vereinfachungsgründen unberücksichtigt bleiben soll.

3.7. Nach zukünftig geltenden IFRS bei der A-Bank

Die bisher abgeschlossenen IFRS 9-Reformprozesse wirken sich auf die Bilanzierung des CDS hinsichtlich der Darstellung der Abwandlung 1 bei der A-Bank nur unwesentlich aus.

Nach IFRS 9 bestehen künftig nur noch zwei[102] Bewertungskategorien. Für den konkreten Fall des aus spekulativen Motiven gehaltenen CDS kommt nur eine erfolgswirksame Bewertung zum beizulegenden Zeitwert in Betracht. Für eine Klassifizierung zu fortgeführten Anschaffungskosten erfüllt der CDS die Anforderungen des IFRS 9.4.2. nicht, weil weder ein entsprechendes Geschäftsmodell von der A-Bank verfolgt wird, noch objektiv vertraglich vereinbarte Zahlungsströme vorliegen, welche ausschließlich Zins- und Tilgungszahlungen auf den ausstehenden Nominalbetrag darstellen und zu bestimmten Zeitpunkten vereinnahmt werden sollen.

Für Ansatz- und Folgebewertung ergeben sich darüber hinaus keine buchungstechnischen Unterschiede.

3.8. Nach zukünftig geltenden IFRS bei der B-Bank

Das zuvor für die A-Bank unter 3.7. Gesagt gilt entsprechend für die B-Bank auch.

4. Bilanzielle Erfassung der Abwandlung 2

4.1. Nach HGB a.F. bei der A-Bank

Anders als im Ausgangsfall soll die C-Anleihe von der A-Bank nun aus spekulativen Gründen gehalten werden. Zugleich soll der CDS zwischen der A-Bank und der B-Bank wiederum das Kreditrisiko aus der C-Anleihe absichern.

Wie zuvor beschrieben, unterscheidet sich die bilanzielle Darstellung nach der HGB-Rechnungslegung maßgebend danach, ob der CDS dem Nichthan-

---

102 M.E. sind nur zwei Kategorien angezeigt. Zum Meinungsbild und weiteren Hinweisen siehe Kapitel IV.5.2.

delsbestand oder dem Handelsbestand zugeordnet werden kann.[103] Zwar dient auch in der Abwandlung 2 der CDS der Absicherung des Kreditrisikos aus der C-Anleihe. Dennoch ordnet der *IDW-Bankenfachausschuss* einen CDS dem Handelsbestand zu, wenn *„der Einsatz eines Kreditderivats zur Absicherung von im Handelsbestand gehaltenen Kreditrisiken“*[104] dient. So liegt der Fall hier. Denn die C-Anleihe wird aus spekulativen Gründen gehalten. Mithin wird der CDS dem Handelsbestand zugeordnet.

Des Weiteren sind die Voraussetzungen für Bewertungseinheiten zu beachten:[105] Notwendige Bedingung ist die Gleichartigkeit oder Homogenität der Risken innerhalb einer Bewertungseinheit.[106] Der *IDW-Bankfachausschuss* sieht dieses Kriterium als erfüllt an, wenn *„zumindest der Emittent der Referenzaktiva identisch ist.“*[107] Als hinreichende Bedingungen können weitere Kriterien wie etwa die gleiche Währung, der gleiche Rang oder die gleiche Laufzeit vorausgesetzt werden.[108] Die vom *IDW* aufgegriffenen Beispiele sind nicht abschließend, vielmehr habe man eine *„Öffnungsklausel“* implementieren wollen, die zukünftigen Marktentwicklungen gerecht werde.[109] Nach dem *IDW* müsse *„nicht zwingend der gleiche Kreditderivat-Typ gegeben sein.“*[110] Viel wichtiger als die Identität des Kreditderivatetyps sei die Übereinstimmung des Risikofaktors.[111]

Zusammengefasst ergeben sich folgende Konsequenzen für die Bilanzierung: Steht ein CDS mit einem anderen Finanzinstrument in einem Sicherungszusammenhang, können die Bewertungsergebnisse in der bilanziellen Darstellung – entgegen dem Imparitätsprinzip – miteinander verrechnet werden; insoweit

---

103 *IDW RS BFA* 1, WPg 2002, 196 (197), Tz. 11; ebenso *Kühnle*, WPg 2002, 288 (292); *Struffert*, ABS Transaktionen und Kreditderivate, S. 247 ff.; *Krumnow/Sprißler et al.*, Rechnungslegung der Kreditinstitute², § 340e Rn. 518.
IDW RS BFA 1, WPg 2002, 196, 197, Tz. 16; *Kühnle*, WPg 2002, 288 (292).
104 *IDW RS BFA* 1, WPg 2002, 196 (197), Tz. 13.
105 *IDW RS BFA* 1, WPg 2002, 196 (197), Tz. 32; *Kühnle*, WPg 2002, 288 (298 f.); *Struffert*, ABS Transaktionen und Kreditderivate, S. 260; *Krumnow/Sprißler et al.*, Rechnungslegung der Kreditinstitute², § 340e Rn. 518.
106 Vgl. *IDW RS BFA* 1, WPg 2002, 196 (197), Tz. 33; *Kühnle*, WPg 2002, 288 (298); *Struffert*, ABS Transaktionen und Kreditderivate, S. 260; *Krumnow/Sprißler et al.*, Rechnungslegung der Kreditinstitute², § 340e Rn. 518.
107 *IDW RS BFA* 1, WPg 2002, 196 (197), Tz. 33.
108 *IDW RS BFA* 1, WPg 2002, 196 (197), Tz. 33; *Struffert*, ABS Transaktionen und Kreditderivate, S. 260.
109 Vgl. *Kühnle*, WPg 2002, 288 (299).
110 *IDW RS BFA* 1, WPg 2002, 196 (197), Tz. 33.
111 Vgl. so *Kühnle*, WPg 2002, 288 (299).

werden Bewertungsgewinne auch vor dem Ende der Laufzeit erfolgswirksam erfasst.[112]

Im konkreten Fall ergibt sich für die Zugangsbewertung folgendes: Die A-Bank hat zunächst im Rahmen eines Aktivtauschs die C-Anleihe zu aktivieren. Daneben ist der CDS – wie in Abwandlung 1 – gleichfalls zu aktivieren.

Anleihe 100 Mio. EUR

an Kasse 100 Mio. EUR

Sonstige Vermögensgegenstände 4 Mio. EUR

an Kasse 4 Mio. EUR

Zum 31. Dezember 2009 erfolgt dann bezüglich beider Finanzinstrumente (C-Anleihe und CDS) eine Neubewertung nach dem Marktwert zum Stichtag. Der Wert der C-Anleihe ist unverändert gleich geblieben und hat einen Marktwert von 100 Mio. EUR. Die C-Anleihe wird als ein „*wie*" Umlaufvermögen zu behandelnder Vermögensgegenstand erfasst. Eine Abschreibung findet somit nicht statt. Der CDS ist aufgrund des gesunkenen Zeitwerts und des konstanten inneren Werts im Ergebnis auf 3 Mio. EUR gesunken. Mithin ist eine Korrekturbuchung, die bezogen auf die Sicherungsbeziehung keinerlei kompensierende Wirkung hat, nachzuvollziehen:

Aufwand aus Finanzgeschäften 1 Mio. EUR

an sonstige Vermögensgegenstände 1 Mio. EUR

Zum 31. Dezember 2010 sinkt der Wert des CDS auf 0,5 Mio. EUR und der Wert der C-Anleihe steigt auf 101,5 Mio. EUR an. Hier wird bezüglich der C-Anleihe aufgrund der Bewertungseinheit das strenge Niederstwertprinzip nicht angewandt, sondern eine Aufwertung vorgenommen. Denn der Verlust aus dem CDS und der Gewinn aus der Kursentwicklung der C-Anleihe gleichen sich der Höhe nach aus:

Aufwand aus Finanzgeschäften 1 Mio. EUR
Hedge Aufwand 1,5 Mio. EUR

an sonstige Vermögensgegenstände 2,5 Mio. EUR

Anleihe 1,5 Mio. EUR

an Hedge Ertrag 1,5 Mio. EUR

Zum 31. Dezember 2011 ist diesmal der Wertreduktion der C-Anleihe und dem Wertanstieg des CDS Rechnung zu tragen. Der Wert der C-Anleihe ist auf 80 Mio. EUR gesunken. Damit ist der innere Wert des CDS auf 20 Mio. EUR gestiegen.

112 Vgl. *Kühnle*, WPg 2002, 288 (299); *IDW RS BFA* 1, WPg 2002, 196 (197), Tz. 32; so auch Vgl. *IDW RS BFA* 2/1995, WPg 1995, 421 (421).

Der beizulegende Zeitwert (*Fair Value*) des CDS beträgt zuzüglich des Zeitwerts in Höhe von 1 Mio. EUR zum 31. Dezember 2011 insgesamt 21 Mio. EUR. Zur Erreichung einer exakten Aufwands- und Ertragszuweisung ist aber zunächst der anteilige Aufwand für die Abnahme des Zeitwerts nachzuvollziehen, weil sonst der Aufwand des Zeitablaufs mit dem kompensierenden *Hedge*-Ertrag vermischt werden würde.

Aufwand aus Finanzgeschäften 1 Mio. EUR

an sonstige Vermögensgegenstände 1 Mio. EUR

Sonstige Vermögensgegenstände 21,5 Mio. EUR

an Hedge Ertrag 21,5 Mio. EUR

Hedge Aufwand 21,5 Mio. EUR

an Anleihe 21,5 Mio. EUR

In 2012 werden die Positionen durch die Veräußerung beider Finanzinstrumente (C-Anleihe und CDS) glattgestellt. Die Anleihe hat einen Verkaufspreis in Höhe von 80 Mio. EUR, während das Gestaltungsrecht aus dem CDS einen Marktwert in Höhe von 21 Mio. EUR hat.

Kasse 100 Mio. EUR
Aufwand aus Finanzgeschäften 1 Mio. EUR

an Anleihe 80 Mio. EUR
an sonstige Vermögensgegenstände 21 Mio. EUR

4.2. Nach HGB a.F. bei der B-Bank

Die Bilanzierung bei der B-Bank richtet sich danach, mit welcher Motivation die B-Bank als Sicherungsgeberin bzw. Stillhalterin den CDS hält. Dementsprechend ist bei der B-Bank derselbe Buchungsverlauf wie bei 2.2. (als Sicherungsgeberin) bzw. 3.2. (als Stillhalterin) nachzuvollziehen.

4.3. Nach geltenden IFRS bei der A-Bank

Zunächst ist der Erwerb der C-Anleihe bilanziell zu erfassen. Die C-Anleihe wird in der Kategorie *available for sale* verbucht, denn es besteht einerseits keine Spekulationsabsicht und andererseits soll die C-Anleihe auch nicht zwingend bis zur Endfälligkeit gehalten werden. Mithin ergibt sich der Buchungssatz:

Anleihe 100 Mio. EUR

an Kasse 100 Mio. EUR

Für den CDS ist auch in der Abwandlung 2 die vorschüssig gezahlte Prämie zu aktivieren.[113]

Sonstige WP 4 Mio. EUR

an Kasse 4 Mio. EUR

Nun ist für die Folgebewertung zu prüfen, ob die C-Anleihe und der CDS in einem Sicherungszusammenhang stehen können. Die Darstellung der beiden Finanzinstrumente in einem Sicherungszusammenhang (*hedge accounting*) erscheint hier als sinnvoll, zumal aufgrund unterschiedlicher Kategorisierungen bei bestimmten Wertentwicklungen eine erfolgs- bzw. verlustkompensierende Wirkung, die wirtschaftlich gegeben ist, in der bilanziellen Darstellung nicht gewährleistet werden kann. Als Konsequenz kann es zu einem sog. *accounting mismatch* kommen:[114] Während der CDS erfolgswirksam zum *Fair Value* bewertet wird, werden Wertänderungen bei der C-Anleihe im Eigenkapital erfasst. Buchungstechnisch würde eine Kompensation der Wertentwicklungen von beiden Finanzinstrumenten nicht nachvollzogen werden können.

Für das *Hedge Accounting* stellen IAS 39.9 und IAS 39.74 ff. bzw. IAS 39.78 ff. bestimmte Anforderungen an das Grundgeschäft (*hedged item*) und an das Sicherungsgeschäft (*hedging instrument*). Zudem müssen die speziellen Anforderungen gemäß IAS 39.88–102 erfüllt sein:

Die C-Anleihe eignet sich im konkreten Fall als Grundgeschäft, weil es sich bei diesem Finanzinstrument um einen „*Vermögenswert* (...) *durch das (a) das Unternehmen dem Risiko einer Änderung des beizulegenden Zeitwerts* (...) *ausgesetzt ist und das (b) als gesichert designiert*"[115] worden ist, handelt.

Auch der CDS erfüllt die Voraussetzungen an ein Sicherungsinstrument, weil er ein „*designierter derivativer* (...) *Vermögensgegenstand* [ist,] *von deren beizulegendem Zeitwert* (...) *erwartet wird, dass* (...) *Änderungen des beizulegenden Zeitwerts* (...) *eines designierten Grundgeschäfts*"[116] – hier die C-Anleihe – kompensiert werden. Es ist mithin ein *Fair Value Hedge* anzuwenden.

Darüber hinaus müssen neben der Voraussetzung einer hinreichenden Dokumentation die prospektive und retrospektive Effektivität sowie die fortlau-

---

113 Korrekterweise ist der CDS gemäß IAS 39.14 im Zeitpunkt des Vertragsschlusses zu aktivieren, weil das Derivat „*als Vermögenswert in Höhe der gesamten einmalig oder ratierlich zu zahlenden Prämie*" [anzusetzen ist], „*sobald er Vertragspartei geworden ist*" darauf explizit hinweisend: *Struffert*, ABS Transaktionen und Kreditderivate, S. 225 f.

114 Zum Begriff und zur Entstehung eines *accounting mismatch* siehe *Friedhofen*, ZfgK 2008, 1159 (1159).

115 IAS 39.9.

116 IAS 39.9.

fende Effektivitätsprüfung gewährleistet sein.[117] Die Dokumentation ist – wie vorgegeben – erfüllt und umfasst die Benennung des Sicherungsinstruments und des Grundgeschäfts, die Art des abgesicherten Risikos, die Art der Bestimmung der Effektivität der Sicherungsbeziehung und die Darstellung der Risikomanagementstrategie sowie der Risikomanagementzielsetzung.[118]

Für die prospektive Effektivität müssten sich das Grundgeschäft und das Referenzaktivum des Sicherungsinstruments weitgehend entsprechen.[119] Dies ist hier der Fall, denn aus dem Sicherungsinstrument ergibt sich für den Sicherungsgeber eine Zahlungsverpflichtung in Höhe des Nominalwerts des Grundgeschäfts im Falle des Kreditereignisses.[120]

Für die Wirksamkeit der Absicherung (*hedge effectiveness*) müssen zur retrospektiven Messung der Effektivität nach IAS 39.9 weiterhin die *Fair Value* Änderung des Grundgeschäfts und die *Fair Value* Änderung des Sicherungsinstruments rechnerisch gegenübergestellt werden. Dabei muss sich der Quotient der beiden Werte innerhalb einer Bandbreite von 80 bis 125 Prozent bewegen.[121] Auch diese Bedingung ist erfüllt, der Quotient liegt sogar bei 100%.

Mithin sind die Voraussetzungen des *hedge accounting* erfüllt und eine Sicherungsbeziehung liegt vor.

Für die Bewertung bei der A-Bank zum 31. Dezember 2009 sind damit folgende Regeln einschlägig: Eine Anpassung des Buchwerts bei der C-Anleihe im Rahmen der Sicherungsbeziehung ist nicht nötig, da sie in der Kategorie *available*

---

117 Im Einzelnen zu den Voraussetzungen zur Anwendung des Hedge Accounting und der Effektivitätsanforderungen siehe: *Schmidt/Pittroff/Klingels*, Finanzinstrumente nach IFRS, S. 95–111; *Alfredson, et al.*, Applying International Financial Reporting Standards, S. 232 f.; *Lüdenbach*, Haufe-IFRS[8], § 28, Rn. 41 ff., 254–258 (Effektivität); Bohl/Riese/Schlüter-*Flintrop*, Beck'sches IFRS-Hdb.[3], § 23, Rn. 55 f.; *Löw/Lorenz*, Rechnungslegung Banken IFRS, S. 415 (561 ff.); *Coenenberg/Haller/Schultze*[21], Jahresabschluss, S. 296 ff.; *Friedhofen*, ZfgK 2008, 1159 (1160).

118 Bohl/Riese/Schlüter-*Flintrop*, Beck'sches IFRS-Hdb.[3], § 23, Rn. 55; *Löw/Lorenz*, Rechnungslegung Banken IFRS, S. 415 (561); *Coenenberg/Haller/Schultze*[21], Jahresabschluss, S. 297.

119 *Friedhofen*, ZfgK 2008, 1159 (1160); *Alfredson, et al.*, Applying International Financial Reporting Standards, S. 233; Bohl/Riese/Schlüter-*Flintrop*, Beck'sches IFRS-Hdb.[3], § 23, Rn. 55 wollen die Bandbreite von 80 bis 125 % aufgrund historischer Erfahrungen und statistischer Korrelationen bereits auf die prospektive Effektivität anwenden.

120 Vgl. hierzu *Friedhofen*, ZfgK 2008, 1159 (1160).

121 Sog. *Dollar Offset*-Methode; hierzu auch *Friedhofen*, ZfgK 2008, 1159 (1160); *Alfredson, et al.*, Applying International Financial Reporting Standards, S. 232 f.; Bohl/Riese/Schlüter-*Flintrop*, Beck'sches IFRS-Hdb.[3], § 23, Rn. 55; *Löw/Lorenz*, Rechnungslegung Banken IFRS, S. 415 (567 ff.); *Coenenberg/Haller/Schultze*[21], Jahresabschluss, S. 297 f.

for sale ohnehin zum *Fair Value* bilanziert wird.[122] Allerdings sind die sog. *Hedge Fair Value*-Änderungen entgegen der gewöhnlichen Folgebewertung für Finanzinstrumente aus der Kategorie *available for sale* erfolgswirksam zu erfassen;[123] soweit wird also keine AfS-Rücklage gebildet.[124]

Die Sicherungsbeziehung erstreckt sich hier auch vollständig auf die Absicherung des ganzen Risikos, das aus der C-Anleihe resultiert, und nicht bloß auf einen Teil. Mithin braucht kein Parallellauf bezüglich der Anwendung unterschiedlicher Bilanzierungsregeln für den abgesicherten und den nicht abgesicherten Teil beachtet zu werden.[125]

Der Wert der C-Anleihe bleibt bis zum Jahresende konstant. Der Wert des CDS hingegen nimmt aufgrund der kürzer werdenden Frist zur Endfälligkeit ab (der Zeitwert des Gestaltungsrechts sinkt). Damit wird nur die Wertänderung des CDS zum Vorjahr erfolgswirksam als Aufwand gebucht:

Sonstiger betrieblicher Aufwand 1 Mio. EUR

an sonstige WP 1 Mio. EUR

Zum 31. Dezember 2010 beträgt der *Fair Value* der C-Anleihe durch den Kursanstieg auf 101,5% nun 101,5 Mio. EUR. Der *Fair Value* des CDS hingegen ist auf 0,5 Mio. EUR gesunken. Damit ist wegen der Sicherungsbeziehung der Kursanstieg der C-Anleihe erfolgswirksam als *Hedge* Ertrag in Höhe von 1,5 Mio. EUR zu verbuchen. Parallel dazu sind der Verlust hinsichtlich des inneren Werts vom CDS als *Hedge* Aufwand und der Verlust des Zeitwerts als sonstiger betrieblicher Aufwand zu buchen. Der innere Wert ergibt sich durch die Subtraktion des Marktwerts der C-Anleihe zum Stichtag vom Bezugspreis (also: 100 – 101,5 = – 1,5; es liegt also ein negativer innerer Wert vor). Der *Fair Value* hingegen ist höher, weil er sich aus Zeitwert und innerem Wert zusammensetzt. Die Zeitwertreduktion pro Periode liegt hier bei 1 Mio. EUR. Mithin ergeben sich folgende Buchungen:

---

122 Vgl. hierzu *Schmidt/Pittroff/Klingels,* Finanzinstrumente nach IFRS, S. 112 f., *Löw/Lorenz,* Rechnungslegung Banken IFRS, S. 415 (571 f.); *Coenenberg/Haller/Schultze*[21], Jahresabschluss, S. 299 f.

123 *Schmidt/Pittroff/Klingels,* Finanzinstrumente nach IFRS, S 112; *Löw/Lorenz,* Rechnungslegung Banken IFRS, S. 415 (571 f.); *Coenenberg/Haller/Schultze*[21], Jahresabschluss, S. 299 f.

124 *Löw/Lorenz,* Rechnungslegung Banken IFRS, S. 415 (571 f.); *Coenenberg/Haller/Schultze*[21], Jahresabschluss, S. 299 f.; weichen die fortgeführten Anschaffungskosten vom hedge fair *value* ab, ist die Differenz (*hedge adjustment*) erfolgswirksam zu erfassen. Eine Differenz zwischen fair *value* und hedge fair *value* wird erfolgsneutral in die AfS-Rücklage gebucht, hierzu: *Schmidt/Pittroff/Klingels,* Finanzinstrumente nach IFRS, S 112 f.

125 Zu dieser Problematik mit Beispiel siehe *Schmidt/Pittroff/Klingels,* Finanzinstrumente nach IFRS, S 112 f.

Hedge Aufwand 1,5 Mio. EUR
Sonstiger betrieblicher Aufwand 1 Mio. EUR

an sonstige WP 2,5 Mio. EUR

Anleihe 1,5 Mio. EUR

an Hedge Ertrag 1,5 Mio. EUR

Zum 31. Dezember 2011 beträgt der *Fair Value* der C-Anleihe durch den Kursverlust auf 80% nun 80 Mio. EUR. Zugleich ist der *Fair Value* des CDS auf 21 Mio. EUR gestiegen. Die Subtraktion des Marktwerts der C-Anleihe vom Bezugspreis ergibt nun einen inneren Wert des CDS in Höhe von 20 Mio. EUR (100 – 80). Der Zeitwert ergibt sich aus dem *Fair Value* abzüglich des inneren Werts: 21 – 20 = 1 Mio. EUR.

Sonstiger betrieblicher Aufwand 1 Mio. EUR

an sonstige WP 1 Mio. EUR

Hedge Aufwand 21,5 Mio. EUR

an Anleihe 21,5 Mio. EUR

Sonstige WP 21,5 Mio. EUR

an Hedge Ertrag 21,5 Mio. EUR

Zu Beginn des Jahres 2012 werden beide Positionen glattgestellt. Damit ergeben sich folgende Buchungen:

Kasse 100 Mio. EUR

an Anleihe 80 Mio. EUR

Sonstiger betrieblicher Aufwand 1 Mio. EUR

an sonstige WP 21 Mio. EUR

4.4. Nach geltenden IFRS bei der B-Bank

Die bilanzielle Erfassung bei der B-Bank unterscheidet sich hier nicht von der bereits für die Abwandlung 1 dargestellten Weise. Mithin wird auf diese verwiesen.

4.5. Nach HGB n.F. bei der A-Bank

Für die Bilanzierung von Sicherungsbeziehungen ändert sich durch das Bilanzrechtsmodernisierungsgesetz letztendlich nichts: Lediglich die gängige Bilanzierungspraxis ist kodifiziert worden.[126] Zudem sind antizipierte Sicherungs-

---

126 *Löw/Scharpf/Weigel*, WPg 2008, 1011 (1016). Siehe auch weitergehend Kapitel IV.4.5.

geschäfte zumindest bei *„hoher Wahrscheinlichkeit“*[127] einer voraussichtlichen Ausgleichstransaktion neuerdings zulässig, was für den konkreten Fall aber keine Rolle spielt.

4.6. Nach HGB n.F. bei der B-Bank

Die Bilanzierung bei der B-Bank richtet sich wiederum danach, ob die B-Bank als Sicherungsgeberin bzw. Stillhalterin den CDS im Handels- oder Nichthandelsbestand hält. Dementsprechend sind jeweils die Änderungen wie bei 2.6. (als Sicherungsgeberin) bzw. 3.6. (als Stillhalterin) nachzuvollziehen.

4.7. Nach zukünftig geltenden IFRS bei der A-Bank

Der IFRS 9-Reformprozess sieht eine Überarbeitung der Vorschriften für Sicherungsbeziehungen (*hedge accounting*) vor. Bisher sind aber diesbezüglich noch keine abschließenden Bilanzierungsregeln verabschiedet worden. Im laufenden Reformprozess wird allerdings diskutiert, ob Kreditrisiken überhaupt im Rahmen des *Hedge Accounting* berücksichtigt werden sollten.[128] Dabei lässt sich diese Überlegung mit dem Argument begründen, dass eine verlässliche Messbarkeit der risikobedingten Wertänderungen mit zu großen Schwierigkeiten verbunden sei.[129] Sollte sich diese Auffassung durchsetzen, hätte dies jedenfalls zur Konsequenz, dass eine Absicherung durch einen CDS – wie im konkreten Fall – durch eine Sicherungsbeziehung nach den Regeln des *Hedge Accounting* nicht mehr möglich wäre. Diese Überlegung steht derzeit zur Diskussion: Insbesondere der *IDW* hat sich in seiner Stellungnahme gegen einen generellen Anwendungsverzicht ausgesprochen: *„we do not believe that credit risk possesses an exceptional nature that would make it impossible to achieve hedge accounting under IAS 39 as well as under the exposure draft. In our view, hedge accounting should be applicable to economic hedges of credit risk provided the general requirements are met.“*[130] Insoweit bleibt abzuwarten, ob sich die bisher bestehenden Regeln ändern

---

127 § 254 S. 1 HGB n.F.

128 ED/2010/13.IN45 ff. sowie BC 219–246; das IASB macht drei Alternativvorschläge zur Bilanzierung von Kreditrisiken, welche jeweils auf der Anwendung der *Fair Value*-Option basieren. *Barz/Weigel*, IRZ 2011, 227 (231).

129 ED/2010/13.IN46: *„it is operationally difficult (if not impossible) to isolate and measure the credit risk component of a financial item as a component that meets the eligibility criteria for hedged items.“*

130 *IDW*, Stellungnahme zum IASB Exposure Draft 2010/13 „Hedge Accounting“ vom 14.3.2011, S. 14 f., abrufbar unter: http://www.idw.de/idw/download/Hedge_Accounting_IDW_Stell.pdf?

werden. Das *IASB* schließt in seinem nunmehr im September 2012 veröffentlichten *Review Draft* die Absicherung von Kreditrisiken als absicherbares Risiko im Rahmen der *Hedge Accounting*-Regeln aus, gleichzeitig werden die Anforderungen für eine *Fair Value*-Option bezüglich des abzusichernden Finanzinstruments erleichtert, wenn Kreditderivate zur Absicherung gegen Kreditrisiken eingesetzt werden.[131]

Unter der – unwahrscheinlichen – Annahme, dass sich der Trend, die Anwendbarkeit der *Hedge Accounting* Regeln nach IFRS zur Absicherung von Kreditrisiken auszuschließen, letztlich nicht durchsetzt, ist für die Bilanzierung gegenüber der Darstellung unter 4.3. zu beachten, dass nach dem ED/2010/13 für die Gewährleistung der Effektivitätsmessung des Sicherungszusammenhangs nicht mehr auf die retrospektive, sondern rein auf die prospektive Effektivität abzustellen ist. Darüber hinaus sind die Wertänderungen von Grundgeschäft und Sicherungsinstrument brutto unter dem passiven Bilanzposten *other comprehensive income* zu erfassen, und lediglich ein gegebenenfalls entstehender Differenzbetrag (ineffektiver Teil der Sicherungsbeziehung) ist in die GuV umzubuchen.[132]

Überdies ist zu beachten, dass zukünftig eine Bilanzierung nach der Kategorie *available for sale* nicht mehr vorgenommen werden kann. Die Herstellung eines Sicherungszusammenhangs kann daher nur dann relevant werden, wenn ein Finanzinstrument zu fortgeführten Anschaffungskosten bzw. erfolgsneutral zum beizulegenden Zeitwert kategorisiert wird. Andernfalls kommt kein sog. *accounting mismatch* in Betracht. Bei einer Kategorisierung zu fortgeführten Anschaffungskosten stellt sich allerdings die Frage, warum der sichernde CDS nicht als Finanzgarantie bilanziert werden sollte (siehe 2.7. bzw. 2.3.). Damit verbliebe eine Anwendung des *Hedge Accounting* nur für Finanzinstrumente, die erfolgsneutral zum beizulegenden Zeitwert bilanziert werden. Vor der Darstellung eines Sicherungszusammenhangs ist dann zu prüfen, ob durch die bereits reformierten Regelungen zur Umwidmung ein *accounting mismatch* zu vermeiden ist.

---

id=606992&property=Datei, zuletzt abgerufen am 13.05.2011. Ebenso: *Flick/Krakuhn/Schüz*, IRZ 2011, 117 (119).

131 *IASB*, *Review Draft* 9.6.7.1, Draft of the forthcomming general hedge accounting requirements, a.a.O; siehe auch die Erläuterungen in BC 6.382. Vgl hierzu ebenfalls: *Barz/Flick/Maisborn*, IRZ 2012, 473 (477).

132 Wesentliche Änderungen dürften sich hierdurch nicht ergeben, es wird lediglich die Reihenfolge der bilanziellen Erfassung variiert. So wird eine Angleichung an die Behandlung von *Cash Flow-Hedges* erreicht, die auch schon unter IAS 39 – ausgehend von einer Bruttobetrachtung mit einem Zwischenschritt über den passiven Bilanzposten OCI – vorgesehen war. Hierzu: *Flick/Krakuhn/Schüz*, IRZ 2011, 117 (122).

4.8. Nach zukünftig geltenden IFRS bei der B-Bank

Die bisher abgeschlossenen IFRS 9-Reformprozesse wirken sich auch nicht auf die Bilanzierung des CDS hinsichtlich der Darstellung der Abwandlung 2 bei der B-Bank aus.

Die bilanzielle Erfassung bei der B-Bank unterscheidet sich bei der Abwandlung 2 nicht von der in Abwandlung 1 dargestellten Weise. Auf die Änderungen hinsichtlich der Kategorisierung ist bereits mehrfach hingewiesen worden (siehe hierzu 3.7.).

5. Zusammenfassung des Rechts- bzw. Regimevergleichs

Im Folgenden werden die Ergebnisse dieses Kapitels in drei Koordinatensystemen graphisch zusammengefasst und kurz beschrieben. Die x-Achse bildet die Zeit (t) gemessen in Geschäfts- bzw. Wirtschaftsjahren (WJ) ab. Die y-Achse bestimmt oberhalb der x-Achse den aktivierten Wert von Seiten der A-Bank, während unterhalb der x-Achse der passivierte Wert von Seiten der B-Bank über die Zeit dargestellt wird. Etwas abgesetzt und oberhalb der Ansatz- und Folgebewertung wird die tatsächliche – nicht bilanzielle – Wertentwicklung der C-Anleihe über die Laufzeit dargestellt.[133] Da die Darstellung der bilanziellen Folgebewertung – gerade bei starken Wertschwankungen – nicht stets maßstabsgetreu in den folgenden Abbildungen 1 bis 3 dargestellt werden kann, zeigen die gestrichelten Linien jeweils eine Tendenz an.

5.1. Ausgangsfall

Bei der A-Bank ist die Bilanzierung weitgehend gleichlaufend (vgl. Abb. 1). Spannender sind die Unterschiede zwischen den Bilanzregimen bei der B-Bank. Hier ergeben sich Divergenzen in der bilanziellen Darstellung, wenn der Wert der C-Anleihe fällt bzw. die Wahrscheinlichkeit der Inanspruchnahme der B-Bank durch die A-Bank steigt. Während nach dem HGB (a.F. und n.F.) eine erfolgswirksame Abstockung des CDS – unter gleichzeitiger Bildung einer Rückstellung[134] – vorzunehmen ist (gepunktete Linie), sind Kreditinstitute, die nach IFRS bilanzieren, zur Abbildung einer Verbindlichkeit angehalten (durchgezogene Linie), weil

133 Der Verlauf der C-Anleihe im Koordinatensystem ist aus Vereinfachungsgründen hinsichtlich der x-Achse nicht maßstabsgetreu 1 : 1 dargestellt. Dies wird durch die gestrichelte Darstellung der x-Achse nachvollzogen.

134 Die Rückstellung ist in Abb. 1 nicht abgebildet.

eine Inanspruchnahme wahrscheinlich ist. Das HGB löst denselben Lebenssachverhalt – wie beschrieben – durch eine Rückstellungsbildung. Systematisch liegt darin für die HGB-Rechnungslegung der Vorteil, dass bei später abnehmender Wahrscheinlichkeit der Inanspruchnahme eine Auflösung der gebildeten Passivposition in Anbetracht des Höchstwertprinzips für Verbindlichkeiten einfacher erfolgen kann. Im Ergebnis sehen beide Bilanzregime eine Aufstockung einer Passivposition vor.

Der wesentliche Unterschied besteht in der Darstellung der Eventualverbindlichkeit unter dem Bilanzstrich. Dieser Posten ist nach HGB-Bilanzierung im Falle einer Rückstellungsbildung bzw. -auflösung in entsprechender Höhe ab- bzw. aufzustocken. Der Bilanzadressat hat daher im Rahmen der HGB-Rechnungslegung jederzeit die Möglichkeit – entweder in der Bilanz als Rückstellung oder unter dem Bilanzstrich als Eventualverbindlichkeit –, eine etwaige Inanspruchnahme der B-Bank zu erkennen. Nach der IFRS-Bilanzierung besteht diese Möglichkeit nur in Abhängigkeit von der Wahrscheinlichkeit der Inanspruchnahme.

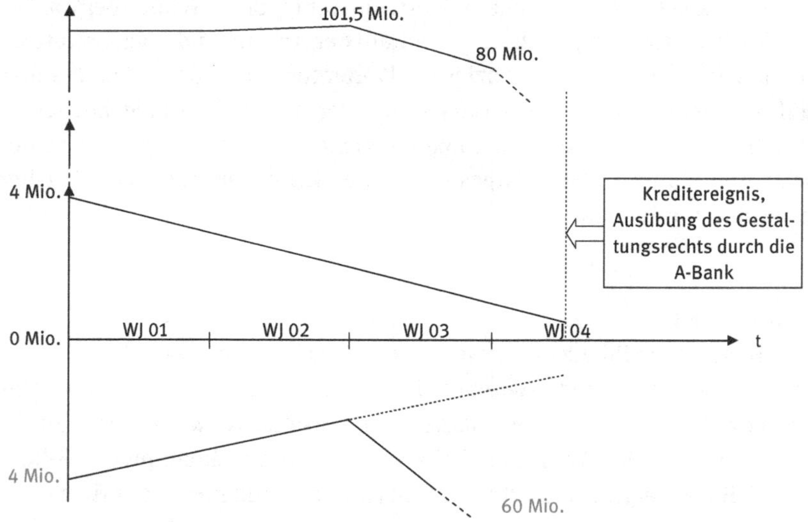

Abb. 1

5.2. Abwandlung 1

Die Abb. 2 zeigt einerseits eine ganze Reihe von Unterschieden zwischen den Bilanzregimen der HGB- und der IFRS-Bilanzierung sowie andererseits durch die Entwicklung der HGB-Rechnungslegung (durch das BilMoG) geschaffene Abweichungen:

Zunächst erkennt man in der Ansatz- bzw. Zugangsbewertung bei der A-Bank, dass Unterschiede bei der Bewertung des CDS bestehen. Während HGB a.F. und IFRS gleichlaufen (jeweils Ansatz bei 4 Mio. EUR), liegt die Bewertung nach dem HGB n.F. etwa bei 3,8 Mio. EUR aufgrund des durch das BilMoG eingeführten Risikoabschlags. In der Abb. 2 wird die Bewertung nach dem *HGB n.F. durch die gepunktete Linie* dargestellt. Der Risikoabschlag ist ein prozentualer Abschlag, was zur Folge hat, dass die Divergenz der untersuchten Bilanzregime bei steigendem Wert des CDS stärker zum Ausdruck kommt, als bei fallenden Werten. Diese Entwicklung ist in Abb. 2 ebenfalls nachvollzogen.

Mit dem Ablauf des WJ 02 auf der y-Achse bildet die untere Kurve die Bewertung nach dem HGB a.F. ab, während die beiden steil ansteigenden Kurven die Zeitwertbilanzierung durch die IFRS und das HGB n.F. darstellen. Die gepunktete Linie zeigt die Bewertungsentwicklung nach dem HGB n.F. unter Berücksichtigung eines Risikoabschlags.

Für die B-Bank (unterhalb der x-Achse) sieht man eine waagerecht verlaufende Linie, die die Bewertung des CDS nach dem HGB a.F. sowie HGB n.F. zeigt. Die volatile Linie, die zunächst eine Bewertungsreduktion bis 0,5 Mio. EUR und anschließend die Entwicklung zu 21 Mio. EUR nachvollzieht, bildet die Bewertungsentwicklung nach den IFRS ab.

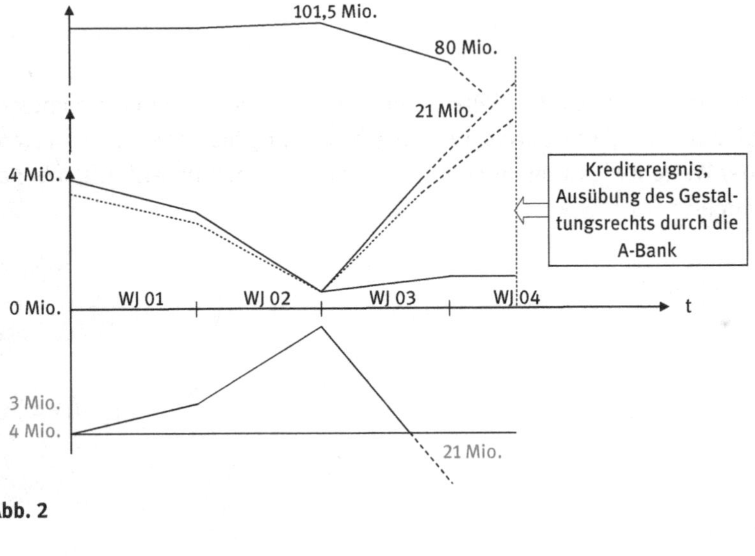

Abb. 2

5.3. Abwandlung 2

In Anbetracht des in Abb. 3 dargestellten Verlaufs der Ansatz- und Folgebewertung können die Divergenzen zwischen der HGB- und der IFRS-Bilanzierung in puncto Bilanzierung von Sicherungszusammenhängen nur als marginal beurteilt werden. Tatsächlich hat sich die HGB-Rechnungslegung für die Darstellung von Sicherungszusammenhängen schon vor der Reform durch das BilMoG aus pragmatischen Gründen an den IFRS orientiert. Durch das BilMoG ist dieser Pragmatismus nun kodifiziert worden. Durch den Sicherungszusammenhang führt die erfolgswirksame Erfassung der korrespondierenden Finanzinstrumente (C-Anleihe und CDS) letztlich zu einem ausgleichenden Ergebnis in der GuV.

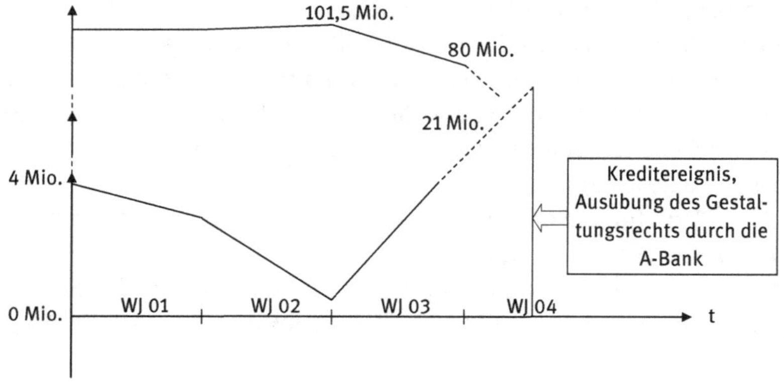

Abb. 3

Zusätzlich ist die jeweilige bilanzielle Handhabung hinsichtlich der verschiedenen Szenarien nach Zugangsbewertung, Folgebewertung bei konstanter, steigender, fallender Wertentwicklung und der Ausbuchung werden im **Anhang** tabellarisch zusammengefasst.

Kapitel VII. Informationsasymmetrien und Nutzen der Bilanzadressaten

1. Einleitung

Es liegt nahe, geleitet von grundlegenden Corporate Governance-Ansätzen, widerstreitende Interessen verschiedener *Share-* und *Stakeholder* unter einer gemeinsamen Zielsetzung zu einen (bzw. den Widerstreit auszugleichen). Solche Überlegungen bestechen und lassen sich fraglos mit der ganz grundlegenden Idealvorstellung der Wohlfahrtsmaximierung in Einklang bringen, wenn nicht sogar begründen.[1] Das Ergebnis wäre dann die Findung eines Ideals: Die abschließende Festlegung einer „guten" Corporate Governance. Teilweise wird versucht, methodisch ausgehend von den individuellen Vorstellungen der Bilanzadressaten ein Oberziel der an der Gesellschaft engagierten Koalitionäre (*Shareholder* und *Stakeholder*),[2] eine interessenpluralistische Zielkonzeption zu finden[3] oder als Deduktionsrahmen ein Normensollkonzept abzuleiten.[4] Auf der Suche nach einem solchen Oberziel wird aus der nachvollziehbaren Vorstellung, dass alle Akteure die Maximierung ihres Ertrags aus der jeweiligen Beziehung zur Gesellschaft („*Koalitionsengagement*") erzielen wollen, bisweilen die Ertragsmaximierung eines Unternehmens abgeleitet.[5] M.E. ist dieser Schluss aber nicht für alle Akteure nachvollziehbar korrekt, so übersieht diese These, dass die Ertragsmaximierung des Unternehmens gleichzeitig eng mit dem Eingehen von Risiken verknüpft ist. Die alleinige Vorstellung der Ertragsmaximierung blendet etwa die Risikobereitschaft der einzelnen Akteure völlig aus. Vergleicht man etwa zwei Akteure, die als Koalitionäre in einer Gesellschaft engagiert sind, wobei der erste Akteur unmittelbar an dem von der Gesellschaft eingegangenen Risiko aus dem operativen Geschäft partizipiert (etwa ein Anteilseigner), während der andere Akteur – unabhängig vom Risiko – einen gleich bleibenden Ertrag erwartet (etwa ein Arbeitnehmer), wird Erstgenannter tendenziell eher einer Risikosteigerung

---

1 Mit der Wohlfahrtsmaximierung setzt sich die Wohlfahrtsökonomie auseinander und versucht Kriterien festzulegen, um eine entsprechende Optimierung der Wohlfahrt für die Gesellschaft zu erreichen. Zur Allokationseffizienz des Marktes durch Information siehe auch *Kübler*, ZHR 1995, 550 (562).

2 So etwa *Volk*, BB 1987, 723 (727), der aus den Partikularinteressen der einzelnen Bilanzadressaten ein gemeinsames Ziel in der Ertragsmaximierung des Unternehmens sieht.

3 Zur interessenpluralistischen Zielkonzeption (kritisch): *Fleischer*, Shareholder vs. Stakeholder: Aktienrechtliche Fragen, S. 185 (190).

4 So etwa *Beckmann*, S. 181 f., die aus den Einzelinteressen einen Deduktionsrahmen ableitet.

5 *Volk*, BB 1987, 723 (727); Zur Koalitionstheorie vgl. auch *Küting/Weber*, Bilanzanalyse, S. 7.

zustimmen als der Zweitgenannte. Zugleich besteht aber (insbesondere in der Finanzwirtschaft) eine positive Korrelation zwischen dem Unternehmenserfolg – wie auch Misserfolg – und dem eingegangenen Risiko. Das bedeutet für den zweitgenannten Akteur, dass er sehr viel risikoaverser als der Erstgenannte ist. Das gemeinsame Unternehmensziel der Ertragsmaximierung ist damit nur bedingt aussagekräftig.

Die Deduktion eines Normensollkonzepts überzeugt schon mehr: Diese wird von der traditionellen Wohlfahrtstheorie geleitet und folgt der Idee, dass zumindest unter den Restriktionen der offenen, dynamischen Konkurrenz am Markt das eigennützige Verhalten der Akteure letztlich auch zu einer Steigerung der gesamtgesellschaftlichen Wohlfahrt führt, weil diese auf die Optimierung der individuellen Wohlfahrt zurückzuführen ist. Dennoch bleibt die Operationalisierbarkeit schwierig, weil die Determinierung der individuellen Nutzenfunktionen der einzelnen Akteure kaum oder zumindest nur unter Inkaufnahme starker Verallgemeinerungen geleistet werden kann. Zur Findung eines Normensollkonzepts müssten sämtliche Nutzenfunktionen eines jeden Akteurs einzeln betrachtet und anschließend ins Verhältnis gesetzt werden. Fraglos ließe sich – verfügte man über das Datenmaterial, das die Nutzenfunktionen determinieren könnte, – dann das Wohlfahrtsoptimum oder auch die Optimierung der Corporate Governance rechnerisch ermitteln. Unabhängig davon, dass die Erfassung dieser Daten einerseits nicht möglich sein wird und auch die Festlegung von definierungsbedürftigen Parametern wiederum zu Abstrichen bezüglich der Erfassung von tatsächlichen Lebenssachverhalten führt, wäre die Aussagekraft beschränkt auf eine Momentaufnahme. Es genügt, dass sich auch nur die Präferenz eines einzelnen Akteurs in geringfügiger Weise ändert und schon verliert das Modell an Aussagekraft für die Gegenwart – präziser: Sowohl die Datenerfassung, als auch die zu Grunde liegenden Rechenoperationen müssten von Neuem beginnen. Der Versuch der Suche nach einer guten Corporate Governance sowie der Wohlfahrtsmaximierung wäre eine Sisyphusarbeit. Ein Normensollkonzept kann sonach allenfalls unter Bezugnahme auf eine begrenzte Betrachtung einiger weniger Determinanten und auch nur mit weitgehenden Abstrichen gegenüber der Lebenswirklichkeit gelingen. Letztlich bleibt es eben die Aufgabe des Gesetzgebers, über die reine ökonomische Effizienz – soweit diese bestimmbar ist (s. o.) – hinaus bestimmte Publizitätsziele festzulegen.[6] So mag Publizität für ein Unternehmen auch kostenintensiv sein und mancher mag auch darauf abstellen, dass Publizität zunächst einmal unproduktive Belastung darstelle.[7] Zugleich

---

6 Vgl. *Hopt*, ZGR 1980, 225 (242).

7 Diesen Gedanken aufgreifend, wenn auch im Ergebnis ablehnend *Hopt*, ZGR 1980, 225 (241).

stellen Information und deren Publizität eine wichtige Notwendigkeit für das Funktionieren von Märkten dar.[8]

In diesem Kapitel sollen zunächst die Nutzenprofile für einzelne Akteure im Corporate Governance-Gefüge beschrieben werden, anschließend wird der Nutzen hinsichtlich der im Kapitel VI. dargestellten Buchungen analysiert. Diese Untersuchung orientiert sich stets an dem Leitgedanken, welchen Einfluss die Präferenzen der Bilanzadressaten hinsichtlich des Leitungshandelns haben. Dabei setzt die Darstellung der individuellen Nutzenfunktion die Festlegung einer Reihe von Annahmen voraus. Freilich sind diese Annahmen in jedem einzelnen Fall angreifbar und stets abweichende Szenarien vorstellbar, doch wird versucht, den Akteuren möglichst nachvollziehbare Interessen zuzuschreiben, die letztlich zu einer Festlegung von Präferenzen genutzt werden sollen.[9] Dabei werden die Nutzen der in den Blick genommenen Akteure nach deren jeweiligen Zielvorstellungen, auftretenden Zielkompatibilitäten und Zielkonkurrenzen miteinander verglichen.[10]

Die anschließende Analyse ist in mehrere Abschnitte untergliedert und konzentriert sich auf den bilanziellen Ansatz von Credit Default Swaps und auf die Folgebewertung (bei gleich bleibendem, steigendem und fallendem Kursverlauf des Referenzaktivums) sowie die jeweiligen Auswirkungen auf das Informationsgefüge. Jeweils werden die zu vergleichenden Regime einander gegenübergestellt und bewertet.

2. Antizipierter Nutzen der Bilanzadressaten

2.1. Nutzenprofil des Leitungsorgans

2.1.1. Herleitung des individuellen Nutzenprofils des Leitungsorgans

Wie eingangs dargestellt, wird das Prinzipal-Agent-Problem bei Banken dadurch noch verschärft, dass die Vermögensgegenstände bzw. Vermögenswerte – anders als etwa bei Industrieunternehmen – in größerem Umfang Finanzinstrumente ausmachen.[11] Das bedeutet, dass die die Finanzinstrumente ausmachenden wesentlichen Merkmale vergleichsweise zügig entweder durch weitere Transak-

---

8 Zur Notwendigkeit von Information und den Folgen von Informationsasymmetrien: *Grundmann*, European Company Law, § 9, Rn. 10 ff.

9 So auch *Volk*, BB 1987, 723, allerdings in anderer Gliederung.

10 Zu den Begriffen Zielkompatibilität und -konkurrenz siehe auch *Coenenberg/Haller/Schultze*[21], Jahresabschluss, S. 1016; *Volk*, BB 1987, 723 (723).

11 Siehe hierzu Kapitel II.2.4.

tionen oder durch eine entsprechende Ausgestaltung („*Financial Engineering*") verändert werden können. Dies hat zur Folge, dass inhärente Risikopositionen etwa durch Verbriefung auf andere Marktteilnehmer verschoben werden können („*risk-shifting*"). Damit haben Banken die Möglichkeit – anders als etwa Unternehmen in der Automobilindustrie –, Vermögensgegenstände bzw. Vermögenswerte in ihrer Eigenschaft und damit in ihrer bilanziellen Darstellung zu verändern.[12] Die maßgebenden Entscheidungen über die Ausgestaltung von Finanzinstrumenten, sei es in der Position des Haltenden, des Emittenten, des Garantiegebers usw., stehen in der Verantwortung des Leitungsorgans. Das Leitungsorgan ist freilich nur Adressat der internen und nicht der externen Rechnungslegung.[13] Als Ausnahme hiervon ist allerdings zu bedenken, dass das Leitungsorgan, soweit die Leitungsvergütung an Parametern festgemacht wird, die durch die externe Rechnungslegung determiniert werden, zum Gläubiger bzw. zum Anteilseigner (je nach Ausgestaltung im Einzelfall) der Gesellschaft bei vereinbartem Bedingungseintritt wird. Dieser Befund ist aber im Laufe der Untersuchung außer Acht zu lassen, weil die hier vorgenommene modellhafte Betrachtung sonst wiederum verkompliziert werden würde. Des Weiteren ist mit Leitungsorgan der zur Geschäftsführung beauftragte Leiter (Vorstand) und nicht das Kontrollorgan (Aufsichtsrat) gemeint.[14]

Zur Analyse der Corporate Governance-Struktur ist es entscheidend, den Nutzen des Leitungsorgans als rechenschaftsablegenden Bilanzersteller in den Blick zu nehmen, um letztlich den Nutzen von Leitungsorgan und Bilanzadressaten abgleichen zu können. Hierzu müssen ganz unterschiedliche Annahmen in die Überlegung einbezogen werden:

Grundsätzlich werden Leitungsorgane eher als risikoavers charakterisiert, weil ihre berufliche Zukunft von ihrer Leistung abhängt und in der Tendenz eine zu aggressive Strategie im operativen Geschäft bei Fehlentscheidungen zu einem vorzeitigen Karriereende führen kann.[15] Aus neoklassischer Sicht lassen sich Leitungsorgane auch als *underperformer* bezeichnen, weil sie eher an ihrem eigenen Fortkommen als an dem Fortkommen der Gesellschaft interessiert sind, was im Interessenkonflikt zwischen Leitung und Eigentümerstellung begründet

---

12 Dazu *Mülbert*, Corporate Governance of Banks, S. 13; zur Intransparenz und zum inherenten Risiko: *Wohlmannstetter*, Corporate Governance von Banken, S. 905 (909 f.).

13 Vgl. *Zetzsche*, § 4, S. 56; KK-AktG^2-*Claussen* § 264, Rn. 21; *Baetge*, FS Leffson 1976, S. 11 (24); a.A.: *Stützel*, ZfB 1967, 314 (330 f.).; ansatzweise auch *Volk*, BB 1987, 723 (724).

14 So differenzierend etwa *Mülbert*, Corporate Governance of Banks, S. 11; zum Informationsfluss zwischen diesen beiden Akteuren – auch mit einem Vergleich zum monistischen Leitungssystem – siehe: *Seibt*, Informationsfluss, S. 391 ff.

15 *Mülbert*, Corporate Governance of Banks, S. 11.

ist („*shirking*").[16] Dieser Vorstellung folgend, neigt das Leitungsorgan zum so genannten *empire building* und versucht Gewinne möglichst zu thesaurieren[17] oder verschwendet die Ressourcen sogar für eigene Ausgaben.[18] Um diesem Verhalten zu begegnen, wird regelmäßig ein Teil der Leitungsvergütung an der Steigerung des bilanziellen Unternehmenswerts orientiert. Mithin korreliert die Vergütung positiv mit der Kapitalisierung von Vermögensgegenständen bzw. Vermögenswerten (*equity based remuneration*).[19] Somit haben Leitungsorgane oft ein Interesse an der bilanziellen Kapitalisierung von Vermögensgegenständen bzw. Vermögenswerten. Daher wird hier angenommen, dass die persönliche Performance des Leitungsorgans positiv mit einem (möglichst) hohen bilanziellen Ansatz der Vermögensgegenstände bzw. Vermögenswerte im Zusammenhang steht. Denn gerade in der Bankbilanz haben Leitungsorgane einen vergleichsweise hohen Einfluss auf bestimmte vergütungssteigernde Bilanzkennzahlen. Ist ein substantieller Teil der Vergütung eigenkapitalbasiert, kann dies dazu führen, dass sich das Leitungsorgan auf kurzfristige Erfolge konzentriert und abweichend von oben genanntem Grundsatz des risikoaversen Verhaltens das Unternehmen erheblichen Risiken aussetzt.[20]

Die stärkere (einseitige) Ausrichtung an einer Ertragssteigerung bei gleichzeitig steigendem Risiko wird für Leitungsorgane noch dadurch gefördert, dass gegenüber Gläubigern die disziplinierende Wirkung durch den Markt in bestimmten Bereichen ausgeschaltet wird (*Moral Hazard*)[21]: Dies betrifft einerseits private Einleger, die durch die Einlagensicherung geschützt werden, sich nicht damit auseinandersetzen müssen, wem sie ihre Einlagen anvertrauen, weil diese schließ-

---

16 Zum Begriff des *underperformer*: *Mülbert*, Corporate Governance of Banks, S. 11 f.; zum Begriff *shirking*: *Alchian/Demsetz*, (1972) 62 American Economic Review 777 (780 f.), sowie Kapitel II.3.2.2. Zum Zielkonflikt allgemein: *Wohlmannstetter*, Corporate Governance von Banken, S. 905 (909) *et passim*.

17 *Volk*, BB 1987, 723 (723), zumindest soweit keine Entlohnung in Abhängigkeit zum Ausschüttungsbetrag vereinbart ist. Zum Begriff des *empire building* und auch weiterführend: *Grundmann*, European Company Law, § 14, Rn. 41.

18 *Mülbert*, Corporate Governance of Banks, S. 12; zu opportunistischem Verhalten des rechenschaftsablegenden Leitungsorgans allgemeiner: *Pellens/Strzyz*, Rechnungslegung, S. 533 (535 f.).

19 Zur überdurchschnittlich hohen variablen Vergütung des Leitungsorgans: *Wohlmannstetter*, Corporate Governance von Banken, S. 905 (911); vgl. auch *Mülbert*, Corporate Governance of Banks, S. 14; *Adam/Mehran*, (2003) 9 Federal Reserve Bank of New York Economic Policy Review 123 (131 f.); auch für Nichtbanken: *Volk*, BB 1987, 723 (723).

20 *Wohlmannstetter*, Corporate Governance von Banken, S. 905 (911); *Mülbert*, Corporate Governance of Banks, S. 12 f.

21 Zum Begriff *Moral Hazard* siehe auch Kapitel II.4.

lich ohnehin gesichert sind.[22] Analog zum Steuerungsfehlanreiz bei privaten Einlegern durch die Einlagensicherung ist durch die Finanzmarktkrise das sog. *too big to fail*-Dilemma deutlich geworden.[23] Dadurch, dass die (Groß-)Banken – wie eingangs beschrieben – eine ganz besondere volkswirtschaftliche Rolle im Gemeinwesen übernehmen und aufgrund ihres Geschäftsmodells eine besonders vernetzte Schlüsselposition einnehmen, stützt ein Staat die Bankwirtschaft, um weitergehende Schäden durch die Verwirklichung systemischer Risiken zu verhindern, die wegen der Größe der jeweiligen Bank folgen könnten.[24]

Daneben tritt die Überlegung, dass die Kapitalisierung von Vermögensgegenständen bzw. Vermögenswerten ein Unternehmen für etwaige Übernahmen teurer macht, somit die Position des Leitungsorgans im Falle feindlicher Übernahmen tendenziell stärkt und damit die eigene Anstellung sichert. Dabei ist die externe Unternehmenskontrolle, etwa im Falle der Disziplinierung durch feindliche Übernahmen, im Bankensektor tendenziell weniger effizient als in anderen Wirtschaftszweigen, da sich insbesondere bei Banken eine Unternehmensbewertung als schwierig erweist: Einen wesentlichen wertbildenden Faktor bei Banken als Dienstleister stellt der immaterielle Vermögenswert der Arbeitnehmer, das sog. Humankapital, dar. Gerade dieses ist aber vergleichsweise flüchtig und daher schwer zu bewerten.[25]

Auf der anderen Seite kann die Nichtkapitalisierung von Vermögensgegenständen bzw. Vermögenswerten zur Bildung stiller Reserven führen. Die Bildung stiller Reserven kann Leitungsorganen wiederum den Spielraum eröffnen, diese in Geschäftsjahren, in denen das operative Geschäft tendenziell schlechter läuft, aufzulösen und Bilanzadressaten gegenüber so eine Kontinuität des Unternehmenserfolgs zu suggerieren.[26] Der Ermessens- und damit der Handlungsspielraum des Leitungsorgans durch Nichtkapitalisierung wird eher erweitert als verkürzt. Letztlich wird aber in erster Linie auf den Vergütungsaspekt abzustellen sein, so dass der individuelle Nutzen des Leitungsorgans als umso höher angenommen werden kann, je höher die bilanzielle Kapitalisierung von Vermögensge-

22 *Wohlmannstetter*, Corporate Governance von Banken, S. 905 (913).

23 *Mülbert*, Corporate Governance of Banks, S. 14; *Wohlmannstetter*, Corporate Governance von Banken, S. 905 (915).

24 *Mülbert*, Corporate Governance of Banks, S. 14; *Wohlmannstetter*, Corporate Governance von Banken, S. 905 (915).

25 *Mülbert*, Corporate Governance of Banks, S. 15; vgl. Auch *Adam/Mehran*, (2003) 9 Federal Reserve Bank of New York Economic Policy Review 123 (126).

26 *Bieg*[1], S. 774 f; *Bieg*[2], S. 955 f. Zur sog. Imagesteigerung siehe auch *Coenenberg/Haller/Schultze*[21], Jahresabschluss, S. 998; zur zielgerichteten Gestaltung des Jahresabschlusses im Falle einer Übernahme siehe *dies.*, Jahresabschluss, S. 999. Auch zum sog. *value reporting*: *Bieg*[2], S. 953 f.

genständen bzw. Vermögenswerten ausfällt. In zweiter Linie kann anschließend danach differenziert werden, welches Rechnungslegungsregime darüber hinaus noch den weitesten Ermessens- bzw. Handlungsspielraum eröffnet.

Die Motivation, durch Bilanzpolitik Einfluss auf das durch den Jahresabschluss publizierte Zahlenmaterial zu nehmen, lässt sich auch an den für die Bilanzadressaten relevanten Bilanzkennzahlen verdeutlichen. Maßgebende erfolgsorientierte Größen sind – wie in Kapitel III. dargestellt – die Gewinnspanne, die Ertragsspanne und die Eigenkapitalrentabilität. Grundsätzlich bilden diese Kennzahlen auch die ökonomische Wirklichkeit ab: Steigen etwa die Erträge, weil eine Bank ein Wertpapier des Handelsbestands zu einem höheren Wert verkaufen kann, als es für den Erwerb zahlen musste, steigen der Jahresüberschuss und damit die Gewinnspanne sowie die Eigenkapitalrentabilität, zumal insbesondere das Geschäftsvolumen gleich geblieben ist; denn die Veräußerung eines Aktivums führt zu einem Zahlungseingang und stellt einen einfachen Aktivtausch dar. Das Geschäftsvolumen bleibt dabei unberührt. Neben dem Jahresüberschuss wird auch der Handelsüberschuss steigen, was sich wiederum positiv auf das Betriebsergebnis und bei gleichbleibendem Geschäftsvolumen ebenso auf die Ertragsspanne auswirken wird. Analog hierzu kann die Einflussnahme von Aufwendungen auf die beschriebenen Bilanzkennzahlen durchgespielt werden. Die Bildung von Rückstellungen erfolgt durch eine erfolgswirksame Buchung und stellt einen Aufwand dar. Zwar können die Bildung von Rückstellungen und die Berücksichtigung von Aufwendungen insbesondere durch die Steuerbilanzpolitik indiziert sein, dennoch werden nach dem zuvor festgestellten Nutzenprofil des Leitungsorgans solche Maßnahmen präferiert, die den Jahresüberschuss steigern. Es wurde bereits an anderer Stelle auf den Konflikt verschiedener bilanzpolitischer Zielsetzungen hingewiesen.[27] Freilich ist das Leitungsorgan auch an der Steigerung bestimmter absoluter Kennzahlen, wie etwa der Bilanzsumme, interessiert. Steigt aber die Bilanzsumme *ceteris paribus*, sinkt die Gewinnspanne, weil Bilanzsumme und Jahresüberschuss in einem inversen Verhältnis stehen. Daher profitiert das Leitungsorgan am meisten von solchen Geschäftsvorfällen, die sowohl die Nennerposition des Geschäftsvolumens, als auch die Zählerposition des Jahresüberschusses gleichermaßen positiv beeinflussen. Dies lässt sich am einfachsten durch die erfolgswirksame Kapitalisierung von Aktivpositionen erreichen. Eine erfolgsneutrale Kapitalisierung nützt dem Leitungsorgan weniger, weil dann wiederum der Zielkonflikt zwischen der Erhöhung der Bilanzsumme bei gleich bleibendem Jahresüberschuss besteht. Das Gegenteil zur erfolgswirksamen Kapitalisierung stellt die erfolgswirksame Abwertung von Vermögensgegen-

27 Siehe Kapitel III.3.2.

ständen bzw. Vermögenswerten dar. Aus Sicht des Leitungsorgans wird auch die (isoliert betrachtete) Bildung von Eventualverbindlichkeiten nicht zu präferieren sein, denn diese steigern das Geschäftsvolumen, ohne gleichzeitig den Ertrag zu steigern. Der Zielkonflikt wurde bereits erwähnt und wird noch deutlicher bei der Weitung des Blickwinkels und der Erfassung einer risiko- und einer liquiditätsorientierten Betrachtung. Hierauf wird in der nun folgenden Darstellung bei den einzelnen Bilanzadressaten und ihren Nutzenprofilen eingegangen.

2.1.2. Zusammenfassung

Die Jahresabschlusspublizität dient der Rechenschaft des Leitungsorgans, mithin profitiert es von steigenden absoluten Größen – wie etwa der Bilanzsumme – als auch relativen Größen – etwa der Eigenkapitalrentabilität oder der Gewinnspanne. Zugleich ist in der Bankbranche eine variable und leistungsorientierte Vergütung üblich, so dass das Leitungsorgan ein Interesse an der Steigerung solcher Positionen hat, die seine Vergütung determinieren. Tendenziell wird das Leitungsorgan daher von einer (erfolgswirksamen) Kapitalisierung von Vermögensgegenständen bzw. Vermögenswerten profitieren. Eine sekundäre Rolle spielt die Erweiterung der Ermessens- und Handlungsspielräume als Folge der Bildung stiller Reserven.

Abschließend kann festgehalten werden, dass für Banken die Prinzipal-Agent-Konflikte der Besonderheit unterliegen, dass sich die disziplinierende Wirkung durch den Markt entweder durch bestehende Sicherungssysteme (Einlagensicherung), aufgrund einer faktisch notwendigen Sicherung durch den Staat (*too big to fail*-Dilemma) oder aufgrund der branchentypischen Eigenart (externe Unternehmenskontrolle) vergleichsweise weniger effektiv auswirkt, als bei Unternehmen der Realwirtschaft, wobei Banken gleichzeitig einem vergleichsweise höheren Risiko ausgesetzt sind.[28]

2.2. Nutzenprofil der Anteilseigner

2.2.1. Herleitung der individuellen Nutzenprofile der Anteilseigner

Leitungsorgan und Anteilseigner stehen in dem generellen Zielkonflikt, der aus der Trennung von Eigentümerstellung und Kontrolle herrührt.[29] Dennoch kann

---

28 Siehe hierzu Kapitel II.2.4.; dort: *Mülbert*, Corporate Governance of Banks, S. 15; *Wohlmannstetter*, Corporate Governance von Banken, S. 905 (909 f.).

29 *Berle/Means*, The Modern Corporation and Private Property, S. 6–7; siehe hierzu Kapitel II.3.2.2.; explizit für Banken: *Mülbert*, Corporate Governance of Banks, S. 11.

es durchaus sein, dass bestimmte Handlungen des operativen Geschäfts und bestimmte Entscheidungen bei der bilanziellen Rechnungslegung bezogen auf ihren Nutzen im Ergebnis von beiden Akteuren deckungsgleich sind. Dabei ist der deckungsgleiche Nutzen in den meisten Fällen mit verschiedenen Motivationen unterlegt.

2.2.1.1. Zum Zielkonflikt zwischen Leitungsorgan und Anteilseignern

Als Mittel zur Kontrolle sowie zur Entscheidungsbildung über den Verbleib in der Gesellschaft und den Eintritt in die Gesellschaft dient die Information.[30] Weiterhin ist Information nötig für eine sachgerechte Wahrnehmung von Mitgliedschaftsrechten.[31] Teilweise wird, im Rahmen der individuellen sowie kollektiven Kontrollrechte des Gesellschaftsrechts, dem Rechnungslegungsrecht der Rang als das wichtigste Informationsinstrument zugeschrieben.[32] Folgt man dieser Überlegung weiter, so ist der Anteilseigner der Träger des unternehmerischen Risikos, während das Leitungsorgan sein Treuhänder ist.[33] Gleichzeitig wird gemahnt, das vom Gläubigerschutz geprägte Vorsichtsprinzip werde als Argumentationshilfe von Seiten des Rechenschaftsverpflichteten missbraucht, wodurch das Rechnungslegungsrecht als zentrales Element der Geschäftsführungskontrolle im Unternehmensrecht einen nicht unerheblichen Informationsverlust erleide. [34] Dies habe zur Folge, dass der Anteilseigner möglicherweise den „*falschen Preis*“ zahle,[35] womit die Forderung laut wird, dem Rechnungslegungsrecht *de lege ferenda* einen höheren Stellenwert einzuräumen.[36] Zur Auflösung dieses Zielkonflikts wird neben anderen Maßnahmen im Rahmen der internen Corporate Governance für das Leitungsorgan ein Vergütungsanreiz in Form einer variablen bzw. leistungsorientierten Vergütung geschaffen, um eine Form der Nutzenkongruenz

---

30 *Volk*, BB 1987, 723 (723); *Kleindiek*, ZGR 1998, 466 (471); *Wiedemann*, BB 1975, 1591 (1594); *Pellens/Strzyz*, Rechnungslegung, S. 533 (535).

31 *Kleindiek*, ZGR 1998, 466 (471); *Pellens/Strzyz*, Rechnungslegung, S. 533 (535); *Küting/Weber*, Bilanzanalyse, S. 9.

32 *Kleindiek*, ZGR 1998, 466 (471); *Pellens/Strzyz*, Rechnungslegung, S. 533 (535).

33 *Kleindiek*, ZGR 1998, 466 (471); Zum unternehmerischen Risiko und den Konsequenzen: *Schmidt/Weiß*, Shareholder vs. Stakeholder: Ökonomische Fragen, S. 161 (164) *et passim*.

34 *Kleindiek*, ZGR 1998, 466 (489); auch *Kübler*, ZGR 2000, 550 (557) sowie *Zetzsche*, § 4, S. 63.

35 *Zetzsche*, § 4, S. 63; zur These, dass nur ein informierter Investor zu einer qualifizierten Entscheidung darüber kommen kann, ob eine Bank gut oder schlecht geleitet ist: *Kern*, Corporate Governance and Banking Regulation, S. 1016.

36 *Kleindiek*, ZGR 1998, 466 (489).

zu schaffen. Welchen Einfluss das Nutzenprofil der Anteilseigner im Einzelnen auf das Verhalten des Leitungsorgans hat, wird später diskutiert (siehe 2.2.3.).

2.2.1.2. Zum Zielkonflikt zwischen Anteilseignern untereinander

Neben die Beziehung zwischen Leitungsorgan und Anteilseignern tritt als weitere konfliktträchtige Konstellation regelmäßig die Beziehung zwischen Minderheitsanteilseignern und Groß- oder Mehrheitsanteilseignern.[37]

Während auf den ersten Blick ein Grundkonsens unter allen Anteilseignern dahingehend anzunehmen ist, dass das gemeinsame Unternehmen wachsen soll (Steigerung der Bilanzsumme) und das eingesetzte Eigenkapital sich vermehren soll (Steigerung der Eigenkapitalrentabilität), können Konflikte gerade im Hinblick auf strategische Unternehmensentscheidungen zwischen den beiden Gruppen der Minderheitsanteilseigner und der Groß- und Mehrheitsanteilseigner ausgemacht werden: So kann aus der Warte des Anteilseigners eine bilanzielle Kapitalisierung von Vermögensgegenständen bzw. Vermögenswerten ganz unterschiedlich interpretiert werden.[38] Dabei reicht die Spanne von einer positiven bis hin zu einer negativen Beurteilung. Freilich hat jede Kapitalisierung eine Steigerung des jeweils anteiligen Eigenkapitals für jeden Anteilseigner zur Folge. Nichtsdestotrotz findet dieser Anstieg ohnehin statt, denn letztlich folgt der bilanzielle Ausweis dem tatsächlichen Wert und sollte unter Gläubigerschutzgesichtspunkten nicht anders herum erfolgen. Zudem korreliert ein höherer Ausweis von Vermögensgegenständen bzw. Vermögenswerten positiv mit einer günstigeren Unternehmensfinanzierung und eröffnet dem Unternehmen etwa die Möglichkeit, Darlehensverträge zu besseren Konditionen mit anderen Kreditinstituten abschließen zu können. In der Konsequenz führt eine günstigere Unternehmensfinanzierung zu einem geringeren Aufwand und zu steigenden Gewinnen, die dann an die Anteilseigner ausgeschüttet werden können. In dieser Hinsicht ist die Kapitalisierung von Vermögensgegenständen bzw. Vermögenswerten durchaus positiv für alle Anteilseigner. Zugleich kann gerade aus steuerlichen Gründen das strategische Kalkül einzelner Anteilseigner für die Bildung stiller Reserven anstelle einer Kapitalisierung sprechen, was eine Divergenz des Nutzens unter den Anteilseignern zur Folge hätte. Die verschiedenen Präferenzen

---

37 So differenzierend: *Wohlmannstetter*, Corporate Governance von Banken, S. 905 (910 ff.); *Coenenberg/Haller/Schultze*[21], Jahresabschluss, S. 18; *Mülbert*, Corporate Governance of Banks, S. 12.
38 Zur Heterogenität der Aktionäre bzw. Anteilseigner siehe *Zetzsche*, § 4, S. 54 f.; *Volk*, BB 1987, 723 (724); *Baetge*, FS Leffson 1976, S. 11 (24). Vgl. hierzu auch *Wohlmannstetter*, Corporate Governance von Banken, S. 905 (910 f.).

bezüglich der Kapitalisierung charakterisieren exemplarisch die Heterogenität innerhalb der Gruppe der Anteilseigner. Neben angesprochenen unterschiedlichen strategischen Ansätzen (etwa Gewinnausschüttung *versus* Thesaurierung) werden drei weitere Faktoren genannt, an denen sich strukturelle Unterschiede innerhalb der Gruppe der Anteilseigner festmachen lassen können: der Verständnishorizont, das Informationsinteresse und schließlich die Abhängigkeit von der handelsrechtlichen Publizität.[39] Selbstverständlich ist der Versuch, klare Kategorien zu bilden, schwierig oder sogar unmöglich. Teilweise wurde auf methodische Probleme in diesem Zusammenhang bereits hingewiesen. Zur modellhaften Darstellung der in ihrer Präferenzordnung divergierenden Interessengruppen innerhalb der Anteilseigner erscheint es dennoch sinnvoll, zwischen erstens Minderheitsanteilseignern, zweitens Groß- und Mehrheitsanteilseignern und drittens zukünftigen Anteilseignern zu differenzieren. Wenigstens lassen sich die soeben referierten Unterscheidungsmuster auch bis zu einem gewissen Grad auf diese Einteilung übertragen. So ist erfahrungsgemäß bei Groß- und Mehrheitsanteilseignern eher von einem höheren Verständnisgrad und von einer geringeren Informationsabhängigkeit durch die Rechnungslegung auszugehen.

Die Heterogenität verschiedener Akteure wird oft an den verschiedenen Bilanzzwecken, namentlich der Ausschüttungsbemessungs- und Informationsfunktion festgemacht, andererseits wird ein Widerspruch zwischen der Ausschüttungsbemessungs- und Informationsfunktion allerdings mit der Begründung verneint,[40] es bestünden vielmehr unterschiedliche Interessen zwischen den Akteuren bezüglich der Frage nach Kapitalbindung und Kapitalausschüttung.[41] Damit einher geht die Forderung – *de lege ferenda* – diese Frage in anderer Weise als durch die Rechnungslösung zu klären.[42] An dieser Stelle kommen wiederum die verschiedenen Funktionsansätze der zu vergleichenden Bilanzrechtsregime

---

39 So *Zetzsche*, § 4, S. 54 f.; vgl. auch *Volk*, BB 1987, 723 (724); dazu auch *Baetge/Kirsch/Thiele*, Bilanzanalyse, S. 17 f.

40 *Kleindiek*, ZGR 1998, 466 (484); *Zetzsche*, § 4, S. 61. Dagegen: *Schön*, ZGR 2000, 706 (727–729), nach dem es nicht sein dürfe, „*einseitig das europäische Bilanzrecht nach den Informationsinteressen der Kapitalmärkte auszurichten.*" Siehe auch Art. 15 Abs. 1 lit. a) Richtlinie 77/91/EWG (Kapitalrichtlinie).

41 *Zetzsche*, § 4, S. 61; *Coenenberg/Haller/Schultze*[21], Jahresabschluss, S. 1016. Zum Interesse der Einflussnahnme durch Großaktionäre bzw. -anteilseigner: *Schmidt/Weiß*, Shareholder vs. Stakeholder: Ökonomische Fragen, S. 161 (180) sowie *Wohlmannstetter*, Corporate Governance von Banken, S. 905 (914 f.).

42 *Zetzsche*, § 4, S. 61. Zum Solvenztest als Alternative siehe: *Hennrichs*, StJB 2004/2005, 257: zum Vergleich und Solvenztests gegenüber der tradierten Ausschüttungsgrenze zugleich Effizienzvergleich: „*einstweilen unbewiesen*" (273); siehe auch: *Watrin/Scholz*, StuW 2008, 348 sowie *Kuhner*, ZGR 2005, 753.

zum tragen. In jedem Fall kann diese Frage für das HGB-Rechnungslegungsrecht zunächst offen bleiben, denn – *de lege lata* – ist eine von Referenzwert- und Ausschüttungsbemessungsfunktion völlig abgekoppelte Bilanz auch nach der jüngsten Reform durch das Bilanzrechtsmodernisierungsgesetz (BilMoG) nicht vorgesehen. Zudem sprechen gute Gründe dafür, die Kapitalerhaltung nicht bloß Individualabsprachen zwischen dem bilanzierenden Unternehmen und seinen Gläubigern nach angloamerikanischem Vorbild zu überlassen.[43] Die Einteilung divergierender Präferenzen nach Kapitalbindung und nach Kapitalausschüttung überzeugt dennoch, um verschiedene Anteilseignerinteressen zu verorten. Entsprechend sind den exemplarisch gewählten Unterkategorien von Anteilseignern (namentlich Groß- und Mehrheitsanteilseigner, Minderheitsanteilseigner und zukünftige Anteilseigner) Präferenzen bezüglich bestimmter Handlungsalternativen des Leitungsorgans zuzuweisen. Zwar mag hiergegen wiederum eingewandt werden, dass eine Form der Interessensdifferenzierung wenig sinnvoll sei, weil schon im Gesetz keine Rangfolge von Adressatengruppen angelegt ist,[44] dennoch können sich aus der ökonomischen Wirklichkeit ergebende und immer wiederkehrende typische Muster als Auslegungshilfe dienen. Zwar mag es auch stimmen, dass die Ableitung von individuellen Interessens- oder Nutzenprofilen bei immer mehr verbreiteten hybriden Finanzierungsformen sich als schwierig erweist, gleichzeitig kann aber auch nicht von der Hand gewiesen werden, dass es durchaus unterschiedliche Positionierungen innerhalb einer Adressatengruppe und über die verschiedenen Adressatengruppen hinweg gibt.

2.2.1.3. Zum Nutzenprofil der Groß- und Mehrheitsanteilseigner

Groß- und Mehrheitsanteilseigner sind gerade bei Publikumsgesellschaften mit einem nicht unwesentlichen Streubesitz in einer Gruppe zusammenzufassen, weil auch Großanteilseigner mit einer entsprechenden Beteiligung regelmäßig einen erheblichen Einfluss auf die Gesellschaft haben und damit das sog. Kollektivismushandlungsproblem für sich (aus-)nutzen können. Freilich steht der Schutz anderer Anteilseigner auf dem Prüfstand, wenn durch Großanteilseigner, die keine Mehrheitsanteilseigner sind, eine Gesellschaft kontrolliert wird.[45]

---

43 Als wesentliches Mittel der *debt*-Governance betrachtet die Mindestkapitalanforderung: *Wohlmannstetter*, Corporate Governance von Banken, S. 905 (917); für die Abkehr hin zur Informationsbilanz: *Zetzsche*, § 4, S. 61.

44 So zumindest zuvor vertreten, siehe Kapitel III.2. Ebenso *Zetzsche*, § 4, S. 54–60; im Anschluss an *EuGH*, NJW 1998, 129 (130), Tz. 22 („*Daihatsu*") soweit ersichtlich auch GroßKomm-HGB^{4}-*Hommelhoff*, § 289, Rn. 44 ff.

45 *Faber*, Institutionelle Investoren, S. 219 (229); *Engert*, ZIP 2006, 2105 (2107).

Gerechtfertigt werden kann dieser Einfluss letztlich dadurch, dass die inhaltliche Qualität getroffener Entscheidungen maßgebend ist und nicht die Quantität abgegebener Stimmen auf der Hauptversammlung.[46] Jedenfalls ist die Tendenz gleichgelagerter Motivationen von Groß- und Mehrheitsanteilseignern – gerechtfertigt oder nicht – an den Kapitalmärkten zu erkennen und daher in die folgenden Überlegungen einzubeziehen.

Eine andere Entwicklung wird allerdings bewusst außer Acht gelassen: Die Trennung von Eigentum und Kontrolle erreicht im Lichte der Wertpapierleihe insbesondere durch Hedge Fonds eine neue Qualität, die von der traditionellen Corporate Governance-Betrachtung nach *Berle/Means*[47] nicht mehr erfasst wird: So nehmen Großanteilseigner Einfluss auf die Leitung von Gesellschaften, deren Anteile sie aufgrund „geliehener" Wertpapiere ausüben können. Dabei ist ihre Motivation darin begründet, durch ihre Stellung eines Großanteilseigners auf die Wertentwicklungen anderer Marktteilnehmer Einfluss zu nehmen, um so von der Marktentwicklung der anderen Markteilnehmer profitieren zu können. Dabei ist die Gesellschaft, auf die ursprünglich Einfluss genommen wurde, lediglich Mittel zum Zweck[48] und die Motivation der so handelnden Großanteilseigner unterscheidet sich grundlegend von der Motivation des „klassischen" Anteilseigners. Welche Motivation im Einzelnen vorliegt, lässt sich nur schwer qualifizieren. In der Konsequenz werden wie zuvor beschrieben agierende Großanteilseigner in der folgenden Untersuchung nicht weiter in den Blick genommen.

Als eine weitere Trennung zwischen Eigentum und Kontrolle hinsichtlich der Einflussnahme im Rahmen von Hauptversammlungen ist die Stimmrechtsvertretung, insbesondere das Depotstimmrecht, zu erwähnen. Während auch die Minderheitsanteilseigner durch die Stimmabgabe zumindest zu einem meist unbedeutenden Umfang auf die Unternehmensleitung und deren Entscheidungen Einfluss nehmen können, führt das Depotstimmrecht (§ 135 AktG) zu einer Machtbündelung zu Gunsten von Banken. Zugleich gewährleisten die aktienrechtlichen Vorschriften zum Depotstimmrecht ein ausgewogen stimmiges System, was eine

---

46 *Engert*, ZIP 2006, 2105 (2107); im Ergebnis auch *Vetter*, AG 2006, 32 (33 f.). Zur Einflussnahme durch Großaktionäre bzw. -anteilseigner vor und während der Hauptversammlung siehe auch: *Faber*, Institutionelle Investoren, S. 219 (227); *Schmidt/Weiß*, Shareholder vs. Stakeholder: Ökonomische Fragen, S. 161 (180).

47 *Berle/Means*, The Modern Corporation and Private Property, S. 6–7. Im Einzelnen siehe Kapitel II.3.2.2.

48 *Engert*, ZIP 2006, 2105 (2108); zu den insiderrechtlichen Schranken siehe *ders.*, ZIP 2006, 2105 (2108 ff.).

willkürliche Machtausübung verhindert.[49] Auch diese Form der Kontrolle ohne Eigentümerstellung zugunsten der Banken bleibt außer Acht.

Zwar steht die im AktG manifestierte Unabhängigkeit des Leitungsorgans bei Publikumsgesellschaften (siehe § 76 Abs. 1 AktG) im Widerspruch zur Einflussnahme durch Anteilseigner auf das Leitungsorgan, für gewöhnlich verbleibt aber ein nicht unbeträchtlicher Einfluss zu Gunsten von Groß- und Mehrheitsanteilseignern. Der Einfluss ist überdies ein wichtiger und nötiger Baustein, um das Leitungsorgan zu disziplinieren. Die Kontrollfunktion wird regelmäßig nicht von den Minderheitsanteilseignern, sondern von den Groß- und Mehrheitsanteilseignern wahrgenommen. Aufgrund dessen werden Groß- und Mehrheitsanteilseigner im Vergleich zu Minderheitsanteilseignern eher als risikoavers beschrieben, weil sie zu einem höheren Grad am Haftkapital beteiligt sind. Damit haben Groß- und Mehrheitsanteilseignern auch ein höheres Interesse an der Kontrolle des Leitungsorgans als ein Minderheitsanteilseigner (*monitoring*).[50] Daraus könnte gefolgert werden, dass das Informationsinteresse der kontrollierenden Groß- und Mehrheitsanteilseigner an einem wahrheitsgemäßen und damit exakten Rechenschaftsbericht besteht.[51] Dem kann andererseits wieder entgegengehalten werden, dass genau diese kontrollierenden Anteilseigner einerseits über einen breiteren Verständnishorizont verfügen und andererseits von der handelsrechtlichen Publizität nur in einem geringen Maße abhängig sind. Zudem verfolgen – wie beschrieben – Groß- und Mehrheitsanteilseigner meist weitergehende strategische Ziele, als schlicht von einer möglichst hohen Kapitalausschüttung zu profitieren. So bevorzugen Groß- und Mehrheitsanteilseigner in der Tendenz eher eine möglichst geringe Ausschüttung, um den Unternehmenswert zu steigern und damit ihren eigenen Anteilswert zu erhöhen. Teilweise wird der Ausschüttung im Sinne von § 58 AktG die verdeckte Gewinnausschüttung – entgegen § 57 AktG – an einzelne (meist) Groß- und Mehrheitsanteilseignern gegenübergestellt, weil Groß- und Mehrheitsanteilseigner aufgrund ihrer besonderen einflussreicheren Stellung gegenüber dem Minderheitsanteilseigner letzteren diskriminieren und

---

49 Zur Stimmrechtsausübung bei Kleinaktionären bzw. -anteilseignern siehe *Wohlmannstetter*, Corporate Governance von Banken, S. 905 (910); *Schmidt/Weiß*, Shareholder vs. Stakeholder: Ökonomische Fragen, S. 161 (180). Zum System des Depotstimmrechts siehe: GroßKommAktG[4]-*Grundmann*, § 135; siehe auch zum gemeinschaftsrechtlichen Hintergrund: *Ochmann*, Aktionärsrechterichtlinie.

50 *Wohlmannstetter*, Corporate Governance von Banken, S. 905 (911); insbesondere auch zum risikoaversen Verhalten: *Mülbert*, Corporate Governance of Banks, S. 12.

51 So etwa *Zetzsche*, § 14, S. 63 f.; *Kübler*, ZGR 2000, 550 (555). Zum Einfluss von Großaktionären bzw. -anteilseignern: *Wohlmannstetter*, Corporate Governance von Banken, S. 905 (911 f.); *Faber*, Institutionelle Investoren, S. 219 (226 f.).

neben der Ausschüttung anderen Nutzen (*private benefits*) aus dem Unternehmen zu ihrem Vorteil generieren können.[52]

Bilanzpolitisch nutzt Groß- und Merheitsanteilseignern regelmäßig eine Kapitalisierung von Vermögensgegenständen bzw. Vermögenswerten sowie eine Ausschüttung von Gewinnen nur, soweit sie sich in die Gesamtstrategie des kontrollierenden Unternehmens einfügen. Um den zuvor beschriebenen Zielkonflikt der Anteilseigner untereinander besser darstellen zu können, wird im Folgenden davon ausgegangen, dass die Groß- und Mehrheitsanteilseigner eine Gewinnthesaurierung und eine Bildung stiller Reserven präferieren. All dies freilich unter der Maßgabe, zu einem späteren Zeitpunkt gezielt Gewinne offen oder verdeckt auszuschütten oder gebildete stille Reserven aufzulösen.

2.2.1.4. Zum Nutzenprofil der Minderheitsanteilseigner

Die Bedürfnisstruktur des Minderheitsanteilseigners als Durchschnittsanleger ist anders als die der Groß- und Mehrheitsanteilseigner.[53] Zwar wird man auch Minderheitsanteilseignern gerade durch die Hauptversammlung eine Kontrollfunktion zusprechen können, gleichzeitig kommt das Bild des apathischen Aktionärs bzw. Anteilseigners nicht von ungefähr. Teilweise lassen sich sog. aktivistische oder auch räuberische Aktionäre bzw. Anteilseigner von der Gesellschaft für ein bestimmtes Verhalten ausbezahlen[54], ohne dass es ihnen auf die Wahrnehmung einer Kontrollfunktion ankommt.

Minderheitsanteilseigner präferieren daher regelmäßig eine möglichst hohe Gewinnausschüttung und haben gleichzeitig keine außerordentlichen strategischen Ziele. Auch profitieren Minderheitsanteilseigner insbesondere von steigenden Börsenkursen, die auf eine stabile finanzielle Situation zurückgeführt werden können; mit anderen Worten, eine kosteneffiziente Außenfinanzierung ermöglichen. Wie oben beschrieben ist die Finanzierung regelmäßig kosteneffizienter, je höher die Kapitalisierung von Vermögensgegenständen bzw. Vermögenswerten erfolgt. Denn umso geringer sind letztlich die Transaktionskosten. Für die weitere Untersuchung wird daher angenommen, dass Minderheitsanteilseigner tenden-

52 *Mülbert*, Corporate Governance of Banks, S. 12, 16 sowie zur risikoreicheren Ausrichtung von Minderheitsaktionären bzw. -anteilseignern: S. 14; ebenso *Wohlmannstetter*, Corporate Governance von Banken, S. 905 (911 f.) auch mit weiteren Nachweisen zu Studien, die ein Durchsetzen von Großaktionären bzw. entgegen den Interessen von Kleinaktionären belegen.

53 *Hopt*, ZGR 1980, 225 (239); implizit auch *Wohlmannstetter*, Corporate Governance von Banken, S. 905 (910 f.).

54 *Windbichler*, Gesellschaftsrecht[22], § 29 Rn. 52; allgemeiner: *Mülbert*, Corporate Governance of Banks, S. 12.

ziell eine möglichst hohe Kapitalisierung des Finanzvermögens präferieren. Da die Minderheitsanteilseigner keine strategischen Ziele verfolgen, würde sich jede Abwertung von Vermögensgegenständen bzw. Vermögenswerten negativ auf ihre Nutzenfunktion auswirken.

Als Kritik wird der HGB-Rechnungslegung vorgehalten, der Kapitalmarkt strafe mit Sicherheitsabschlägen nicht erkennbare Differenzen zwischen Buch- und Zeitwerten ab.[55] Setzt man diese Argumentation fort, profitiert ein Minderheitsanteilseigner in erster Linie von einer möglichst hohen Ausschüttung und einem steigenden Börsenkurs, was die bereits herausgearbeitete Präferenz noch einmal unterstreicht. Dem könnte man zwar entgegengehalten, ein Anteilseigner, der besser informiert ist als der Markt, bevorzugte die Aufrechterhaltung von Informationsasymmetrien, um sein überlegenes Wissen wirtschaftlich nutzen zu können (Arbitragegeschäft). Gleichwohl trifft diese Argumentation eher auf Groß- und Mehrheitsanteilseigner zu. Denn regelmäßig verfügen nur diese über hinreichende Ressourcen, Informationen zu sammeln und zu verarbeiten und nicht gleichzeitig einen insiderrechtlichen Tatbestand zu erfüllen.[56] Das Gegenteil ist wahrscheinlicher: Regelmäßig stellt für Minderheitsanteilseigner der Jahresabschluss die wichtigste Informationsquelle dar. Auch die Analyse der publizierten Information wird meist erst durch (Informations-)Intermediäre gewährleistet (etwa Banken, Anlageberater, Vermögensverwalter, Börsendienste etc.).[57]

2.2.1.5. Zum Nutzenprofil der zukünftigen Anteilseigner

Der zukünftige Anteilseigner ist in erster Linie an der Abbildung der tatsächlichen Vermögens-, Finanz- und Ertragslage eines Unternehmens interessiert,[58] dementsprechend profitiert er von einer dem tatsächlichen Zeitwert entsprechenden Kapitalisierung bzw. Abwertung von Vermögensgegenständen bzw. Vermögenswerten durch die Bilanz. Freilich mögen sich analog zu der Untergliederung in Groß- und Mehrheitsanteilseigner auch entsprechende Unterschiede bei den zukünftigen Anteilseignern bezüglich der Fähigkeit der Informationserlangung

---

55 *Zetzsche*, § 4, S. 61.

56 Vgl. §§ 12 ff. WpHG; zum Gemeinschaftsrecht: *Grundmann*, European Company Law, § 23, Rn. 6 ff.

57 *Hopt*, ZGR 1980, 225 (239); insbesondere für den Fall zukünftiger Kleinaktionäre bzw. -anteilseigner: *Volk*, BB 1987, 723 (725). Diese Überlegung tritt auch bei der Darstellung zum Aktionärsverhalten bei *Schmidt/Weiß*, Shareholder vs. Stakeholder: Ökonomische Fragen, S. 161 (180 f.) sowie *Faber*, Institutionelle Investoren, S. 219 (226 f.) hervor.

58 *Küting/Weber*, Bilanzanalyse, S. 9; *Coenenberg/Haller/Schultze*[21], Jahresabschluss, S. 1017.

und -verwertung ergeben.[59] Auch bezüglich des zukünftigen Anteilseigners kann angedacht werden, ob dieser wegen seines dem Markt überlegenen Wissens nicht einen höheren Nutzen aus der Aufrechterhaltung von Informationsasymmetrien ziehen kann. Doch auch insoweit ist vom Durchschnittsinvestor auszugehen, der über keinen besonderen Informationshintergrund verfügt.

2.2.2. Zusammenfassung

Zur Darstellung der Nutzenprofile werden die Anteilseigner nach den Gruppen der Groß- und Mehrheitsanteilseigner, der Minderheitsanteilseigner und der zukünftigen Anteilseigner unterschieden.

Dabei wird das Nutzenprofil der Groß- und Mehrheitsanteilseigner dadurch geprägt, dass sie Gewinne thesaurieren und stille Reserven bilden wollen, um diese, geleitet von übergeordneten strategischen Zielen, zu einem späteren Zeitpunkt auszuschütten bzw. auflösen zu können. Bei Abwertungen von Vermögensgegenständen bzw. Vermögenswerten ist zu differenzieren: Handelt es sich um solche, die zu einer Unterbewertung des Vermögensgegenstands bzw. Vermögenswerts führen, können Groß- und Mehrheitsanteilseigner sogar einen Nutzen ziehen, weil mit der Abwertung gleichzeitig eine stille Reserve gebildet wird. Jede wertentsprechende Abwertung nutzt dem Groß- und Mehrheitsanteilseigner ebenso wenig, wie dem Minderheitsanteilseigner, der in keiner Weise von Abwertungen profitiert. Hingegen profitiert der Minderheitsanteilseigner von einer möglichst hohen Ausschüttung. Der zukünftige Anteilseigner profitiert – unabhängig von der Wertentwicklung einzelner Vermögensgegenstände bzw. Vermögenswerte – am meisten von einer möglichst exakten Darstellung der Vermögens-, Finanz- und Ertragslage.

2.2.3. Beeinflussung des Leitungshandelns durch das Nutzenprofil der Anteilseigner

Zunächst ist folgendes festzuhalten: Die extreme Heterogenität hinsichtlich des Nutzens innerhalb der Gruppe der Anteilseigner eröffnet dem Leitungsorgan eine ganze Bandbreite von Argumentationslinien, um seine Entscheidungen zu rechtfertigen. Damit liegt es nahe, dass es dementsprechend ein für ihn vorteilhaftes Handeln mit einem kongruenten Nutzen aus der erwähnten Bandbreite argumentativ unterlegen wird: Nach den oben beschriebenen Nutzenprofilen besteht eine Kongruenz bei einer erfolgswirksamen Kapitalisierung von Vermögensge-

59 Vgl. *Volk*, BB 1987, 723 (725).

genständen bzw. Vermögenswerten sowohl mit den Minderheitsanteilseignern als auch mit den zukünftigen Anteilseignern. Bezüglich des sekundären Ziels der Erweiterung von Handlungs- und Ermessensspielräumen bestehen Kongruenzen zwischen dem Nutzen des Leitungsorgans und dem Groß- und Mehrheitsanteilseigner. Dasselbe gilt für eine unterbewertete Abwertung von Vermögensgegenständen bzw. Vermögenswerten. Freilich kann dies bei bereits beschriebenem Kontinuitätsstreben für das Leitungsorgan eine wichtige Rolle spielen. Aus diesem Pool von verschiedenen Argumentationsansätzen hat das Leitungsorgan gegenüber den Anteilseignern die Möglichkeit, eigene Entscheidungen seinen Präferenzen entsprechend zu begründen.

2.3. Nutzenprofil der Gläubiger

2.3.1. Herleitung der individuellen Nutzenprofile der Gläubiger

Der Nutzen der Gläubiger lässt sich im Vergleich zum Nutzen der Anteilseigner dahingehend verorten, dass Gläubiger tendenziell risikoaverser sind, zumal die Anteilseigner *„im Falle einer aggressiven Geschäftspolitik (theoretisch) unbegrenzte Chancen* [haben], *während*" die Gläubiger sich *„mit einer festen Zinszahlung begnügen müssen"*.[60] Nach dem zuvor Gesagten sind die Interessen zwischen Gläubigern und Groß- und Mehrheitsanteilseignern teilweise im Ergebnis – freilich geleitet von unterschiedlichen Motiven – sogar ähnlich gelagert, denn beide Akteure werden als risikoavers charakterisiert.[61]

Gläubiger sind zunächst an zahlungskräftigen und sich damit in einer finanziell stabilen Situation befindenden Schuldnern interessiert.[62] Dabei bildet der veröffentlichte Jahresabschluss die Grundlage für die bilanzanalytische Herausarbeitung von Bilanzkennzahlen.[63] So liegt der Schluss nahe: Je stärker die ökonomische

---

60 *Wohlmannstetter*, Corporate Governance von Banken, S. 905 (909). Vgl. hierzu auch *Mülbert*, Corporate Governance of Banks, S. 16; zum Interessensgegensatz von Gesellschaftern und Gläubigern siehe auch: *Coenenberg/Haller/Schultze*[21], Jahresabschluss, S. 18 f.; *Beisse*, FS Beusch 1993, S. 77 (78).

61 *Mülbert*, Corporate Governance of Banks, S. 16; *Wohlmannstetter*, Corporate Governance von Banken, S. 905 (909); *Küting/Weber*, Bilanzanalyse, S. 8.

62 *Wohlmmannstetter*, Corporate Governance von Banken, S. 905 (909); *Küting/Weber*, Bilanzanalyse, S. 8; *Coenenberg/Haller/Schultze*[21], Jahresabschluss, S. 18. Die Annahme, dass Gläubiger nur ein Interesse an der Fähigkeit ihres Schuldners haben, die Forderungen gegen sie zu erfüllen, ist m. E. etwas zu kurz gegriffen, auch wenn diese Aussage im Grunde und für eine Vielzahl der Fälle durchaus zutreffend ist; so aber etwa *Mülbert*, Corporate Governance of Banks, S. 16.

63 *Volk*, BB 1987, 723 (724); *Küting/Weber*, Bilanzanalyse, S. 8; *Baetge/Kirsch/Thiele*, Bilanzanalyse, S. 14 f. Zu Bilanzkennzahlen und Bilanzanalyse siehe auch Kapitel II.

Ausrichtung an dem Geschäftsmodell des bilanzierenden Schuldners, desto größer der Nutzen an dem durch sein Jahresabschluss veröffentlichten Datenmaterial zur Vermögens-, Finanz- und Ertragslage.[64] Die finanzielle Stabilität korreliert aber gleichzeitig mit der Höhe der (versteckten) Reserven. Typischerweise entstehen bilanziell versteckte Reserven dadurch, dass Vermögensgegenstände bzw. Vermögenswerte niedriger als ihr tatsächlicher Wert bewertet werden. Führt man diesen Gedanken fort, müsste ein Rechnungslegungsregime, das etwa durch Wahlrechte oder entsprechende Bewertungsmethoden eine Kapitalisierung unterhalb des tatsächlichen Werts (*Fair Value*) zulässt, tendenziell eher von Gläubigern bevorzugt werden als ein solches, das in seinen Bewertungsregeln die Darstellung eines möglichst exakten Bilds der Vermögens-, Finanz- und Ertragslage einfordert. Allerdings geht diese Betrachtungsweise stets davon aus, dass versteckte Reserven tatsächlich existieren. Gerade hier knüpft der Hauptkritikpunkt an der Überlegung an, Gläubiger würden stets von einer vorsichtigen Bilanzierung zu Ungunsten des Informationsgehalts der Offenlegung profitieren. Eröffnet ein Rechnungslegungsregime die Möglichkeit, stille Reserven zu bilden, besteht stets die Möglichkeit, diese ebenso „still" wieder aufzulösen. Gerade bei Langzeitverträgen bedürfen Gläubiger oft der möglichst exakten Information über die Vermögens-, Finanz- und Ertragslage des Unternehmens, um eine realistische Abschätzung über den Fortbestand der Geschäftsbeziehung machen zu können, weil nur so von Seiten des Gläubigers eine Erwartung über die Fähigkeit des Schuldnerunternehmens bezüglich der zukünftigen Fähigkeit, die Schuld zu begleichen, ausgemacht werden kann. Gerade diesen Informationsgehalt können – daher auch – versteckte Reserven gerade nicht geben. Damit bleibt festzuhalten, dass ein Rechnungslegungsregime, das die Bildung stiller Reserven zulässt bzw. fördert, sich nicht als informatorisches Frühwarnsystem eignet. Ob im Falle der Schuldnerinsolvenz noch „stille" Reserven vorhanden sind oder nicht unterliegt letztlich dem Zufall.[65] Auch wird durchaus nachvollziehbar mit einem *a maiore ad minus* Schluss argumentiert: „*Wenn es richtig ist, dass die in der Bilanz auszuweisenden und der Ausschüttungssperre unterliegenden Polster des Nennkapitals und der gesetzlichen Reserven der Gläubiger im Ernstfall keinen hinreichenden Schutz gewähren, dann muss dies erst recht für die stillen Reserven gelten, über die vergleichsweise ungehindert (...) verfügt werden kann.*"[66] Im Fol-

64 *Volk*, BB 1987, 723 (725) sowie (726). *Schmidt/Weiß*, Shareholder vs. Stakeholder: Ökonomische Fragen, S. 161 (171 f.); insbesondere zur *debt*-Governance bei Banken: *Wohlmannstetter*, Corporate Governance von Banken, S. 905 (912 f.) *et passim*.

65 Auf diesen Sachverhalt hinweisend anhand eines Beispiels: *Kübler*, ZHR 1995, 550 (560). Für einen Kapitalpuffer: *Wohlmannstetter*, Corporate Governance von Banken, S. 905 (917); *Baetge/Kirsch/Thiele*, Bilanzanalyse, S. 16.

66 *Kübler*, ZHR 1995, 550 (559 f.) mit weiteren Nachweisen zu Beispielen.

genden wird allerdings entgegen dieser Auffassung davon ausgegangen, dass die Bewertung zu einem niedrigeren als dem tatsächlichen Wert tendenziell eher den Gläubigernutzen erfüllt.[67] Diese traditionelle Auffassung stellt damit auf einen Konflikt des Gläubigerschutzgedankens mit der Informationsfunktion ab.[68] Demnach nützt ein Rechnungslegungsregime Gläubigern mehr, wenn es die Bildung zu einem niedrigeren als dem tatsächlichen Wert und die gleichzeitige Bildung stiller Reserven ermöglicht. M.E. folgt diese Ansicht den besseren Argumenten: Denn die jüngste Finanzmarktkrise zeigt, dass der Markt von öffentlich gehandelten Finanzinstrumenten in Krisen zu Abwertungen führt, die der Werthaltigkeit des Investments nicht gerecht werden. Fraglos kann im Falle funktionierender Märkte der tatsächliche Wert problemlos und mit Gewissheit bestimmt werden. Fehlt es hingegen an Nachfragern (*excess supply*) oder an Anbietern (*excess demand*) des respektiven Finanzinstruments, erweist sich die Bewertung als schwieriger, weil erst im Rahmen eines mehr oder weniger aufwendigen Bewertungsverfahrens – der zu einem Gutteil preisbildenden Erwartung in die Zukunft – Rechnung zu tragen ist. Weiterhin ist zu bedenken, dass die Rechnungslegung des HGB auch gleichzeitig eine Ausschüttungsbemessungsfunktion hat. Somit kann der Ausweis von Finanzinstrumenten im Falle einer *Fair Value*-Bewertung anders als bei einer Bewertung zu historischen Kosten dazu führen, dass die Ausschüttung höher ausfällt. Vom Gläubigerstandpunkt aus ist die höhere Ausschüttung aber wiederum nachteilig, weil jeder ausgeschüttete Euro letztlich die Vermögens-, Finanz- und Ertragslage eines Unternehmens schwächt. Zwischen den beiden beschriebenen Bewertungsweisen eröffnet sich ein (goldener) Mittelweg, der die unterschiedlichen Interessen innerhalb der Gruppe der Gläubiger eint: Das Kronstein'sche Prinzip der *„gläsernen aber verschlossenen Taschen"*[69], das einerseits die stillen Reserven aufdeckt, andererseits eine Gewinnausschüttung verhindert.

---

67 *Moxter*, BB 1985, 1101 (1101) und (1103); a.A.: *Kübler*, ZHR 1995, 550 (563) und (556), dort den Paradigmenwechsel beschreibend; *ders.* ZGR 2000, 550 (557); *Strobl*, FS Clemm 1996, S. 389 (408 f.).

68 *Moxter*, BB 1985, 1101 (1101) und (1103); *Kleindiek*, ZGR 1998, 466 (470); allerdings kritisch hinterfragend, ob der Rechenschaftszweck hinter dem Gläubigerschutz und dem Vorsichtsprinzip zurücktreten müsse, zumal Zahlungsbemessungsfunktion und Rechenschaftslegung sogar weitgehend kongruente Bilanzzwecke verfolgten (484); siehe auch *Schön*, ZGR 2000, 706 (727–729), der einen funktionalen Unterschied zwischen Gläubigerschutzrechten und Aktionärsschutzrechten sieht.

69 Dazu *Lutter*, NJW 1996, 1945 (1945): *„vor 30 Jahren zentrales Anliegen der großen Reform des Aktienrechts"*; *Wiedemann*, BB 1975, 1591 (1597); zur geschichtlichen Einordnung: *Merkt*, Unternehmenspublizität, S. 99; Plädoyer für eine Besteuerung nur des realisierten Gewinns zum Schutze der Gläubiger: *Beisse*, FS Beusch 1993, S. 77 (89).

2.3.1.1. Zu einzelnen Gläubigergruppen und ihren Nutzenprofilen

Um die besondere Heterogenität der Stakeholdergruppe der Gläubiger zu verdeutlichen, wird im Folgenden auf einzelne (Unter-)gläubigergruppen und ihre Nutzenprofile eingegangen. Für die spätere Untersuchung wird aber auf das zuvor zusammengefasste Nutzenprofil aus Vereinfachungsgründen zurückgegriffen.

Eine besondere Gruppe von Gläubigern bilden die Einlagenkunden, die als Sparer der Bank Kredit gewähren. Die unmittelbare Einlagensicherung hat in der Praxis eine untergeordnete Bedeutung, weil sie grundsätzlich nur für Privatkunden greift. Das heißt, die Einlagensicherung betrifft in der Regel Privatleute, die keine Finanzexperten sind und damit auch gar nicht in der Lage sind, im Rahmen eines Corporate Governance-Gefüges eine Kontrollinstanz (*monitor*) beziehen zu können.[70] Diese Umstände führen dazu, dass der private Anleger, der durch die Einlagensicherung geschützt wird, sich nicht damit auseinandersetzen muss, wem er seine Einlage anvertraut, weil diese schließlich ohnehin gesichert ist. Die disziplinierende Wirkung des Markts wird auf diese Weise ausgehebelt,[71] was spiegelbildlich die Entscheidungen des Leitungsorgans, risikoreiche Geschäfte einzugehen (*Moral Hazard*), wiedergibt.

Analog zum Steuerungsfehlanreiz bei privaten Einlegern durch die Einlagensicherung ist durch die Finanzmarktkrise das sog. *too big to fail*-Dilemma deutlich geworden.[72] Dadurch, dass die (Groß-)Banken – wie eingangs beschrieben – eine ganz besondere volkswirtschaftliche Rolle im Gemeinwesen übernehmen und aufgrund ihres Geschäftsmodells eine besonders vernetzte Schlüsselposition einnehmen, stützt ein Staat die Kreditwirtschaft, um weitergehende Schäden durch die Verwirklichung systemischer Risiken zu verhindern, die wegen der Größe der jeweiligen Bank folgen würden.[73]

Des Weiteren gibt es Gläubiger, die ihr Risiko durch eine insolvenzfeste Sicherheit reduzieren.[74] Bei Banken als Vertragsgläubiger kann tendenziell auch davon ausgegangen werden, dass diese gerade aufgrund der vertraglichen Bezie-

---

70 *Wohlmannstetter*, Corporate Governance von Banken, S. 905 (912 f.); *Mülbert*, Corporate Governance of Banks, S. 14.

71 *Wohlmannstetter*, Corporate Governance von Banken, S. 905 (913).

72 *Mülbert*, Corporate Governance of Banks, S. 14; *Wohlmannstetter*, Corporate Governance von Banken, S. 905 (915).

73 *Mülbert*, Corporate Governance of Banks, S. 14; *Wohlmannstetter*, Corporate Governance von Banken, S. 905 (915).

74 *Mülbert*, Corporate Governance of Banks, S. 12; *Kern*, Corporate Governance and Banking Regulation, S. 1010; dazu bereits *Schön*, ZGR 2000, 706 (726 f.).

hung ausreichend informiert sind, so dass es einer zusätzlichen Information durch den Jahresabschluss nicht bedarf.[75]

Für Deliktsgläubiger erfüllt die veröffentlichte Information durch den Jahresabschluss keinen besonderen Nutzen.[76]

Potentielle Gläubiger verfügen tendenziell über einen geringeren Informationsstand als die (Alt-)Gläubiger.[77] Daher kann aus der Warte potentieller Gläubiger ein höherer Nutzen in einem den tatsächlichen Verhältnissen der Vermögens-, Finanz- und Ertragslage entsprechenden Bild bejaht werden. Freilich ändert sich diese Haltung, wenn ein potentieller Gläubiger zum Gläubiger wird (Koalitionsteilnahme).

2.3.1.2. Insbesondere: Arbeitnehmer und ihr Nutzenprofil

Wie im ersten Teil der Arbeit bereits erörtert, werden Arbeitnehmer hier als besondere Gruppe der Gläubiger erfasst.[78] Der Gläubiger ist hier in seiner Rolle als Gläubiger in einem Dauerschuldverhältnis in den Blick zu nehmen. Dabei ist der Nutzen eines Kreditoren, Kunden usw. dem Nutzen eines Arbeitnehmers ähnlich gelagert. Es sind bei dieser Betrachtungsweise aber wiederum einige Besonderheiten herauszustellen, die die Gruppe der Arbeitnehmer auch charakterisieren können und für die – im Hinblick auf die nachfolgende Analyse – Annahmen getroffen werden müssen. Grundsätzlich ist bei den Arbeitnehmern von einer weitgehend ergebnisunabhängigen Vergütung auszugehen. Zwar mag es zutreffen, dass gerade im Finanzsektor ein nicht unerheblicher Anteil der Arbeitnehmer eine vom Unternehmenserfolg abhängige Vergütung erhält, und es ist auch festzustellen, dass im Bereich des Investmentbankings Arbeitnehmer in Einzelfällen sogar eine höhere Vergütung erzielen als das Leitungsorgan selbst,[79] gleichwohl wird diese Untergruppe aus der Betrachtung zum Zwecke der Vereinfachung ausgeklammert, weil sie in der Tendenz eher dem Leitungsorgan ähnlich ist als dem klassischen Arbeitnehmer. Darüber hinaus weist die Rechtsordnung

---

75 *Kübler*, ZHR 1995, 550 (561).
76 *Kübler*, ZHR 1995, 550 (561).
77 *Volk*, BB 1987, 723 (726).
78 *Küting/Weber*, Bilanzanalyse, S. 9; *Baetge/Kirsch/Thiele*, Bilanzanlyse, S. 19; *Coenenberg/Haller/Schultze*[21], Jahresabschluss, S. 1017; Kapitel III.2.; vgl. auch *Reige*, DB 1988, 2213 (2219); grundsätzlich aber aufgrund der Interessenslage zu berücksichtigen: *Schwark*, AG 1978, 269 (271). Umfassender zu Corporate Governance durch Mitbestimmung und Arbeitsmärkte: *Pistor*, Mitbestimmung und Arbeitsmärkte, S. 231 ff.
79 Hierzu: *Mülbert*, ZHR 173 (2009), 1, 6; siehe auch *Wohlmannstetter*, Corporate Governance von Banken, S. 905 (911).

den Arbeitnehmern mit der Adressierung von besonderen arbeitsrechtlichen Schutzbestimmungen eine exponierte Position in den Reihen der Gläubiger zu. Aus diesem Grunde ist es sinnvoll, die Untergruppe der Arbeitnehmer als Annex zu den übrigen Gläubigern in den Blick zu nehmen, auch wenn im Wesentlichen der Nutzen weitgehend deckungsgleich sein dürfte. Aus dem Jahresabschluss lassen sich insbesondere Erkenntnisse über die Arbeitsplatzsicherheit und die Einkommenssicherung ableiten, die für den Arbeitnehmer von entscheidender Bedeutung sind und seine Präferenzen maßgebend prägen.[80] Gleichwohl wird der einzelne Arbeitnehmer die Information regelmäßig nicht unmittelbar aus dem veröffentlichten Jahresabschluss gewinnen, sondern mittelbar über einen Informationsintermediär, über einen Arbeitnehmervertreter.[81] Aufgrund der Mitbestimmungsrechte von Arbeitnehmern bestehen für Arbeitnehmervertreter im Aufsichtsrat neben dem veröffentlichten Jahresabschluss weitere Informationsquellen in Bezug auf Arbeitsplatzsicherheit und Einkommenssicherung, so dass die Notwendigkeit, diese Information aus dem Jahresabschluss zu erlangen, wiederum sinkt. Schließlich bildet der Jahresabschluss als Informationsinstrument aber auch die Grundlage, gegebenenfalls eine übertarifliche Entlohnung bzw. eine Erhöhung der Tariflöhne auszuhandeln,[82] so dass bei Arbeitnehmern im Vergleich zu anderen Gläubigern, die eine vorsichtige Bilanzierung schützt, tendenziell eine möglichst exakte Darstellung der Vermögens-, Finanz- und Ertragslage präferiert wird.

Potentielle Arbeitnehmer haben, anders als potentielle Gläubiger, kein besonderes Informationsbedürfnis, das mit dem Jahresabschluss befriedigt werden könnte, weil sie gleich wie die Arbeitnehmer tendenziell eher über Intermediäre informiert werden.[83]

Es lässt sich somit für die Gläubiger – gleichfalls für die Untergruppe der Arbeitnehmer – zusammenfassen, dass diese Akteure Rechnungslegungsregime bevorzugen, die die Bildung stiller Reserven zulassen. Entgegengesetzt verhält sich der Nutzen der potentiellen Gläubiger.

---

80 *Küting/Weber*, Bilanzanalyse, S. 9; *Baetge/Kirsch/Thiele*, Bilanzanlyse, S. 19; *Coenenberg/Haller/Schultze*[21], Jahresabschluss, S. 1017; *Volk*, BB 1987, 723 (724): Neben der Arbeitsplatzsicherung und der Einkommenssicherung bestehen weitere Interessensfelder, namentlich die Gestaltung der Arbeitsinhalte und die Arbeitsbedingungen, über die allerdings der Jahresabschluss keinen Erkenntnisgewinn schaffen kann; so *Volk*, ebenda.

81 *Volk*, BB 1987, 723 (724 f.); *Kübler*, ZHR 1995, 550 (561).

82 *Küting/Weber*, Bilanzanalyse, S. 9; *Baetge/Kirsch/Thiele*, Bilanzanalyse, S. 19; *Coenenberg/Haller/Schultze*[21], Jahresabschluss, S. 1017.

83 *Volk*, BB 1987, 723 (726).

2.3.2. Zusammenfassung

Gläubiger können wie die Groß- und Mehrheitsanteilseigner als risikoavers bezeichnet werden. Dies lässt den Schluss zu, dass Gläubiger weniger von der Kapitalisierung von Vermögensgegenständen bzw. Vermögenswerten und mehr von der Bildung stiller Reserven profitieren, wenn man eine vorsichtige Bilanzierung mit einer gläubigerschützenden Bilanzierung gleichsetzt. Hierüber besteht Streit, zumal stille Reserven auch „still" aufgelöst werden können. Für die weitergehende Betrachtung wird allerdings von der traditionellen Ansicht ausgegangen, Gläubiger würden die Bildung stiller Reserven präferieren. Dies erscheint m.E. überzeugender, denn soweit die HGB-Rechnungslegung auch die Grundlage für die Ausschüttung bildet, steht letztlich jeder ausgeschüttete Euro zur Haftung nicht mehr zur Verfügung. Aus Gläubigersicht wäre ein Kompromiss dahingehend vorzugswürdig, der eine ausschüttungsgesperrte Einsicht ermöglicht.

Auch die Gruppe der Gläubiger ist hinsichtlich ihrer Nutzenprofile stark heterogen. Hier wird insbesondere die Gruppe der Arbeitnehmer herausgegriffen, die eher an einer möglichst exakten Darstellung der Vermögens-, Finanz- und Ertragslage ein Interesse hat, wobei anzunehmen ist, dass Arbeitnehmer regelmäßig durch Intermediäre informiert werden.

2.3.3. Beeinflussung des Leitungshandelns durch das Nutzenprofil der Gläubiger

Unter Gläubigerschutzgesichtspunkten sollte die Ausschüttungsbemessung nicht nach der subjektiven Einschätzung des Leitungsorgans bezüglich eines von diesem erwarteten Gewinns, sondern rein nach einem objektiven und damit hinreichend gesicherten, also realisierten, Gewinn ermittelt werden. Dennoch wird der HGB-Rechnungslegung diese Objektivität abgesprochen.[84] Teilweise wird sogar befürchtet, Gläubiger setzten sich einem unkontrollierbaren Risiko aus.[85] Wie bereits bei der Gruppe der Anteilseigner festgestellt, ist auch die Gruppe der Gläubiger stark heterogen, was dem Leitungsorgan wiederum mehrere Argumentationslinien zur Verfolgung seiner primären und sekundären Ziele – ausgerichtet an seinem Nutzenprofil – an die Hand gibt. Zugleich ist auch hier die nur bedingt

---

84 Zur Objektivität der Rechnungslegung: *Coenenberg/Haller/Schultze*[21], Jahresabschluss, S. 18; *Kleindiek*, ZGR 1998, 466 (474); gleichzeitig aber auch kritisch, denn: *„Je strengere Maßstäbe dabei jedoch an die Gewinnrealisierung angelegt werden, um so eher werden bestimmte betriebliche Vorgänge in der Bilanz verzerrt widergespiegelt, wird der wirtschaftliche Erfolg nicht periodengerecht abgebildet"*. Zur Beeinflussung des Einsichtsgebots: *Kleindiek*, ZGR 1998, 466 (483).
85 *Zetzsche*, § 4, S. 63; so in Bezug auf die Bildung stiller Reserven.

disziplinierende Wirkung durch den Markt aufgrund von Steuerungsfehlanreizen (Einlagensicherung bei Privateinlegern bzw. das *too big to fail*-Dilemma bei institutionellen Gläubigern) zwingend in die Betrachtung einzubeziehen.

Während unter dem Blickwinkel der Bilanzpolitik für Anteilseigner erfolgsorientierte Kennzahlen eine besonders wichtige Rolle spielen, profitieren Gläubiger mehr noch von risiko- und liquiditätorientierten Kennzahlen, die eine Aussage über die Stabilität des Schuldners treffen können. Hieraus lässt sich schließen, dass Gläubiger tendenziell von einer starken Finanzaufsicht profitieren können.[86] Ohne den Überlegungen zur Beeinflussung des Leitungshandelns durch den Nutzen der Finanzaufsicht an dieser Stelle vorgreifen zu wollen, hat sich das Leitungsorgan insbesondere unter Gläubigerschutzgesichtspunkten den Fragen nach einer hinreichenden Liquidität und einem ausgewogenen Risiko zu stellen.

Schließlich würde eine ausschüttungsgesperrte Einsicht in die Vermögens-, Finanz-, und Ertragslage das Leitungsorgan beschränken, seine Handlungs- und Ermessensspielräume durch die Bildung stiller Reserven zu erweitern.

2.4. Nutzenprofil des Staats

2.4.1. Herleitung des individuellen Nutzenprofils des Staats

Zwischen dem Staat und einem Unternehmen bestehen viele Verbindungen. An dieser Stelle sollen zwei Verbindungen herausgegriffen werden, die unter dem Blickwinkel des Bankbilanzrechts von besonderer Bedeutung sind. Einerseits das Verhältnis zur Steuerbehörde (dem Fiskus), zu der das Steuerschuldrecht einen direkten Bezug vermittelt, andererseits das Verhältnis zur Finanzaufsichtsbehörde, die als Eingriffsverwaltung im Bankwesen eine maßgebende Rolle übernimmt und damit als Akteur und Bilanzadressat nicht vernachlässigt werden sollte.

2.4.1.1. Zum Nutzenprofil des Fiskus'

Das Prinzip der Maßgeblichkeit der Handelsbilanz für die Steuerbilanz (§ 5 Abs. 1 S. 1 EStG, § 8 Abs. 1 S. 1 KStG) stellt den unmittelbaren Zusammenhang zwi-

---

86 So auch *Mülbert*, Corporate Governance of Banks, S. 17; *Kern*, Corporate Governance and Banking Regulation, *passim*. Tendenziell auch: *Schmidt/Weiß*, Shareholder vs. Stakeholder: Ökonomische Fragen, S. 161 (177). Allgemeiner die Substitution von Finanzaufsicht und Corporate Governance: *Wohlmannstetter*, Corporate Governance von Banken, S. 905 (916 f.); offen gelassen *Adam/Mehran*, (2003) 9 Federal Reserve Bank of New York Economic Policy Review 123 (124).

schen dem Bilanzrecht des HGB und dem Ertragssteuerrecht her.[87] Durch diesen Zusammenhang gewinnt das Einkommensteuerrecht erheblich an Einfluss auf das Rechenwerk des HGB-Rechnungslegungsrechts mit der Konsequenz, dass gesetzliche Ansatz- und Bewertungswahlrechte in vielen Fällen steuerinduziert sind. Dieser Effekt ist inzwischen durch das BilMoG etwas abgeschwächt worden, indem die umgekehrte Maßgeblichkeit (der Steuerbilanz für die Handelsbilanz) abgeschafft worden ist. Während das HGB-Rechnungslegungsrecht sehr stark dem Prinzip der vorsichtigen Bilanzierung verschrieben ist,[88] kann aus Sicht der Finanzverwaltung ein anderes Interessen als vorrangig betrachtet werden: Das Steuerrecht folgt grundsätzlich dem *„systemtragenden Prinzip“* der Besteuerung nach der Leistungsfähigkeit.[89] Im steuerlichen Gewinnermittlungssystem der Überschussrechnung (§ 4 Abs. 3 EStG) gilt – anders als beim Bilanzsteuerrecht – das Zuflussprinzip bzw. Abflussprinzip (§ 11 Abs. 1 S. 1 bzw. 2 S. 1 EStG), d.h., dass steuerrelevante Vorgänge (Betriebseinnahmen bzw. -ausgaben) dem Wirtschaftjahr zuzuordnen sind, in dem die Betriebseinnahmen bzw. -ausgaben zu- bzw. abgeflossen sind.[90] Hiervon weicht das Bilanzsteuerrecht durch die Verknüpfung mit den GoB des (Handels-)Bilanzrechts ab: Vorsichtsprinzip und Realisationsprinzip, die auch im Bilanzsteuerrecht Anwendung finden, können mit der Besteuerung – angelehnt an die Leistungsfähigkeit – divergieren.[91] Bei der Bestimmung des Interesses der Finanzverwaltung ist trotz der Unterschiede bei der Gewinnermittlung durch Bilanzierung bzw. Überschussrechnung die Leistungsfähigkeit des Steuerpflichtigen maßgebend. Damit hat die Finanzverwaltung einerseits ein Interesse, Steuern vom Steuerpflichtigen zu erheben, wenn etwa ein Finanzinstrument mit Gewinn veräußert worden ist (Realisationsprinzip) und andererseits wenn der Steuerpflichtige eine wirtschaftliche Verfügungsmacht hinsichtlich der Veräußerung inne hat, also die Leistungsfähigkeit insgesamt gestiegen ist. Die Steigerung der Leistungsfähigkeit bereits im Falle der Verfügungsmacht ohne Veräußerungsakt zu bejahen, wird kritisch entgegnet, dass bloße Buchgewinne erzielt worden seien und eine Substanzbesteuerung drohe.[92] Diese Gefahr besteht zwar – gerade bei stark volatilen Märkten –, dennoch ist nicht von der Hand zu weisen, dass mit der Verfügungsmacht – gerade bei hoher Fungibilität – eine Stei-

---

87 Siehe Kapitel II.3.4.2.

88 Siehe Kapitel II.3.4.2. Das Vorsichtsprinzip ist auch nach dem BilMoG leitend für das HGB.

89 *Weber-Grellet*, DStR 1998, 1343 (1344) sowie (1348).

90 Vgl. Schmidt[31]-*Krüger*, § 11 Rn. 3; BFH, BStBl. II 2007, 756.

91 *Weber-Grellet*, DStR 1998, 1343 (1344) sowie (1348).

92 Vgl. zur Gefahr der Substanzbesteuerung nach dem BilMoG durch Wertschwankungen: *Gemeinhardt/Bode*, StuB 2008, 170 (174); zur früheren Steuerbelastung in zeitlicher Hinsicht: *dies.*, StuB 2008, 170 (175).

gerung der Leistungsfähigkeit des jeweiligen Steuerschuldners (Leistungsfähigkeitsprinzip) eingetreten ist und damit die Besteuerung als gerecht erscheint.[93] Freilich hat der Fiskus daneben auch ein Interesse an einer möglichst hohen Besteuerung, um die Finanzierung des Gemeinwesens gewährleisten zu können. Dieses Interesse ist allerdings in Anbetracht des zuvor Gesagten als sekundär einzustufen.

Die Finanzverwaltung hat neben der Bilanz selbst ein Interesse an den übrigen Bestandteilen des Jahresabschlusses, namentlich dem Anhang und dem Lagebericht (§ 60 Abs. 3 S. 1 EStDV), die insgesamt Aufschluss über die zukünftige Vermögens-, Finanz- und Ertragslage geben können und eine Abschätzung zukünftiger Steuereinnahmen ermöglichen. Gleichzeitig verfügt die Finanzverwaltung gemäß §§ 93 ff. AO über spezifische Auskunftsrechte und hat etwa im Rahmen einer Außenprüfung (§§ 193 ff. AO) die Möglichkeit, Einsicht in die Vermögens-, Finanz- und Ertragslage eines Unternehmens nehmen zu können.[94] In Anbetracht dieser Befugnisse ist die Finanzverwaltung grundsätzlich nur bedingt auf die Jahresabschlusspublizität als Informationsvehikel, nicht hingegen als Abwicklungsvehikel aufgrund der Maßgeblichkeit, angewiesen.

In Abgrenzung zu dem zuvor beschriebenen Nutzen des Leitungsorgans, der Anteilseigner und der Gläubiger ist anzunehmen, dass der Fiskus einem Rechnungslegungsregime, welches die Bildung stiller Reserven zulässt, tendenziell ablehnend gegenübersteht. Damit weicht der Nutzen der Finanzverwaltung als Gläubigerin aus dem Steuerschuldrecht von dem Nutzen der zuvor beschriebenen „klassischen" Gläubiger ab. Unter der Berücksichtigung des Leistungsfähigkeitsprinzips nutzt dem Fiskus im Ergebnis eine möglichst hohe erfolgswirksame Kapitalisierung von Vermögensgegenständen bzw. Wirtschaftsgütern, welche zu einem möglichst hohen (besteuerbaren) Gewinn führt. Bei erfolgswirksamen Abwertungen von Vermögensgegenständen bzw. Wirtschaftsgütern hingegen wird der Nutzen der Finanzverwaltung nicht beeinträchtigt: Zwar wird der steuerbare Gewinn gemindert oder sogar ein sich auf spätere Perioden auswirkender Verlust generiert, zugleich folgt die Besteuerung wiederum nach dem Prinzip der Leistungsfähigkeit.[95] Da die Finanzbehörde durch Art. 20 Abs. 3 GG an Recht und Gesetz gebunden ist, beeinflussen Abwertungen und Verluste die Nutzenfunktion des Fiskus nicht.

---

93 Dazu *Tipke*, Steuerrechtsordnung², Bd. 2, S. 687.

94 *Volk*, BB 1987, 723 (725); *Küting/Weber*, Bilanzanalyse, S. 9; *Baetge/Kirsch/Thiele*, Bilanzanalyse, S. 23 (auch zu den spezifischen Auskunftsrechten). Ferner siehe auch *Schmidt/Weiß*, Shareholder vs. Stakeholder: Ökonomische Fragen, S. 161 (165).

95 *Tipke*, Steuerrechtsordnung², Bd. 1, S. 479–505.

2.4.1.2. Zum Nutzenprofil der Finanzaufsicht

Die Finanzaufsicht verfolgt grundsätzlich das Ziel, den Finanzmarkt zu stabilisieren. Mithin trägt sie die Verantwortung, eine für den Markt nötige vertrauensbildende Regulierung darzustellen.[96] Die grundlegend streitige Frage, ob im Verhältnis von Leitungsorgan und Finanzaufsicht letztere überhaupt ein Stakeholder im Corporate Governance-Gefüge sein kann, ist für die folgenden Überlegungen zu bejahen.[97]

Die Interessen der Finanzaufsicht werden durch den Leitfaden des Basler Ausschusses für Bankenaufsicht – *„enhancing corporate governance for banking organisations"* – von 2006 sowie den *„Principles for enhancing corporate governance"* von 2010 konkretisiert.[98] Danach hat die Finanzaufsicht grundsätzlich ein hohes Interesse an der Corporate Governance von Banken. Allerdings ist bei Fragen nach der Corporate Governance in aufsichtsrechtlicher Sicht, strikt zwischen interner und externer Corporate Governance zu unterscheiden.[99] Der Leitfaden *„enhancing corporate governance for banking organisations"* konzentriert sich aber in erster Linie auf die interne Corporate Governance.[100] Zwar führt die Kompetenzzuweisung zu Gunsten der Aufsichtsbehörde, die interne Corporate Governance kontrollieren zu dürfen, wiederum zu einer Form der externen Kontrolle und damit einem Ausfluss der externen Corporate Governance. Zugleich helfen die Vorgaben des Basler Ausschusses bei der Erstellung des Nutzenprofils nur bedingt weiter.

Im Lichte des Prinzipal-Agenten-Problems sehen sich die Aufsichtsbehörden der Frage gegenüber, wie die Stabilität des Finanzsystems bei gleichzeitigen divergierenden Interessen der Marktteilnehmer gewährleistet werden kann. Der Finanzaufsicht wird dabei die Rolle zugeordnet, die Interessen der Marktteilnehmer auszugleichen, um das alles überlagernde Ziel der Finanzmarktstabilität zu erreichen;[101] teilweise wird die Rolle der Finanzaufsicht in Hinblick auf die bereits

---

96 *Mülbert*, Corporate Governance of Banks, S. 17.

97 Dafür jedenfalls: *Kern*, Corporate Governance and Banking Regulation, *passim*. Zumindest Adressat des Jahresabschlusses: *Küting/Weber*, Bilanzanalyse, S. 9; *Baetge/Kirsch/Thiele*, Bilanzanalyse, S. 16. Allgemeiner die Substitution von Finanzaufsicht und Corporate Governance annehmend: *Wohlmannstetter*, Corporate Governance von Banken, S. 905 (916 f.); offen gelassen *Adam/Mehran*, (2003) 9 Federal Reserve Bank of New York Economic Policy Review 123 (124).

98 *Basel Committee on Banking Supervision*, Enhancing Corporate Governance for Banking Organisations, 2006, vgl. hierzu auch *Mülbert*, ZHR 173 (2009), 1, 4; *Basel Committee on Banking Supervision*, Principles, 2010.

99 Homann/Koslowski/Lütge-*Hopt*, Globalisierung der Corporate Governance, S. 81, 83 f.

100 Auf diesen Befund hinweisend: *Mülbert*, BKR 2006, 349, 350.

101 *Kern*, Corporate Governance and Banking Regulation, S. 1033.

beschriebenen Steuerungsfehlanreize bezüglich der Einlagensicherung und auf das sog. *too big to fail*-Dilemma als besonders wichtig erachtet: „*The existence of such an authority is deemed necessary in order to compensate the negative impact of deposit insurance on depositors' and other debt holders' incentives to monitor a bank's risk-taking.*"[102] Zudem wird der Finanzaufsicht – gerade in der Krise – eine tragende Rolle in der *debt*-Governance zugesprochen.[103]

Zwar ist die Informationsgewinnung für die Finanzaufsicht nicht auf das publizierte Rechenwerk des Jahresabschlusses begrenzt (siehe Kapitel II.3.4.4.), dennoch kann sie die ihr zugewiesenen Aufgaben am besten durch eine möglichst exakte Darstellung der Vermögens-, Finanz- und Ertragslage im Jahresabschluss erfüllen. Hinzu tritt der mittelbar positiv wirkende Effekt, der darin besteht, dass der Finanzmarkt mit möglichst exakter Information versorgt wird. Dementsprechend ist der Nutzen der Finanzaufsicht zu verorten.

Darüber hinaus wird von manchen eine Ursache für die Finanzmarktkrise weniger im Versagen der Corporate Governance der Banken begründet, als vielmehr in den „*von Seiten der Zentralbanken, der Bankenaufsichtsbehörden und der öffentlichen Hand gesetzten wirtschaftlichen und rechtlichen Rahmenbedingungen*"[104] gesehen. Demnach könnte es sein, dass die Finanzaufsicht eine Art des Rehabilitationsinteresses verfolgt, die das Nutzenprofil beeinflusst. Diese Überlegung soll aber – wiederum der Einfachheit halber – außer Acht bleiben.

2.4.2. Zusammenfassung

Zwar ist der Fiskus Steuergläubiger, doch weicht sein Nutzenprofil entscheidend von dem eines „klassischen" Gläubigers ab: Die Finanzverwaltung ist an einer möglichst exakten Darstellung der Vermögens-, Finanz- und Ertragslage interessiert, um auf dieser Grundlage eine gerechte Steuer entsprechend der Leistungsfähigkeit des Steuerschuldners erheben zu können.

Auch die Finanzaufsicht präferiert eine möglichst exakte Darstellung der Vermögens-, Finanz- und Ertragslage, um die ihr obliegenden Pflichten zu erfüllen, namentlich die Finanzmarktstabilität zu gewährleisten. Zugleich kann aber auch

---

102 *Mülbert*, Corporate Governance of Banks, S. 17.
103 *Mülbert*, Corporate Governance of Banks, S. 17; *Wohlmannstetter*, Corporate Governance von Banken, S. 905 *passim*.
104 *Mülbert*, ZHR 173 (2009), 1, 5.

festgehalten werden, dass Gläubiger von einer aufmerksamen Finanzaufsicht, trotz anders gelagerter Präferenzen, profitieren.[105]

2.4.3. Beeinflussung des Leitungshandelns durch das Nutzenprofil des Staats

Fraglos wird das Leitungsorgan in vielen Fällen seine Leitungsentscheidungen unter dem Gesichtspunkt steuerrechtlicher Implikationen treffen, wenn nicht sogar sich von diesen leiten lassen. Dabei wird dem Leitungsorgan durch die Referenzwertfunktion des Jahresabschlusses für die Steuerbilanz eine weitere Argumentationslinie gegenüber den Anteilseignern dahingehend eröffnet, dass er seine – ihm nützenden – Handlungen gerade aus steuerlichen Gründen rechtfertigt.

Die Finanzaufsicht wird das Leitungsorgan vor allem dahingehend motivieren, bei der Erreichung erfolgsorientierter Ziele nur ein angemessenes Risiko einzugehen und entsprechend ausreichend Liquidität vorzuhalten, um die Gläubiger zu befriedigen. Präziser wird die Finanzaufsicht das Leitungsorgan dahingehend beeinflussen, die risikogewichteten Aktiva bei seinen Entscheidungen in den Blick zu nehmen und bei einer Erhöhung des Adressenrisikos die Solvabilitätsvoraussetzungen einzuhalten. Dadurch profitieren letztlich auch die Gläubiger.

2.5. Nutzenprofil der Öffentlichkeit

2.5.1. Herleitung des individuellen Nutzenprofils der Öffentlichkeit

Die Öffentlichkeit[106] als Sammelbezeichnung einer Reihe von Informationsadressaten wird wiederum als eine sehr heterogene Jahresabschlussadressatengruppe beschrieben.[107] Dennoch lässt sich – freilich stark vereinfacht – ein einheitliches Nutzenprofil herausentwickeln: Wie bereits im Regierungsentwurf eines Gesetzes über die Rechnungslegung von Großunternehmen und Konzernen zutreffend feststellt worden ist, haben die *„Expansion und der Niedergang* [von bestimmten] *Unternehmen“* (...) Einfluss auf *„die Struktur und Finanzlage ganzer Städte“*.[108] Demnach zieht die Öffentlichkeit den höchsten Nutzen aus einer möglichst exakten Darstellung der Vermögens-, Finanz- und Ertragslage.

105 *Mülbert*, Corporate Governance of Banks, S. 17.

106 Zum Begriff der „Öffentlichkeit“ siehe Kapitel III.2.

107 So explizit *Volk*, BB 1987, 723 (727).

108 Gesetzesbegründung: BT-Drs. 1968, Bd. 122, S. 14; später: Publizitätsgesetz (PublG) vom 15.08.1969, BGBl. I. S. 1189; hierzu auch *Prühs*, AG 1969, 173 (175); *Kunze*, ZHR 1970 (134), 193 (200).

Wird die Gruppe der Öffentlichkeit oft in der Betrachtung vernachlässigt, gerät diese Adressatengruppe im Rahmen der Finanzmarktkrise in den Fokus: Denn m.E. wird die Öffentlichkeit auch dann als *Stakeholder* angesprochen, wenn der Staat mit Steuergeldern eine Bankenrettung vornimmt: Tritt der Staat als Bürge oder Finanzier insolvenzbedrohter Banken auf, agiert er nicht mehr in seiner Funktion als Finanzverwaltung, weil er nicht als Steuergläubiger den Banken gegenübersteht, sondern als Gewährträger eines möglicherweise instabilen Systems. Zugleich übernimmt der Staat dabei eine Aufgabe, die man auch nicht mehr originär der Finanzaufsicht zuordnen kann, weil sie weit über die bloße Aufsichtsfunktion hinausgeht. Zwar kann – je nach der rechtlichen Ausgestaltung der gewährten Unterstützung – bestimmt werden, ob der Staat nun als Kreditgläubiger (im Falle der Bürgschaft) oder als Anteilseigner (im Falle der Verstaatlichung) der jeweiligen Bank gegenübersteht, viel interessanter ist aber der hinter dem Staat stehende Steuerzahler, der letztlich mit seinen Steuergeldern eine – wie auch immer gestaltete – Bankenrettung finanziert. An diese Überlegung anknüpfend – freilich stark vereinfachend – wird der größte Nutzen der Öffentlichkeit an einer bilanziellen Darstellung der tatsächlichen Vermögens-, Finanz- und Ertragslage noch einmal unterstrichen, weil die Öffentlichkeit gerade einen exakten Einblick präferiert.

2.5.2. Zusammenfassung

Die Öffentlichkeit präferiert es, durch den Jahresabschluss eine möglichst genaue Darstellung der Vermögens-, Finanz- und Ertragslage zu erhalten. Dabei wird – aus gegebenem Anlass – aus der stark heterogenen Adressatengruppe der Öffentlichkeit die Sichtweise des für eine vermeintliche Bankenrettung aufkommenden Steuerzahlers herausgehoben.

2.5.3. Beeinflussung des Leitungshandelns durch das Nutzenprofil der Öffentlichkeit

Die Beeinflussung des Leitungsorgans durch das Nutzenprofil der Öffentlichkeit ist wohl vergleichsweise schwer zu antizipieren. Schließlich wird der Einfluss sich faktisch nur in der jeweiligen Beziehung zum Gläubiger (etwa bei einer Bürgschaft) oder zum Anteilseigner (etwa bei einer Verstaatlichung) auswirken. Diese Position übernimmt dann wiederum der Staat als Akteur und nicht die Öffentlichkeit. In diesem Zusammenhang profitiert die Öffentlichkeit sicherlich auch von einer strikten Finanzaufsicht (Staat). Auch wenn das Leitungsorgan grundsätzlich ohne Rangfolge allen *Share-* und *Stakeholdern* gleichermaßen verpflichtet sein sollte, wird das Leitungshandeln allenfalls durch einen öffentlichen Druck (oder Ähnliches) beeinflusst werden, der – wie gesagt – schwer zu messen ist.

2.6. Beeinflussung des Leitungshandelns durch divergierende Nutzenprofile der Adressaten

Die unterschiedlichen Nutzenprofile der verschiedenen Bilanzadressaten und die daraus ableitbaren Präferenzen bezüglich eines entsprechenden Leitungshandelns geben dem Leitungsorgan die Möglichkeit, mit einer weitreichenden Bandbreite von Argumentationslinien sein Handeln zu begründen bzw. zu rechtfertigen. Diese Ausgangssituation wird dadurch nochmals verstärkt, dass die betrachteten Adressatengruppen in sich nicht homogen sind. Zugleich wird das Leitungsorgan darauf bedacht sein, zumindest soweit den Nutzen der Bilanzadressaten zu erfüllen, wie es selbst von der Informationsvermittlung profitieren kann. Dafür wird es die Bilanzanalyse von erfolgsorientierten, risikoorientierten und liquiditätsorientierten Bilanzkennzahlen antizipieren.

Insbesondere unter Gläubigerschutzgesichtspunkten hat das Leitungsorgan sich den Fragen nach hinreichender Liquidität und nach ausgewogenem Risiko zu stellen. Die Position der Gläubiger wird durch eine effektive Finanzaufsicht gestärkt. Mit der Konsequenz, dass das Leitungsorgan dahingehend beeinflusst wird, den Nutzen der Gläubiger stärker zu erfüllen, als wenn es eine potentiell intervenierende Finanzaufsicht nicht gäbe.

Aufgrund von Steuerfehlanreizen setzt die disziplinierende Wirkung durch den Markt teilweise aus (Einlagensicherung bzw. *too big to fail*-Dilemma).

Eine ausschüttungsgesperrte Einsicht in die Vermögens-, Finanz-, und Ertragslage nach dem sog. Kronstein'schen Prinzip könnte eine mögliche Lösung darstellen, eine höhere Nutzenkongruenz zu erreichen. Die Institutionalisierung einer solchen Einsicht würde die Handlungsmöglichkeiten und den Einfluss des Leitungsorgans stark einschränken.

3. Anwendung auf den Ausgangsfall und dessen Abwandlungen

In diesem Abschnitt werden die Bilanzierungsregeln von HGB und IFRS – wie sie im Kapitel VI. dargestellt worden sind – unter Heranziehung der in diesem Kapitel herausgearbeiteten Nutzenprofile analysiert.

3.1. Anwendung auf den Ausgangsfall bei der A-Bank

3.1.1. Ansatz- und Zugangsbewertung

Zwar gehen bezüglich der Bilanzierung der C-Anleihe das HGB-Rechnungslegungsrecht und die IFRS von verschiedenen Grundideen aus, indem das HGB einerseits im Zugang zu Anschaffungskosten und die IFRS andererseits zum *Fair Value* bewerten. Praktisch wirkt sich diese Unterscheidung aber nicht aus, weil letztlich Anschaffungskosten und *Fair Value* bei der Zugangsbewertung identisch sind. Dies gilt umso mehr, wenn eine Inhaberschuldverschreibung, wie hier die C-Anleihe, einen exakt ermittelbaren Marktpreis hat. Die Kategorisierung spielt für den Ansatz und die Bewertung im Zugang keinerlei Rolle. Soweit lässt sich unter Hinzuziehung obiger Nutzenprofile keine Rangordnung für die Zugangsbewertung der C-Anleihe festlegen: Da die zu vergleichenden Regime nicht wesentlich voneinander abweichen, kann keiner der Akteure im Vergleich mehr oder weniger profitieren.

Im Hinblick auf den Ansatz des Credit Default Swaps (CDS) ähneln sich die HGB-Rechnungslegung und die IFRS gleichermaßen. Jeweils wird die gezahlte Prämie aktiviert.

Die Aktivierung der C-Anleihe und die Aktivierung der gezahlten Prämie sind durchaus sachgerecht, weil jeweils der zu Grunde liegende ökonomische Sachverhalt bilanziell nachvollziehbar erfasst wird. Insbesondere der CDS berechtigt den Kreditsicherungsnehmer bei Eintritt bestimmter Bedingungen, ein Gestaltungsrecht auszuüben.[109] Hinzu kommt, dass der CDS auch als originäres Sicherungsmittel an einen Dritten abgetreten werden kann (§ 398 BGB) und sich damit auch verkaufen lässt (§ 435 BGB).

3.1.2. Folgebewertung bei gleich bleibender Wertentwicklung der C-Anleihe

Die Kategorisierung in „*wie*" Anlagevermögen zu bewertendes Finanzvermögen nach der HGB-Rechnungslegung bzw. die Erfassung in der Kategorie „*bis zur Endfälligkeit zu haltende Vermögenswerte*" oder ab 2013 „*zu fortgeführten Anschaffungskosten zu bewertende Vermögenswerte*" stellen dem Bilanzierenden weitgehend vergleichbare Konzepte zur Verfügung, die jeweils nach der Motivation des Bilanzierenden fragen. Eine Abschreibung der C-Anleihe ist weder nach HGB noch nach IFRS vorgesehen, weil der Wert der Anleihe aufgrund des Kreditsicherungsmittels (CDS) keinem Wertverlust unterliegt. Eine solche Darstellung ist zulässig, soweit die Bonität des Kreditsicherungsgebers (B-Bank) gewährleistet

---

109 Die Bedingungsfeindlichkeit erstreckt sich bei Gestaltungsrechten freilich nur auf die Gestaltungserklärung.

ist. Im konkreten Fall ist der Wert der C-Anleihe gleich bleibend, sodass wirtschaftlich ein zutreffendes Bild von der Vermögenslage vermittelt wird.

Alle vier Regime (HGB a.F., geltende IFRS, HGB n.F. und zukünftig geltende IFRS) sehen eine anteilige und erfolgswirksame Auflösung des aktivierten CDS vor. Die Auflösung ist zweifelsfrei sachgerecht, zumal sich einerseits die Nutzungsdauer des CDS verkürzt hat und mit der Verkürzung der Nutzungsdauer von vier auf drei Jahre der Zeitwert (bei gleich bleibendem innerem Wert) entsprechend abgenommen hat. Die ungekürzte Beibehaltung der ursprünglichen Aktivierung im Zugang würde zu einem höheren Ausweis in der Bilanz führen, als sich ein Verkaufserlös für den CDS am Markt realisieren ließe.

3.1.3. Folgebewertung bei positiver Wertentwicklung der C-Anleihe

Auch die Folgebewertung bei positiver Wertentwicklung der C-Anleihe ist nach HGB und IFRS weitgehend ähnlich. Während sich nach der HGB-Rechnungslegung in a.F. in jedem Fall eine Wertzuschreibung über die historischen Anschaffungskosten hinaus verbietet, findet auch nach den IFRS eine Wertzuschreibung nicht statt, weil die C-Anleihe aufgrund der Kategorisierung im Zugang nicht der Zeitwertbilanzierung (also zum *Fair Value*) unterliegt. Nach der HGB-Rechnungslegung n.F. (BilMoG) ist zwar für Finanzinstrumente des Handelsbestands eine Bilanzierung zum beizulegenden Zeitwert eingeführt worden. Hier wird die C-Anleihe aber „*wie*“ Anlagevermögen gehalten.

Für die bilanzielle Folgebewertung des CDS gilt das bereits zuvor Gesagte (3.1.2.).

3.1.4. Folgebewertung bei negativer Wertentwicklung der C-Anleihe

Es unterbleibt sowohl nach HGB als auch nach IFRS die Abschreibung der C-Anleihe, soweit die Bonität des Kreditsicherungsgebers (B-Bank) gewährleistet ist. Zwar sinkt der Wert der C-Anleihe, zugleich sichert der CDS aber den Zahlungsausfall ganz oder teilweise ab. Die Finanzmarktkrise legte gerade in diesem Punkt Schwächen des bestehenden Kreditsicherungsgeschäfts offen: Die Bonität desjenigen, der Risiken übernehmen sollte und wollte, war in einer Reihe von Fällen nicht mehr gewährleistet. In diesen Fällen kommt die stichtagsbezogene Informationsvermittlung durch die Bilanz allerdings regelmäßig zu spät. Diese Lehre aus der Finanzmarktkrise sollte nicht dazu veranlassen, die Bonität eines jeden Sicherungsgebers pauschal als nicht hinreichend einzustufen. Doch lassen diese Erfahrungen vermuten, dass für die Unternehmensleitung – also das Leitungsorgan – ein höherer Ansporn darin besteht, bestimmte Risikopositionen aus der eigenen Bilanz zu verlagern, als die Bonität des Kontrahenten ausreichend zu prüfen. Freilich ist diese Prüfung in erster Linie eine stichtagsbezogene Betrachtung, deren prospektive Elemente durch viele unbekannte bzw. ungewisse Faktoren determiniert werden. Der Ansporn des Leitungsorgans so zu handeln, kann durch oben festgelegtes Nutzenprofil begründet werden: Denn würde die A-Bank die (ungesicherte) C-Anleihe im Anlagevermögen halten, hätte sie bei (dauerhaft) sinkendem Wert eine Abschreibung vorzunehmen. Abschreibungen stellen aber Aufwendungen dar, die den Jahresüberschuss senken. Zugleich führt eine Abwertung von Vermögensgegenständen bzw. Vermögenswerten zu einer Reduzierung der Bilanzsumme und des Betriebsergebnisses. Im Ergebnis würden maßgebende erfolgsmessende Bilanzkennzahlen negativ beeinflusst werden (Gewinnspanne, Ertragsspanne und Eigenkapital). Findet ein solcher Bonitätsverlust statt, ist dieser selbstverständlich im Rahmen der Jahresabschlusspublizität zum nächsten Stichtag zu berücksichtigen. Alternativ könnte man darüber nachdenken, ob es sinnvoller wäre, trotz der absichernden Wirkung durch den CDS, dem Marktwert der C-Anleihe entsprechend, eine erfolgswirksame Abwertung vorzunehmen. Eine solche Maßnahme würde aber unmittelbar in einem *accounting mismatch* münden, den alle in den Blick genommenen Bilanzregime durch die Bildung von Bewertungseinheiten zu verhindern versuchen. Nichtsdestotrotz ist nach den Erfahrungen aus der Finanzmarktkrise zu vermuten, dass in der Bankpraxis die Voraussetzungen an die Bonität der Kreditsicherungsgeber nicht allzu sorgfältig geprüft worden sind, was im Lichte des *too big to fail*-Dilemmas vielleicht sogar als unnötig empfunden wurde. Die Notwendigkeit der Bonitätsprüfung sollte in dem hier dargestellten bilanziellen Zusammenhang der Wertbeibehaltung nicht unterschätzt werden – weder vom bilanzierenden Leitungsorgan noch von den bilanzlesenden Jahresabschlussadressaten.

Für die bilanzielle Folgebewertung des CDS gilt ansonsten das bereits zuvor Gesagte (3.1.2.).

3.1.5. Ausbuchung

Im Falle des Kreditereignisses werden sowohl nach HGB als auch nach IFRS der Zahlungseingang und die Ausbuchung der C-Anleihe jeweils erfolgswirksam erfasst, so dass sich letztlich durch den Zahlungseingang eine Kompensation des Ertrags und des Aufwands durch die Ausbuchung ergibt. Somit bildet die bilanzielle Darstellung in korrekter Weise die ökonomische Realität in allen zum Vergleich stehenden Systemen (HGB a.F., geltende IFRS, HGB n.F. sowie zukünftig geltende IFRS) ab.

3.1.6. Zwischenfazit

Zwischen den zu vergleichenden Bilanzregimen bestehen nur punktuell Unterschiede. Insgesamt wird sowohl nach HGB als auch IFRS die Absicherung beim Sicherungsnehmer ähnlich dargestellt. Die zu Grunde liegenden ökonomischen Lebenssachverhalte werden dabei auch weitgehend von der bilanziellen Zugangs- und Folgebewertung berücksichtigt. Allerdings spielt die Überprüfung der Bonität des Kreditsicherungsgebers – wie die Finanzmarktkrise gezeigt hat – gerade bei einem Wertverlust des Referenzaktivums (konkret: der C-Anleihe) eine ganz entscheidende Rolle.

3.2. Anwendung auf den Ausgangsfall bei der B-Bank

3.2.1. Ansatz- und Zugangsbewertung

Nach HGB und IFRS wird die erhaltene Prämie passiviert: Nach HGB als passiver Rechnungsabgrenzungsposten und nach IFRS als Verbindlichkeit aus der Finanzgarantie. Darüber hinaus ist nach HGB der Gesamtbetrag der abzusichernden Summe als Eventualverbindlichkeit unter dem Bilanzstrich auszuweisen. Dieser Schritt verfolgt den Zweck, dass der Bilanzadressat erkennen kann, in welcher Höhe Forderungen gegenüber der B-Bank möglicherweise in der Zukunft entstehen können. Nach IFRS ist eine Eventualschuld (*contingent liability*) zumindest im Anhang(!) anzugeben, wenn die Inanspruchnahme möglich und nicht nur unwahrscheinlich ist.[110] Im konkreten Fall ist die Inanspruchnahme aber unwahrscheinlich. Mithin erfolgt keine Angabe im Anhang.

Aufgrund dieser unterschiedlichen Behandlung nach dem HGB und den IFRS wird nun der Nutzen der einzelnen Akteure an einem Bilanzregime, welches zur Bildung einer Eventualverbindlichkeit verpflichtet gegenüber einem Regime, welches ein solches Erfordernis nicht bzw. nicht bei unwahrscheinlicher Inanspruchnahme vorschreibt, näher betrachtet:

Für Groß- und Mehrheitsanteilseigner bringt die explizite Benennung der Eventualverbindlichkeit zunächst keinen Vorteil. Diese Adressatengruppe würde entsprechend ihrem Nutzenprofil die Bildung einer Rückstellung präferieren, um die Eventualverbindlichkeiten zu reduzieren und letztlich in der Bilanz quasi zu passivieren. Denn für den Groß- und Mehrheitsanteilseigner hat dies den Vorteil, dass durch die (erfolgswirksame!) Bildung der Rückstellung der Jahresüberschuss gesenkt werden würde und bei Nichtinanspruchnahme des CDS die Rückstellung zu einem späteren Zeitpunkt aufgelöst werden könnte. Dies käme einer Thesaurierung gleich. Hierbei ist allerdings zu beachten, dass die Voraussetzungen für

---

110 Siehe hierzu weiterführend: Heuser/Theile-*Pawelzik/Theile*, IFRS Hdb^{4}, Rn. 2304 sowie 2320.

die Bildung einer Rückstellung in der hier beschriebenen Fallkonstellation nach keinem Bilanzregime gegeben sind.

Der Minderheitsanteilseigner profitiert grundsätzlich davon, dass die Eventualverbindlichkeit lediglich unterhalb des Bilanzstrichs vermerkt wird und so den Jahresüberschuss und letztlich den ausschüttbaren Gewinn nicht beeinflusst.

Zukünftige Anteilseigner können durch den Ausweis der Eventualverbindlichkeit besser abschätzen, ob und in welcher Höhe Forderungen auf die B-Bank zukommen werden, und entsprechend ihre Investitionsentscheidung auf einer fundierteren Grundlage treffen.

Zwar erhalten Gläubiger durch den Ausweis der Eventualverbindlichkeit mehr Informationen über ihren Schuldner, die B-Bank, dennoch würden sie eine Passivierung der Eventualverbindlichkeit durch eine Rückstellungsbildung in der Bilanz, wie zuvor bei den Groß- und Mehrheitsaktionären bzw. -anteilseignern skizziert, bevorzugen. Arbeitnehmer profitieren von dem höheren Informationsgrad und können – freilich mittels Informationsintermediäre – die wirtschaftliche Situation ihres Arbeitgebers besser einschätzen.

Stellvertretend für den Staat als Akteur, nutzt dem Fiskus die Darstellung der Eventualverbindlichkeit, um die Ertragskraft des Steuerschuldners für die Zukunft abschätzen zu können. Für die Finanzaufsicht könnte der Ausweis der Eventualverbindlichkeit der besseren Einschätzung der finanziellen Stabilität der B-Bank dienen, soweit sie nicht bereits anderweitig die entsprechende Information bezogen hat.

Die Öffentlichkeit profitiert in jedem Fall von einem Bilanzregime, welches in nachvollziehbarer Weise Informationen preisgibt. Der Ausweis von Eventualverbindlichkeiten unter dem Bilanzstrich erfüllt diesen Anspruch.

Soweit lässt sich zusammenfassen, dass zumindest die meisten *Stakeholder* (einschließlich der zukünftigen Aktionäre bzw. Anteilseigner, die eben (noch) keine *Shareholder* sind; ausgenommen die Gläubiger) vom Ausweis der Eventualverbindlichkeiten profitieren. Freilich könnte man auch erwägen, ob die Behandlung von Eventualverbindlichkeiten nach IFRS, die eine Anhangangabe für ebendiese erst fordern, wenn die Inanspruchnahme möglich, aber noch nicht wahrscheinlich ist (dann: Rückstellungsbildung!), vorzugswürdig ist. Dafür spricht, dass dem Bilanzadressaten durch die Abstufung (unwahrscheinlich/möglich/wahrscheinlich) die Wahrscheinlichkeit der Inanspruchnahme klarer vor Augen geführt wird.[111] Dagegen spricht aber, dass zum einen die Einschätzung über die Zuordnung einer unwahrscheinlichen oder schon möglichen Inanspruchnahme dem Leitungsorgan obliegt und dessen Handlungsspielraum

111 Zum gestuften System: Heuser/Theile-*Pawelzik/Theile*, IFRS Hdb[4], Rn. 2304 sowie 2320.

tendenziell erweitert würde. Zum anderen sollte nicht vernachlässigt werden, dass der Ausweis unter dem Bilanzstrich dem Bilanzleser eher auffällt, als eine Anhangangabe.

Die Haltung des Leitungsorgans in der Frage, wie die Darstellung von Eventualverbindlichkeiten zu behandeln ist, lässt sich an den Auswirkungen für die Bilanzkennzahlenrechnung erläutern: Das Geschäftsvolumen (die Nennerposition der Gewinnspanne und der Ertragsspanne) ergibt sich aus der Addition von Bilanzsumme und Eventualverbindlichkeiten. Damit führt die Bildung einer Eventualverbindlichkeit zur Senkung bestimmter erfolgsmessender Kennzahlen. Seinem Nutzenprofil entsprechend wird das Leitungsorgan versuchen, sich der Verpflichtung nach HGB, eine Eventualverbindlichkeit ausweisen zu müssen, zu entledigen. Dies kann er entweder durch die Bildung von Rückstellungen – soweit die Voraussetzungen für eine solche auch gegeben sind –, oder durch den Abschluss eines CDS mit einer weiteren Bank erreichen, die dann an der Stelle der B-Bank den bilanziellen Ausweis der Eventualverbindlichkeit vorzunehmen hat. Letztere Handlungsmöglichkeit ist für das Leitungsorgan vorzugswürdig, weil die Alternativlösung der Rückstellungsbildung einen jahresüberschussmindernden Aufwand darstellt und der Abschluss eines CDS bei der B-Bank bilanziell zunächst nur einen Aktivtausch (nach HGB und IFRS: Aktiver Rechnungsabgrenzungsposten an Kasse) auslöst. Gleichzeitig braucht die Eventualverbindlichkeit aber nicht mehr unter dem Bilanzstrich ausgewiesen zu werden.

3.2.2. Folgebewertung bei gleich bleibender Wertentwicklung der C-Anleihe

Die Folgebewertung sieht sowohl nach HGB als auch nach IFRS eine Rückstellungsbildung bei einer steigenden Wahrscheinlichkeit der Inanspruchnahme aus dem CDS vor. Solange das Kreditereignis aber unwahrscheinlich ist und bleibt, ist die Bildung nach beiden Regimen nicht erforderlich. Mit anderen Worten, die Rückstellungsbildung wird erst bei einer negativen Wertentwicklung der C-Anleihe relevant (3.3.4.). Es lässt sich lediglich im Hinblick auf die IFRS festhalten, dass der Rückgriff auf IAS 37 oder IAS 18 (entsprechend) die bilanzielle Behandlung stark verkompliziert. Eine klarere Regelung wäre insoweit wünschenswert.

Darüber hinaus ist bereits zuvor auf die Darstellung der Eventualverbindlichkeit nach HGB eingegangen worden (3.2.1.). Dem ist an dieser Stelle nichts hinzuzufügen.

3.2.3. Folgebewertung bei positiver Wertentwicklung der C-Anleihe

Bei einer positiven Wertentwicklung der C-Anleihe sehen weder die HGB-Rechnungslegung noch die IFRS eine Veranlassung, die Bildung von Rückstellungen vorzuschreiben. Das ist dem ökonomischen Sachverhalt entsprechend sachgerecht und angemessen. An dieser Stelle ist allerdings zu vermerken, dass die Darstellung der Eventualverbindlichkeit nach dem HGB – so notwendig sie auch zur Erfüllung der meisten *Stakeholder*-Interessen erscheinen mag – als komplett unflexibles Informationsinstrument innerhalb des Jahresabschlusses charakterisiert werden muss, weil es lediglich Aufschluss über die Höhe einer möglichen Forderung, nicht aber über die Wahrscheinlichkeit der Entstehung der Forderung gibt. Man könnte diesen Mangel dadurch rechtfertigen, indem man darauf abstellt, dass die Eventualverbindlichkeit gerade unterhalb des Bilanzstrichs vermerkt wird und damit keinen Einfluss auf das Rechenwerk und damit letztlich keinen Einfluss auf die Bestimmung des Jahresüberschusses hat. Zugleich ist auf den Einfluss hinsichtlich bestimmter erfolgsmessender Bilanzkennzahlen bereits hingewiesen worden. Auch auf die Frage, ob die Flexibilität durch ein gestuftes System – wie bei den IFRS – verbessert werden kann, ist bereits zuvor eingegangen worden.[112]

3.2.4. Folgebewertung bei negativer Wertentwicklung der C-Anleihe

Nach HGB-Rechnungslegung findet bei negativer Wertentwicklung der C-Anleihe – ebenso wie bei den IFRS – eine Passivierung in Höhe der wahrscheinlichen Inanspruchnahme aus dem CDS statt. Im Einzelnen wird nach dem HGB der Posten Rückstellungen und nach den IFRS die passivierte Verbindlichkeit entsprechend erhöht. Daneben wird im Rahmen der HGB-Bilanzierung die Eventualverbindlichkeit um den Betrag der gebildeten Rückstellung gekürzt, weil nun durch die Rückstellungsbildung in entsprechender Höhe die Eventualverbindlichkeit sozusagen von der Bilanz erfasst worden ist. Ein fortlaufender Ausweis unterhalb des Bilanzstrichs ist damit nicht mehr nötig. Zumindest bezüglich der Passivierung stellen die beiden Bilanzregime ähnliche Anforderungen.

Unterschiede gibt es hinsichtlich der Behandlung der passivierten Provision: Nach IFRS unterbleibt eine erfolgswirksame Auflösung als Provisionsertrag, weil diese als nicht *„angemessen"* einzustufen ist.[113] Dies erscheint konsequent, weil die Passivierung nach IFRS durch die Erhöhung der zuvor angesetzten Verbindlichkeit erfolgt. Hiervon unterscheidet sich die Bilanzierung nach HGB maßgeb-

112 Siehe 3.2.1.

113 Vgl. *Struffert*, ABS Transaktionen und Kreditderivate, S. 220; *Grünberger*, KoR 2006, 87 (87 f.).

lich: Eine Verbindlichkeit unterliegt dem Höchstwertprinzip und ist daher nicht erfolgswirksam über die Laufzeit aufzulösen. Bei Rückstellungen ist dies nach dem HGB hingegen möglich. Letztlich heben sich die erfolgswirksame Buchung des Provisionsertrags und die erfolgswirksame Buchung der Rückstellungsbildung in der HGB-GuV auf. Es wird somit das gleiche Ergebnis wie durch die gekürzte erfolgswirksame Buchung zugunsten der Verbindlichkeit aus der Finanzgarantie nach IFRS erzielt. Vermag die hier dargestellte Buchung nach HGB zunächst als eine Verkomplizierung des Lebenssachverhaltes erscheinen, überzeugt sie m.E. doch: Denn nur so kann eine eindeutige Zuweisung von Aufwand und Ertrag erfolgen. Vergleicht man den Ausgangsfall mit der Fallkonstellation, in der die Prämienzahlung jährlich oder monatlich über die Laufzeit erfolgt (und nicht wie im Ausgangsfall einmal vorschüssig), dann würde der Zahlungseingang bei der B-Bank jeweils einen Provisionsertrag darstellen. Daran ändert sich auch nichts, wenn der Ertrag sofort wieder durch die Bildung einer Rückstellung aufgezehrt worden ist.

Die Auswirkungen der Eventualverbindlichkeiten auf die HGB-Bilanz und die Handlungsmöglichkeit des Leitungsorgans, Risiken auf einen Dritten abzuwälzen, wurden bereits angesprochen. Diese Überlegungen sollen an dieser Stelle wieder aufgegriffen und vertieft werden, weil bei sinkendem Kursverlauf der C-Anleihe und gleichzeitiger Steigerung der Wahrscheinlichkeit einer Inanspruchnahme, Probleme bei der Risikoverlagerung – wie die Finanzmarktkrise gezeigt hat – offenbar werden. Wählt das Leitungsorgan die Möglichkeit, das Risiko der Inanspruchnahme durch den Abschluss eines weiteren CDS auf einen Dritten, eine andere Bank zu verlagern (etwa die D-Bank), ist letztlich die Bonität der D-Bank für die Frage ausschlaggebend, ob die B-Bank bei einer drohenden Inanspruchnahme Rückstellungen zu bilden hat oder nicht. Dabei ist zu bedenken, dass nicht die Bonität der D-Bank zum Zeitpunkt des Abschlusses über den CDS maßgebend ist, sondern die Bonität der D-Bank zum jeweils aktuellen Zeitpunkt der Bilanzierung durch die B-Bank. Angenommen: Die Bonität der D-Bank nimmt ab. Dann ist zunächst davon auszugehen, dass zwischen der D-Bank und der B-Bank eine Informationsasymmetrie hinsichtlich der Bonität der D-Bank besteht, die – falls überhaupt – nur mit zeitlicher Verzögerung behoben wird. Diese Informationsasymmetrie führt letztlich zu einer möglicherweise nicht hinreichenden Information der Bilanzadressaten der B-Bank, weil die B-Bank auf den Ausweis von Eventualverbindlichkeiten und die Bildung von Rückstellungen verzichtet, obwohl ihre Sicherungsgeberin, die D-Bank, die Bonität im Falle des Kreditereignisses, den Ausfall aus der C-Anleihe zu kompensieren, nicht erfüllt. Es handelt sich dabei zwar nicht um eine Informationsasymmetrie zwischen dem Leitungsorgan der B-Bank und ihren Bilanzadressaten, dennoch wird das Leitungsorgan die Tatsache, dass die D-Bank die Bonitätsanforderungen aus dem

CDS nicht erfüllen werden, am ehesten erfahren. Dann allerdings besteht eine Informationsasymmetrie. In der Konsequenz wird das Leitungsorgan entsprechende Rückstellungen bilden, Eventualverbindlichkeiten ausweisen oder nach einem neuen Kontrahenten suchen, der die Bonitätsanforderungen für einen CDS erfüllt. Letztlich unterliegt die Fehlinformation hier der Zufälligkeit, und die Verlässlichkeit der Jahresabschlusspublizität steht insoweit infrage.

3.2.5. Ausbuchung

Die Realisierung des Kreditereignisses führt jeweils nach HGB und IFRS zur Zahlung des *digital payment* teils durch Auflösung des jeweils passivierten Betrags (4.4.), teils durch eine Verbuchung mit einem Aufwandskonto. Die hier nach HGB vorgenommene Buchung des Provisionsertrags erscheint m.E. unter der Maßgabe einer eindeutigen Aufwands- bzw. Ertragszuordnung plausibler, als die schlichte Kürzung der Aufwandsbuchung.

Im Anschluss an die Überlegungen zur Handlungsmöglichkeit des Leitungsorgans der B-Bank, einen weiteren CDS mit der D-Bank abzuschließen, bestätigt letztlich der Zahlungsausfall der C-Anleihe, dass bei hinreichender Bonität der D-Bank, sich ein weiteres Sicherungsgeschäft durchaus lohnen kann. Davon profitieren dann sämtliche Akteure.

3.2.6. Zwischenfazit

Ein wesentlicher Unterschied zwischen der Bilanzierung nach HGB und IFRS besteht im Ausweis der Eventualverbindlichkeiten unter dem Bilanzstrich. Der Ausweis der Eventualverbindlichkeiten scheint zumindest von beinahe allen *Stakeholdern* (außer den Gläubigern) präferiert zu werden. Zugleich beeinflussen Eventualverbindlichkeiten maßgebende erfolgsmessende Bilanzkennzahlen. Das Leitungsorgan wird angespornt sein, die Eventualverbindlichkeit auf einen Dritten abzuwälzen, was im Falle des Kreditereignisses sowohl ihm, als auch allen *Share-* und *Stakeholdern* dient, soweit der Dritte über eine hinreichende Bonität verfügt. Probleme entstehen dann, wenn die Bonität nicht hinreichend ist, und das Leitungsorgan der B-Bank davon erst phasenverschoben Kenntnis erlangt. Freilich stellt die Verlagerung des Zahlungsrisikos auf einen Dritten für das Leitungsorgan der B-Bank auch nach IFRS eine nützliche Maßnahme dar, um etwa die Bildung von Rückstellungen bei steigender Wahrscheinlichkeit der Inanspruchnahme zu verhindern oder einfach nur einen Arbitragegewinn zu generieren.

Kleinere Unterschiede bestehen hinsichtlich der erfolgswirksamen Erfassung der Provisionserträge. Diese sind in erster Linie auf grundlegend verschiedene Bilanzierungsverständnisse der HGB- und der IFRS-Bilanzierung zurückzuführen. Letztlich wirken sie sich aber hinsichtlich bestehender oder entstehender Informationsasymmetrien zwischen dem Leitungsorgan und den Bilanzadressaten nicht entscheidend aus.

3.3. Anwendung auf die Abwandlung 1 bei der A-Bank

3.3.1. Ansatz- und Zugangsbewertung

Die Ansatz- bzw. Zugangsbewertung des CDS in der Abwandlung 1 unterscheidet sich nicht nur im Hinblick auf die beiden Bilanzregime (HGB und IFRS), sondern auch in den Entwicklungen, die diese Regime jüngst vollzogen haben. Einheitlichkeit besteht darin, dass die CDS wie Optionen behandelt werden, und die A-Bank den CDS wie eine Optionsberechtigte zu bilanzieren hat. Nach HGB a.F. erfolgt der Ansatz zu Anschaffungskosten, nach IFRS (sowohl nach geltenden als auch nach zukünftig geltenden IFRS) zum *Fair Value*. Nach der HGB-Rechnungslegung n.F. erfolgt die Ansatzbewertung von Vermögensgegenständen des Handelsbestands nun zum beizulegenden Zeitwert abzüglich eines Risikoabschlags. Damit verfolgt das BilMoG eine Annäherung an die Bewertungsregeln der IFRS und versucht zugleich durch den Risikoabschlag dem Grundsatz einer vorsichtigen Bewertung gerecht zu werden. Tatsächlich entfernt sich die HGB-Rechnungslegung hinsichtlich der Zugangsbewertung: Während die Aktivierung des CDS in Höhe der gezahlten Prämie zu Anschaffungskosten und eine Aktivierung nach IFRS zum *Fair Value* im Endeffekt meist identisch sind, weil beide Bewertungen den Transaktionspreis zu Grunde legen, führt der Risikoabschlag nach dem HGB n.F. nun zu einer niedrigeren (um den Risikoabschlag niedrigeren) Aktivierung zum Zeitpunkt des Ansatzes.

Auch die Kategorisierung des CDS im Zugang erfolgt in der Fallkonstellation der Abwandlung 1 auf unterschiedliche Weise: Während die HGB-Rechnungslegung a.F. für CDS eine Zuordnung zum „*wie*" Umlaufvermögen zu bewertenden Finanzvermögen vorsieht, ordnen die geltenden IFRS den CDS der Kategorie *held for trading* zu. Das BilMoG hat nun in die HGB-Rechnungslegung eine neue Bewertungskategorie eingeführt: die gesonderte Bewertung von Vermögensgegenständen des Handelsbestands. Im laufenden IFRS-Reformprozess ist die Kategorie *held for trading* zugunsten der *Fair Value*-Kategorie aufgegeben worden. Diese Entwicklung lässt den Schluss zu, der deutsche Gesetzgeber reformiere die HGB-Bilanzierung in einem Sinne, der bereits auf internationaler Ebene an Anerkennung verloren habe. Dies ist aber letztlich nicht der Fall. Vielmehr beschränkt der HGB-Regelsetzer die Bilanzierung zum beizulegenden Zeitwert auf einen ausgewählten Bereich von Finanzinstrumenten. Zudem ist der Begriff des „Handelsbestands" kein Novum in der Bankbilanz. Das einzig Neue ist die Anknüpfung besonderer Bewertungsregeln (nun: § 340e Abs. 3 HGB). Die *Fair Value*-Kategorie nach zukünftig geltenden IFRS geht dabei über den Handelsbestand weit hinaus. Mithin kann nur dann von einem Hinterherhinken des HGB gesprochen werden, wenn man einen weitergehenden Ansatz der Bewertung zum beizulegenden Zeitwert über den Handelsbestand hinaus favorisiert. Hierauf und auf den damit im Zusammenhang stehenden Nutzen der Akteure wird an anderer Stelle noch einzugehen sein (3.3.4).

3.3.2. Folgebewertung bei gleich bleibender Wertentwicklung der C-Anleihe

In der Folgebewertung wird sowohl nach HGB als auch nach IFRS der Wertverlust beim CDS durch die Abnahme des Zeitwerts nachvollzogen und erfolgswirksam als Aufwand verbucht. Eine Bewertung zum *Fair Value* bzw. beizulegenden Zeitwert sah bereits das HGB a.F. (zumindest) bei fallenden Kursen für die Bilanzierung von Vermögensgegenständen des Umlaufvermögens aufgrund des strengen Niederstwertprinzips vor. Dementsprechend ist bei gleich bleibendem Wert der C-Anleihe die Bilanzierung nach HGB a.F., nach den geltenden sowie nach den zukünftig geltenden IFRS nahezu identisch. Aus dieser Reihe fällt nun die Bilanzierung nach HGB n.F., die einen zusätzlichen Risikoabschlag einfordert. Hier stellt sich allerdings die Frage, ob es bei sinkenden Kursen dieses Risikoabschlags tatsächlich bedarf, weil die Bilanzierung hier nun noch vorsichtiger wird. Nichtsdestotrotz ist zu prüfen, welche Akteure von der Berücksichtigung des Risikoabschlags profitieren und welche nicht.

Der Risikoabschlag führt zu einer Senkung der Vermögensgegenstände bzw. Vermögenswerte der Aktivseite und senkt somit die Bilanzsumme. Zwar werden diejenigen relativen Bilanzkennzahlen, bei denen die Bilanzsumme zumindest teilweise die Nennerposition ausmacht, steigen, zugleich sinkt aber die Bilanzsumme als absolute Größe. Mithin präferiert ein Leitungsorgan eher ein Bilanzierungsregime ohne Risikoabschlag.

Dem Groß- und Mehrheitsanteilseigner nutzt die Erhöhung der stillen Reserven durch die institutionalisierte Unterbewertung in Form des Risikoabschlags. Mithin profitiert an dieser Stelle diese Adressatengruppe von der Reform des HGB durch das BilMoG.

Sinkt der Wert des Finanzinstruments, führt ein zusätzlicher Risikoabschlag zu einem noch höheren Aufwand. Dies hat zur Konsequenz, dass der Jahresüberschuss sinkt und damit der ausschüttbare Gewinn abnimmt. Sonach ziehen Minderheitsanteilseigner keinen Nutzen aus der Einführung eines Risikoabschlags.

Für zukünftige Anteilseigner wird die Informationsgewinnung aus dem Jahresabschluss verkompliziert, weil die ausgewiesenen Aktiva keine exakte Darstellung der Vermögensverhältnisse zum Stichtag leisten können.

Gläubiger profitieren vom Risikoabschlag, weil dieser dazu führt, dass der Jahresüberschuss gesenkt wird und etwaige Ausschüttungen geringer ausfallen, denn jeder Cent, der nicht ausgeschüttet wird, geht dem Gläubiger bei der Geltendmachung seiner Ansprüche gegen die Gesellschaft nicht verloren. Die Untergruppe der Arbeitnehmer präferiert hingegen eher ein exaktes Bild der Vermögenslage ohne Risikoabschlag, um verlässliche Informationen über die Stabilität ihres Arbeitsplatzes erhalten zu können.

Aus der Sicht des Fiskus führt die (um den Risikoabschlag) geringere Bewertung des CDS zunächst zu einer Reduzierung des steuerbaren Einkommens. Dies legt die Vermutung nahe, dass der Fiskus ein Bilanzregime ohne Risikoabschlag präferieren würde, weil dann entsprechend der tatsächlichen Leistungsfähigkeit besteuert werden könnte und zudem das steuerbare Einkommen höher ausfiele. Dabei stellt sich die Frage, ob zum Zeitpunkt einer Aufwertung in der Folgebewertung überhaupt schon von einer Erhöhung der Leistungsfähigkeit bei der A-Bank gesprochen werden kann. Freilich hat noch keine Realisation – etwa durch eine Veräußerung über dem Anschaffungswert – stattgefunden, gleichzeitig ist eine erhöhte Leistungsfähigkeit im steuerrechtlichen Sinne auch ohne Realisationsakt zu bejahen, zumindest soweit man auf die wirtschaftliche Verfügungsmacht abgestellt. Dennoch wird die Gefahr gesehen, dass es bei unrealisierten Buchgewinnen zu einer sog. Substanzbesteuerung kommen kann (siehe § 6 Abs. 1 Nr. 2b EStG).[114] Letzter Gedanke wird an anderer Stelle noch einmal aufzugreifen sein (siehe Kapitel VIII.). Geht man in Anbetracht der wirtschaftlichen Verfügungsmacht und der Referenzwertfunktion der Handelsbilanz für die Steuerbilanz grundsätzlich von einer Erhöhung der Leistungsfähigkeit aus, ließe sich dagegen argumentieren, dass in Höhe des Risikoabschlags eine Erhöhung der Leistungsfähigkeit deshalb gerade nicht vorliegt, weil der gesetzlich vorgeschriebene Risikoabschlag die Aufwertung verringert. Das leitet über zu der Frage, ob der Zweck dieser Regelung auch mit dem Interesse des Fiskus übereinstimmt. Bezogen auf sein Nutzenprofil zieht der Fiskus aber gerade – entgegen etwa der Finanzaufsicht – keinen Vorteil aus der Berücksichtigung eines Risikoabschlags. Maßgebend ist daher die Betrachtung der tatsächlichen Leistungsfähigkeit und nicht der rechtlich vorgesehenen Leistungsfähigkeit. Hinsichtlich der Ausgangsfrage bleibt daher festzuhalten, dass der Fiskus ein Bilanzregime ohne Risikoabschlag präferieren wird, welches sich rein an der tatsächlichen Leistungsfähigkeit orientiert und nicht unbestimmte Risiken mit Abschlägen adressiert.

---

114 Vgl. zur Gefahr der Substanzbesteuerung nach dem BilMoG durch Wertschwankungen: *Gemeinhardt/Bode*, StuB 2008, 170 (174); zur früheren Steuerbelastung in zeitlicher Hinsicht: *dies.*, StuB 2008, 170 (175).

Die Finanzaufsicht wird auf die Publizität der Finanzinstrumente unter Risikoabschlag nicht angewiesen sein, weil Banken ohnehin verpflichtet sind, fortlaufende Meldungen an die Finanzaufsicht zu machen. Der Risikopuffer wird allerdings zu einer Stabilisierung der jeweiligen Bank beitragen, was wiederum die Stabilität des Finanzsystems erhöht. Insoweit erfüllt der Risikoabschlag die Interessen der Finanzaufsicht.

Die Öffentlichkeit präferiert eine möglichst exakte Darstellung der Vermögenslage, sonach nutzt ihr der Risikoabschlag tendenziell nicht.

Die Präferenzen der Akteure divergieren stark: Insbesondere den Groß- und Mehrheitsanteilseignern, den Gläubigern sowie der Finanzaufsicht nutzt der Risikoabschlag. Zu einer verbesserten Einsicht in das Rechenwerk der A-Bank nützt dieses Gläubigerschutzinstrument hingegen nicht.

Im Gesetzgebungsprozess des BilMoG wurde im Hinblick auf die Bilanzierung von Finanzinstrumenten des Handelsbestands bei Nichtbanken eine sog. Ausschüttungssperre angedacht.[115] Inwieweit eine solche Ausschüttungssperre möglicherweise auch für die Bankbilanz eine sinnvolle Maßnahme sein kann, wird an anderer Stelle diskutiert werden.[116]

3.3.3. Folgebewertung bei positiver Wertentwicklung der C-Anleihe

Die Folgebewertung bei positiver Wertentwicklung der C-Anleihe bedeutet eine Wertsenkung des CDS. Dabei nehmen sowohl der Zeitwert – worauf unter 3.3.2. eingegangen worden ist – als auch der innere Wert des CDS ab. Die Ursache des Wertverlusts spielt bei der Bilanzierung des CDS in der Abwandlung 1 aber keine Rolle, sondern ist ebenso zu behandeln wie die Abwertung des bloßen Zeitwerts.

3.3.4. Folgebewertung bei negativer Wertentwicklung der C-Anleihe

Durch die negative Wertentwicklung der C-Anleihe steigt der Marktwert des CDS beträchtlich. Der Anstieg des Marktwerts setzt sich freilich aus dem Anstieg des inneren Werts abzüglich des Wertverlusts des Zeitwerts aufgrund der kürzeren Frist bis zur Endfälligkeit zusammen. Dieser kompensierende Effekt von innerem Wert und gegenläufigem Zeitwert wird von der Bilanzierung nach HGB und IFRS in der bilanziellen Darstellung lediglich bedingt erfasst, dennoch bestehen zwischen den zu vergleichenden Bilanzregimen erhebliche Unterschiede: Nach HGB a.F. findet nur eine sehr geringfügige Wertaufholung statt, die die historischen

115 Siehe Kapitel IV.4.4.1.

116 Siehe Kapitel VIII.

Anschaffungskosten auch nicht übersteigen darf. M.E. ist an dieser Stelle auch nur eine Wertaufholung bis zum Zeitwert des CDS zulässig, weil die Gründe für einen niedrigeren Wertansatz, also einen Wertansatz unterhalb des Zeitwerts (aufgrund des negativen inneren Werts des CDS), nun nicht mehr bestehen. Geht man von diesem Verständnis des § 253 Abs. 5 iVm. Abs. 3 HGB aus, ist eine Zuschreibung nur bis zum entsprechenden Zeitwert möglich. Im Gegensatz dazu ist nach geltenden und zukünftig geltenden IFRS eine Wertaufholung bis zum Marktwert, über die historischen Anschaffungskosten hinaus, vorgesehen. Nach dem HGB n.F. erfolgt eine Wertaufholung bis zum Marktwert, allerdings abzüglich eines Risikoabschlags. Die Wertaufholungen verursachen jeweils eine Ertragsbuchung in der GuV. Hier knüpft das HGB n.F. an und veranlasst, dass neben der Bildung eines Risikoabschlags dem Sonderposten, „Fonds für allgemeine Bankrisiken" ein Betrag zuzuführen ist, der mindestens 10% der Nettoerträge des Handelsbestands entspricht (§ 340e Abs. 4 S. 1 HGB). Wie Satz 2 zeigt, ist eine Auflösung dieses Sonderfonds auch dann nicht vorgesehen, wenn die (vormaligen) Bucherträge durch den Verkauf des CDS realisiert worden sind. Die Folgebewertung einerseits und die Vorschrift zur Bildung eines „Fonds für allgemeine Bankrisiken" andererseits sollen nun nacheinander besprochen werden. Zwar lädt die Folgebewertung von Finanzinstrumenten an dieser Stelle dazu ein, zu diskutieren, welche Vor- und Nachteile ein sog. *full Fair Value*-Ansatz haben kann, doch während an anderer Stelle bereits auf diese Argumente eingegangen worden ist,[117] soll hier lediglich besprochen werden, welche Akteure inwieweit von den zu vergleichenden Bilanzregimen profitieren.

Nun zur Folgebewertung bei steigendem Wert des CDS: Das Leitungsorgan profitiert selbstverständlich am meisten von dem *full Fair Value*-Ansatz der IFRS in der Abwandlung 1, weil dieser zur Erhöhung der Aktiva und zur Steigerung der Erträge führt, die damit erfolgsmessende Kennzahlen positiv beeinflussen, was sich regelmäßig in gleicher Weise auf die variable Vergütung des Leitungsorgans auswirkt. Den *Fair Value*-Ansatz mit Risikoabschlag des HGB n.F. präferiert das Leitungsorgan gegenüber der bilanziellen Behandlung nach HGB a.F., der nur eine vergleichsweise geringfügige Wertaufholung zulässt.

Dem Groß- und Mehrheitsanteilseigner nützt am ehesten ein Bilanzregime, welches die Bildung stiller Reserven ermöglicht. Mithin profitiert er von den Vorschriften nach dem HGB a.F., die eine Wertaufholung lediglich im geringen Umfang zulassen. Aus gleichem Grunde präferiert der Groß- und Mehrheitsanteilseigner die Verpflichtung, einen Risikoabschlag nach HGB n.F. vorzunehmen, gegenüber den IFRS, die die vergleichsweise höchste Bewertung bis zum Markt-

---

117 Siehe Kapitel IV.4.1.

wert zulassen. Nichtsdestotrotz zieht der Groß- und Mehrheitsanteilseigner einen höheren Nutzen aus dem Bilanzregime des HGB a.F., als aus den IFRS und dem HGB n.F.

Der Minderheitsanteilseigner präferiert – wie das Leitungsorgan – die geltenden und zukünftig geltenden IFRS gegenüber dem HGB n.F. und dem HGB a.F. Von dem HGB n.F. profitiert der Minderheitsanteilseigner bei weitem mehr als von dem HGB a.F. Bezeichnete Präferenzen sind auf einen höheren Jahresüberschuss und einen höheren ausschüttbaren Gewinn zurückzuführen.[118]

Der zukünftige Anteilseigner profitiert von der exakten Darstellung der Vermögenslage nach IFRS zum Marktwert. Bei der Bilanzierung nach HGB n.F. ist die Einsicht in das Unternehmen zwar um den Risikoabschlag getrübt, bei einem Marktwert oberhalb der historischen Anschaffungskosten – wie in Abwandlung 1 bei sinkendem Wert der C-Anleihe – aber bei weitem aussagekräftiger als die Darstellung nach HGB a.F.

Dem Gläubiger nutzt am ehesten die Bilanzierung nach HGB a.F., gefolgt von der Bilanzierung nach HGB n.F. und (anschließend) den IFRS. Denn der Gläubiger profitiert davon, dass der Schuldner sich im Hinblick auf die Ausschüttung „arm" rechnet und stille Reserven bildet. Die Untergruppe der Arbeitnehmer folgt dem Nutzenprofil der zukünftigen Anteilseigner, weil ihr am ehesten mit einer möglichst exakten Darstellung der Vermögenslage gedient ist.

Der Fiskus und die Finanzaufsicht präferieren gleichermaßen die IFRS-Bilanzierung, gefolgt von der Bilanzierung nach HGB n.F. und (anschließend) HGB a.F., allerdings aus unterschiedlichen Motivationslagen: Dem Fiskus nutz eine Gewinnberechnung, die an ein leistungsgerechtes Rechenwerk anknüpft. Wiederum stellt sich die Frage, ob zum Zeitpunkt einer Aufwertung von Finanzinstrumenten in der Folgebewertung von einer Steigerung der Leistungsfähigkeit bei der A-Bank gesprochen werden kann. Wie bereits erwähnt, sind das Zuflussprinzip und das Realisationsprinzip nicht stets kongruente Prinzipien: Der steuerrechtliche Zufluss (§ 11 Abs. 1 S. 1 EStG) ohne Realisationsakt ist grundsätzlich nur bei der Gewinnermittlung nach § 4 Abs. 3 EStG maßgebend. Bei der Gewinnermittlung nach §§ 4 Abs. 1, 5 Abs. 1 EStG erscheint eine Besteuerung ohne Realisationsakt als Systembruch. Diesem zum Trotz soll wohl bei Vorliegen einer Verfügungsmacht nunmehr abgewichen werden (§ 6 Abs. 1 Nr. 2b EStG). Bejaht man die Verfügungsmacht – was gerade bei fungiblen Märkten vorzugswürdig erscheinen mag – zieht der Fiskus den höchsten Nutzen aus einem *full Fair Value*-

---

118 An dieser Stelle ist wiederum darauf hinzuweisen, dass die IFRS keine Ausschüttungsbemessungsfunktion haben. Lediglich zur Darstellung des Vergleichs der Bilanzregime ist von dieser „als ob"-Annahme auszugehen.

Ansatz. Dennoch wird die Gefahr gesehen, dass es bei unrealisierten Buchgewinnen zu einer sog. Substanzbesteuerung kommen kann.[119]

Der Finanzaufsicht nützt ein möglichst hoher Grad der Transparenz bei der Einsicht in die A-Bank.

Schließlich werden die Bedürfnisse der Öffentlichkeit durch eine möglichst genaue Darstellung der Vermögenslage der A-Bank erfüllt, womit sich die Präferenzen nicht von denen der Finanzaufsicht unterscheiden.

Bis auf die Groß- und Mehrheitsanteilseigner und die Gläubiger profitieren alle Akteure von einem *full Fair Value*-Ansatz bei negativer Wertentwicklung der C-Anleihe und (damit) steigendem Marktwert des CDS.

Nun folgt die Auseinandersetzung mit der neu durch das BilMoG in das HGB eingeführten Regelung des § 340e Abs. 4 HGB (Zuführung von Nettoerträgen zum „Fonds für allgemeine Bankrisiken"). Auf diese Neuregelung ist neben dem Risikoabschlag aus Abs. 3 gesondert einzugehen, weil es sich hier nicht bloß um die Abwertung eines Aktivpostens handelt, welcher bei einem Verkauf einen zusätzlichen Ertrag verursacht, sondern um die Bildung eines dauerhaft bestehenden Passivpostens, der nur unter bestimmten – von dem einzelnen Finanzinstrument weitgehend unabhängigen – Bedingungen aufgelöst werden kann (§ 340e Abs. 4 S. 2 HGB).

Die Zuführung von Nettoerträgen zum „Fonds für allgemeine Bankrisiken" stellt für die A-Bank einen Aufwand dar, der den Jahresüberschuss senkt und zunächst auf unbestimmte Zeit nicht erfolgswirksam aufgelöst werden kann. Sonach wird das Leitungsorgan ein Bilanzregime präferieren, das keine Regelung wie das HGB n.F. in Abs. 4 nun vorsieht.

Hingegen wird ein Groß- und Mehrheitsanteilseigner von einer solchen Regelung profitieren, denn sie ermöglicht die Einbehaltung von Erträgen. Hinzu kommt, dass die Regelung des Abs. 4 an mehreren Stellen die Möglichkeit zur Gestaltung einräumt: Zunächst besteht die Möglichkeit, nach Satz 1 *„mindestens"* 10% zuzuführen. Das bedeutet, dass auch eine darüber hinausgehende Aufwandsbuchung möglich ist, wenn ein einflussreicher Groß- und Mehrheitsanteilseigner aus strategischen Gründen den Jahresüberschuss niedrig halten möchte. Auch der Satz 2 eröffnet einen Spielraum: So *„darf"* der Posten aufgelöst werden, soweit der Fonds nach Satz 1 zum Ausgleich von Nettoaufwendungen des Handelsbestands genutzt wird oder soweit der Fonds nach S. 1 höher ist als 50% des Durchschnitts der letzten fünf jährlichen Nettoerträge des Handelsbestands.

---

119 Vgl. zur Gefahr der Substanzbesteuerung nach dem BilMoG durch Wertschwankungen: *Gemeinhardt/Bode*, StuB 2008, 170 (174); zur früheren Steuerbelastung in zeitlicher Hinsicht: *dies.*, StuB 2008, 170 (175); weitergehend zu dieser Problematik: siehe Kapitel VIII.

Hier eröffnet das „*darf*" wiederum einen Gestaltungsspielraum, der bilanzpolitisch oder aus anderen strategischen Gründen genutzt werden kann.

Der Minderheitsanteilseigner profitiert nicht von der Regelung des Abs. 4, weil einerseits die Bildung des Fonds nach Abs. 4 S. 1 den ausschüttbaren Gewinn schmälert und andererseits Gestaltungsspielräume eröffnet, auf die der Minderheitsanteilseigner keinen Einfluss hat.

Dem zukünftigen Anteilseigner geht durch den offenen Ausweis auf der einen Seite keine Information verloren. Auf der anderen Seite wird seine Einsichtsmöglichkeit auch nicht erweitert. Sonach steht dieser Adressat der Regelung des Abs. 4 im Ergebnis neutral gegenüber.

Dem Gläubiger nutzt diese Regelung in hohem Maße. Zum einen wird die Ausschüttungssumme reduziert und eine Reserve angelegt, zum anderen handelt es sich noch nicht einmal um eine stille, sondern um eine offene Reserve. Also eine Form „*gläserner aber geschlossener Taschen*".[120] Der Arbeitnehmer profitiert von dieser Regelung gleichermaßen wie der „klassische" Gläubiger, gerade weil es sich nicht um eine stille Reserve handelt.

Der Fiskus wird an der Besteuerung etwaiger Einkünfte durch die Bildung des „Fonds für allgemeine Bankrisiken" über den Zeitpunkt des eigentlichen faktischen Zuflusses hinaus gehindert. Mithin steht die Regelung des Abs. 4 dem Nutzen des Fiskus diametral entgegen.

Der Finanzaufsicht nutzt diese Regelung, denn sie profitiert von der mit der Bildung des Fonds nach Abs. 4 S. 1 einhergehenden Erhöhung der Stabilität.

Auch für die Öffentlichkeit ist das Bedürfnis nach Transparenz durch die vom BilMoG eingeführte Regelung erfüllt. Eine Präferenz im Vergleich zum HGB a.F. oder den IFRS lässt sich nicht ableiten. Somit steht die Öffentlichkeit als Bilanzadressat dieser Regelung in der Tendenz gleichfalls neutral gegenüber.

Die Neuregelung des Abs. 4 nutzt dem Groß- und Mehrheitsanteilseigner, dem Gläubiger, dem Arbeitnehmer sowie der Finanzaufsicht. Zukünftige Anteilseigner und die Öffentlichkeit stehen der Aufstockung des „Fonds für allgemeine Bankrisiken" neutral gegenüber, während die Neuregelung dem Nutzen der Minderheitsanteilseigner sowie dem Nutzen des Fiskus' sogar entgegensteht.

---

120 Siehe zum Kronstein'schen Prinzip 2.3.1. Sowie: *Lutter*, NJW 1996, 1945 (1945): „*vor 30 Jahren zentrales Anliegen der großen Reform des Aktienrechts*"; *Wiedemann*, BB 1975, 1591 (1597); Plädoyer für eine Besteuerung nur des realisierten Gewinns zum Schutze der Gläubiger: *Beisse*, FS Beusch 1993, S. 77 (89).

3.3.5. Ausbuchung

Nach Ausübung des Gestaltungsrechts und Erhalt des *digital payment* ist der CDS wertlos. Bei Zahlungseingang ist der CDS durch einen Aktivtausch auszubuchen. Der Differenzbetrag zwischen dem bilanzierten Wert des CDS und dem Zahlungseingang wird erfolgswirksam erfasst. Wesentliche Unterschiede zwischen der HGB-Rechnungslegung und den IFRS gibt es hier nicht.

3.3.6. Zwischenfazit

Bei der Zugangsbewertung führt der Risikoabschlag regelmäßig zu einer Divergenz zwischen IFRS und dem HGB n.F., welche zwischen den IFRS und dem HGB a.F. so nicht bestand.

Die Beschränkung der Bewertung zum beizulegenden Zeitwert nach HGB n.F. auf Finanzinstrumente des Handelsbestands stellt kein Defizit hinsichtlich einer überholten Entwicklung der internationalen Bilanzierung dar, sondern ist klarer Ausdruck des gesetzgeberischen Regelungsansatzes.

In der Folgebewertung setzt sich die Bewertungsdivergenz zwischen IFRS und HGB n.F. aufgrund des Risikoabschlags fort. Es handelt sich bei dem Risikoabschlag um ein gläubigerschützendes Instrument, das zugleich die Einsicht in die Vermögenslage erschwert. Entsprechend divergiert der Nutzen, den die Akteure aus dieser Regelung ziehen.

Von einem *full Fair Value*-Ansatz bei steigenden Kursen profitieren bis auf den Groß- und Mehrheitsanteilseigner und den „klassischen" Gläubiger sämtliche Akteure. Auf diesen Befund wird noch einzugehen sein (Kapitel VIII.).

Von einem Bilanzregime, das eine Regelung wie den neuen § 340 Abs. 4 HGB (Aufstockung des „Fonds für allgemeine Bankrisiken") vorsieht, profitieren alle Akteure außer den Minderheitsanteilseignern und dem Fiskus. Zugleich sind die Gestaltungsspielräume, die sich zugunsten des Leitungshandelns ergeben, m.E. mit Vorsicht zu genießen.

3.4. Anwendung auf die Abwandlung 1 bei der B-Bank

3.4.1. Ansatz- und Zugangsbewertung

Nach allen Bilanzregimen wird die Prämie als Verbindlichkeit bei der B-Bank passiviert. Im Vergleich zum Ausgangsfall stellt sich hier allerdings die Frage, warum nach der HGB-Rechnungslegung nicht zusätzlich unter dem Bilanzstrich eine Eventualverbindlichkeit ausgewiesen wird.[121] Nach allgemeiner Auffassung wird bei Zuordnung eines CDS zum Handelsbuch der Ausweis einer Eventualverbindlichkeit nicht für erforderlich gehalten. Demgegenüber unterscheiden sich m.E. die bilanzielle Darstellung bei der B-Bank im Ausgangsfall und in der Abwandlung 1 nicht so sehr voneinander, so dass zur Verdeutlichung der möglichen Inanspruchnahme aus dem CDS der Ausweis einer Eventualverbindlichkeit gerechtfertigt erscheint. Zwar beabsichtigt die B-Bank nicht, den CDS bis zum Laufzeitende zu halten, aber es ist nicht auszuschließen, dass sie es dennoch tut (oder zumindest mit hohen Verlusten die Position glattstellt). Eine Nutzeneinordnung der Akteure hinsichtlich des Ausweises von Eventualverbindlichkeiten wurde oben bereits besprochen. Gerade aus *Stakeholder*-Interessen wäre auch hier eine Erwähnung unter dem Bilanzstrich oder die Schaffung eines ähnlichen Publizitätsmittels wünschenswert.

3.4.2. Folgebewertung bei gleich bleibender Wertentwicklung der C-Anleihe

Bezüglich der Folgebewertung bei gleich bleibender Wertentwicklung unterscheiden sich die Bewertungstechniken nach HGB und IFRS nicht unerheblich: Aufgrund des abnehmenden Zeitwerts des CDS verliert derselbe an Wert. Für den Sicherungsgeber bzw. den Stillhalter bedeutet dies, dass die Höhe der Verbindlichkeit abgenommen hat. Das sog. Höchstwertprinzip des HGB verbietet eine Abwertung der Verbindlichkeit, während die IFRS eine erfolgswirksame Kürzung auf den beizulegenden Zeitwert zulassen. Die Anwendung der *Fair Value*-Bewertung auf Verbindlichkeiten nach IFRS war lange umstritten und ist nach zähem Ringen insbesondere zwischen dem IASB und der Europäischen Union, die den IAS 39 nur teilweise übernehmen wollte (sog. *carve out*), gestrichen worden. Die einzige Ausnahme verbleibt bei Finanzinstrumenten, die sich durch einen Marktwert bestimmen lassen. So liegt der (Ausnahme-)fall hier. Nach IFRS wird also ein Ertrag verbucht, während nach der HGB-Rechnungslegung die Verbindlichkeit nicht reduziert wird.

Das Leitungsorgan präferiert die erfolgswirksame Buchung nach IFRS gegenüber der Anwendung des Höchstwertprinzips nach HGB, zumal der Ertrag den Jahresüberschuss steigert und damit die erfolgsmessenden Bilanzkennzahlen positiv beeinflusst.

Der Groß- und Mehrheitsanteilseigner profitiert eher vom Bilanzierungsverständnis nach HGB, denn die Beibehaltung der Verbindlichkeit stellt eine

---

121 *Auerbach/Fischer*, KreditderivateHdb., S. 237 (245); vgl. Hierzu auch *Kühnle*, WPg 2002, 288 (297 f.); *Barz et al.*, S. 657.

Bildung stiller Reserven dar. Insbesondere erweitern überbewertete Verbindlichkeiten den bilanzpolitischen und den gestalterischen Spielraum, weil durch das einfache Glattstellen einer überbewerteten Verbindlichkeit ein Ertrag gebucht werden kann. Mit anderen Worten: Es können überbewertete finanzielle Schulden ebenso wie unterbewertete finanzielle Vermögensgegenstände bzw. Vermögenswerte dem Groß- und Mehrheitsanteilseigner zur Erreichung seiner strategischen Ziele dienen.

Der Minderheitsanteilseigner präferiert die erfolgswirksame Abwertung der Verbindlichkeit zur Steigerung des Jahresüberschusses und zur Erhöhung des ausschüttbaren Gewinns.

Der zukünftige Anteilseigner, dem an einer möglichst exakten Darstellung der Vermögenslage gelegen ist, profitiert von einem Bilanzregime, das die Verbindlichkeiten zum tatsächlichen Wert ausweist, mithin profitiert er von der IFRS-Bilanzierung.

Dem Gläubiger nutzt die Bildung stiller Reserven. Sonach profitiert er eher von einem Bilanzregime wie dem der HGB-Rechnungslegung. Demgegenüber dient dem Arbeitnehmer wiederum eine möglichst exakte Darstellung der Verbindlichkeiten, also die Bilanzierung nach IFRS.

Auch der Fiskus präferiert für die Besteuerung ein Rechenwerk, das Aktiva und Passiva so korrekt wie möglich ausweist sowie Aufwendungen und Erträge so gegenüberstellt, dass eine leistungsgerechte Besteuerung möglich ist. Die Beibehaltung überbewerteter Verbindlichkeiten führt aber auch dazu, dass das zu versteuernde Einkommen (§ 5 Abs. 1 S. 1 EStG iVm. § 8 Abs. 1 S. 1 KStG) abnimmt, obwohl die Verbindlichkeit in ausgewiesener Höhe nicht mehr existiert. Letztlich führt die Beibehaltung einer zu hoch angesetzten Verbindlichkeit zu einer Gewinnverschiebung in spätere Wirtschaftsjahre. Mithin präferiert der Fiskus ein System, das die Verbindlichkeiten möglichst ihrem tatsächlichen Wert entsprechend darstellt – so wie es das Bilanzregime der IFRS vorsieht.

Der Finanzaufsicht nutzt tendenziell ein hoher Grad an Transparenz und damit ein Bilanzregime, welches keine überbewerteten Verbindlichkeiten ausweist. Sonach wird die Finanzaufsicht hier die Bilanzierung nach IFRS präferieren.

Wie die Finanzaufsicht profitiert die Öffentlichkeit von einer möglichst exakten Darstellung der Vermögens-, Finanz- und Ertragslage. Mithin wird auch sie die Regelung nach IFRS präferieren.

Im Ergebnis präferieren im Hinblick auf die in Frage stehende Wertreduktion von überbewerteten Verbindlichkeiten die betrachteten Akteure eher von den IFRS als von der HGB-Regelung, einzig die Groß- und Mehrheitsanteilseigner sowie die Gläubiger (ausschließlich die Arbeitnehmer) profitieren hier von der HGB-Rechnungslegung.

3.4.3. Folgebewertung bei positiver Wertentwicklung der C-Anleihe

Die bilanzielle Behandlung ist bei einer positiven Wertentwicklung der C-Anleihe nicht anders zu bewerten als zuvor bei einer konstanten Wertentwicklung, weil in beiden Szenarien der Wert des CDS sinkt.

3.4.4. Folgebewertung bei negativer Wertentwicklung der C-Anleihe

Während das HGB bei einer drohenden Inanspruchnahme aus einem CDS vorschreibt, eine entsprechende Rückstellung zu bilden, ist nach IFRS die für den CDS passivierte Verbindlichkeit zu erhöhen. Damit antworten beide Bilanzregime auf die drohende Inanspruchnahme durch eine erfolgswirksame Passivierung. Betrachtet man diese bilanziellen Maßnahmen unter dem Blickwinkel der erfolgsmessenden Bilanzkennzahlen, ergeben sich hinsichtlich der Kennzahlenbildung keinerlei Unterschiede. Man könnte demnach meinen, dass es den Bilanzadressaten schlicht egal sein könnte, ob die Passivierung nun als Rückstellung oder als Verbindlichkeit erfolgt. Freilich bestehen nach der HGB-Rechnungslegung unterschiedliche Voraussetzungen, wenn die B-Bank Rückstellungen auflösen oder Verbindlichkeiten auf den tatsächlichen Wert reduzieren möchte. Dem letzteren Fall steht das sog. Höchstwertprinzip entgegen. Wird somit durch die Passivierung unter namensverschiedenen Posten lediglich eine Chancengleichheit der Bilanzregime erzeugt oder sogar eine Konvergenz der Systeme geschaffen? Unter erfolgsmessenden Gesichtspunkten kann diese Frage zutreffend bejaht werden. Man könnte aber erwägen, dass der Bilanzleser der HGB-Bilanz den Passivposten „Verbindlichkeiten" und „Rückstellungen" eine unterschiedliche Wertigkeit beimisst und daher die Bilanzierung in zuvor erörterter Weise irreführend wirken könnte. Diese Gefahr stellt sich m.E. aber deshalb nicht, weil der Bilanzleser weder aus dem Passivposten der „Rückstellungen", noch aus dem der „Verbindlichkeiten" ersehen kann, wie hoch die tatsächliche Inanspruchnahme ausfallen wird. Anhaltspunkte für eine Wertigkeit können daher nicht hinreichend konkret getroffen werden.

3.4.5. Ausbuchung

Bei der Ausbuchung des CDS aus der Bilanz der B-Bank im Falle des Kreditereignisses erfolgt die Buchung der Auszahlung des *digital payment* nach der HGB-Rechnungslegung durch die Auflösung der Rückstellung, die Ausbuchung der Verbindlichkeit sowie eine Aufwandsbuchung. Demgegenüber erfolgt die Buchung der Auszahlung nach IFRS lediglich durch die Ausbuchung der Verbindlichkeit und eine zusätzliche Aufwandsbuchung. Die Unterschiede in der buchhalterischen Vorgehensweise folgen als Konsequenz aus den divergierenden

Ansätzen von HGB und IFRS bei der Passivierung im Falle des Wertverlusts der C-Anleihe (siehe zuvor, 3.4.4.).

3.4.6. Zwischenfazit

Zunächst könnte man erwägen, ob der Ausweis von Eventualverbindlichkeiten unterhalb des Bilanzstrichs nicht auch bei einer Zuordnung des CDS zum Handelsbuch gerade im Interesse der meisten *Stakeholder* angebracht wäre.

Des Weiteren ist zu überlegen, ob eine erfolgswirksame Anpassung der passivierten Verbindlichkeit an den niedrigeren Marktwert entgegen dem Gläubigerschutz und zu Ungunsten der Groß- und Mehrheitsanteilseigner, aber im weit überwiegenden Interesse der übrigen – in den Blick genommenen – Bilanzadressaten, eine erstrebenswerte Regelung für das HGB darstellt.

Und schließlich werden nach HGB und IFRS bei einem Anstieg der Wahrscheinlichkeit einer Inanspruchnahme aus dem CDS unterschiedliche Passivposten (Rückstellungen bzw. Verbindlichkeiten) zur Bildung eines nötigen Puffers angesprochen. Hierdurch wird das Höchstwertprinzip des HGB für Verbindlichkeiten unterlaufen, was letztlich (zumindest teilweise) eine Konvergenz der beiden Bilanzregime herstellt.

3.5. Anwendung auf die Abwandlung 2 bei der A-Bank

3.5.1. Ansatz- und Zugangsbewertung

Die Behandlung von Sicherungsbeziehungen gehört im Rahmen der Bilanzierung von Finanzinstrumenten zu einem der spannendsten und am meisten diskutierten Problemfelder. Zugleich bestehen zwischen den Bilanzregimen der IFRS und der HGB-Rechnungslegung starke Parallelen. Dies war bereits vor der Reform durch das BilMoG der Fall. Durch die Reform ist lediglich das, was als Bilanzierungspraxis beschrieben wurde, in das HGB aufgenommen worden. Die Bildung von Sicherungsbeziehungen dient der Vermeidung eines *accounting mismatch*. Ein solcher kann aber nur auftreten, wenn innerhalb eines Bilanzregimes verschiedene Bewertungsverfahren für Finanzinstrumente nebeneinander existieren (sog. *mixed model*-Ansatz) und etwa zwei Finanzinstrumente, die sich faktisch in ihrer Wertentwicklung kompensieren würden, auf unterschiedliche Weise bewertet werden. Ein *mixed model*-Ansatz wird letztlich von allen zu vergleichenden Bilanzregimen verfolgt. Zugleich scheint es allgemein anerkannt zu sein, dass ein Bilanzregime Regeln braucht, die nachträglich eine Kompensation in der GuV zulassen. An die Bildung einer Bewertungseinheit werden im Wesentlichen die Effektivität der Sicherungsbeziehung, einen kompensierenden Effekt gewährleisten zu können, sowie eine hinreichende Dokumentation als Anforderungen erhoben. Während der Wortlaut von IAS 39.71 von einer designierten Sicherungsbeziehung spricht, ordnet der neu gefasste § 254 HGB, soweit seine Voraussetzungen erfüllt sind, sogar die Bildung einer Bewertungseinheit an. Letztlich stellt aber das Dokumentationserfordernis zumindest ein sog. faktisches Wahlrecht dar, denn es ist dem bilanzierenden Leitungsorgan überlassen, eine Dokumentation vorzunehmen bzw. vornehmen zu lassen. Diesem Dilemma ist nur zu entkommen, wenn man einen *full Fair Value*-Ansatz vorschreiben würde. Auch an dieser Stelle soll keine *Fair Value*-Diskussion begonnen werden. Auf die Nutzenprofile bezüglich der *Fair Value*-Bewertung eines CDS ohne Sicherungszusammenhang ist bereits oben eingegangen worden (3.3.4). Hier ist lediglich auf den Nutzen einzugehen, den die Bilanzadressaten zögen, wenn man einen *full Fair Value*-Ansatz einführte und sich zwei Finanzinstrumente – wie in Abwandlung 2 – stets kompensierten. Präziser: Welcher Akteur profitiert wie, wenn man den bilanziellen Ausweis der Kompensation nicht (zumindest faktisch) dem Leitungsorgan überließe.

Das Leitungsorgan würde ein solches Bilanzregime freilich nicht präferieren: Zwar zieht es insofern einen Nutzen aus dem kompensierenden Effekt, weil die Kompensation dazu beitragen kann, dass bestimmte Aufwendungen, die faktisch einen *Hedge* Aufwand darstellen, durch einen *Hedge* Ertrag kompensiert werden würden. Dem Leitungsorgan steht aber nach HGB und IFRS ohnehin die Möglichkeit zu, eine Sicherungsbeziehung zu bilden. Vielmehr würde der Handlungs- und Gestaltungsspielraum des Leitungsorgans verkürzt, was ihm letztlich nicht nutzt.

Der Groß- und Mehrheitsanteilseigner würde ebenfalls nicht von einem solchen Regime profitieren, weil nun die gestaltbaren Spielräume, wie bereits erörtert, brachgelegt werden würden. Der Einfluss des Groß- und Mehrheitsanteilseigners könnte dann noch so groß sein, hinsichtlich des Ausübens von (faktischen) Wahlrechten bei der Bildung von Sicherungsbeziehungen liefe er leer.

Der Minderheitsanteilseigner würde von einem *full Fair Value*-Ansatz profitieren, weil dann keine stillen Reserven mehr durch einen aktiv geförderten *accounting mismatch* gebildet werden könnten.

Zukünftige Anteilseigner würden ein solches Modell präferieren, zumal nun die Darstellung der Vermögens- und der Ertragslage noch exakter wäre.

Gläubigern hingegen nützte ein solches (fiktives) Regime nichts, weil es in dem hier besprochenen Teilausschnitt keine stillen Reserven zulässt, die (möglicherweise!) in einer Krise noch zur Verfügung ständen. Die Untergruppe der Arbeitnehmer allerdings würde von einem *full Fair Value*-Ansatz aufgrund ihres vorrangigen Informationsinteresses profitieren.

Die Bildung stiller Reserven würde das zu versteuernde Einkommen senken, obwohl die A-Bank über das Wirtschaftsgut in Höhe des *Fair Value* verfügt. Mithin würde ein *full Fair Value*-Ansatz auch dem Fiskus nützen. Zum selben Ergebnis kommt man bei der Finanzaufsicht, zumal im Hinblick auf die Überwachung eine aussagekräftigere Darstellung der Vermögens-, Finanz- und Ertragslage durch die Jahresabschlusspublizität gewährleistet wäre.

Der Öffentlichkeit würde ebenfalls eine verbesserte Einsicht nützen.

Abschließend kann zusammengefasst werden, dass ein *full Fair Value*-Ansatz unter Abschaffung der bestehenden Systeme zur Bildung von Sicherungsbeziehungen im Interesse aller Akteure mit Ausnahme der Groß- und Mehrheitsanteilseignern, der Gläubiger und – was zu vernachlässigen ist – der Leitungsorgane ist.

3.5.2. Folgebewertung bei gleich bleibender Wertentwicklung der C-Anleihe

In der Folgebewertung bei gleich bleibender Wertentwicklung der C-Anleihe sinkt bloß der Wert des CDS. Der dabei entstehende Aufwand ist auf den verminderten Zeitwert zurückzuführen und wird vom kompensatorischen Effekt nicht erfasst. Einer weiterführenden Analyse bedarf es an dieser Stelle nicht.

3.5.3. Folgebewertung bei positiver Wertentwicklung der C-Anleihe

Stehen wie in der Abwandlung 2 die C-Anleihe und der CDS in einem Sicherungszusammenhang, greift der kompensatorische Effekt ein, wenn der Wert der C-Anleihe steigt. *Hedge* Ertrag aus der C-Anleihe und *Hedge* Aufwand aus dem CDS gleichen sich aus. Zwar findet auch schon nach HGB a.F. ausnahmsweise eine Bewertung der C-Anleihe über die historischen Anschaffungskosten hinaus statt, doch ist dies (zunächst!) unproblematisch hinzunehmen, denn einerseits ist der Marktwert der C-Anleihe tatsächlich über die historischen Anschaffungskosten gestiegen. Und andererseits sichert der CDS das Investment im Falle eines Wertverlusts ab. Darüber hinaus findet auch keine Ausschüttung nicht realisierter Buchgewinne statt, weil sich *Hedge* Ertrag und *Hedge* Aufwand eben wieder kompensieren.

3.5.4. Folgebewertung bei negativer Wertentwicklung der C-Anleihe

Fällt der Wert der C-Anleihe, steigt der Wert des CDS. Der Verlust wird mithin kompensiert. Die Kompensationswirkung wird in der GuV abgebildet. Soweit so gut. Spinnt man die Abwandlung 2 dahingehend weiter, dass der Kreditsicherungsgeber aus dem CDS, die B-Bank, nun aber nicht über eine hinreichende Bonität verfügt, letzten Endes der Pflicht aus dem CDS, im Falle des Kreditereignisses zu zahlen, nicht nachkommen kann, entspricht die bilanziell abgebildete Kompensation nicht mehr der tatsächlichen Ertragslage der A-Bank. Hierbei handelt es sich um einen Befund, welcher sich schlicht aus der stichtagsbezogenen Betrachtung des Jahresabschlusses ergibt und darüber hinaus (zunächst) keine besonderen Probleme aufwirft: Denn die C-Anleihe wird bzgl. ihres niedrigeren Werts abgeschrieben. Zwar wird der CDS überbewertet, doch ist die Überbewertung von Aktiva keine Seltenheit (bspw. eine in der Bilanz ausgewiesene Forderung kann gegen den später insolventen Schuldner nicht mehr durchgesetzt werden) und auch keine aus dem Sonderregime der Sicherungsbeziehung entstandene Problematik.

3.5.5. Ausbuchung

Die Ausbuchung erfolgt in der Abwandlung 2 bei der A-Bank sowohl nach HGB, als auch nach IFRS gleichermaßen erfolgsneutral durch einen Aktivtausch.

3.5.6. Zwischenfazit

Es wurde festgestellt, dass die Bildung von Sicherungsbeziehungen in einem Bilanzregime, welches einen *mixed model*-Ansatz für die Bewertung von Finanzinstrumenten vorsieht, dem Leitungsorgan zusätzliche Handlungs- und Ermessensspielräume zuweist. Unter diesem Blickwinkel könnte ein *full Fair Value*-Ansatz Abhilfe schaffen und würde von allen Akteuren – mit Ausnahme des Groß- und Mehrheitsanteilseigners, des Gläubigers und des Leitungsorgans – präferiert werden.

Zum anderen wurde erörtert, dass bei fallendem Wert der C-Anleihe das Informationsdefizit aufgrund der stichtagsbezogenen Betrachtung wie der gewöhnliche Ausfall einer (Eventual-)Forderung zu bewerten ist (3.5.4.). Auch wurde darauf hingewiesen, dass der über die historischen Anschaffungskosten hinaus steigende Wert der C-Anleihe nicht zu Problemen führt, weil in der Abwandlung 2 der Wert der C-Anleihe dem Marktwert entspricht und eine Inanspruchnahme der B-Bank aus dem CDS unwahrscheinlich ist (3.5.3). Somit kann bis hierhin festgehalten werden, dass diese Bewertung von Vermögensgegenständen nach dem HGB (sowohl a.F., als auch n.F.) dem Gläubigerschutz- und Vorsichtsprinzip nicht zwingend zuwiderlaufen. Etwas anderes kann sich aber dann ergeben, wenn Grundgeschäft und Sicherungsinstrument zu unterschiedlichen Zeitpunkten abgeschlossen werden: Erwirbt die A-Bank die C-Anleihe zu einem Kurs von 100% zum 02. Januar 2009 und steigt der Kurs im Laufe des Jahres auf 105%, möchte die A-Bank den Kursgewinn mit einem CDS absichern. So erwirbt die A-Bank einen CDS von der B-Bank, dem hinsichtlich seiner Wertbildung die C-Anleihe zu einem Kurs von 105% zu Grunde liegt. Zum Stichtag 31. Dezember 2009 führt die Sicherungsbeziehung aus der C-Anleihe und dem CDS dazu, dass die C-Anleihe zu 105% bewertet wird. Sinkt nun der Wert der C-Anleihe zum 31. Dezember 2010 auf 102%, so liegt der Wert der C-Anleihe immer noch oberhalb der historischen Anschaffungskosten (100%) und es besteht eine (Eventual-)Forderung für den Eintritt des Kreditereignisses gegenüber der B-Bank. Wird nun die B-Bank überraschend insolvent und kann die (Eventual-)Forderung nicht mehr bedienen, so verbleibt eine dem Gläubigerschutz- und Vorsichtsprinzip zuwiderlaufende Bewertung der C-Anleihe zu 102%. Freilich ist in einem solchen Fall, ebenso wie bei mangelnder Effektivität der Sicherungsbeziehung, eine Korrekturbuchung vorzunehmen. Doch wie die Finanzmarktkrise gezeigt hat, ist in der Bankpraxis in zahlreichen Fällen gerade das Kontrahentenrisiko *(counter party risk)* falsch eingeschätzt worden, was sich wie im vorliegenden Beispiel negativ auf die bilanzielle Darstellung im Lichte des Gläubigerschutz- und des Vorsichtsprinzips niederschlagen kann.

3.6. Anwendung auf die Abwandlung 2 bei der B-Bank

Die im Hinblick auf die B-Bank auftretenden Fragen sind bereits bei den Unterpunkten zu 4. und 6. besprochen worden.

4. Fazit

Aus den vorangegangenen Überlegungen werden nun die wesentlichen Ergebnisse zusammengefasst und weitergehend besprochen:

Während die IFRS auf die Darstellung von Eventualverbindlichkeiten bei einer unwahrscheinlichen Inanspruchnahme gänzlich verzichten, hängt der Ausweis nach dem HGB maßgebend davon ab, welcher Lebenssachverhalt bzw. welche bilanziellen Regeln im konkreten Fall anzuwenden sind. Ausgehend von der Überlegung, dass in jedem der zu Grunde liegenden ökonomischen Lebenssachverhalte, an die sich jeweils unterscheidende HGB-Bilanzregeln anknüpfen, eine potentielle Inanspruchnahme (mit anderen Worten: eine Eventualverbindlichkeit) unterliegt, stellt sich die Frage, ob die Darstellung von Eventualverbindlichkeiten nicht stets erfolgen sollte. Dafür spricht, dass der Ansporn des Leitungsorgans aus bilanzpolitischen Gründen, Risiken zu verlagern, abnehmen würde. Dagegen spricht allerdings, dass die Eventualverbindlichkeiten keine konkrete Aussage über die Wahrscheinlichkeit der Inanspruchnahme geben können. Abschließend ist aber davon auszugehen, dass der HGB-Regelsetzer sich dieser Problematik durchaus bewusst war und im BilMoG keine einheitliche Regelung treffen wollte. Präziser: Der Gesetzgeber hatte die bereits vor der Reform geltende Bilanzierungspraxis nicht zu beanstanden.

Die Einführung der Bilanzierung zum beizulegenden Zeitwert für Finanzinstrumente des Handelsbestands sollte für einen Teilausschnitt der Vermögensgegenstände in der HGB-Bankbilanz eine Konvergenz mit den IFRS schaffen. Durch die Einführung des (vermeintlich) gläubigerschützenden Instruments des Risikoabschlags wird aber gerade im Hinblick auf die Ansatzbewertung eine zuvor so nicht bestehende Divergenz erzeugt. Zudem erschwert der neu institutionalisierte Gläubigerschutz in Form des Risikoabschlags die Einsichtnahme. Mithin stellt sich die Frage, ob es nicht eine Alternative gibt. Diese könnte in der Einführung einer Ausschüttungssperre zu sehen sein. Auf diese Fragestellung wird im folgenden Kapitel nochmals eingegangen werden (Kapitel VIII.).

Zudem wurde analysiert, dass ein *full Fair Value*-Ansatz bei steigenden Kursen einem Großteil der Akteure nutzt. Dieser Befund wird gleichfalls im nächsten Kapitel aufgegriffen und unter Erweiterung des Blickwinkels auf die *Fair Value*-Bewertung in der Krise besprochen werden.

Die durch das BilMoG eingeführte Aufstockung des „Fonds für allgemeine Bankrisiken" stößt zwar bei der Nutzenanalyse der Akteure auf eine weitgehende Akzeptanz, zugleich bildet sie aber m.E. einen Störfaktor, der die HGB-Rechnungslegung verkompliziert und die bilanzpolitischen Handlungsspielräume des Leitungsorgans erweitert. Hier stellt sich die Frage, ob nicht bereits die Regelungen aus §§ 340f und 340g HGB ausreichend sind. Diese Überlegung wird beim Vergleich zur Ausschüttungssperre in die Erörterung einbezogen werden (Kapitel VIII.).

Ordnet der Kreditsicherungsgeber bzw. Stillhalter den CDS dem Handelsbuch zu, passiviert er die erhaltene Prämie als Verbindlichkeit. Sinkt der Marktwert des CDS, wäre die Verbindlichkeit auf den niedrigeren Marktwert zu reduzieren und die Differenz erfolgswirksam als Ertrag zu verbuchen. Dem steht allerdings das sog. Höchstwertprinzip entgegen.[122] Hier ist zu erwägen, ob das Höchstwertprinzip nicht zugunsten einer stärkeren Konvergenz mit den IFRS abzuschaffen wäre. Dafür spricht die Verbesserung der Einsicht in die Vermögenslage. Dagegen aber das Realisationsprinzip des HGB sowie der gesetzgeberische Wille, der auch im Rahmen des BilMoG hier offensichtlich keinen Änderungsbedarf gesehen hat. Darüber hinaus muss auch beachtet werden, dass es sich bei der *Fair Value*-

122 Die Ansichten zur Anwendung des Höchstwertprinzips sind hier allerdings unterschiedlich: Während *Auerbach/Fischer*, Kreditderivate Hdb., S. 237 (245) von einem Niederstwerttest ausgehen, beschreibt *IDW BFA* 2/1995, WPg 1995, 421 (422): *„Der Stillhalter hat die erhaltene Optionsprämie als sonstige Verbindlichkeit zu passivieren, solange die Leistung für dieses Entgelt noch geschuldet wird."* Im Ergebnis wohl auch *Kühnle*, WPg 2002, 288 (298) sowie *Barz et al.*, S. 658.

Bewertung von Verbindlichkeiten nach IFRS in diesem konkreten Fall (inzwischen) um einen Ausnahmefall handelt.

Schließlich lässt sich im Hinblick auf jede der hier besprochenen ökonomischen Konstellationen festhalten, dass beim Abschluss eines CDS der Sicherungsgeber über eine hinreichende Bonität verfügen muss. Die Finanzmarktkrise vermittelt den Eindruck, dass in der Vergangenheit die (auch fortlaufende) Bonitätsprüfung beim Abschluss von CDS-Kontrakten nicht ausreichend sorgfältig vorgenommen worden ist. Die Bilanzadressaten können sich in diesem Zusammenhang bei stark volatilen Finanzmärkten jedenfalls nicht (nur) auf die Jahresabschlusspublizität verlassen – auch das hat die Finanzmarktkrise gezeigt.

Teil III. Ergebnisse und Ausblick

Kapitel VIII. Zusammenfassung und Ergebnisse

Die nationalen und internationalen Entwicklungen des Bilanzrechts lassen erkennen, dass die HGB-Rechnungslegung sich den IFRS annähert und dass das *IASB* danach strebt, die Komplexität der IFRS zu verringern.

So hat das BilMoG für Finanzinstrumente in der Bankbilanz die Rechnungslegung von einem imparitätischen *Fair Value*-Konzept[1] weiterentwickelt und lässt nun eine Zeitwertbilanzierung, die die historischen Anschaffungskosten übersteigt, zu. Für die im Bankwesen besonders wesentlichen Finanzinstrumente des Handelsbestands sehen die beiden Bilanzregime nun also ähnliche Grundkonzepte hinsichtlich des Ansatzes und der Bewertung vor. Ein *full Fair Value*-Konzept bzw. -Ansatz wird wegen des Risikoabschlags gleichwohl nicht eingeführt.[2]

Der zukünftig geltende IFRS 9 entzerrt und vereinfacht die Ansatz- und Bewertungsregeln des IAS 39, schafft aber zugleich neue unbestimmte (Rechts-) Begriffe (wie bspw. das Geschäftsmodell).[3]

Vor dem Corporate Governance-Hintergrund sind beide Entwicklungen zu begrüßen.

Die Konvergenz der unterschiedlichen Regime kommt dem insbesondere von zahlreichen Kodizes erhobenen Anspruch an die Bilanzregel- und Standardsetzer, eine vergleichbare systemübergreifende Grundlage der Jahresabschlusspublizität zu gewährleisten, ein Stückchen näher. Dabei muss allerdings auch klar zum Ausdruck gebracht werden, dass für die nun vollzogene Annäherung des HGB an die IFRS durch das BilMoG teilweise grundlegende Prinzipien der HGB-Rechnungslegung – insbesondere das Realisationsprinzip – gelockert werden mussten.[4] Zwar wird vertreten, es handle sich bei der Bewertung von Finanzinstrumenten des Handelsbestands zum beizulegenden Zeitwert nicht um eine Durchbrechung, sondern um eine Konkretisierung des Realisationsprinzips,[5]

---

1 *Gemeinhardt/Bode*, StuB 2008, 170 (172).

2 *Scharpf/Schaber*, DB 2008, 2552 (2552).

3 Bedenken zur Auslegung des Begriffs: *Wenk*, IRZ 2010, 205 (206); *Märkl/Schaber*, KoR 2010, 65 (73 f.); *Eckes/Flick/Sierleja*, WPg 2010, 627 (636 f.).

4 Von einer *„Ausdehnung"* sprechen: *Scharpf/Schaber*, DB 2008, 2552 (2556); von einer *„Konkretisierung"* sprechen: *Böcking/Torabian*, BB 2008, 265 (267); von einer *„Durchbrechung"* sprechen: *Gemeinhardt/Bode*, StuB 2008, 170 (173) und (176); von einer *„Verletzung"* sprechen: *Bieg, et al.*, DB 2008, 2549 (2549).

5 *Böcking/Torabian*, BB 2008, 265 (267).

dem ist m.E. aber nicht zu folgen, zumal von Realisierung nur dann gesprochen werden kann, wenn die Transaktion auch vollzogen worden ist und nicht bereits, wenn die Transaktion zum Stichtag vollzogen werden könnte.

Daneben werden im Rahmen der IFRS Informationsasymmetrien nach dem Prinzipal-Agent-Modell zwischen dem bilanzierenden Leitungsorgan und den Bilanzadressaten durch eine Entschlackung der Ansatz- und Bewertungsregeln verringert: Das *IASB* hat in IFRS 9 die Bewertungskategorien von vier auf zwei reduziert[6] und letztlich die *Fair Value*-Hierarchie für alle Finanzinstrumente so ausgestaltet, dass sogar von einer *„weitgehenden Konvergenz"* zu der Regelung des § 255 Abs. 4 HGB in der Fassung des BilMoG[7] gesprochen wird. Soweit scheint sich sogar die internationale Bilanzierung an die HGB-Konzeption anzunähern.

Vernünftiger Weise hält das *IASB*, trotz aufkommender Zweifel an der *Fair Value*-Bewertung bezüglich der Krisenfestigkeit, an dieser Konzeption fest. Während der Finanzmarktkrise wurden in einer sprichwörtlichen Nachtundnebelaktion die Umwidmungsverbote des IAS 39 zur Stabilisierung von Unternehmen bei illiquiden Märkten gelockert. Diese Maßnahme ist teilweise als Trend der internationalen Standards bei der Bewertung von Finanzinstrumenten zum niedrigeren beizulegenden Wert, wie er von der HGB-Rechnungslegung definiert wird, gedeutet worden.[8] Damals wurde gemutmaßt, der *Fair Value*, der in der *„scheinbar heilen Welt des Aufschwungs (...) erfreuliche Gewinne"*[9] beschere, sei *„erkennbar am Ende"*.[10] Ohne Zweifel waren die Änderungen des IAS 39 hinsichtlich der Lockerung der Umwidmungsverbote nötig, um der Abwertung von Schuldtiteln auch in der Krise zahlungskräftiger Kreditschuldner vorzugreifen. Es ist auch vollkommen zutreffend, dass bei steigenden Kursen eine *Fair Value*-Bewertung auf eine breite Akzeptanz stößt (siehe Kapitel VII.3.3.4.). Spielte man nun die Präferenzen der Akteure einmal mit Blick auf eine *Fair Value*-Bewertung bei fallenden Kursen bzw. unter ihren tatsächlichen Wert fallenden Kursen durch, käme man zu einem noch deutlicheren Ergebnis: Keiner der Akteure würde von einem solchen System profitieren. Dennoch ist die Lockerung des Umwidmungsverbots zu Recht nur als Notmaßnahme einzuordnen und keine dauerhafte Lösung, weil nicht bloß Verluste von Banken bei illiquiden Märkten abgefedert werden, sondern auch erhebliche bilanzpolitische Spielräume eröffnet werden,[11]

---

6 Befürwortend: *Wenk*, IRZ 2010, 205 (206); *Märkl/Schaber*, KoR 2010, 65 (73); *Eckes/Flick/Sierleja*, WPg 2010, 627 (636).

7 So im Ergebnis auch *Goldschmidt/Weigel*, WPg 2009, 192 (204).

8 *Schildbach*, DStR 2008, 2381 (2381) und (2383).

9 *Schildbach*, DStR 2008, 2381 (2382).

10 So etwa *Schildbach*, DStR 2008, 2381 (2382).

11 Vgl. auch *Schildbach*, DStR 2008, 2381 (2383) *et passim*.

die mit entsprechenden Umwidmungsverboten nach IAS 39 a.F. gerade verhindert werden sollten. Somit ist der Weg, den der IFRS 9 nun geht, durchaus plausible, indem der Standard die Umwidmung an die Änderung des Geschäftsmodells knüpft und damit wieder einen Schritt zurückgeht.

Aber stellt das BilMoG vor dem Hintergrund dieser Entwicklungen den „großen Wurf" dar? Etwas krampfhaft wirkt der Versuch, sich international zu orientieren und gleichzeitig dem Fundament des traditionellen HGB gerecht werden zu wollen. Das Ergebnis ist ein bisschen Weniger (bei der Zugangsbewertung) und schon viel Mehr (bei der Folgebewertung steigender Kurse). Zur Gewährleistung eines effektiven Gläubigerschutzes und einer ausgewogen vorsichtigen Bilanzierung sollen ein Risikoabschlag und die Aufstockung des „Fonds für allgemeine Bankrisiken" die Dinge schon richten. Dies hat zur Konsequenz, dass bei fallenden Kursen eine noch vorsichtigere Bewertung erfolgt und bei steigenden Kursen der Risikoabschlag und die Aufstockung des „Fonds für allgemeine Bankrisiken" von der Leitung und möglicherweise auch von Groß- und Mehrheitsanteilseigern als bilanzpolitische Vehikel genutzt werden können.

Zugleich sieht das HGB ein Umwidmungsverbot aus und in den Handelsbestand vor, von welchem nur ausnahmsweise abgewichen werden kann, wenn eine schwerwiegende Beeinträchtigung der Handelbarkeit vorliegt. Damit hat der HGB-Gesetzgeber eine Lehre aus der Finanzmarktkrise gezogen: Während IAS 39 a.F. zur Vermeidung bilanzpolitischer Spielräume ein absolutes Umwidmungsverbot für die Bilanzierung der Kategorie *held for trading* regelte, hat die Finanzmarktkrise gezeigt, dass es Situationen geben kann, in denen fallende Märkte nicht mehr zu einer korrekten Wertermittlung dienen können. Ob damit ein taugliches Modell für die Krise im HGB n.F. geschaffen worden ist, bleibt abzuwarten. Möglicherweise wird sich auch der von IFRS 9 gewählte Weg, der die Umwidmung vom sog. Geschäftsmodell abhängen lässt, als krisentauglicher herausstellen. Festzuhalten bleibt jedenfalls, dass ein Bilanzregime, welches sich der *Fair Value*-Bewertung für Finanzinstrumente bedient, entsprechende Regeln bereithalten sollte, die eine korrekte Bewertung in der Krise darzustellen in der Lage sind.

Damit stellt sich allerdings die Frage, ob die Anforderungen an Bilanzregeln in der Krise zwingend mit dem Festhalten an einem *mixed model*-Anatz bei der Bewertung von Finanzinstrumenten einhergehen muss. M.E. könnte ein gangbarer Weg auch ein *full Fair Value*-Ansatz für alle Finanzinstrumente, deren Wert durch ein Markt oder ein anerkanntes Bewertungsmodell bestimmbar ist, sein. Ein solcher Ansatz hätte den Vorteil, dass die Abbildung der Vermögens-, Finanz- und Ertragslage in den Jahresabschlüssen der Banken exakter und damit besser nachvollziehbar und vergleichbarer wäre, weil die Vermögensgegenstände bzw. Vermögenswerte gerade zum jeweiligen Marktwert ausgewiesen werden würden.

Die bilanzpolitischen Spielräume würden verknappt werden und in vielen Fällen wären die – in der Anwendung nicht immer einfach zu handhabenden – Vorschriften zu Sicherungsbeziehungen (*hedge accounting*) schlicht überflüssig. Um dem Vorsichts- und dem Gläubigerschutzprinzip des HGB gerecht zu werden, könnte auf eine Maßnahme zurückgegriffen werden, die im Gesetzgebungsprozess des BilMoG im Hinblick auf Finanzinstrumente in der Bankbilanz lediglich am Rande diskutiert worden ist:[12] die Ausschüttungssperre.[13] Ein solches System käme dem Kronstein'schen Prinzip der gläsernen, aber verschlossenen Taschen sehr nahe. Freilich müsste ein solches Bilanzregime flankiert werden von einem speziellen Krisenregime – wie zuvor besprochen.

Nun stellt sich die Frage, welchen Nutzen die einzelnen Akteure aus einem Bilanzregime ziehen würden, das einen *Fair Value* in beide Richtungen abbildet und zugleich durch eine Ausschüttungssperre den Gläubigerschutz gewährleistet.

Für das Leitungsorgan wäre zwar bei steigenden Marktwerten eine Bilanzierung zum beizulegenden Zeitwert bzw. *Fair Value* durchaus nützlich, doch würden seine Möglichkeiten bilanzpolitisch zu gestalten, verringert. Zudem würde bei fallenden Kursen der Nutzen des Leitungsorgans entsprechend sinken. Einer „guten" Corporate Governance schadet es nichts, dass die Interessen des Leitungsorgans hier nicht erfüllt werden. Vielmehr ist es von großem Vorteil, dass die Möglichkeiten, bilanzpolitische Maßnahmen zur eigenen Nutzenmaximierung ergreifen zu können, stark reduziert werden.

Der Groß- und Mehrheitsanteilseigner würde ein *mixed model*-Ansatz ohne Ausschüttungssperre gegenüber einem *full Fair Value*-Ansatz mit Ausschüttungssperre präferieren, weil erstgenannter Ansatz die Möglichkeit zur Bildung stiller Reserven in einem höheren Maße zulässt. Damit nutzt unter strategischen Gesichtspunkten der *full Fair Value*-Ansatz dem Groß- und Mehrheitsanteilseigner weit weniger als der zweitgenannte Ansatz. Im Lichte einer „guten" Corporate Governance sind die hier antizipierten Motive der Groß- und Mehrheitsanteilseigner allerdings unbeachtlich, weil sie regelmäßig eine diskriminierende Wirkung gegenüber den Minderheitsanteilseignern bedeuten.

Der Minderheitsanteilseigner zieht aus dem *full Fair Value*-Ansatz mit Ausschüttungssperre Vor- und Nachteile. Ein Vorteil besteht darin, dass die Transparenz durch die Jahresabschlusspublizität erhöht wird. Das reduziert den

---

12 Vgl. *Hennrichs*, der zumindest den Vorschlag macht, bei nicht am aktiven Markt gehandelten Finanzinstrumenten eine Ausschüttungssperre vorzusehen, S. 007, a.a.O.; gegen eine Ausschüttungssperre für Institute: *Jäger*, S. 025, a.a.O.

13 Siehe zur Ausschüttungssperre den Exkurs: Kapitel IV.4.4.1.

Handlungsspielraum für das Leitungsorgan und den (einflussreichen) Groß- und Mehrheitsanteilseigner, mit bilanzpolitischen Maßnahmen die Ausschüttung zu manipulieren. Allerdings führt die Ausschüttungssperre dazu, dass noch nicht realisierte Erträge erst zum Zeitpunkt der Realisierung ausgeschüttet werden können. Dies könnte dem Minderheitsanteilseigner zum Nachteil gereichen, weil er an einer möglichst hohen Ausschüttung zum nächstmöglichen Zeitpunkt ein Interesse hat.

Zukünftigen Anteilseignern nutzt das hier diskutierte System, weil es eine exakte Darstellung der Vermögens-, Finanz- und Ertragslage gewährleistet.

Auch Gläubigerinteressen würden bei dem hier diskutierten Modell durch die Ausschüttungssperre geschützt. Denn die Ausschüttungssperre gewährleistet, dass Erträge erst mit der Realisierung, etwa durch die Veräußerung eines Finanzinstruments, den ausschüttbaren Gewinn erhöhen. Zugleich können die Gläubiger von einer exakteren Einsicht in das Schuldnerunternehmen profitieren. Nachteilig hingegen ist die Tatsache, dass keine zusätzlichen stillen Reserven gebildet werden können, die möglicherweise im Krisenfall die Gläubigeransprüche befriedigen würden. Auf der anderen Seite ist die „*werthaltige Substanz als Krisenpuffer*“[14] auch dann nicht gewährleistet. Insoweit ist m.E. zur Kompromissfindung die Ausschüttungssperre als gläubigerschützendes Mittel – wie etwa bei immateriellen Vermögensgegenständen nach dem BilMoG – ausreichend. Vertritt man an dieser Stelle ohnehin die modernere Auffassung, die Gläubigerinteressen nicht mit der Bildung stiller Reserven gleichsetzt, kommt man zu einem noch eindeutigeren Wertungsergebnis.[15]

Grundsätzlich nutzt dem Fiskus eine *Fair Value*-Bewertung, weil diese tendenzielle eine gerechte Besteuerung entsprechend der tatsächlichen Wertentwicklung der Finanzinstrumente zulässt. Die Ausschüttungssperre dürfte sich allerdings nicht nur auf das Gesellschaftsrecht beschränken, sondern müsste auch auf das Steuerrecht ausgedehnt werden. Andernfalls käme es möglicherweise zu einer sog. Substanzbesteuerung.[16] Die Ausdehnung der Ausschüttungssperre kann auch nach steuerrechtlichem Verständnis damit begründet werden, dass eine Besteuerung zulässiger Weise erst zum Zeitpunkt der Realisierung eines Gewinns erfolgen sollte. Setzt man diesen auf Gesellschaftsebene mit der Realisierung des Gewinns und auf Gesellschafterebene mit der Ausschüttbarkeit des

---

14 *Wenk*, IRZ 2010, 205 (206).

15 Zur hier bezeichneten moderneren Auffassung siehe Kapitel VII.2.3.1.

16 Vgl. zur Gefahr der Substanzbesteuerung nach dem BilMoG durch Wertschwankungen: *Gemeinhardt/Bode*, StuB 2008, 170 (174); zur früheren Steuerbelastung in zeitlicher Hinsicht: *dies.*, StuB 2008, 170 (175).

Gewinns gleich, was denselben Zeitpunkt beschreibt, werden die Interessen des Fiskus hinreichend bedacht. Die Vorverlagerung auf einen Zeitpunkt der Verfügungsmacht erscheint m.E. in Anbetracht des Leistungsfähigkeitsprinzips als Leitgedanken zwar vertretbar, gleichzeitig unter Berücksichtigung der Maßgeblichkeit der Handelsbilanz für die Steuerbilanz und des damit zusammenhängenden Realisationsprinzips als systembrüchig.

Die Finanzaufsicht und die Öffentlichkeit profitieren gleichermaßen von der weitgehenden Transparenz des *full Fair Value*-Ansatzes und der zusätzlichen Stabilisierung der Finanzwirtschaft durch die Ausschüttungssperre.

Damit stellt ein *full Fair Value*-Ansatz mit Ausschüttungssperre m.E. einen tauglichen Kompromiss dar, der den Einzelinteressen der Akteure hinreichend gerecht wird. Wie gesagt: Es steht und fällt die Tauglichkeit dieses Systems mit einer korrekten *Fair Value*-Bewertung bei fallenden Kursen. Soweit Marktturbulenzen zu einer Fehleinschätzung der Märkte kommen, müsste ein Krisenmodell zur Verfügung stehen (eventuelle Umwidmung zu fortgeführten Anschaffungskosten o.ä.). Bei unrealistisch hohen Werteinschätzungen der Märkte besteht keine Gefahr, denn entweder sind etwaige Erträge ausschüttungsgesperrt oder sie sind realisiert worden und stellen damit keine Schein- oder Buchgewinne, sondern gute Geschäfte dar.

Als weitergehender Ansatzpunkt sollten die im Rahmen der *Fair Value*-Bewertung angewandten Bewertungsmethoden noch stärker standardisiert werden, um eine bessere Vergleichbarkeit zu gewährleisten. Zumindest eine Vereinheitlichung hinsichtlich der jeweiligen Branche wäre sachdienlich.

Ein solches Bilanzregime könnte ein wichtiger Baustein für die *debt*-Governance sein, weil es durch die Ausschüttungssperre die Gläubigerinteressen schützt. Hingegen ist fraglich, ob sich der Risikopuffer und die Aufstockung des „Fonds für allgemeine Bankrisiken“ als taugliche Bausteine einer *debt*-Governance profilieren werden.

Bezogen auf die Bilanzierung von Credit Default Swaps sind die wesentlichen Ergebnisse bereits in Kapitel VII. zusammengefasst worden. Darüber hinaus bleibt festzuhalten, dass die sehr verschiedenen Bilanzierungsarten entsprechend den ökonomischen Sachverhalten selbstverständlich auf den *mixed model*-Ansatz zurückzuführen sind, den das HGB und die IFRS vorsehen. Auch an dieser Stelle könnte ein *full Fair Value*-Ansatz für Finanzinstrumente helfen: Würden die C-Anleihe und der CDS stets zum *Fair Value* zu bewerten sein, wäre eine Abgrenzung nach Handels- und Anlagebuch für die Bilanzierung in diesem Zusammenhang überflüssig. Auch die Bildung von Bewertungseinheiten wäre keine Frage mehr der Bilanzierung, sondern nur noch eine des Risikomanagements.

Zwar bilden die HGB-Rechnungslegung und die IFRS die zu Grunde liegenden ökonomischen Sachverhalte weitgehend zutreffend ab. Schwierigkeiten bestehen allerdings bei der korrekten Erfassung der Bonität des Kreditsicherungsgebers, die der Bilanzierung als solcher vorgelagert ist. Nur wenn hier die Vorarbeit hinreichend präzise geleistet worden ist, kann es in der Bilanz zu einem exakt richtigen Ausweis kommen. Hier geht es – wie festgestellt – wiederum um eine Informationsasymmetrie, allerdings nicht zwischen dem Leitungsorgan und den Bilanzadressaten, sondern dem Kreditsicherungsgeber und dem Kreditsicherungsnehmer. Eine solche Asymmetrie kann durch das Bilanzrecht aber letztlich nicht aufgelöst werden.

Schließlich ist noch darauf hinzuweisen, dass sich diese Ausarbeitung nur auf einen kleinen Teilausschnitt der Jahresabschlusspublizität erstreckt und sich Informationen auch durch Angaben im Anhang (insbesondere § 285 HGB) bzw. sonstige Ausweisvorschriften vermitteln lassen (insbesondere: Publizitätspflichten nach IAS 1 und IFRS 7).

Kapitel IX. Ausblick

Die erstmalige Anwendung der Vorschriften des HGB n.F. ist umfangreich und letztlich nicht einheitlich in den Art. 66 und 67 EGHGB geregelt: Während einige deregulierende Vorschriften bereits auf Geschäftsjahre, die nach dem 31. Dezember 2007 beginnen, angewandt werden dürfen, sind die für Banken wesentlichen Ansatz- und Bewertungsvorschriften, insbesondere der § 340e HGB, erst auf Geschäftsjahre, die nach dem 31. Dezember 2009 begonnen haben, anzuwenden. Das bedeutet, dass im Frühjahr 2011 erstmalig Jahresabschlüsse veröffentlicht worden sind, die eine Bewertung zum beizulegenden Zeitwert für Finanzinstrumente des Handelsbestands zu Grunde gelegt haben. Gleichzeitig stehen in Anbetracht der Vergleichbarkeit von Jahresabschlüssen über mehrere Perioden aussagekräftige Ergebnisse für die Zukunft noch aus.

Während die neue HGB-Rechnungslegung nun dem Praxistest ausgesetzt wird, ist der Standardsetzungsprozess der IFRS noch im vollen Gange: Derzeit neigt sich die dritte Phase der Abfassung des IFRS 9 *„Sicherungsbeziehungen“* (*„Hedge Accounting“*) dem Ende zu und wird voraussichtlich in der ersten Hälfte 2013 durch die Erweiterung des IFRS 9 abgeschlossen werden.[1]

Flankiert werden die Neuregelungen des IFRS 9 durch eine Reihe aufsichtsrechtlicher Maßnahmen, die hinsichtlich der Behandlung außerbörslich gehandelter Derivate, insbesondere Credit Default Swaps, als Antwort auf die Finanzmarktkrise ergriffen worden sind bzw. ergriffen werden sollen. So ist kürzlich die Verordnung Nr. 648/2012 in Kraft getreten,[2] die zu einer höheren Transparenz an OTC-Märkten beisteuern soll: Im Mittelpunkt steht dabei die Einführung eines Transaktionsregisters und die zentrale Abwicklung von OTC-Geschäften über zentrale Clearingstellen. Das bedeutet, dass eine zentrale Gegenpartei (*Central Counterparty*; kurz CCP) jeweils Vertragspartei eines jeden Geschäfts wird, also jedem Käufer gegenüber als Verkäufer sowie jedem Verkäufer gegenüber als Käufer auftritt.

Daneben nimmt der Basel III-Reformprozess immer mehr Kontur an: Hier sind neben den strengeren Eigenkapitalvorschriften insbesondere die verbesserte Erfassung und Unterlegung von Kontrahentenausfallrisiken und die Einführung

---

1 Siehe im Einzelnen zur Ersetzung des IAS 39 durch IFRS 9: http://www.ifrs.org/Current+Projects/IASB+Projects/Financial+Instruments+A+Replacement+of+IAS+39+Financial+Instruments+Recognitio/Financial+Instruments+Impairment+of+Financial+Assetseplacement+of+IAS+39+Financial+Instruments+Recog/Financial+Instruments+Impairment+of+Financia+Assets.htm; zuletzt abgerufen am 16.06.2010; siehe *Lüdenbach/Freiberg*, BB 2012, 3191 (3194).
2 ABl. L 201 vom 27.07.2012; hierzu *Köhling/Adler*, WM 2012, 2125 und 2173.

eines globalen Standards zur Messung und Begrenzung von Liquiditätsrisiken zu nennen.[3] Im Dezember 2010 ist durch den Basler Ausschuss ein ausformulierter Regelungstext veröffentlicht worden.[4] Eine Umsetzung in Europa durch eine Änderung der Kapitaladäquanzrichtlinie ist zunächst für Anfang 2013 vorgesehen worden (CRD IV Paket), die dann auch auf das Finanzaufsichtsrecht in Deutschland Einfluss haben wird.[5]

3 Siehe zu Basel III: http://www.bis.org/list/basel3/index.htm; zuletzt abgerufen am: 10.10.2010.
4 Basel III: A global regulatory framework for more resilient banks and banking system, veröffentlicht am 16.12. 2010; abrufbar unter: http://www.bis.org/publ/bcbs189.pdf; zuletzt abgerufen am: 14.05.2011.
5 Siehe im Einzelnen: http://ec.europa.eu/internal_market/bank/regcapital/new_proposals_en.htm; zuletzt abgerufen am: 16.12.2012; für die deutsche Umsetzung siehe BT-Drs. 17/10974 und die Mitteilung: BB 2012, 2165 f.

Anhang: Übersicht zur Bilanzierung von Credit Default Swaps

Ausgangsfall

Ansatz-/Zugangsbewertung	HGB a. F.	IFRS	HGB n. F. (BilMoG)	zukünftig geltende IFRS
A-Bank	1. Erfassung der C-Anleihe als „*wie*“ Anlagevermögen zu bewertender VG 2. Aktivierung der Prämie durch die Bildung eines aktiven Rechnungsabgrenzungspostens in Höhe der gezahlten Prämie	1. Erfassung der C-Anleihe als *held to maturity investment* 2. keine Aktivierung, weil nicht zu erfassende Eventualforderung vorliegt; aber: Aktivierung der Prämie durch Bildung eines aktiven Rechnungsabgrenzungspostens in Höhe der gezahlten Prämie	keine Änderungen	1. Erfassung der C-Anleihe als zu fortgeführten Anschaffungskosten zu bewertender Vermögenswert 2. ansonsten keine Änderungen
B-Bank	1. Ausweis als Eventualverbindlichkeit unter dem Bilanzstrich 2. Passivierung der erhaltenen Prämie als passiver Rechnungsabgrenzungsposten	Passivierung der Verpflichtung in Höhe der erhaltenen Prämie „Verbindlichkeit (Finanzgarantie)“	keine Änderungen	keine Änderungen

Folgebewertung C =	HGB a. F.	IFRS	HGB n. F. (BilMoG)	zukünftig geltende IFRS
A-Bank	1. keine Abschreibung der C-Anleihe, da durch CDS gesichert, solange Bonität des Sicherungsgebers gewährleistet 2. anteilige erfolgswirksame Auflösung des aktiven Rechnungsabgrenzungspostens als Provisionsaufwand	1. keine Abschreibung der C-Anleihe, da durch CDS gesichert, solange Bonität des Sicherungsgebers gewährleistet 2. anteilige erfolgswirksame Auflösung des aktiven Rechnungsabgrenzungspostens als Provisionsaufwand	keine Änderungen	1. Erfassung der C-Anleihe als zu fortgeführten Anschaffungskosten zu bewertender Vermögenswert 2. ansonsten keine Änderungen
B-Bank	1. neben dem Ausweis der Eventualverbindlichkeit unter dem Bilanzstrich ist keine Drohverlustrückstellung zu bilden 2. anteilige erfolgswirksame Auflösung des passiven Rechnungsabgrenzungspostens als Provisionsertrag	1. eine Rückstellungsbildung nach IAS 37 ist nicht angezeigt; die Fortschreibung erfolgt entsprechend IAS 18 2. anteilige erfolgswirksame Auflösung der Verbindlichkeit (Finanzgarantie) als Provisionsertrag ist angemessen 3. der Ausweis einer Eventualschuld im Anhang (!) ist nicht angezeigt, da die Inanspruchnahme unwahrscheinlich ist	keine Änderungen	keine Änderungen

Folgebewertung C ↑	**HGB a. F.**	**IFRS**	**HGB n. F. (BilMoG)**	**zukünftig geltende IFRS**
A-Bank	1. keine Abschreibung der C-Anleihe, da durch CDS gesichert, solange Bonität des Sicherungsgebers gewährleistet; keine Zuschreibung aufgrund des gemilderten Niederstwertprinzips 2. anteilige erfolgswirksame Auflösung des aktiven Rechnungsabgrenzungspostens als Provisionsaufwand	1. keine Wertzuschreibung der C-Anleihe trotz gestiegenen Zeitwerts, da *held to maturity investment* nicht der Zeitwertbilanzierung unterliegt 2. anteilige erfolgswirksame Auflösung des aktiven Rechnungsabgrenzungspostens als Provisionsaufwand	keine Änderungen	1. Erfassung der C-Anleihe als zu fortgeführten Anschaffungskosten zu bewertender Vermögenswert 2. ansonsten keine Änderungen
B-Bank	1. neben dem Ausweis der Eventualverbindlichkeit unter dem Bilanzstrich ist keine Drohverlustrückstellung zu bilden 2. anteilige erfolgswirksame Auflösung des passiven Rechnungsabgrenzungspostens als Provisionsertrag	1. eine Rückstellungsbildung nach IAS 37 ist nicht angezeigt; die Fortschreibung erfolgt entsprechend IAS 18 2. anteilige erfolgswirksame Auflösung der Verbindlichkeit (Finanzgarantie) als Provisionsertrag ist angemessen	keine Änderungen	keine Änderungen

Folgebewertung C ↓	HGB a. F.	IFRS	HGB n. F. (BilMoG)	zukünftig geltende IFRS
A-Bank	1. keine Abschreibung der C-Anleihe, da durch CDS gesichert, solange Bonität des Sicherungsgebers gewährleistet 2. anteilige erfolgswirksame Auflösung des aktiven Rechnungsabgrenzungspostens als Provisionsaufwand	1. keine Abschreibung der C-Anleihe trotz Wertverlusts bei der C-Anleihe, da durch CDS gesichert, solange Bonität des Sicherungsgebers gewährleistet 2. anteilige erfolgswirksame Auflösung des aktiven Rechnungsabgrenzungspostens als Provisionsaufwand	keine Änderungen	1. Erfassung der C-Anleihe als zu fortgeführten Anschaffungskosten zu bewertender Vermögenswert 2. ansonsten keine Änderungen
B-Bank	1. es ist erfolgswirksam eine Drohverlustrückstellung zu bilden; der Ausweis der Eventualverbindlichkeit unter dem Bilanzstrich ist entsprechend zu kürzen 2. anteilige erfolgswirksame Auflösung des passiven Rechnungsabgrenzungspostens als Provisionsertrag	1. eine Rückstellung wird gem. IAS 37 durch Erhöhung des Passivpostens Verbindlichkeit (Finanzgarantie) abzüglich des bereits angesetzten Werts für die Verbindlichkeit gebildet 2. eine anteilige erfolgswirksame Auflösung der Verbindlichkeit (Finanzgarantie) als Provisionsertrag ist **nicht** angemessen	keine wesentlichen Änderungen; allerdings sind Rückstellungen von mehr als einem Jahr nun abzuzinsen (§ 253 Abs. 2 S. 1 HGB), was hier im Fall aber unberücksichtigt bleiben soll.	keine Änderungen

Ausbuchung	HGB a. F.	IFRS	HGB n. F. (BilMoG)	zukünftig geltende IFRS
A-Bank	1. Zahlungseingang der Ausgleichszahlung und die Ausbuchung der C-Anleihe folgen über die GuV, so dass eine vollständige Kompensation eintritt 2. anteilige erfolgswirksame Auflösung des aktiven Rechnungsabgrenzungspostens als Provisionsaufwand	1. Zahlungseingang der Ausgleichszahlung und die Ausbuchung der C-Anleihe folgen über die GuV, so dass eine vollständige Kompensation eintritt 2. anteilige erfolgswirksame Auflösung des aktiven Rechnungsabgrenzungspostens als Provisionsaufwand	keine Änderungen	1. Erfassung der C-Anleihe als zu fortgeführten Anschaffungskosten zu bewertender Vermögenswert 2. ansonsten keine Änderungen
B-Bank	1. die Zahlung des *digital payment* erfolgt anteilig über die Auflösung der Drohverlustrückstellung und erfolgswirksam über ein Aufwandskonto 2. anteilige erfolgswirksame Auflösung des passiven Rechnungsabgrenzungspostens als Provisionsertrag	die Zahlung des *digital payment* erfolgt anteilig über den Passivposten Verbindlichkeit (Finanzgarantie) sowie erfolgswirksam über ein Aufwandskonto	keine Änderungen	keine Änderungen

Abwandlung 1

Ansatz-/Zugangsbewertung	HGB a. F.	IFRS	HGB n. F. (BilMoG)	zukünftig geltende IFRS
A-Bank	analog zur Bilanzierung von Optionen wird der CDS als Gestaltungsrecht in Höhe der gezahlten Prämie aktiviert; der CDS wird dem Handelsbestand zugeordnet und „*wie*" Umlaufvermögen bewertet	der CDS wird als Finanzinstrument der Kategorie *held for trading* zugeordnet und in Höhe der gezahlten Prämie aktiviert	analog zur Bilanzierung von Optionen wird der CDS als Gestaltungsrecht erfasst und als Finanzinstrument des Handelsbestands in Höhe der gezahlten Prämie abzüglich eines Risikoabschlags aktiviert; der Differenzbetrag zum beizulegenden Zeitwert wird erfolgswirksam als Aufwand erfasst	1. Erfassung der C-Anleihe als zum *Fair Value* zu bewertender Vermögenswert 2. ansonsten keine Änderungen
B-Bank	Passivierung der erhaltenen Prämien als Sonstige Verbindlichkeit	Passivierung der Prämie als Verbindlichkeit	keine Änderungen	keine Änderungen

Folgebewertung C =	**HGB a. F.**	**IFRS**	**HGB n. F. (BilMoG)**	**zukünftig geltende IFRS**
A-Bank	1. der Zeitwert des CDS nimmt wie bei Optionen ab 2. bei gleich bleibendem inneren Wert, sinkt der Marktwert des CDS und er ist auf den niedrigeren beizulegenden Zeitwert abzuschreiben	der beizulegende Zeitwert sinkt und wird entsprechend erfolgswirksam in der Bilanz erfasst	1. der Zeitwert des CDS nimmt wie bei Optionen ab 2. bei gleich bleibendem inneren Wert, sinkt der Marktwert des CDS und er ist auf den niedrigeren beizulegenden Zeitwert abzüglich des anteiligen Risikoabschlags abzuschreiben	1. Erfassung der C-Anleihe als zum *Fair Value* zu bewertender Vermögenswert 2. ansonsten keine Änderungen
B-Bank	wegen des Höchstwertprinzips ist die Verbindlichkeit nicht auf den niedrigeren Zeitwert zu kürzen; zugleich ist keine Drohverlustrückstellung zu bilden	die Verbindlichkeit ist auf den niedrigeren Zeitwert zu kürzen; die Kürzung wird erfolgswirksam als Ertrag vereinnahmt	keine Änderungen	keine Änderungen

Folgebewertung C ↑	HGB a. F.	IFRS	HGB n. F. (BilMoG)	zukünftig geltende IFRS
A-Bank	der Zeitwert des CDS nimmt wie bei Optionen weiterhin ab. Zusätzlich nimmt der innere Wert ab, mithin sinkt der Marktwert. Der CDS ist auf den niedrigeren beizulegenden Zeitwert abzuschreiben	der beizulegende Zeitwert sinkt und wird entsprechend erfolgswirksam in der Bilanz erfasst	1. der Zeitwert des CDS nimmt wie bei Optionen ab 2. bei gleich bleibendem inneren Wert, sinkt der Marktwert des CDS und er ist auf den niedrigeren beizulegenden Zeitwert abzüglich des anteiligen Risikoabschlags abzuschreiben	1. Erfassung der C-Anleihe als zum *Fair Value* zu bewertender Vermögenswert 2. ansonsten keine Änderungen
B-Bank	wegen des Höchstwertprinzips ist die Verbindlichkeit nicht auf den niedrigeren Zeitwert zu kürzen; zugleich ist keine Drohverlustrückstellung zu bilden	die Verbindlichkeit ist auf den niedrigeren Zeitwert zu kürzen; die Kürzung wird erfolgswirksam als Ertrag vereinnahmt	keine Änderungen	keine Änderungen

Folgebewertung C ↓	HGB a. F.	IFRS	HGB n. F. (BilMoG)	zukünftig geltende IFRS
A-Bank	der Zeitwert des CDS nimmt weiterhin ab, hingegen nimmt der innere Wert zu, und der Marktwert steigt. Wegen des strengen Niederstwertprinzips wird der CDS aber zu einem niedrigeren Wert bilanziert; eine Zuschreibung kommt m.E. nur in geringem Umfang in Betracht	der beizulegende Zeitwert des CDS steigt und wird erfolgswirksam in der Bilanz erfasst	der Zeitwert des CDS nimmt weiterhin ab, hingegen nimmt der innere Wert zu, und der Marktwert steigt; der CDS ist bis zum beizulegenden Zeitwert abzüglich eines Risikoabschlags erfolgswirksam zuzuschreiben; 10% der Erträge werden zugunsten des Sonderpostens „Fonds für allgemeine Bankrisiken" gebucht	1. Erfassung der C-Anleihe als zum *Fair Value* zu bewertender Vermögenswert 2. ansonsten keine Änderungen
B-Bank	der Wert des CDS ist zum Stichtag höher als die passivierte Prämie, mithin ist eine Rückstellung zu bilden	die Verbindlichkeit ist auf den höheren Zeitwert zu erhöhen; und zwar erfolgswirksam als Aufwand	keine wesentlichen Änderungen; allerdings sind Rückstellungen von mehr als einem Jahr nun abzuzinsen (§ 253 Abs. 2 S. 1 HGB), was hier im Fall aber unberücksichtigt bleiben soll.	keine Änderungen

Ausbuchung	HGB a. F.	IFRS	HGB n. F. (BilMoG)	zukünftig geltende IFRS
A-Bank	mit Ausübung des Gestaltungsrechts aus dem CDS und der Zahlungserfüllung der Sicherungsgeberin ist der CDS wertlos; er wird mit dem Zahlungseingang ausgebucht; der Restbetrag wird erfolgswirksam als Ertrag verbucht	mit Eintritt des Kreditereignisses und Erhalt des *digital payments*, ist der CDS wertlos und ist erfolgswirksam auszubuchen; zugleich wird der Zahlungseingang des *digital payments* als Ertrag erfasst	mit Ausübung des Gestaltungsrechts aus dem CDS und der Zahlungserfüllung der Sicherungsgeberin ist der CDS wertlos; er wird mit dem Zahlungseingang ausgebucht; der Differenzbetrag zum Zahlungseingang wird als Ertrag aus Finanzgeschäften gebucht	1. Erfassung der C-Anleihe als zum *Fair Value* zu bewertender Vermögenswert 2. ansonsten keine Änderungen
B-Bank	der Abgang auf der Aktivseite durch die Zahlung des *digital payment* wird teils aus der Rückstellung, teils aus dem Posten Sonstige Verbindlichkeiten und teils erfolgswirksam als Aufwand gebucht	der Abgang auf der Aktivseite durch die Zahlung des *digital payment* wird teils aus dem Posten Verbindlichkeiten und teils erfolgswirksam als Aufwand gebucht	keine Änderungen	keine Änderungen

Abwandlung 2

Ansatz-/Zugangsbewertung	HGB a. F.	IFRS	HGB n. F. (BilMoG)	zukünftig geltende IFRS
A-Bank	1. Erfassung der C-Anleihe als „*wie*“ Umlaufvermögen zu bewertender VG (Handelsbestand) 2. Aktivierung des CDS als sonstiger Vermögensgegenstand in Höhe der gezahlten Prämie 3. Dokumentation einer Bewertungseinheit	1. Erfassung der C-Anleihe in der Kategorie *available for sale* 2. Aktivierung des CDS als sonstiges WP in Höhe der gezahlten Prämie 3. Dokumentation nach den Vorgaben des *hedge accounting*	an der Bilanzierung ändert sich nichts; vielmehr wurde die zuvor bestehende Bilanzierungspraxis bloß kodifiziert	Regelungen zum *hedge accounting* unterstehen noch dem Reformprozess; lediglich die C-Anleihe wird wie im Ausgangsfall nun anders kategorisiert; der ED/2010/13 stellt zur Disposition, die Absicherung von Kreditrisiken (durch CDS) nach den Regelungen zum *hedge accounting* nicht zuzulassen
B-Bank	bilanzielle Darstellung entweder so wie im Ausgangsfall oder in Abwandlung 1	bilanzielle Darstellung entweder so wie im Ausgangsfall oder in Abwandlung 1	bilanzielle Darstellung entweder so wie im Ausgangsfall oder in Abwandlung 1	bilanzielle Darstellung entweder so wie im Ausgangsfall oder in Abwandlung 1

Folgebewertung C =	HGB a. F.	IFRS	HGB n. F. (BilMoG)	zukünftig geltende IFRS
A-Bank	der beizulegende Zeitwert sinkt, was erfolgswirksam als Aufwand erfasst wird	der beizulegende Zeitwert sinkt, was erfolgswirksam als Aufwand erfasst wird	an der Bilanzierung ändert sich nichts; vielmehr wurde die zuvor bestehende Bilanzierungspraxis bloß kodifiziert	Regelungen zum *hedge accounting* unterstehen noch dem Reformprozess; der ED/2010/13 stellt zur Disposition, die Absicherung von Kreditrisiken (durch CDS) nach den Regelungen zum *hedge accounting* nicht zuzulassen
B-Bank	bilanzielle Darstellung entweder so wie im Ausgangsfall oder in Abwandlung 1	bilanzielle Darstellung entweder so wie im Ausgangsfall oder in Abwandlung 1	bilanzielle Darstellung entweder so wie im Ausgangsfall oder in Abwandlung 1	bilanzielle Darstellung entweder so wie im Ausgangsfall oder in Abwandlung 1
Folgebewertung C ↑	**HGB a. F.**	**IFRS**	**HGB n. F. (BilMoG)**	**zukünftig geltende IFRS**
A-Bank	der beizulegende Zeitwert sinkt, der Wert der C-Anleihe steigt, der Aufwand bzw. der Ertrag kompensieren einander	der beizulegende Zeitwert sinkt, der Wert der C-Anleihe steigt, der Aufwand bzw. der Ertrag kompensieren einander	an der Bilanzierung ändert sich nichts; vielmehr wurde die zuvor bestehende Bilanzierungspraxis bloß kodifiziert	Regelungen zum *hedge accounting* unterstehen noch dem Reformprozess; der ED/2010/13 stellt zur Disposition, die Absicherung von Kreditrisiken (durch CDS) nach den Regelungen zum *hedge accounting* nicht zuzulassen
B-Bank	bilanzielle Darstellung entweder so wie im Ausgangsfall oder in Abwandlung 1	bilanzielle Darstellung entweder so wie im Ausgangsfall oder in Abwandlung 1	bilanzielle Darstellung entweder so wie im Ausgangsfall oder in Abwandlung 1	bilanzielle Darstellung entweder so wie im Ausgangsfall oder in Abwandlung 1

Folgebewertung C ↓	HGB a. F.	IFRS	HGB n. F. (BilMoG)	zukünftig geltende IFRS
A-Bank	der beizulegende Zeitwert steigt, der Wert der C-Anleihe sinkt, der Aufwand bzw. der Ertrag kompensieren einander	der beizulegende Zeitwert steigt, der Wert der C-Anleihe sinkt, der Aufwand bzw. der Ertrag kompensieren einander	an der Bilanzierung ändert sich nichts; vielmehr wurde die zuvor bestehende Bilanzierungspraxis bloß kodifiziert	Regelungen zum *hedge accounting* unterstehen noch dem Reformprozess; der ED/2010/13 stellt zur Disposition, die Absicherung von Kreditrisiken (durch CDS) nach den Regelungen zum *hedge accounting* nicht zuzulassen
B-Bank	bilanzielle Darstellung entweder so wie im Ausgangsfall oder in Abwandlung 1	bilanzielle Darstellung entweder so wie im Ausgangsfall oder in Abwandlung 1	bilanzielle Darstellung entweder so wie im Ausgangsfall oder in Abwandlung 1	bilanzielle Darstellung entweder so wie im Ausgangsfall oder in Abwandlung 1
Ausbuchung	**HGB a. F.**	**IFRS**	**HGB n. F. (BilMoG)**	**zukünftig geltende IFRS**
A-Bank	C-Anleihe und CDS werden veräußert; der Wertverlust der C-Anleihe wird durch den CDS bei der Veräußerung kompensiert	C-Anleihe und CDS werden veräußert; der Wertverlust der C-Anleihe wird durch den CDS bei der Veräußerung kompensiert	an der Bilanzierung ändert sich nichts; vielmehr wurde die zuvor bestehende Bilanzierungspraxis bloß kodifiziert	Regelungen zum *hedge accounting* unterstehen noch dem Reformprozess; der ED/2010/13 stellt zur Disposition, die Absicherung von Kreditrisiken (durch CDS) nach den Regelungen zum *hedge accounting* nicht zuzulassen
B-Bank	bilanzielle Darstellung entweder so wie im Ausgangsfall oder in Abwandlung 1	bilanzielle Darstellung entweder so wie im Ausgangsfall oder in Abwandlung 1	bilanzielle Darstellung entweder so wie im Ausgangsfall oder in Abwandlung 1	bilanzielle Darstellung entweder so wie im Ausgangsfall oder in Abwandlung 1

Quellenverzeichnis

1. Literaturverzeichnis

Adam, Renée/Mehran, Hamid, Is Corporate Governance Different for Bank Holding Companies?, in: (2003) 9 Federal Reserve Bank of New York Economic Policy Review 123 (zitiert als: *Adam/Mehran*, (2003) 9 Federal Reserve Bank of New York Economic Policy Review 123)

*Adler/Düring/*Schmaltz, Rechnungslegung und Prüfung der Unternehmen, 6. Auflage, Schäffler-Poeschel, Stuttgart, 1998 (zitiert als: *A/D/S*, § Rn.)

Alchian, Armen/Demsetz, Harold, Production, Information Costs and Economic Organisation, in: (1972) 62 *American Economic Review* 777 (zitiert als: *Alchian/Demsetz*, (1972) 62 American Economic Review 777)

Alexander, David/Archer, Simon, International Accounting/Financial Reporting Standards Guide 2009, CCH, Chicago, 2008 (zitiert als: *Alexander/Archer*)

Alfredson, Keith/Leo, Ken/Picker, Ruth/Pacter, Paul/Radford, Jennie/Wise, Victoria, Applying International Financial Reporting Standards, Wiley, Milton, 2007 (zitiert als: *Alfredson, et al.*, Applying International Financial Reporting Standards, S.)

Alsheimer, Constantin H., Die Rechtsnatur derivativer Finanzinstrumente und ihre Darstellung im Jahresabschluß, Peter Lang Internationaler Verlag der Wissenschaften, Frankfurt, 2000 (zitiert als: *Alsheimer*, Die Rechtsnatur derivativer Finanzinstrumente und ihre Darstellung im Jahresabschluß, S.)

Arbeitskreis „Externe Unternehmensrechnung" der Schmalenbach-Gesellschaft, Bilanzierung von Finanzinstrumenten im Währungs- und Zinsbereich auf Grundlage des HGB, in: Der Betrieb 1997, 637–642 (zitiert als: *Arbeitskreis „Externe Unternehmensrechnung" der Schmalenbach-Gesellschaft*, DB 1997, 637)

Australian Stock Exchange, Principles of Good Corporate Governance and Best Practice Recommendations, (2003, Sydney) (zitiert als: *Australian Stock Exchange*, Principles of Good Corporate Governance, S.)

Auerbach, Dirk/Fischer, Goetz-Eric, Bilanzierung von Kreditderivaten nach HGB, S. 237–260 in: Burghof, Hans-Peter/Henke, Sabine/Rudolph, Bernd/Schönbucher, Philipp/Sommer, Daniel, Kreditderivate – Handbuch für die Bank- und Anlagepraxis, 2. Auflage, Schäfer Poeschel, Stuttgart, 2005 (zitiert als: *Auerbach/Fischer*, Kreditderivate Hdb., S. 237)

ders./Klotzbach, Daniela, Bilanzierung von Kreditderivaten nach IFRS, S. 261–276 in: Burghof, Hans-Peter/Henke, Sabine/Rudolph, Bernd/Schönbucher, Philipp/Sommer, Daniel, Kreditderivate – Handbuch für die Bank- und Anlagepraxis, 2. Auflage, Schäfer Poeschel, Stuttgart, 2005 (zitiert als: *Auerbach/Klotzbach*, Kreditderivate Hdb., S. 261)

Ballwieser, Wolfgang, Das Anschaffungs- und Höchstwertprinzip für Schulden, in: Festschrift für Forster 1992, IDW Verlag, Düsseldorf, S. 45–62 (zitiert als: *Ballwieser*, FS Forster 1992, S. 45)

Baetge, Jörg, Rechnungslegungszwecke des aktienrechtlichen Jahresabschlusses,in: Festschrift für Leffson 1976, IDW Verlag, Düsseldorf, S. 11–30 (zitiert als: *Baetge*, FS Leffson 1976, S. 11)

ders./Kirsch, Hans-Jürgen/Thiele, Stefan, Bilanzanalyse, IDW Verlag, 2. Auflage, Düsseldorf, 2004 (zitiert als: *Baetge/Kirsch/Thiele*, Bilanzanalyse, S.)

Baetge, Jörg/Brembt, Tobias/Brüggemann, Peter, Die Mark-to-Model-Bewertung des IAS 39 in der Subprime-Krise, in: Die Wirtschaftsprüfung 2008, 1001–1010 (zitiert als: *Baetge/Brembt/Brüggemann*, WPg 2008, 1001)

Barz, Katja/Eckes, Burkhard/Weigel, Wolfgang, IFRS für Banken, PWC IFRS für Banken, 4. Auflage, Fachverlag Moderne Wirtschaft, Frankfurt a. M., 2008 (zitiert als: *Barz et al.*, S.)

Barz, Katja/Weigel, Wolfgang, Abbildungen von Sicherungsbeziehungen: Von IAS 39 über § 254 HGB zu IFRS 9 – eine Annäherung an das Risikomanagement für Kreditinstitute, in: Zeitschrift für internationale Rechnungslegung 2011, 227–239 (zitiert als: *Barz/Weigel*, IRZ 2011, 227)

Barz, Katja/Flick, Peter/Maisborn, Muriel, Der Review Draft Hedge Accounting im Vergleich zu IAS 39 für Kreditinstitute, in: Zeitschrift für internationale Rechnungslegung 2012, 473–477 (zitiert als: *Barz/Flick/Maisborn*, IRZ 2012, 473)

Basel Committee on Banking Supervision, Enhancing Corporate Governance for Banking Organisations, Bank for International Settlement, (2006, Basel); siehe Online-Quellenverzeichnis (zitiert als: *Basel Committee on Banking Supervision*, Enhancing Corporate Governance for Banking Organisations, 2006, S.)

Basel Committee on Banking Supervision, Principles for enhancing Corporate Governance, Bank for International Settlement, (2010, Basel); siehe Online-Quellenverzeichnis (zitiert als: *Basel Committee on Banking Supervision*, Principles, 2010, S.)

Beisse, Heinrich, Gläubigerschutz – Grundprinzip des deutschen Bilanzrechts, in: Festschrift für Beusch 1993, DeGruyter, Berlin, New York, S. 77–97 (zitiert als: *Beisse*, FS Beusch 1993, S. 77)

ders., Zehn Jahre „True and Fair View", in: Festschrift für Clemm 1996, C. H. Beck Verlag, München, S. 27–58 (zitiert als: *Beisse*, FS Clemm 1996, S. 27)

ders., Zum neuen Bild des Bilanzrechtssystems, in: Festschrift für Moxter 1994, IDW Verlag, Düsseldorf, S. 3–31 (zitiert als: *Beisse*, FS Moxter 1994, S.)

Berle, Adolf A./Means, Gardiner C, The Modern Corporation and Private Property, New York, Macmillan, 1933 (zitiert als: *Berle/Means*, The Modern Corporation and Private Property, S.)

Beckmann, Kati, Die internationalisierung der Rechnungslegung und ihre Implikationen für das Europäische Bilanzrecht, DeGruyter, Berlin, 2008 (zitiert als: *Beckmann*, S.)

Bieg, Hartmut, Die externe Rechnungslegung der Kreditinstitute und Finanzdienstleitstungsinstitute, Verlag Franz Vahlen, München, 1998 (zitiert als: *Bieg*[1], S.)

ders., Bankbilanzierung nach HGB und IFRS, 2. Auflage, Verlag Franz Vahlen, München, 2010 (zitiert als: *Bieg*[2], S.)

ders./Kussmaul, Heinz, Externes Rechnungswesen, 5. Auflage, Oldenbourg Verlag, München, 2009 (zitiert als: *Bieg/Kußmaul*, Externes Rechnungswesen, S.)

Bieg, Hartmut/Bofinger, Peter/Küting, Karlheinz/Kußmaul, Heinz/Waschbusch, Gerd/Weber, Claus-Peter, Die Saarbrücker Initiative gegen den Fair Value, in: Der Betrieb 2008, 2549–2552 (zitiert als: *Bieg et al.*, DB 2008, 2549)

dies., Die Saarbrücker Initiative gegen den Fair Value – Replik der Saarbrücker Initiative gegen den Fair Value, in: Der Betrieb 2009, 188 (zitiert als: *Bieg et al.*, DB 2009, 188)

Bieg, Hartmut/Waschbusch, Gerd, Stille und offene Vorsorgereserven gemäß den §§ 340f und 340g HGB – Bestandteile der Risikovorsorge eines Kreditinstituts, in: Zeitschrift für das gesamte Kreditwesen 2005, S. 145–147 (zitert als: *Bieg/Waschbusch*, ZfgK 2005, 145)

Bieg, Hartmut, Erfordert die Vertrauensempfindlichkeit des Kreditgewerbes bankspezifische Bilanzierungsvorschriften? (Teil I), in: Die Wirtschaftsprüfung 1986, 257–263 (zitiert als: *Bieg*, WPg 1986, 257)

Black, John/Hashimzade, Nigar/Myles, Gareth, A Dictionary of Economics, 3. Auflage, Oxford University Press, 2009 (zitiert als: *Black et alii*, A Dictionary of Economics, S.)

Blair, Margaret M./Stout, Lynn A., Trustworthiness, and the behavioural Foundations of Corporate Law, in: (2001) 149 University of Pennsylvania Law Review 1735–1810 (zitiert als: *Blair/Stout*, (2001) 149 University of Pennsylvania Law Review 1735)

dies., A Teamproduction Theory of Corporate Law, in: (1999) 85 Virginia Law Review 247–328 (zitiert als: *Blair/Stout*, (1999) 85 Virginia Law Review 247)

Böcking, Hans-Joachim/Torabian, Farhood, Zeitwertbilanzierung des Handelsbestands nach dem Entwurf des BilMoG, in: Betriebs Berater 2008, 265–267 (zitiert als: *Böcking/Torabian*, BB 2008, 265)

Böcking, Hans-Joachim / Flick, Caroline, Die Saarbrücker Initiative gegen den Fair Value – Erwiderung von Prof. Dr. Hans-Joachim Böcking und Dr. Caroline Flick, in: Der Betrieb, 2009, 185–188 (zitiert als: *Böcking/Flick*, DB 2009, 185)

Bohl, Werner/Riese, Joachim/Schlüter, Jörg, Beck'sches IFRS-Handbuch, 3. Auflage, C. H. Beck, München, 2009 (zitiert als: Bohl/Riese/Schlüter-*Bearbeiter*, Beck'sches IFRS-Hdb.[3] § Rn.)

dies., Beck'sches IFRS-Handbuch, 2. Auflage, C. H. Beck, München, 2006 (zitiert als: Bohl/Riese/Schlüter-*Bearbeiter*, Beck'sches IFRS-Hdb.[2] § Rn.)

Bonham, Mike/Curtis, Matthew/Davies, Mike/Dekker, Pieter/Denton, Tim/Moore, Richard/Richards, Hedy/Wilkinson-Riddle, Gregory/Williams, Matt/Wilson, Allister, International GAAP 2007, LexisNexis, London, 2006 (zitier als: *Bonham, et alii*, International GAAP 2007, S.)

Boos, Karl-Heinz/Fischer, Reinfrid/Schulte-Mattler, Hermann, Kreditwesengesetz, 4. Auflage, C. H. Beck, München, 2012 (zitiert als: Boos/Fischer/Schulte-Mattler-*Boos*, KWG[4], §, Rn.)

Brandt, Sven, Kreditderivate – Zentrale Aspekte innovativer Kapitalmarktprodukte, in: Zeitschrift für Bank- und Kapitalmarktrecht, 2002, 243–254 (zitiert als: *Brandt*, BKR 2002, 2439)

Brennan, Niamh, Importance of Corporate Governance for Quality Reports in: Brennan (Hrsg.), Corporate Governance and Financial Reporting, Sage Publications, London, 2008 (zitiert als: *Brennan*, Importance of Corporate Governance for Quality Reports, S.)

Buchheim, Regine/Gröner, Susanne/Kühne, Mareike, Übernahme von IAS/IFRS in Europa: Ablauf und Wirkung des Komitologieverfahrens auf die Rechnungslegung, in: Betriebs Berater 2004, 1783–1788 (zitiert als: *Buchheim/Gröner/Kühne*, BB 2004, 1783)

Bundesanstalt für Finanzdienstleistungsaufsicht, Rundschreiben 17/1999 – Zuordnung der Bestände und Geschäfte der Institute zum Handelsbuch und zum Anlagebuch; siehe Online-Quellenverzeichnis (zitiert als: *BaFin*, Rundschreiben 17/1999 der Bankenaufsicht)

Bundesverband deutscher Banken, Ausschuss für Bilanzierung des Bundesverbandes deutscher Banken, Erfassung und Offenlegung von Kreditderivaten, in: Die Wirtschaftsprüfung, 2000, 677–695 (zitiert als: *BdB*, WPg 2000, 677)

Cadbury Report, Report of the Committee on the Financial Aspects of Corporate Governance, (1992, Gee & Co. Ltd, London) (zitiert als: *Cadbury Report*, Financial Aspects of Corporate Governance, 1992, Rn.)

Canaris, Claus-Wilhlem/Schilling, Wolfgang/Ulmer, Peter, Handelsgesetzbuch Großkommentar, 4. Auflage, de Gruyter, Berlin, 2002 (zitiert als: Großkomm HGB[4]-*Bearbeiter*, § Rn.)

Chandler, Alfred Jr., The Managerial Revolution in American Business, The Visible Hand: the managerial revolution in American business, Harvard University Press, 1977 (zitiert als: *Chandler*, The Visible Hand: the managerial revolution in American business, S.)

Clark, J. Maurice, The Changing Basis of Economic Responsibility, in: (1916) 24 Journal of Political Economy 209 (zitiert als: *Clark*, (1916) 24 Journal of Political Economy 209)

Claussen, Carsten P., Konzernabschluss versus Einzelabschluss der Muttergesellschaft, in: Zeitschrift für Unternehmens- und Gesellschaftsrecht 2000, 604–619 (zitiert als: *Claussen*, ZGR 2000, 604)

ders., Ein Versuch der Standortbestimmung des neuen Rechnungslegungsrechts, in: Festschrift für Ulmer 2003, DeGruyter, Berlin, New York, S. 801–815 (zitiert als: *Claussen*, FS Ulmer 2003, S. 801)

Coenenberg, Adolf G./Haller, Axel/Schultze, Wolfgang, Jahresabschluss und Jahresabschlussanalyse – HGB, IFRS, US-GAAP, 21. Auflage, Schäffler-Poeschel, Stuttgart, 2009 (zitiert als: *Coenenberg/Haller/Schultze*[21], Jahresabschluss, S.)

Cohen, Jeffrey/Krishnamoorthy, Ganesh/Wright, Arnie, The Corporate Governance Mosaic and Financial Reporting Quality, in: (2004) 23 Journal of Accounting Literature 87 (zitiert als: *Cohen, et al*, (2004) 23 *Journal of Accounting Literature* 87, S.)

Coase, Ronald H., The Nature of the Firm, in: (1937) 4 Economica 386 (zitiert als: *Coase*, (1937) 4 Economica 386)

Davis, James H./ Schoorman, F. David/Donaldson, Lex, Toward a Stewardship Theory of Management, in: (1997), 22 (1) Academy of Management Review 20–47 (zitiert als: *Davis et alii*, (1997) 22 Academy of Management Review, 20)

DCGK, Deutscher Corporate Governance Kodex, 2012, siehe Online-Quellenverzeichnis (zitiert als: *DCGK*, Rn.)

Dewing, Ian/Russel, Peter O., Financial Integration in the EU: the First Phase of EU Endorsement of International Accounting Standards, in: Joural of Common Market Studies 2008 (46) 243–264 (zitiert als: *Dewing/Russel*, JCMS 2008 (46) 243)

Dodd Jr., E Merrick, For whom are Corporate Managers Trustees, in: (1932) 45 *Harvard Law Review* 1145–1163 (zitiert als: *Dodd*, (1932) XLV Harvard Law Review 1145)

Eckes, Burkhard/Flick, Peter/Sierleja, Lukas, Kategorisierung und Bewertung von Finanzinstrumenten nach IFRS bei Kreditinstituten, in: Die Wirtschaftsprüfung 2010, 627–637 (zitiert als: *Eckes/Flick/Sierleja*, WPg 2010, 627)

Eckes, Burkhard/Fentz, Volker/Flick, Peter/Totzek, Alfred/Weigel, Wolfgang, Bilanzanalysekommentar nach IFRS, Finanz Colloqium Heidelberg, 2006 (zitiert als: *Bearbeiter*, Bilanzanalysekommentar, S.)

Elliott, Barry/Elliot, Jamie, Financial Accounting and Reporting, 12. Auflage, Prentice Hall, London, 2008 (zitiert als: *Elliott/Elliott*, Financial Accounting and Reporting, S.)

dies., Financial Accounting, Reporting and Analysis, 2. Auglage, Prentice Hall, London, 2006 (zitiert als: *Elliott/Elliot*, Financial Accounting, Reporting and Analysis, S.)

Engert, Andreas, Hedgefonds als aktivistische Aktionäre, in: Zeitschrift für Wirtschaftsrecht 2006, 2105–2113 (zitiert als: Engert, ZIP 2006, 2105)

Ernst, Christoph/Seidler, Holger, Kernpunkte des Referentenentwurfes eines Bilanzrechtsmodernisierungsgesetzes, in: Betriebs Berater 2007, 2557–2566 (zitiert als: *Ernst/Seidler*, BB 2007, 2557)

dies., Der Regierungsentwurf eines Gesetzes zur Modernisierung des Bilanzrechts, in: Zeitschrift für Unternehmens- und Gesellschaftsrecht 2008, 631–675 (zitiert als: *Ernst/Seidler*, ZGR 2008, 631)

Fama, Eugene, Agency Problems and the Theory of the Firm, in: (1980) 88 *Journal of Political Economy* 288 (zitiert als: *Fama*, (1980) 88 Journal of Political Economy 288)

Faber, Joachim, Institutionelle Investoren (einschließlich Hedgefonds und Private Equity), S. 219–230 in: Hommelhoff, Peter/Hopt Klaus J./v. Werder Axel, Handbuch Corporate Governance, 2. Auflage, Schäfer-Poeschel Verlag Stuttgart, Verlag Dr. Otto Schmidt KG Köln, 2009 (zitiert als: *Faber*, Institutionelle Investoren, S. 219)

Fleischer, Holger, Shareholder vs. Stakeholder: Aktienrechtliche Fragen, S. 185–218 in: Hommelhoff, Peter/Hopt Klaus J./v. Werder Axel, Handbuch Corporate Governance, 2. Auflage, Schäfer-Poeschel Verlag Stuttgart, Verlag Dr. Otto Schmidt KG Köln, 2009 (zitiert als: *Fleischer*, Shareholder vs. Stakeholder: Aktienrechtliche Fragen, S. 185)

ders., Schmolke, Ulrich, Klumpenrisiken im Bankaufsichts-, Investment- und Aktienrecht, in: Zeitschrift für Handelsrecht 2009, 649–688 (zitiert als: *Fleischer/Schmolke*, ZHR 2009, 649)

Flick, Peter/Krakuhn, Joachim/Schüz, Peter, Der ED *Hedge Accounting* aus Sicht der Kreditinstitute, in: Zeitschrift für internationale Rechnungslegung 2011, 117–125 (zitiert als: *Flick/Krakuhn/Schüz*, IRZ 2011, 117)

Frank, Rober H., If Homo Economicus Could Choose His Own Utility Function, Would He Want One with a Conscience?, in: (1987) 77 (4) *The American Economic Review* 593–604 (zitiert als: *Frank*, (1987) 77 (4) The American Economic Review 593)

Freeman, R. Edward/Harrison, Jeffrey S./Wicks, Andrew C., Managing for Stakeholders – Survival, Reputation, and Success,Yale Press University, 2008 (zitiert als: *Freeman et alii*, Managing for Stakeholders, S.)

Freeman, R. Edward, Strategic Management; a stakeholder approach, Boston, Pitman Publishing, 1984 (zitiert als: *Freeman*, Strategic Management; a stakeholder approach, S.)

Friedhofen, Rolf, Hedge Accounting für Kreditrisiken (IFRS), in: Zeitschrift für das gesamte Kreditwesen 2008, 1159–1162 (zitiert als: *Friedhofen*, ZfgK 2008, 1159)

Funnemann, Carl-Bernhard/Kerssenbrock, Otto-Ferdinand, Ausschüttungssperre im BilMoG-RegE, in: Betriebs Berater 2008, 2674–2678 (zitiert als: *Funnemann/Kerssenbrock*, BB 2008, 2674)

Financial Reporting Council, The Combined Code on Corporate Governance, (2003, Financial Reporting Council, London) (zitiert als: *Combined Code*, 2003, Rn.)

Financial Reporting Council, The Combined Code on Corporate Governance, (2006, Financial Reporting Council, London) (zitiert als: *Combined Code*, 2006, Rn.)

Financial Reporting Council, The Combined Code on Corporate Governance, (2008, Financial Reporting Council, London) (zitiert als: *Combined Code*, 2008, Rn.)

Financial Reporting Council, The UK Corporate Governance Code, (2010, Financial Reporting Council, London) (zitiert als: *UK Corporate Governance Code*, 2010, Rn.)

Gemeinhardt, Jürgen/Bode, Marcel, Änderungen bei der Bewertung von zu Handelszwecken erworbenen Finanzinstrumenten nach dem BilMoG-Entwurf, in: Steuern und Bilanzen 2008, 170–177 (zitiert als: *Gemeinhardt/Bode*, StuB 2008, 170)

Glaum, Martin, Die Bilanzierung von Finanzinstrumenten nach HGB, US-GAAP und IAS: Neuere Entwicklungen, in: Der Betrieb 1997, 1625–1632 (zitiert als: *Glaum*, DB 1997, 1625)

Goldschmidt, Peter/Weigel, Wolfgang, Die Bewertung von Finanzinstrumenten bei Kreditinstituten in illiquiden Märkten nach IAS 39 und HGB, in: Die Wirtschaftsprüfung 2009, 192–204 (zitiert als: *Goldschmidt/Weigel*, WPg 2009, 192)

Graf-Tiedtke, Britta, Bankbilanzanalyse, S. 1036–1124 in: Löw, Edgar, Rechnungslegung für Banken nach IFRS, 2. Auflage, Gabler, Wiesbaden, 2005 (zitiert als: *Tiedke*, Bankbilanzanalyse, S. 1036)

Grünberger, David, Bilanzierung von Finanzgarantien nach der Neufassung von IAS 39, in: Zeitschrift für internationale und kapitalmarktorientierte Rechnungslegung 2006, 81–92 (*Grünberger*, KoR 2006, 81)

Grundmann, Stefan/Möslein, Florian/Hofmann, Christian, Finanzkrise und Wirtschaftsordnung: Krisenursachen, Finanzmarktstabilisierung, Finanzmarktstabilität, DeGruyter, Berlin, 2009 in: Finanzkrise und Wirtschaftsordnung, S. 1–40 (zitiert als: *Grundmann/Möslein/Hofmann* in: Finanzkrise und Wirtschaftsordnung, S.)

Grundmann, Stefan, European Company Law, Intersentia, Antwerpen – Oxford, 2012 (zitiert als: *Grundmann*, European Company Law, §, Rn.)

Hague, Ian, Applying International Financial Reporting Standards: Financial Instruments, Lexis Nexis UK, London, 2004 (zitiert als: *Hague*, Financial Instruments, S.)

Hampel, Sir Ronnie, Committee on Corporate Governance: Final Report, (1998, Gee & Co. Ltd, London) (zitiert als: *Hampel Report*, 1998, Rn.)

Hennrichs, Joachim, Modernisierung des Bilanzrechts und Zukunft des Kapitalerhaltungsgrundsatzes, Steuerberater-Jahrbuch 2004/2005, 257–273 (zitiert als: *Hennrichs*, StBJ 2004/2005, 257)

ders., Kleindiek, Detlef/Watrin, Christoph, Münchener Kommentar zum Bilanzrecht – IFRS, C. H. Beck, München, 2009 (zitiert als: MüKo-IFRS-*Bearbeiter*, Standard, Rn.)

ders., Stellungnahme – Anhörung vor dem Rechtsausschuss vom 17.12.2008; siehe Online-Quellenverzeichnis (zitiert als *Hennrichs*, S.)

Heremans, Dirk, Corporate Governance Issues for Banks: A financial stability perspective, SSRN Working Paper, Center for Economic Studies, Catholic University of Leuven, 2007; siehe Online-Quellenverzeichnis (zitiert als: *Heremans*, Corporate Governance Issues for Banks, S.)

Heuser, Paul J./Theile, Carsten, IFRS Handbuch, Verlag Dr. Otto Schmidt, 5. Auflage, Köln, 2012 (zitiert als: Heuser/Theile-*Bearbeiter*, IFRS Hdb^5, Rn.)

Heuser, Paul J./Theile, Carsten, IFRS Handbuch, Verlag Dr. Otto Schmidt, 4. Auflage, Köln, 2009 (zitiert als: Heuser/Theile-*Bearbeiter*, IFRS Hdb^4, Rn.)

Heuser, Paul J./Theile, Carsten, IFRS Handbuch, Verlag Dr. Otto Schmidt, 2. Auflage, Köln, 2005 (zitiert als: Heuser/Theile-*Bearbeiter*, IFRS Hdb^2, Rn.)

Hofbauer, Max A./Grewe, Wolfgang/Albrecht, Werner/Kupsch, Peter/Scherrer, Gerhard/Kirsch, Hanno, Bonner Handbuch Rechnungslegung, Stollfuß Medien, 49. Ergänzungslieferung, 2010 (zitiert als: Bonner HdR-*Bearbeiter* Rn.)

Hoffmann-Becking, Michael, Stellungnahme – Anhörung vor dem Rechtsausschuss vom 17.12.2008; siehe Online-Quellenverzeichnis (zitiert als *Hoffmann-Becking*, S.)

Hommel, Miachel/Laas, Stefan, Währungsumrechnung im Einzelabschluss – die Vorschläge des BilMoG-RegE, in: Betriebs Berater 2008, 1666–1670 (zitiert als: *Hommel/Laas*, BB 2008, 1666)

Hommelhoff, Peter, Europäisches Bilanzrecht im Aufbruch, in: RabelsZ 62 (1998) 381–404 (zitiert als: *Hommelhoff*, RabelsZ 62 (1998) 318)

ders, Der Aktienrechtliche Organstreit, in: Zeitschrift für das gesamte Handels- und Wirtschaftsrecht 1979, 288–316 (zitiert als: *Hommelhoff*, ZHR 1979, 288)

Hopt, Klaus J., Der Kapitalanlegerschutz im Recht der Banken, C. H. Beck, München, 1975 (zitiert als: *Hopt*, Der Kapitalanlegerschutz im Recht der Banken, S.)

ders., Globalisierung der Corporate Governance, S. 81–102 in: Homann, Karl/Koslowski, Peter/ Lütge, Christoph, Wirtschaftsethik der Globalisierung, Mohr Siebeck, Tübingen, 2005 (zitiert als: Homann/Koslowski/Lütge-*Hopt*, Globalisierung der Corporate Governance, S. 81)

ders., Die Publizität von Kapitalgesellschaften – Grundsätzliche Überlegungen zum Stand nach der 4. EG-Richtlinie und zur Reformdiskussion in den USA, in: Zeitschrift für Unternehmens- und Gesellschaftsrecht 1980, 225–253 (zitiert als: *Hopt*, ZGR 1980, 225)

ders./Merkt, Hanno, Handelsgesetzbuch, 35. Auflage, C. H. Beck, München, 2012 (zitiert als: Baumbach/Hopt-*Bearbeiter*, Handelsgesetzbuch[35] § Rn.)

dies., Handelsgesetzbuch, 33. Auflage, C. H. Beck, München, 2008 (zitiert als: Baumbach/ Hopt-*Bearbeiter*, Handelsgesetzbuch[33] § Rn.)

dies., Bilanzrecht, C. H. Beck, München, 2010 (zitiert als: Hopt/Merkt-*Bearbeiter*, Bilanzrecht § Rn.)

Hopt, Klaus J./Wiedemann, Herbert, Großkommentar Aktiengesetz, 2008 (zitiert als: GroßKommAktG[4]-*Bearbeiter*, § Rn.)

Horn, Norbert, Heymann Handelsgesetzbuch, 2. Auflage, DeGruyter, Berlin, 1999 (zitiert als: Heymann HGB[2]-*Bearbeiter* § Rn.)

Hüffer, Uwe, Das Leitungsermessen des Vorstandes in der Aktiengesellschaft, Festschrift für Raiser 2005, DeGruyter, Berlin, S. 163–180 (zitiert als: *Hüffer*, FS Raiser 2005, S. 163)

ders., Aktiengesetz, 10. Auflage, C. H. Beck, 2012 (zitiert als: *Hüffer*, Aktiengesetz[10] § Rn.)

Henssler, Martin, Minderheitenschutz im faktischen GmbH-Konzern, Festschrift für Zöllner 1998, Carl Heymanns Verlag KG, Köln, Berlin, Bonn, München, S. 203–233 (zitiert als: *Henssler*, FS Zöllner 1998, S. 203)

IASB, International Accounting Standards Board, Exposure Draft ED/2010/13 vom 09.12.2010; siehe Online-Quellenverzeichnis (zitiert als: ED/2010/13)

IASB, International Accounting Standards Board, Amendment to IAS 39 und IFRS 7 „*Reclassification of Financial Assets*"; siehe Online-Quellenverzeichnis

IASB, International Accounting Standards Board, Draft of the forthcomming general hedge accounting requirements 2012; siehe Online-Quellenverzeichnis (zitiert als: *IASB, Review Draft*)

IDW, Institut deutscher Wirtschaftsprüfer, Rundschreiben des Bankenfachausschusses (RS BFA) 1, in: Die Wirtschaftsprüfung 2002, 195–198 (zitiert als: *IDW RS BFA 1*, WPg 2002, 195)

IDW, Institut deutscher Wirtschaftsprüfer, IDW: Stellungnahme zum IASB Exposure Draft 2010/13 „Hedge Accounting", in: Betriebs Berater 2011, 810 (zitiert als: *IDW*, BB 2011, 810)

IDW, Institut deutscher Wirtschaftsprüfer, Stellungnahme zum IASB Exposure Draft 2010/13 „Hedge Accounting" vom 14.3.2011; siehe Online-Quellenverzeichnis (zitiert als: *IDW*, Stellungnahme zum IASB Exposure Draft 2010/13)

Inwinkl, Petra/Schüle, Bettina, Internationale Rechnungslegungsstandards im Wandel der EU-Rechtssetzungsverfahren, in: Recht der internationalen Wirtschaft 2006, 807–812 (zitiert als: *Inwinkl/Schüle*, RIW 2006, 807)

Jäger, Dirk, Stellungnahme – Anhörung vor dem Rechtsausschuss vom 17.12.2008; siehe Online-Quellenverzeichnis (zitiert als: *Jäger*, S.)

Jensen, Michael C./Meckling, William H., Theory of the Firm: Managerial Behaviour, Agency Costs and Ownership Structure, in: (1976) 3 Journal of Financial Economics 305 (zitiert als: *Jensen/Meckling*, (1976) 3 Journal of Financial Economics 305)

Jones, Thomas M., Instrumental Stakeholder Theory: a synthesis of ethics and economics, in: (1995) 20(2) Academy of Management Review 404 (zitiert als: *Jones*, (1995) 20 Academy of Management Review 404)

Joost, Detlev/Strohn, Lutz, Handelsgesetzbuch, 2. Auflage, C. H. Beck, München, 2008 (zitiert als: Ebenroth/Boujong HGB²-*Bearbeiter* § Rn.)

Jutz, Manfred, Stellungnahme – Anhörung vor dem Rechtsausschuss vom 17.12.2008; siehe Online-Quellenverzeichnis (zitiert als: *Jutz*, S.)

Kay, John/Silberstone, Aubrey, Corporate Governance, in: (1995) 153 *National Institute Economic Review* 84–97 (zitiert als: *Kay/Silberstone*, (1995) 153 National Institute Economic Review 84)

Kern, Alexander, UK Corporate Governance and Banking Regulation: The Regulator as Stakeholder, Stetson Law Review 2004, 991–1034 (zitiert als: *Kern*, Corporate Governance and Banking Regulation, S.)

Kirkpatrick, Grant, The Corporate Governance Lessons from the Financial Crisis, Financial Markets Trends, Report, OECD, 2009 (zitiert als: *Kirkpatrick*, The Corporate Governance Lessons from the Financial Crisis, S.)

Kleindiek, Detlef, Geschäftsleitertätigkeit und Geschäftsleitungskontrolle: Treuhänderische Vermögensverwaltung und Rechnungslegung, in: Zeitschrift für Unternehmens- und Gesellschaftsrecht 1998, 466–489 (zitiert als: *Kleindiek*, ZGR 1998, 466)

Köhling, Lambert/Adler, Dominik, Der neue europäische Regulierungsrahmen für OTC Derivate, in: Zeitschrift für Wirtschafts- und Bankrecht 2012, 2125–2133 und 2173–2180 (zitiert als: *Köhling/Adler*, WM 2012, 2125)

Köster, Oliver, Impairment von Finanzinstrumenten nach IFRS und US-GAAP, in: BetriebsBerater 2009, 97–98 (zitiert als: *Köster*, BB 2009, 97)

Krumnow, Jürgen/Sprißler Wolfgang/Bellavite-Hövermann, Yvette/Kemmer, Michael/Alves, Silke/Brütting, Christian/Lauinger, Rolf H./Löw, Edgar/Naumann, Thomas K./Paul, Stephan/Pfitzer, Norbert/Scharpf, Paul, Rechnungslegung der Kreditinstitute, Schäffer-Poeschel Verlag, 2. Auflage, Stuttgart, 2004 (zitiert als: *Krumnow/Sprißler et al.*, Rechnungslegung der Kreditinstitute², § Rn.)

Kübler, Friedrich, Institutioneller Gläubigerschutz oder Kapitalmarkttransparenz?, in: Zeitschrift für Handelsrecht 159 (1995) 550–566 (zitiert als: *Kübler*, ZHR 159 (1995) 550)

ders., Fragen und Wünsche des Gesellschafts- und des Kapitalmarktrechts an das Recht der Rechnungslegung, in: Zeitschrift für Unternehmens- und Gesellschaftsrecht 2000, 550–564 (zitiert als: *Kübler*, ZGR 2000, 550)

Kühnle, Manfred, Die Bilanzierung von Kreditderivaten, in: Die Wirtschaftsprüfung 2002, 288–299 (zitiert als: *Kühnle*, WPg 2002, 288)

Kuhn, Steffen, Neuregelung der Bilanzierung von Finanzinstrumenten: Welche Änderungen ergeben sich aus IFRS 9?, in: Zeitschrift für internationale Rechnungslegung 2010, 103–111 (zitiert als: *Kuhn*, IRZ 2010, 103)

Kuhn, Steffen/Scharpf, Paul, Rechnungslegung von Financial Instruments nach IFRS, Schäffer-Poeschel Verlag, 3. Auflage, Stuttgart, 2006 (zitiert als: *Kuhn/Scharpf*³, S.)

Kuhner, Christoph, Zur Zukunft der Kapitalerhaltung durch bilanzielle Ausschüttungssperren im Gesellschaftsrecht der Staaten Europas, in: Zeitschrift für Unternehmens- und Gesellschaftsrech 2005, 753–787 (zitiert als: *Kuhner*, ZGR 2005, 753)

Kunze, Otto, Publizität nach Maß?, in: Zeitschrift für Handelsrecht 173 (2009) 193–207 (zitiert als: *Kunze*, ZHR 134 (1970) 193)

Küting, Karlheiz, Grundlagen der Bilanzanalyse, in: Deutsches Steuerrecht 1991, 1294–1299 (zitiert als: *Küting*, DStR 1991, 1294) *ders./Weber, Claus-Peter*, Die Bilanzanalyse, Schäffer-Poeschel Verlag, 9. Auflage, Stuttgart, 2009 (zitiert als: *Küting/Weber*, Bilanzanalyse, S.)

ders., Stellungnahme – Anhörung vor dem Rechtsausschuss vom 17.12.2008; siehe Online-Quellenverzeichnis (zitiert als: *Küting*, S.)

Learmount, Simon, Theorizing Corporate Governance: New Organizational Alternatives, ESRC Centre for Business Research, Working Paper No 237, 2002 (zitiert als: *Learmount, Theorizing Corporate Governance*, S.)

Löw, Edgar/Lorenz, Karsten, Ansatz und Bewertung von Finanzinstrumenten, S. 415–604 in: Löw, Edgar, Rechnungslegung für Banken nach IFRS, 2. Auflage, Gabler, Wiesbaden, 2005 (zitiert als: *Löw/Lorenz*, Rechnungslegung Banken IFRS, S. 415)

Löw, Edgar, Verlustfreie Bewertung antizipativer Sicherungsgeschäfte nach HGB – Anlehnung an internationale Vorschriften, in: Die Wirtschaftsprüfung 2004, 1109–1123 (zitiert als: *Löw*, WPg 2004, 1109)

ders./Scharpf, Paul/Weigel, Wolfgang, in: Die Wirtschaftsprüfung 2008, 1011–1020 (ziterit als: *Löw/Scharpf/Weigel*, WPg 2008, 1011)

Löw, Edgar/Blaschke, Silke, Verabschiedung des Amendment zu IAS 39 Financial Instruments: Recognition and Measurement – The Fair Value Option, in: Betriebsberater 2005, 1727–1736 (zitiert als: *Löw/Blaschke*, BB 2005, S. 1727)

Lüdenbach, Norbert/Freiberg, Jens, BB-IFRS-Report 2009, in: Betriebs Berater 2009, 2750–2754 (zitiert als: *Lüdenbach/Freiberg*, BB 2009, 2750)

dies, BB-IFRS-Report 2011, in: Betriebs Berater 2011, 3112–3116 (zitiert als: *Lüdenbach/Freiberg*, BB 2011, 3112)

dies, BB-IFRS-Report 2012, in: Betriebs Berater 2012, 3191–3196 (zitiert als: *Lüdenbach/Freiberg*, BB 2012, 3191)

Lüdenbach, Norbert/Hoffmann, Wolf-Dieter, Haufe IFRS-Kommentar, Haufe Mediengruppe, 9. Auflage, Freiburg, München, Berlin, Würzburg, 2011 (zitiert als: *Bearbeiter*, Haufe-IFRS^9, §, Rn.)

dies., Haufe IFRS-Kommentar, Haufe Mediengruppe, 8. Auflage, Freiburg, München, Berlin, Würzburg, 2010 (zitiert als: *Bearbeiter*, Haufe-IFRS^8, §, Rn.)

Lutter, Marcus, Im Mahlstrom der Interessen: Das Bilanzrecht, in: Neue Juristische Wochenschrift 1996, 1945–1946 (zitiert als: *Lutter*, NJW 1996, 1945)

ders., Zur Binnenstruktur des Konzerns, in: Festschrift für H. Westermann 1974, C. F. Müller, Karlsruhe, S. 347–368 (zitiert als: *Lutter*, FS H. Westermann, 1974, S. 347)

Macho-Stadler, Inés/ Pérez-Castrillo, J David, An Introduction to the Economics of Information: incentives and contracts, 2. Auflage, Oxford University Press, 1997 (zitiert als: *Macho-Stadler/Pérez-Castrillo*, An Introduction to the Economics of Information, S.)

Märkl, Helmut/Schaber, Mathias, IFRS 9 Financial Instruments: Neue Vorschriften zur Kategorisierung und Bewertung von finanziellen Vermögenswerten, in: Zeitschrift für internationale und kapitalmarktorientierte Rechnungslegung 2010, 65–74 (zitiert als: *Märkl/Schaber*, KoR 2010, 65)

Merkt, Hanno, Unternehmenspublizität, Mohr Siebeck, Tübingen, 2001 (zitiert als: *Merkt*, Unternehmenspublizität, S.)

Mertens, Hans-Joachim, Politisches Programm in der Satzung der Aktiengesellschaft, in: Neue Juristische Wochenschrift 1970, 1718–1724 (zitiert als: *Mertens*, NJW 1970, 1718)

Möhring, Philipp, Proxy-Stimmrecht und deutsches Aktienrecht, in: Festschrift für Ernst Geßler 1970, Verlag Franz Vahlen, München, S. 127–138 (zitiert als: *Möhring*, FS Geßler 1970, S. 127)

Möslein, Florian, Contract Governance und Corporate Governance im Zusammenspiel – Lehren aus der globalen Finanzmarktkrise, in: Juristen Zeitung 2010, 72–80 (zitiert als: *Möslein*, JZ 2010, 72)

ders./Riesenhuber, Karl, Contract Governance – A Draft Research Agenda, in: (2009) 3 European Review of Contract Law 248–289 (zitiert als: *Möslein/Riesenhuber*, (2009) 3 ERCL 248)

Moxter, Adolf, Zum Verhältnis von handelsrechtlichen Grundsätzen ordnungsgemäßer Bilanzierung und True-and-fair-view-Gebot bei Kapitalgesellschaften, in: Festschrift für Budde, 1995, C. H. Beck, München 1995, S. 417–429 (zitiert als: *Moxter*, FS Budde 1995, S. 417)

ders., Grundwertungen in Bilanzrechtsordnungen – ein Vergleich von überkommenem deutschen Bilanzrecht und Jahresabschlußrichtlinie, in: Festschrift für Beisse 1997, IDW Verlag, Düsseldorf, S. 347–361 (zitiert als: *Moxter*, FS Beisse 1997, S. 347)

ders., Der Einfluß der EG-Bilanzrichtlinie auf das Bilanzsteuerrecht, in: Betriebs Berater 1978, 1629–1632 (zitiert als: *Moxter*, BB 1978, 1629)

ders., Die Jahresabschlußaufgaben nach der EG-Bilanzrichtlinie: Zur Auslegung von Art. 2 EG-Bilanzrichtlinie, in: Die Aktiengesellschaft 1979, 141–146 (zitiert als: *Moxter*, AG 1979, 141)

ders., Zum neuen Bilanzrechtsentwurf, in: Betriebs Berater 1985, 1101–1103 (zitiert als: *Moxter*, BB 1985, 1101)

Mülbert, Peter O., Marktwertmaximierung als Unternehmensziel, in: Festschrift für Röhricht 2005, Dr. Otto Schmidt Verlag, Köln, S. 421–441 (zitiert als: *Mülbert*, FS Röhricht 2005, S. 421)

ders., Corporate Governance von Banken, in: Zeitschrift für Handelsrecht 173 (2009) 1–11 (zitiert als: *Mülbert*, ZHR 173 (2009) 1)

ders., Bankaufsicht und Corporate Governance – Neue Organisationsanforderungen im Finanzdienstleistungsbereich, in: Zeitschrift für Bank- und Kapitalmarktrecht 2006, 349–360 (zitiert als: *Mülbert*, BKR 2006, 349)

ders., Corporate Governance of Banks, ECGI Working Paper Series in Law, Working Paper No. 130//2009; siehe Online-Quellenverzeichnis (zitiert als: *Mülbert*, Corporate Governance of Banks, S.)

Naumann, Klaus-Peter, Stellungnahme – Anhörung vor dem Rechtsausschuss vom 17.12.2008; siehe Online-Quellenverzeichnis (zitiert als: *Naumann*, S.)

Nordhues, Hans-Günther/Benzler, Marc, Zivilrechtliche Einordnung von Kreditderivaten, S. 183–215 in: Burghof, Hans-Peter/Henke, Sabine/Rudolph, Bernd/Schönbucher, Philipp/Sommer, Daniel, Kreditderivate – Handbuch für die Bank- und Anlagepraxis, 2. Auflage, Schäfer-Poeschel, Stuttgart, 2005 (zitiert als: *Nordhues/Benzler*, Kreditderivate Hdb., S. 183)

dies., Vertragsdokumentation und Standardisierung, S. 217–236 in: Burghof, Hans-Peter/Henke, Sabine/Rudolph, Bernd/Schönbucher, Philipp/Sommer, Daniel, Kreditderivate – Handbuch für die Bank- und Anlagepraxis, 2. Auflage, Schäfer-Poeschel, Stuttgart, 2005 (zitiert als: *Nordhues/Benzler*, Kreditderivate Hdb., S. 217)

dies., Risikosteuerung durch Kreditderivate, in: Zeitschrift für Wirtschafts- und Bankrecht 1999, 461–473 (zitiert als: *Nordhues/Benzler*, WM 1999, 461)

Ochmann, Florian, Die Aktionärsrechte-Richtlinie, DeGruyter, Berlin, 2009 (zitiert als: *Ochmann*, Aktionärsrechterichtlinie, S.)

OECD, Organisation for Economic Co-Operation and Development, OECD Principles of Corporate Governance, 2004, Paris (zitiert als: *OECD* Principles, 2004, GP.)

Oversberg, Thomas, Übernahme der IFRS in Europa: Der Endorsement-Prozess – Status quo und Aussicht, in: Der Betrieb 2007, 1597–1602 (zitiert als: *Oversberg*, DB 2007, 1597)

Paefgen, Walter G., Unternehmerische Entscheidungen und Rechtsbindung der Organe in der Aktiengesellschaft, Dr. Otto Schmidt Verlag, Köln, 2002 (zitiert als: *Paefgen*, Unternehmerische Entscheidungen, S.)

Pellens, Bernhard/Fülbier, Rolf Uwe/Gassen, Joachim/Sellhorn, Thorsten, Internationale Rechnungslegung, Schäffer-Poeschel Verlag, 7. Auflage, Stuttgart, 2008 (zitiert als: *Pellens/Fülbier/Gassen/Sellhorn*, S.)

Pellens, Bernhard/Strzyz, Rechnungslegung von Unternehmen und Konzernen, S. 533–561 in: Hommelhoff, Peter/Hopt Klaus J./v. Werder Axel, Handbuch Corporate Governance, 2. Auflage, Schäfer-Poeschel Verlag Stuttgart, Verlag Dr. Otto Schmidt KG Köln, 2009 (zitiert als: *Pellens/Strzyz*, Rechnungslegung, S. 533)

Petersen, Karl/Zwirner, Christian, Auswirkungen der aktuellen Änderungen in IAS 39 – Dargestellt an ausgewählten empirischen Beispielen aus der Bank- und Vericherungswirtschaft, in: Zeitschrift für internationale Rechnungslegung 2009, 65–70 (zitiert als: *Petersen/Zwirner*, IRZ 2009, 65)

dies., Bilanzrechtsmodernisierungsgesetz BilMoG, C. H. Beck, München, 2009 (zitiert als: Petersen/Zwirner-BilMoG-*Bearbeiter*, S.)

Pistor, Katharina, Corporate Governance durch Mitbestimmung und Arbeitsmärkte, S. 231–252, in: Hommelhoff, Peter/Hopt Klaus J./v. Werder Axel, Handbuch Corporate Governance, 2. Auflage, Schäfer-Poeschel Verlag Stuttgart, Verlag Dr. Otto Schmidt KG Köln, 2009 (zitiert als: *Pistor*, Mitbestimmung und Arbeitsmärkte, S. 231)

Pohl, Wolfgang, Kreditderivate: Finanzinnovationen im Zeitalter des Euro, in: Deutsche Zeitschrift für Wirtschafts- und Insolvenzrecht 1998, 309–316 (zitiert als: *Pohl*, DZWir 1998, 309)

Popp, Michael, Die Bilanzierung von Optionsgeschäften, in: Deutsches Steuerrecht 1976, 87–91 (zitiert als: *Popp*, DStR 1976, 87)

Prahl, Reinhard/Naumann, Thomas K., Die Bewertung am Bilanzstichtag und was dann?, in: Zeitschrift für Bankrecht und Bankwirtschaft 1994, 1–9 (zitiert als: *Prahl/Naumann*, ZBB 1994, 1)

Prince, Jeffrey T., A General Review of CDO Valuation Methods, in: The Journal of Structured Finance 2006, 14–21 (zitiert als: *Prince*, (2006) 12(2) Journal of Structured Finance, 14)

Prühs, Hagen, Der Regierungsentwurf eines Publizitätsgesetzes, in: Die Aktiengesellschaft 1969, 173–179 sowie 218–224 (zitiert als: *Prühs*, AG 1969, 173)

Rebmann, Kurt/Säcker, Franz Jürgen/Rixecker, Roland, Münchener Kommentar zum Bürgerlichen Gesetzbuch, C. H. Beck, München, 2006 (zitiert als: MüKo BGB^{5}-*Bearbeiter* § Rn.)

Reige, Jürgen, Die Handhabung des Bilanzrichtlinien-Gesetzes durch Arbeitnehmervertreter im Aufsichtsrat, in: Der Betrieb 1988, 2213–2219 (zitiert als: *Reige*, DB 1988, 2213)

Ringleb, Henrik-Michael et alii, Kommentar zum Deutschen Corporate Governance Kodex, C. H. Beck, 4. Auflage München, 2010 (zitiert als: DCGK-Kommentar-*Bearbeiter* Rn.)

Reiner, Günter, Derivative Finanzinstrumente im Recht, Nomos Verlag, Baden-Baden, 2002 (zitiert als: *Reiner*, Derivative Finanzinstrumente im Recht, S.)

Säcker, Franz Jürgen/Rixecker, Roland, Münchener Kommentar zum Bürgerlichen Gesetzbuch, C. H. Beck, München, 2012 (zitiert als: MüKo BGB^{6}-*Bearbeiter* § Rn.)

Salanié, Bernard, The Economics of Contracts: A Primer, Cambridge, MIT Press, 1997 (zitiert als: *Salanié*, The Economics of Contracts: A Primer, S.)

Schaber, Mathias/Märkl, Helmut/Kroh, Tanja, IFRS 9 Financial Instruments: Exposure Draft zu fortgeführten Anschaffungskosten und Wertminderungen, in: Zeitschrift für internationale und kapitalmarktorientierte Rechnungslegung 2010, 241–246 (zitiert als: *Schaber/Märkl/Kroh*, KoR 2010, 241)

Schäfer, Henry, Stellungnahme – Anhörung vor dem Rechtsausschuss vom 17.12.2008; siehe Online-Quellenverzeichnis (zitiert als: *Schäfer*, S.)

Scharpf, Paul/Schaber, Mathias, Handelsbestände an Finanzinstrumenten bei Banken und bei Nicht-Banken nach dem BilMoG, in: Der Betrieb 2008, 2552–2558 (zitiert als: *Scharpf/Schaber*, DB 2008, 2552)

Scharpf, Paul/Weigel, Wolfgang/Löw, Edgar, Die Bilanzierung von Finanzgarantien und Kreditzusagen nach IFRS, in: Die Wirtschaftsprüfung 2006, 1492–1504 (zitiert als: *Scharpf/Weigel/Löw*, WPg 2006. 1492)

Scheffler, Eberhard, Enforcement der Rechnungslegung, S. 653–681 in: Hommelhoff, Peter/Hopt Klaus J./v. Werder Axel, Handbuch Corporate Governance, 2. Auflage, Schäfer-Poeschel Verlag Stuttgart, Verlag Dr. Otto Schmidt KG Köln, 2009 (zitiert als: *Scheffler*, Enforcement der Rechnungslegung, S. 653)

Schildbach, Thomas, Was bringt die Lockerung der IFRS für Finanzinstrumente?, in: Deutsches Steuerrecht 2008, 2381–2385 (zitiert als: *Schildbach*, DStR 2008, 2381)

Schilling, Wolfgang, Das Vollmachtstimmrecht der Aktiengesellschaft in der eigenen Hauptversammlung, in: Festschrift für Möhring 1975, Verlag C. H. Beck, München, S. 257–269 (zitiert als: *Schilling*, FS Möhring 1975, S. 257)

Schimansky, Herbert/Bunte, Hermann-Josef/Lwowski, Hans-Jürgen, Bankrechts-Handbuch, 4. Auflage, C. H. Beck, München, 2011 (zitiert als: *Bearbeiter*, Bankrechtshandbuch, § Rn.)

Schmidt, Matthias/Pittroff, Esther/Klingels, Bernd, Finanzinstrumente nach IFRS, Bilanzierung, Absicherung, Publizität, Verlag Franz Vahlen, München, 2007 (zitiert als: *Schmidt/Pittroff/Klingels*, Finanzinstrumente nach IFRS, S.)

Schmidt, Reinhard H./Weiß, Marco, Shareholder vs. Stakeholder: Ökonomische Fragen, S. 161–183 in: Hommelhoff, Peter/Hopt Klaus J./v. Werder Axel, Handbuch Corporate Governance, 2. Auflage, Schäfer-Poeschel Verlag Stuttgart, Verlag Dr. Otto Schmidt KG Köln, 2009 (zitiert als: *Schmidt/Weiß*, Shareholder vs. Stakeholder: Ökonomische Fragen, S. 161)

Schmidt, Karsten, Münchener Kommentar zum Handelsgesetzbuch, 2. Auflage, C. H. Beck, München, 2008 (zitiert als: MüKo HGB²-*Bearbeiter* § Rn.)

Smith Report, Audit Committees – Combined Code of Corporate Governance, (2003, Financial Reporting Council, London) (zitiert als: *Smith Report*, Audit Committees – Combined Code of Corporate Governance, 2003, Rn.)

Schneider, Dieter, Aktienrechtlicher und ausschüttungsfähiger Betrag, in: Die Wirtschaftsprüfung 1971, 607–617 (zitiert als: *Schneider*, WPg 1971, 607)

Schneider, Wilhelm, Bilanzierung von festverzinslichen Wertpapieren und Zinsfutures durch Kreditinstitute bei gemeinsamer Bewertung, in: Betriebs Berater 1995, 1231–1235 (zitiert als: *Schneider*, BB 1995, 1231)

Schön, Wolfgang, Entwicklungen und Perspektiven des Handelsbilanzrechts: vom ADHGB zum IASC, in: Zeitschrift für Handelsrecht 161 (1997), 133–159 (zitiert als: *Schön*, ZHR 161 (1997), 133)

ders., Gesellschafter-, Gläubiger- und Anlegerschutz im Europäischen Bilanzrecht, in: Zeitschrift für Unternehmens- und Gesellschaftsrecht 2000, 706–742 (zitiert als: *Schön*, ZGR 2000, 706)

Schulte-Matter, Hermann/Dürselen, Karl, Weiterentwicklung der europäischen Bankenaufsicht, in: Die Bank 2009, 56–60 (zitiert als: *Schulte-Matter/Dürselen*, Die Bank 2009, 56)

Schwark, Eberhard, Probleme der Unternehmenspublizität im Lichte der 4. und 7. gesellschaftsrechtlichen Richtlinie, in: Die Aktiengesellschaft 1978, 269–279 (zitiert als: *Schwark*, AG 1978, 269)

Schwintowski, Hans-Peter, Finanzmarktkrise: Ursachen, Grundsatzfragen, institutionelle Konsequenzen, DeGruyter, Berlin, 2009 in: Finanzkrise und Wirtschaftsordnung, S. 41–53 (zitiert als: *Schwintowski* in: Finanzkrise und Wirtschaftsordnung, S.)

Seibt, Christoph H., Informationsfluss zwischen Vorstand und Aufsichtsrat (dualistisches Leitungssystem) bzw. innerhalb des Verwaltungsrats (monistisches Leitungssystem), S. 391–422, in: Hommelhoff, Peter/Hopt Klaus J./v. Werder Axel, Handbuch Corporate Governance, 2. Auflage, Schäfer-Poeschel Verlag Stuttgart, Verlag Dr. Otto Schmidt KG Köln, 2009 (zitiert als: *Seibt*, Informationsfluss, S. 391)

Shleifer, Andrei/Vishny, Robert, A Survey of Corporate Governance, in: (1997) 52 *The Journal of Finance* 737–783 (zitiert als: *Shleifer/Vishny*, (1997) 52 *The Journal of Finance* 737)

Spindler, Gerald/Stilz, Eberhard, Aktiengesetz, C. H. Beck, 2. Auflage, München, 2010 (zitiert als: Spindler/Stilz-AktG[2]-*Bearbeiter*, § Rn.)

Steiner, Manfred/Tebroke, Hermann-Josef/Wallmeier, Martin, Konzepte der Rechnungslegung für Finanzderivate, in: Die Wirtschaftsprüfung 1995, 533–544 (zitiert als: *Steiner/Tebroke/Wallmeier*, WPg 1995, 533)

Strobl, Elisabeth, IASC-Rechnungslegung und Gläubigerschutzbestimmungen nach deutschem Recht, in: Festschrift für Clemm 1996, C. H. Beck, München, 1996, S. 389–412 (zitiert als: *Strobl*, FS Clemm 1996, S. 389)

Struffert, Ralf, Asset Backed Securities – Transaktionen und Kreditderivate, Gabler, Wiesbaden, 2006 (zitiert als: *Struffert*, ABS Transaktionen und Kreditderivate, S.)

Stützel, Wolfgang, Bemerkungen zur Bilanztheorie, in: Zeitschrift für Betriebswirtschaft 1967, 314–340 (zitiert als: *Stützel*, ZfB 1967, 314)

Tanski, Joachim, Internationale Rechnungslegungsstandards, Deutscher Taschenbuchverlag, 3. Auflage, München, 2010 (zitiert als: *Tanski*, S.)

Tipke, Klaus, Die Steuerrechtsordnung, Band I, 2. Auflage, Verlag Dr. Otto Schmidt KG Köln, 2000 (zitiert als: *Tipke*, Steuerrechtsordnung[2], Bd. 1, S.)

ders., Die Steuerrechtsordnung, Band II, 2. Auflage, Verlag Dr. Otto Schmidt KG Köln, 2003 (zitiert als: *Tipke*, Steuerrechtsordnung[2], Bd. 1, S.)

Vetter, Eberhard, Handgeld für in der Hauptversammlungpräsente Aktionäre?, in: Die Aktiengesellschaft 2006, 32–35 (zitiert als: *Vetter*, AG 2006, 32)

Vinken, Horst, Stellungnahme – Anhörung vor dem Rechtsausschuss vom 17.12.2008; siehe Online-Quellenverzeichnis (zitiert als: *Vinken*, S.)

Volk, Gerrit, Das Informationsinteresse der Jahresabschlussadressaten, in: Betriebs Berater 1987, 723–728 (zitiert als: *Volk*, BB 1987, 723)

Watrin, Christoph/Scholz, Alexandra, Bilanzrecht und Kapitalschutz: Experimentelle Befunde zur Wirksamkeit des Solvenztests, in: Steuer und Wirtschaft 2008, 348–358 (zitiert als: *Watrin/Scholz*, StuW 2008, 348)

Weber-Grellet, Heinrich, Bestand und Reform des Bilanzsteuerrechts, in: Deutsches Steuerrecht 1998, 1343–1349 (zitiert als: *Weber-Grellet*, DStR 1998, 1343)

ders., Schmidt Einkommensteuergesetz Kommentar, 31. Auflage, C. H. Beck München, 2012 (zitiert als: Schmidt[31]-*Bearbeiter*, § Rn.)

Wehrheim, Michael/Rupp, Dominik, Zum Geltungsbereich der Ausschüttungssperre des § 268 Abs. 8 HGB im Regierungsentwurf des BilMoG, in: Der Betrieb 2009, 356–358 (zitiert als: *Wehrheim/Rupp*, DB 2009, 356)

Weistroffer, Christian, Credit Default Swaps – Auf dem Weg zu einem robusteren System, Deutsche Bank Research, Aktuelle Themen 447, 8. März 2010 (zitiert als: *Weistroffer*, Credit Default Swaps, S.)

Weigel, Wolfgang/Barz, Katja, Finanzgarantien als Beispiel für Probleme im Zusammenhang mit der Bilanzierung nach IFRS, in: BankPraktiker 2006, 606–611 (zitiert als *Weigel/Barz*, BankPraktiker 2006, 606)

Wenk, Marc Oliver, IFRS 9 – Verbesserung des *„true and fair view"* durch den neuen Standard für Finanzinstrumente, in: Zeitschrift für internationale Rechnungslegung 2010, 205–206 (zitiert als: *Wenk*, IRZ 2010, 205)

Werner, Thomas/Padberg, Thomas, Bankbilanzanalyse – am Beispiel börsennotierter deutscher Banken, Schäffer-Poeschel, 2. Auflage, Stuttgart, 2006 (zitiert als: *Werner/ Padberg*, Bankbilanzanalyse, S.)

Wiedemann, Herbert, Der Kapitalanlegerschutz im deutschen Gesellschaftsrecht, in: Betriebs-berater 1975, 1591–1598 (zitiert als: *Wiedemann*, BB 1975, 1591)

Wiedmann, Harald, Bilanzrecht, 2. Auflage, C. H. Beck, München, 2003 (zitiert als: *Wiedmann*^{2} § Rn.)

Wilhelm, Jan, Kapitalgesellschaftsrecht, 3. Auflage, DeGruyter, Berlin, 2009 (zitiert als: *Wilhelm*, Kapitalgesellschaftsrecht^{3}, S.)

Williamson, Oliver E., Transaction Cost Economics: The Governance of Contractual Relations, in: (1979) 22 Journal of Law & Economics 233 (zitiert als: *Williamson*, (1979) 22 *Journal of Law & Economics* 233)

ders., Corporate Governance, (1984) 93 Yale Law Journal 1197 (zitiert als: *Williamson*, (1984) 93 Yale Law Journal 1197)

Windbichler, Christine, Gesellschaftsrecht, C. H. Beck, 22. Auflage, 2009 (zitiert als: *Windbichler*, Gesellschaftsrecht^{22}, §, Rn.)

Windmöller, Rolf, Fragen zur Berücksichtigung der Zinsen in der Bankbilanzierung, in: Festschrift für Moxter 1994, IDW Verlag, Düsseldorf, S. 883–896 (zitiert als: *Windmöller*, FS Moxter 1994, S. 883)

Wohlmannstetter, Gottfried, Corporate Governance von Banken, S. 905–930 in: Hommelhoff, Peter/Hopt Klaus J./v. Werder Axel, Handbuch Corporate Governance, 2. Auflage, Schäfer-Poeschel Verlag Stuttgart, Verlag Dr. Otto Schmidt KG Köln, 2009 (zitiert als: *Wohlmannstetter*, Corporate Governance von Banken, S. 905)

Zeitler, Franz-Christoph, Stellungnahme – Anhörung vor dem Rechtsausschuss vom 17.12.2008; siehe Online-Quellenverzeichnis (zitiert als: *Zeitler*, S.)

Zetzsche, Dirk, Aktionärsinformation in der börsennotierten Aktiengesellschaft, Carl Heymanns Verlag KG, Köln, Berlin, München, 2006 (zitiert als: *Zetzsche*, § S.)

Zöllner, Wolfgang, Unternehmensinnenrecht: Gibt es das?, in: Die Aktiengesellschaft 2003, 2–12 (zitiert als: *Zöllner*, AG 2003, 2)

ders., Die Ausübung des Stimmrechts für fremde Aktien durch die Aktiengesellschaft auf ihrer eigenen Hauptversammlung, in: Festschrift für H. Westermann 1974, C. F. Müller, Karlsruhe, S. 603–614 (zitiert als: *Zöllner*, FS H. Westermann 1974, S. 603)

ders., (Hrsg.), Kölner Kommentar zum Aktiengesetz, 2. Auflage, Carl Heymanns Verlag KG, Köln, Berlin, Bonn, München, 1991 (zitiert als: KK-AktG^{2}-*Bearbeiter*)

ders./Noack, Ulrich (Hrsg.), Kölner Kommentar zum Aktiengesetz, 3. Auflage, Carl Heymanns Verlag KG, Köln, 2010 (zitiert als: KK-AktG³-*Bearbeiter*)
Zwirner, Christian, Finanzkrise – Auswirkungen auf die Rechnungslegung – Sechs Anmerkungen aus Theorie und Praxis, in: Der Betrieb 2009, 353–35 (zitiert als: *Zwirner*, DB 2009, 353)

2. Rechtsprechungs- und BMF-Schreibenverzeichnis

EuGH, Urteil vom 04. Dezember 1997, („*Daihatsu*") Rs. C-97/96, in: Neue Juristische Wochenschrift 1998, 129 (zitiert als: *EuGH*, NJW 1998, 129)
BGH, Urteil vom 25. April 1966, II ZR 80/65 in: Neue Juristische Wochenschrift 1966, 1458 (zitiert als: *BGH*, NJW 1966, 1458)
BFH, Urteil vom 19. Januar 1978, IV R 153/72, in: Bundessteuerblatt. II 1978, 262 (zitiert als: *BFH*, BStBl. II 1978, 262)
BFH, Urteil vom 20.09.2006, I R 59/05, in: Bundessteuerblatt II 2007, 756 (zitiert als: *BFH*, BStBl. II 2007, 756)
BMF, Schreiben vom 10. Januar 1994, Pauschalwertberichtigung bei Kreditinstituten, in: Bundessteuerblatt. I 1994, 98 (zitiert als: *BMF*, BStBl. I 1994, 98)
BVerwG, Urteil vom 12. Mai 1992, 1 A 126/89 in: Neue Juristische Wochenschrift 1992, 2978 (zitiert als: *BVerwG*, NJW 1992, 2978)
BVerwG, Urteil vom 25. November 1986, 1 C 54/81 in: Neue Juristische Wochenschrift 1987, 1900 (zitiert als: *BVerwG*, NJW 1987, 1900)
BVerwG, Urteil vom 19. Juni 1969, I A 3/66 in: Neue Juristische Wochenschrift 1969, 1978 (zitiert als: *BVerwG*, NJW 1969, 1978)
RGSt, Urteil vom 24. Oktober 1905, 603/05 in: RGSt 38, 195–200 (zitiert als: *RGSt* 38, 195)

3. Online-Quellenverzeichnis

Basel Committee on Banking Supervision, Enhancing Corporate Governance for Banking Organisations, Bank for International Settlement, (2006, Basel), http://www.bis.org/publ/bcbs122.pdf (zuletzt abgerufen am 06.01.2013)
Basel Committee on Banking Supervision, Principles for enhancing Corporate Governance, Bank for International Settlement, (2010, Basel), http://www.bis.org/publ/bcbs176.pdf (zuletzt abgerufen am 05.01.2013)
Bundesanstalt für Finanzdienstleistungsaufsicht, Rundschreiben 17/1999 – Zuordnung der Bestände und Geschäfte der Institute zum Handelsbuch und zum Anlagebuch, http://www.bafin.de/SharedDocs/Veroeffentlichungen/DE/Rundschreiben/rs_9917_ba.html (zuletzt abgerufen am 06.01.2013)
DCGK, Deutscher Corporate Governance Kodex, 2012, abrufbar unter: http://www.corporate-governance-code.de/ger/kodex/index.html (zuletzt abgerufen am 06.01.2013)
Hennrichs, Joachim, Stellungnahme – Anhörung vor dem Rechtsausschuss vom 17.12.2008, http://webarchiv.bundestag.de/archive/2009/0729/ausschuesse/a06/anhoerungen/Archiv/43_Bilanzrecht/04_Stellungnahmen/Stellungnahme_Hennrichs.pdf (zuletzt abgerufen am 06.01.2013)

Heremans, Dirk, Corporate Governance Issues for Banks: A financial stability perspective, SSRN Working Paper, Center for Economic Studies, Catholic University of Leuven, 2007, http://papers.ssrn.com/sol3/papers.cfm?abstract_id=1024693 (zuletzt abgerufen am 06.01.2013)

Hoffmann-Becking, Michael, Stellungnahme – Anhörung vor dem Rechtsausschuss vom 17.12.2008, http://webarchiv.bundestag.de/archive/2009/0729/ausschuesse/a06/anhoerungen/Archiv/43_Bilanzrecht/04_Stellungnahmen/Stellungnahme_Hoffmann-Becking.pdf (zuletzt abgerufen am 06.01.2013)

IASB, International Accounting Standards Board, Exposure Draft ED/2010/13 vom 09.12.2010, http://www.ifrs.org/NR/rdonlyres/05439229-8491-4A70-BF4A-714FEA872CAD/0/EDFIHedgeAcctDec10.pdf (zuletzt abgerufen am 13.05.2011)

IASB, International Accounting Standards Board, Draft of the forthcomming general hedge accounting requirements 2012, http://www.ifrs.org/Current-Projects/IASB-Projects/Financial-Instruments-A-Replacement-of-IAS-39-Financial-Instruments-Recognitio/Phase-III-Hedge-accounting/Pages/Draft-of-IFRS-General-Hedge-Accounting.aspx (zuletzt abgerufen am 07.01.2013)

IASB, International Accounting Standards Board, Amendment to IAS 39 und IFRS 7 „*Reclassification of Financial Assets*", abrufbar unter http://www.iasb.org/NR/rdonlyres/BE8B72FB-B7B8-49D9-95A3-CE2BDCFB915F/0/AmdmentsIAS39andIFRS7.pdf; (zuletzt abgerufen am 05.10.2010)

IDW, Institut deutscher Wirtschaftsprüfer, Stellungnahme zum IASB Exposure Draft 2010/13 „Hedge Accounting" vom 14.3.2011, http://www.idw.de/idw/download/Hedge_Accounting_IDW_Stell.pdf?id=606992&property=Datei (zuletzt abgerufen am 06.01.2013)

Jäger, Dirk, Stellungnahme – Anhörung vor dem Rechtsausschuss vom 17.12.2008, http://webarchiv.bundestag.de/archive/2009/0729/ausschuesse/a06/anhoerungen/Archiv/43_Bilanzrecht/04_Stellungnahmen/Stellungnahme_Jaeger.pdf (zuletzt abgerufen am 06.01.2013)

Jutz, Manfred, Stellungnahme – Anhörung vor dem Rechtsausschuss vom 17.12.2008, http://webarchiv.bundestag.de/archive/2009/0729/ausschuesse/a06/anhoerungen/Archiv/43_Bilanzrecht/04_Stellungnahmen/Stellungnahme_Jutz.pdf (zuletzt abgerufen am 06.01.2013)

Küting, Karl-Heinz, Stellungnahme – Anhörung vor dem Rechtsausschuss vom 17.12.2008, http://webarchiv.bundestag.de/archive/2009/0729/ausschuesse/a06/anhoerungen/Archiv/43_Bilanzrecht/04_Stellungnahmen/Stellungnahme_Kueting.pdf (zuletzt abgerufen am 06.01.2013)

Mülbert, Peter O., Corporate Governance of Banks, ECGI Working Paper Series in Law, Working Paper No. 130//2009, http://papers.ssrn.com/sol3/papers.cfm?abstract_id=1448118 (zuletzt abgerufen am 06.01.2013)

Naumann, Klaus-Peter, Stellungnahme – Anhörung vor dem Rechtsausschuss vom 17.12.2008, http://webarchiv.bundestag.de/archive/2009/0729/ausschuesse/a06/anhoerungen/Archiv/43_Bilanzrecht/04_Stellungnahmen/Stellungnahme_Naumann.pdf (zuletzt abgerufen am 06.01.2013)

Schäfer, Henry, Stellungnahme – Anhörung vor dem Rechtsausschuss vom 17.12.2008, http://webarchiv.bundestag.de/archive/2009/0729/ausschuesse/a06/anhoerungen/Archiv/43_Bilanzrecht/04_Stellungnahmen/Stellungnahme_Schaefer_neu.pdf (zuletzt abgerufen am 06.01.2013)

Vinken, Horst, Stellungnahme – Anhörung vor dem Rechtsausschuss vom 17.12.2008, http://webarchiv.bundestag.de/archive/2009/0729/ausschuesse/a06/anhoerungen/Archiv/43_Bilanzrecht/04_Stellungnahmen/Stellungnahme_Vinken.pdf (zuletzt abgerufen am 06.01.2013)

Zeitler, Franz-Christoph, Stellungnahme – Anhörung vor dem Rechtsausschuss vom 17.12.2008, http://webarchiv.bundestag.de/archive/2009/0729/ausschuesse/a06/anhoerungen/Archiv/43_Bilanzrecht/04_Stellungnahmen/Stellungnahme_Zeitler.pdf (zuletzt abgerufen am 06.01.2013)

Für den Fall, dass aufgrund der nur bedingt beständigen Abrufbarkeit von Quellen im Internet die angegebenen Verknüpfungen nicht mehr gültig sein sollten, kann Einsicht beim Verfasser genommen werden. Sie können mich gern unter muhlingm@tcd.ie kontaktieren.

Sachwortverzeichnis

FSC
www.fsc.org
MIX
Papier | Fördert gute Waldnutzung
FSC® C083411

Kolibri 360 GmbH
Ferdinand-Jühlke-Straße 7
99095 Erfurt, Deutschland
produktsicherheit@kolibri360.de